모두를 위한 **환경개념사전**

지구를 살리는 175개의 환경 키워드

모두를 위한 **환경개념사전** 지구를 살리는 175개의 환경 키워드

기획 | ㈔환경교육센터 글쓴이 | 김희경 신지혜 장미정 그린이 | 김순호
펴낸이 | 곽미순 책임편집 | 김하나 디자인 | 김민서

펴낸곳 | ㈜도서출판 한울림 편집 | 윤소라 이은파 박미화
디자인 | 김민서 이순영 마케팅 | 공태훈 경영지원 | 김영석
출판등록 | 1980년 2월 14일(제2021-000318호) 주소 | 서울특별시 마포구 희우정로16길 21
대표전화 | 02-2635-1400 팩스 | 02-2635-1415 블로그 | blog.naver.com/hanulimkids
페이스북 | www.facebook.com/hanulim 인스타그램 | www.instagram.com/hanulimkids

첫판 1쇄 펴낸날 | 2015년 4월 22일   8쇄 펴낸날 | 2023년 4월 7일
ISBN 978-89-5827-071-3 43300

모두를 위한
환경
개념
사전

기획 (사)환경교육센터

글 김희경 신지혜 장미정 그림 김순효

지구를 살리는 175개의 환경 키워드

한울림

《모두를 위한 환경 개념 사전》을 읽게 될 모두에게

여러분은 '환경' 하면 무엇이 떠오르나요? 아마 많은 사람이 맨 먼저 숲이나 강과 같은 자연환경을 떠올릴 것입니다. 맞습니다. 다만 이것은 '좁은 의미'의 환경 개념에 속하지요. 그럼 넓은 의미의 환경도 있느냐고요? 물론이죠. 넓은 의미에서 보면 환경이란 인간의 삶의 질에 영향을 미치는 모든 요소를 뜻합니다. 쉽게 말해 자연 환경은 물론이고 자연과 인간과의 관계, 가족과 이웃, 친구 등의 인간관계, 학교나 마을 같은 사회 공동체, 교육과 문화, 시대와 공간 등 '우리를 둘러싸고 있는 모든 것'이 곧 환경이지요.

하나의 대상을 어떤 시각에서 바라보는지는 꽝장히 중요한 문제입니다. 좁은 의미에서 바라보는지, 넓은 의미에서 바라보는지에 따라 '환경'의 개념 자체가 달라진 것만 봐도 알 수 있지요. 그럼 이번에는 다른 질문을 하나 해 보겠습니다. 환경을 좁은 의미에서 본다면, 과연 무엇이 환경 문제일까요? 또 넓은 의미의 환경 개념에서는 무엇이 환경 문제로 인식될까요?

좁은 의미의 환경 개념을 떠올린다면 오염된 공기, 폐수로 더러워진 물, 거리에 마구 버려진 쓰레기 등이 환경 문제가 되겠지요. 반면 넓은 의미의 환경 개념에서 본다면, 환경 문제에는 개발 도상국의 경제적 빈곤, 주택 문제, 인종 차별 문제, 유전자 조작 농산물이나 패스트푸드로 인한 먹을거리 오염 등이 광범위하게 포함될 것입니다.

이처럼 환경 개념을 어떻게 정의하느냐에 따라 환경 문제를 인식하는 데 큰 차이가 생겨나고, 이 차이는 결국 환경 문제를 해결하는 방법에까지 영향을 미칩니다. 서로가 생각하는 환경 문제가 다른데 해결 방법이 똑같을 리가 없지요. 따라서 개념을 제대로 아는 것은 꽝장히 중요합니다. 환경에 대한 개념은 더더욱 그렇습니다. 환경은 우리 인간의 삶과 뗄 수 없는 밀접한 관계를 맺고 있으니까요.

《모두를 위한 환경 개념 사전》은 우리나라와 전 세계적으로 이슈가 되고 있는 38개의 환경 키워드가 지금의 개념으로 자리 잡기까지 어떤 변화를 겪었으며 그 과정에서 어떤 사람들이 어떤 사고방식으로 환경을 바라보았는지, 그리고 그것이 오늘을 사는 우리에게 어떤 의미인지를 알려 줄 것입니다.

이 책은 가이아 이론부터 황사까지 가나다순으로 정리되어 있기는 하지만, 필요한 부분부터 읽어도 좋고 차례대로 읽어도 좋습니다. 38개의 개념어가 서로 꼬리에 꼬리를 물며 원인과 결과로 연결되어 있기 때문입니다.

환경을 지키기 위한 노력은 지금의 나와 지구, 지구 마을 사람들과 무수한 생명들 그리고 아직 태어나지 않은 미래 세대 즉 '모두'를 위한 일입니다. 그리고 그러한 노력은 환경을 제대로 이해하고 아는 데서 비롯됩니다. 이 책을 시작으로 앞으로 자연에서 소외된 사람들, 사회적인 약자들, 생태적인 약자들과 함께하는 '모두를 위한' 환경 이야기는 계속될 것입니다. 《모두를 위한 환경 개념 사전》이 지구의 환경과 모두의 삶을 아름답게 꽃피우는 작은 씨앗이 될 수 있기를 기대합니다.

2015년 4월 지구의 날에 즈음하여
김희경 신지혜 장미정

차례

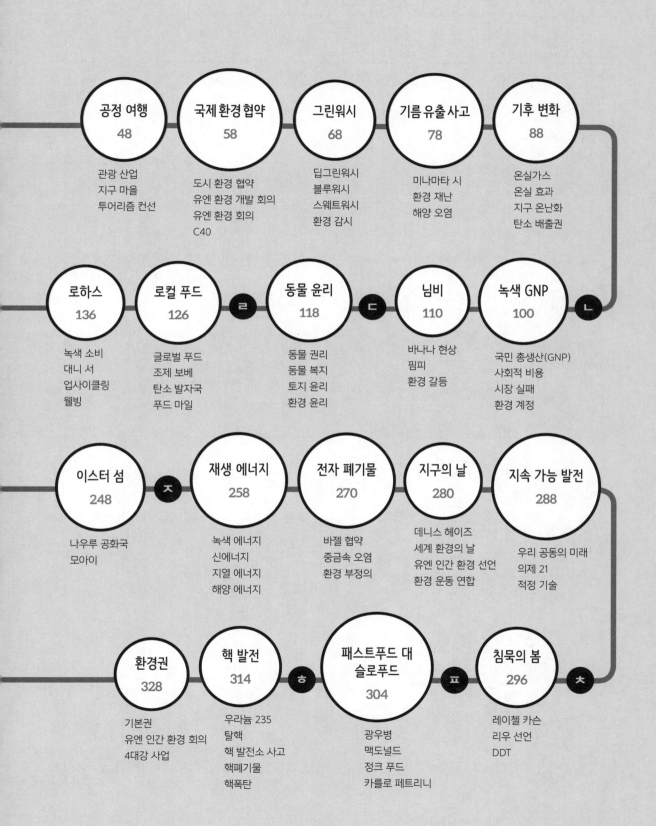

지구가 젊고 튼튼했을 때는
안 좋은 변화에 저항하고, 온도 조절이 잘못되면 바로잡았다.
하지만 현재 지구는 노쇠해 있고
기력 회복이 쉽지 않을지도 모른다.

제임스 러브록 지음, 이한음 옮김, 《가이아의 복수》, 세종서적, 2008, p. 23

하나로 연결된 지구의 일부가 망가지면

지구 전체가 무너져 버릴 수 있다.

도미노처럼.

사막화

지속 가능 발전

가이아 이론 Gaia Theory

개념 사전 1978년 영국의 과학자인 제임스 러브록이 '지구는 스스로 온도나 대기의 구성 요소를 조절한다'는 자신의 가설을 《가이아: 지구 상의 생명을 보는 새로운 관점》에 소개하면서 정립한 이론이다.

'가이아'는 그리스 신화에 등장하는 대지의 여신이다. 지구는 하나의 살아 있는 생명체이고, 인간도 그 생명체의 일부라는 내용의 가이아 이론은 이전까지 사람들이 지구를 이해하던 사고방식을 획기적으로 변화시켰다.

사용 예 "결국 가이아는 지구의 모든 생물과 무생물이 하나라는 뜻이잖아?"

● 1969년
영국의 대기화학자인
제임스 러브록(아래)이
'지구는 살아 있는 자기
조절 시스템'이라는
가설에 '가이아'라는
이름을 붙이다.

1969년, 미국 프린스턴 대학교에서 과학 회의가 열렸다. 그날 회의에서 한 과학자가 '지구는 스스로 자신의 환경을 조절하는 시스템을 작동시키고 있다'는 새로운 가설을 발표했다. 결국 이것은 지구를 하나의 생명체로 보는 시각이었다. 그는 바로 영국의 대기화학자, 제임스 러브록(James E. Lovelock)이었다. 그럴듯한 가설이라고 인정한 과학자들도 있었지만, 대부분은 말도 안 되는 이야기라며 무시하고 비웃었다.

러브록과 그 가설에 대해 이야기를 나누던 소설가 윌리엄 골딩은 그 가설에 고대 그리스 신화에 나오는 대지의 여신인 '가이아'라는 이름을 붙이면 어떻겠느냐고 제안했다. 러브록은 모든 것의 원초이자 지구를 상징하는 가이아가 '지구는 살아 있다'는 자신의 가설을 가장 잘 설명해 주는 이름이라고 생각했다. 러브록의 획기적인 생각은 그렇게 '가이아 이론'이라는 이름을 갖게 됐다.

지구 스스로 온도와 대기 상태를 유지한다고?

1960년대 중반, 미국 항공 우주국(NASA)의 화성 생명체 탐사 계획에 연구원으로 참여한 러브록은 화성에 살아 있는 생명체가 있는지 알고 싶었다. 그에게 생명체란 음식을 먹고 소화시켜서 배변을 하거나, 산소를 마시고 이산화탄소를 내뱉는 동물과 물, 양분, 이산화탄소를 흡수하고 산소를 내보내는 식물처럼 '에너지와 물질을 취하고 노폐물을 배출하는 것'이었다. 러브록은 이러한 생명체의 특성을 이용하면 화성에 가지 않고도 그곳에 생명체가 있는지 없는지 알아낼 수 있을 것이라고 생각했다. 그래서 망원경을 통해 화성의 대기를 보고, 대기를 구성하는 기체들을 분석하여 지구와 비슷한 흔적이 나타나는지 알아보았다. 그리고 마침내 그곳에 생명체가 존재하지 않는다는 결론을 내렸다.

그런데 화성 연구를 하던 러브록은 지구의 대기 상태에서 놀라운 특징을 발견했다. 지구에 생명이 탄생한 뒤로 태양열은 더 뜨거워졌는데 지구의 표면 온도는 지금까지 항상 일정한 상태를 유지해 왔다는 사실이었다. 그는 지구가 이렇게 일정한 온도를 유지하는 것이 바깥 온도가 달라도 사람이 항상 체온을 36.5도로 유지하는 것과 같은 원리일지 모른다고 생각했다. 또 한 가지 그가 발견한 특징은 지구와 주변 행성의 대기 성분이 크게 다르다는 사실이었다. 금성과 화성은 대기 중 이산화탄소의 비율이 95퍼센트를 차지하지만 지구는 0.03퍼센트뿐이었다.

러브록은 연구를 거듭하여 지구에 있는 무생물과 그 속에서 살아가는 생물이 복잡하게 연결되어 있고, 이러한 상호 작용 속에서 지구가 온도나 대기 상태를 일정하게 유지하는 것이라는 데까지 생각을 발전시켰다. 이렇게 지구가 '자기 조절 시스템'을 갖는다는 가설은 세웠지만 막상 지구가 어떻게 현재의 온도와 대기 성분을 유지하는지는 알 수 없었다.

1973년
러브록이 미생물학자인
마굴리스(위)와 함께
가이아에 관한 첫 논문을
발표하다.

그 무렵 미국의 미생물학자인 린 마굴리스(Lynn Margulis)가 러브록에게 연락을 해 왔다. 마굴리스는 그동안의 연구를 통해 토양 속에 있는 수많은 박테리아들이 다양한 기체를 만들어 내고, 또 없애기도 한다는 사실을 알고 있었다. 그녀는 이 원리를 바탕으로 러브록의 가설에 힘을 실어 주었다.

그 뒤 두 과학자는 가이아 가설을 좀 더 탄탄하게 뒷받침하기 위해 함께 연구를 시작했고, 1973년에 가이아에 관한 첫 논문을 발표했다. 1978년, 러브록은 《가이아 : 지구 상의 생명을 보는 새로운 관점》이라는 책을 펴냈고, 가이아 이론이 많은 사람들에게 알려졌다.

1978년
러브록이 《가이아 :
지구 상의 생명을 보는
새로운 관점》을 펴내다.

숨 쉬는 지구의 비밀은 **데이지의 세계** 속에!

○ **사회적 배경**
　환경론자들이 가이아 이론을 바탕으로 환경 문제를 다루기 시작하다.

● **1982년**
가이아 이론을 증명하기 위해 '데이지의 세계'라는 실험을 하다.

　그 당시 지구를 하나의 생명체로 여기는 가이아 이론은 신선한 아이디어였다. 하지만 그만큼 반대하는 과학자도 많았다. 러브록은 자신의 이론을 증명하기 위해 컴퓨터로 모형을 만들었다. 그 모형의 이름은 '데이지의 세계'였다.

　데이지의 세계는 지구와 비슷한 행성이다. 이곳에는 검은색 데이지와 흰색 데이지 두 종류의 식물만 있다. 모든 식물이 그렇듯이 두 데이지는 살 공간을 차지하기 위해 서로 경쟁한다. 행성 전체의 모든 조건은 같다. 비도 알맞게 오고 양분도 적당하다. 차이가 있다면 지구처럼 적도 부근은 온도가 높고, 극지방은 온도가 낮다는 것이다. 이런 조건 속에서 행성이 햇빛을 받아 더워지기 시작하자 처음에는 적도 부근에 검은색 데이지만 나타났다(①). 검은색은 열을 흡수해서 스스로 온도를 높이기 때문에 행성이 그리 덥지 않은 초기에는 그나마 따뜻한 적도 부근에서만 검은색 데이지가 자랄 수 있었던 것이다. 하지만 행성의 온도가 점점 높아져서 적도 부근이 너무 더워지자 검은색 데이지는 적도를 떠나 온대 지역으로 이동했다(②). 더워진 적도 지방에는 열을 반사하는 흰색 데이지가 자리를 잡았지만 태양이 계속 뜨거워지자 흰색 데이지도 그곳에서 살 수 없었다. 결국 흰색 데이지는 온대 지역으로, 검은색 데이지는 극지방으로 이동했다(③). 태양이 더 뜨거워지자 흰색 데이지들은 극지방으로 올라갔고, 검은색 데이지는 사라졌다(④). 그리고

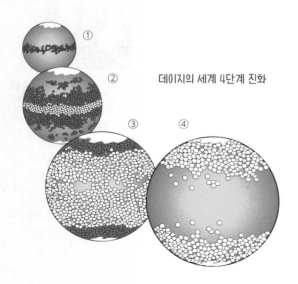

데이지의 세계 4단계 진화

그 뒤 모든 데이지가 사라졌다. 러브록은 데이지의 세계 모형을 시작할 때 기본적인 조건만 설정한 뒤로는 어떤 조작도 하지 않았다. 열을 흡수하는 검은색 데이지와 열을 반사하는 흰색 데이지는 태양이 뜨거워짐에 따라 자라나고, 스스로 위치를 옮겼다.

하지만 이 모형의 의미는 여기서 끝이 아니었다. 러브록은 행성에 데이지가 처음 나타날 때부터 모두 사라질 때까지 행성의 온도가 어떻게 변하는지 기록했다. 그 결과 검은색 데이지가 꽃을 피울 때부터 모든 데이지가 사라질 때까지 행성의 온도는 일정하게 유지되었다. 행성의 온도가 비교적 낮을 때는 검은색 데이지가 열을

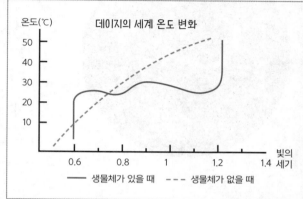

흡수하여 행성의 온도를 높였고, 행성의 온도가 높아졌을 때는 흰색 데이지가 열을 반사하여 행성의 온도를 낮췄기 때문이다. 러브록은 누군가 데이지의 개수를 조정하지 않았고 데이지 역시 제 마음대로 옮겨 다니지 않았지만, 스스로 온도를 조절하는 결과를 낳았다고 설명했다.

데이지의 세계가 보여 주는 핵심은 환경이 생물에 영향을 미치고, 다시 생물이 환경에 영향을 미치면서 행성이 안정된 상태를 유지한다는 사실이다. 러브록은 이 모형에 더 다양한 색깔의 데이지와 데이지를 먹는 토끼, 토끼를 잡아먹는 여우 등 더 복잡하고 정교한 요소들을 추가시켰다. 결과는 어땠을까? 모형이 복잡해질수록 행성의 자기 조절 능력은 더 안정되었다. 이 모형을 통해서 러브록은 지구 역시 생물과 무생물이 서로 영향을 주고받으면서 온도나 대기 성질이 일정하게 유지된다고 설명했다. 결국 지구도 하나의 생명체처럼 자신을 스스로 조절하는 존재라는 것이었다.

우리 모두는 **가이아의 일부!**

45억 년 동안 안정된
상태를 유지해 온 지구

지구는 생명체가 탄생한 이후 45억 년 동안 생물과 무생물이 복잡하게 상호 작용하면서 일정한 환경을 유지시켜 왔다. 그 결과 수많은 생물이 숨 쉬고, 먹이를 먹고, 적당한 온도에서 살 수 있었다. 물론 그 속에는 인간도 포함된다. 데이지의 세계에서 봤듯이 행성이 일정한 온도를 유지하는 기간이 계속 반복되면, 그 행성은 영원할 수 있다. 그러나 온도가 급격히 올라간다거나, 산소의 양이 갑자기 줄어드는 등 어떠한 이유 때문에 안정된 시스템이 깨지면 그 행성은 순식간에 무너지고 만다. 지구도 마찬가지이다. 환경 문제의 정도가 심하지 않을 때에는 지구가 스스로 자기 조절을 하면서 안정을 유지할 수 있지만 정도가 심해지면 안정을 유지할 수 없는 상태에 이를 수 있다. 그런데 지금, 인간이 석탄이나 석유 같은 화석 연료[1]를 사용하고 숲의 나무들을 베어 낸 결과, 지구가 더워지는 지구 온난화 현상이 지구 곳곳에서 일어나는 등 지구의 시스템에 빨간 불이 켜지고 있다.

가이아 이론은 지구의 모든 생물과 무생물이 연결되어 있고, 그 연결이 얼마나 중요한지를 일깨워 준다. 복잡한 그물망으로 연결된 지구 생태계에서 몇몇 고리만 끊어져도 그 영향은 전체로 퍼지고 만다. 그 시스템을 무너뜨릴 가능성이 가장 큰 존재는 인간이다. 우리가 타고 다니는 자동차, 함부로 올리는 난방 온도, 마구 버리는 쓰레기 등은 대지의 여신인 가이아의 숨통을 막을 수 있다. 더 늦기 전에 눈을 크게 뜨자. 당신은 가이아의 일부분이다.

2001년
암스테르담 선언에서
가이아 이론을 인정하다.

현재
우리 모두가 지구를
이루는 구성원이자
작은 지구임을 깨닫다.

---

1   지질 시대에 땅속에 묻힌 생물이 화석같이 굳어져 오늘날 연료로 이용되는 물질. 석탄 따위가 여기에 속한다.

0.03

러브록은 지구가 금성, 화성과 달리
대기 중 이산화탄소의 비율이
0.03퍼센트뿐이라는 것을
발견했다.

린 마굴리스

미국의 생물학자(1935~2011).
세포생물학과 미생물 진화 분야
에 큰 기여를 했으며, 1970년대
중반 이후 제임스 러브록을 도와
가이아 이론을 증명하였다.

제임스 러브록

영국의 과학자(1919~). 화학,
대기과학 등을 연구했고, 지구
를 하나의 시스템으로 이해하
는 가이아 이론을 만들었다.

가이아 여신

그리스 신화 속 대지의 여신.
카오스에서 스스로 생겨나
하늘, 땅, 바다, 신, 인간을 낳
은, 모든 것의 원초이자 지구
를 상징한다.

가이아 이론

기후 변화

지구의 안정된 시스템이
손상되면서 심각한 기후
변화가 나타나고 있다.

1,000

러브록은 우리가 당장 내일부터
화석 연료를 사용하지 않더라도
대기가 정상으로 회복되려면 약
1,000년이 걸릴 것이라고 한다.

1978

러브록은 1978년에 자신의
책을 통해 '가이아 이론'을
발표했다.

'기후 변화'가
궁금하다면 **88**쪽

나는 쉽게 개발될 것으로 보이지 않는 많은 집터를 찾아냈다.
어떤 사람들은 그 집터들이 마을에서
너무 떨어져 있다고 생각할지 모르나 내가 보기에는
마을이 그곳으로부터 너무 떨어져 있었다.

헨리 데이비드 소로 지음, 강승영 옮김, 《월든》, 도서출판 이레, 2004, p. 97

도시화로 인한 개발의 한가운데 있었던
서울 강남의 빌딩숲

보존과 보전

환경 오염

개발 Development

개념 사전   토지나 자연 자원 따위를 사람의 필요에 따라 더 나은 상태로 바꾸어 놓는 것을 말한다.

산업이나 경제를 발달하게 하는 것도 개발이라고 한다. 세계적으로 산업화와 도시화를 겪으면서 대규모 개발이 끊임없이 이루어지고 있다. 개발을 하면 인간의 생활이 편리해지기 때문에 사람의 관점에서는 개발을 발전이라고 생각할 수도 있으나, 자연이나 동식물의 관점에서는 훼손이나 파괴를 의미하기도 한다.

사용 예   "과연 국토 개발은 경제 성장을 위해서 피할 수 없는 일일까?"

2011년 10월 30일 오후 11시 58분, 필리핀 마닐라에서 '다니카 마이 카마초'라는 이름의 여자아이가 태어났다. 3분 뒤인 31일 0시 1분에는 방글라데시의 다카에서 '오이쉬'라는 이름의 여자아이가 태어났다. 그리고 그날 세계 곳곳에서 70억 번째 생명이라는 수식어가 붙은 아기들이 태어났다. 2011년 10월 31일, 바야흐로 지구 마을 인구가 70억 명을 넘어선 것이다! 어느 나라의 어느 지역 아이가 70억 번째로 태어났는지 정확하게는 알 수 없었지만, 필리핀을 비롯한 각 나라에서는 저마다 70억 번째 아기의 탄생을 떠들썩하게 축하했다. 동시에 지구 곳곳에서 우려와 걱정의 목소리도 터져 나왔다. 인구 증가에 따른 환경 파괴나 가난, 식량 부족에 대한 대책이 마련되지 않았기 때문이었으리라.

세계 인구는 20세기 초, 16억 5000만 명을 기록한 지 100여 년 만에 네 배 이상 늘어났다.

인류의 등장이 곧 개발의 시작

인류는 지구에 등장함과 동시에 자연을 개발하기 시작했다. 초기 인류는 자연에서 먹을거리를 구하고 잠자리를 마련하며 알맞은 기후를 찾아 여러 지역을 돌아다니며 생활했다. 이러한 수렵·채집의 생활 방식은 환경을 크게 파괴시키지 않았다. 하지만 인류가 도구를 이용할 수 있게 되고, 한곳에 정착하여 농사를 짓기 시작하면서 사정이 크게 달라졌다. 늘어난 인구를 먹여 살리기 위해 농경지가 더 많이 필요해지자 사람들은 숲의 나무들을 베고 불태워 농사지을 땅을 마련했다. 농경지가 늘어나고 농사 기술이 발전할수록 사람들의 생활은 더욱 안정되었으며, 인구도 급격히 늘어났다. 사람들은 발달된 기술을 이용하여 물을 얻기 어

● 신석기 시대
인류가 농사를 지으면서 농경지를 마련하기 위해 숲을 개간하다.

려운 땅에도 농경지를 만들었다. 관개 수로[1]를 파서 물을 끌어와 농사를 지은 것이다. 이것이 바로 '관개 농업'이다.

한곳에 정착하여 살아야 하다 보니 사람들은 변화하는 날씨에 잘 적응할 궁리를 하기 시작했다. 특히 추운 날씨에 적응하려면 집 안을 따뜻하게 데울 땔감이 필요했다. 땔감 역시 숲에서 얻어야 하는 것이었다.

이처럼 인간은 삶에 필요한 모든 것을 자연에서 얻으며 생활을 발전시켜 왔다. 인간의 활동 자체가 자연 개발로 연결된 것이다. 물론 이때까지의 개발이란 숲을 파괴하는 것이 대부분이었고, 그것은 나무를 다시 심어 되돌릴 수 있는 문제였다. 하지만 산업 혁명 이후에 일어난 개발이 낳은 환경 문제는 그 이전과 비교할 수 없을 만큼 다양해지고 심각해졌다.

풍요와 오염을 동시에 만들어 낸 **산업화**

18세기 유럽에서 시작된 산업 혁명은 전 세계의 산업화로 이어졌다. 산업화 이전에는 1차 산업(농업) 중심이었기 때문에 생활필수품 대부분을 자급자족[2]하였으며, 이 수준에서 배출되는 폐수와 폐기물은 자연의 자정 능력[3]에 맡기는 것만으로도 충분했다.

하지만 산업 혁명과 과학 기술 발달로 경제 규모가 커지면서 사람들은 보다 많은 물건을 생산하고 소비했다. 당연히 이전보다 자연에서 훨

사회적 배경
관개 농업을 위한
개발이 지구 각지에서
대규모로 일어나다.

18세기
영국에서 산업화가
시작되어 전 세계적으로
개발이 가속화되다.

산업 혁명 당시 영국의
어느 제철소 모습
(윌리엄 벨 스콧의 작품)

---

1   근원지의 물을 논이나 밭으로 보내는 물길.
2   필요한 물자를 스스로 생산하여 충당함.
3   오염된 물이나 땅 따위가 물리학적 · 화학적 · 생물학적 작용으로 저절로 깨끗해지는 능력.

씬 많은 것을 가져와 쓰고 버리면서 일부 자원은 고갈되기도 했다. 산업화의 물결로 세계 곳곳에서 공업 단지를 세우고, 철도와 고속도로, 댐, 항구, 공항, 운하 등을 건설했다. 그 결과 경제가 가파르게 성장했으며, 생활 수준도 높아졌다.

이렇게 경제는 풍요로워졌지만 생산과 유통, 소비 과정에서 막대한 양의 오염 물질이 배출되어 생태계가 파괴되기 시작했다. 하지만 사람들은 더 다양한 화학 물질을 계속해서 만들어 냈고, 그만큼 화석 연료를 더 많이 사용할 수밖에 없었다. 중금속 등의 유해 물질도 계속해서 배출되고, 빈 병과 폐비닐 등 썩지 않는 쓰레기가 대량으로 버려졌다. 각종 매연들로 대기가 오염되었으며, 프레온 가스, 냉각수, 핵폐기물 등은 지구의 자연환경을 빠른 속도로 파괴시켰다.

오늘날, 지금 이 순간에도 산업화는 여전히 진행 중이다. 오히려 한층 더 수준 높은 기술력으로 한 번에 더 많이 생산해 낼 수 있게 되었다. 한 번의 클릭으로 원하는 물건을 손에 넣을 수 있으니 소비 또한 늘고 있다. 이렇듯 대량 생산과 대량 소비가 맞물려 속도가 붙으면서 자원 고갈과 환경 오염 문제는 더욱더 심각해지고 있다.

도시도 농촌도 도시화 때문에 울상

산업 혁명으로 산업화가 정착된 1800년대 이전에는 사람들 대부분이 농사를 짓고 살았기 때문에 도시에 사는 인구가 전체의 2.5퍼센트도 되지 않았다. 도시화 수준이 10퍼센트가 넘었던 최초의 나라는 16세기 초부터 도시화가 된 네덜란드였다. 그다음이 영국으로, 1800년에 런던은

18세기 이후
도시에 인구가 집중되고, 새로운 도시가 개발·확장되다.

유럽에서 가장 큰 도시가 되었다. 그리고 1995년에는 세계 인구의 43퍼센트가 도시에 집중된 것으로 나타났다.

거대화된 도시들은 환경에 영향을 미쳤다. 벽돌, 콘크리트, 유리, 금속 등의 인공물 때문에 땅의 모양이 바뀌는가 하면, 인공적인 열이 발생하여 25만 개 이상의 도시들이 주변 농촌보다 기온이 높은 '열섬'이 되었다. 열섬 현상이 발생한 도시에서는 지구 온난화의 원인인 이산화탄소, 배기가스 같은 오염 물질이 빠져 나가지 못해 대기 오염이 심해진다.

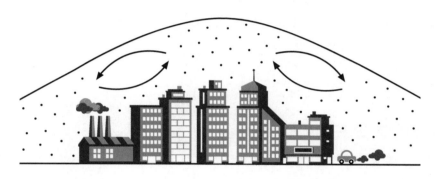

열섬 현상 때문에 자동차나 공장에서 나오는 매연이 빠져나가지 못하고 갇히게 된다.

도시가 팽창하자 농촌에도 변화가 생겼다. 단순히 식량을 얻기 위해 자급자족으로 농사를 짓던 사람들이 교배종, 화학 비료, 살충제, 농업 기계 등 자본과 에너지가 많이 들어가는 방식으로 농사를 지어 시장에 내다 팔기 위해 농작물을 생산하기 시작한 것이다.

물론 처음에는 농업 생산력이 늘어났지만, 그럴수록 더 많은 양의 화학 비료와 살충제가 필요해졌다. 결국 더 비싼 비용을 들여야 이전과 같은 양의 작물을 생산할 수 있게 된 것이다. 자급이 목적이었던 소규모

아이티의 수도,
포르토프랭스 지역 산지의
경작지 모습이다.

농업은 대규모 공장형 농업에 밀려 숲을 베어 내고 토양을 깎아 만든 척박한 땅으로 물러나야만 했다.

이러한 산림 벌채와 토양 침식의 최악의 사례 중 하나가 아이티이다. 아이티에서는 다국적 농업 기업들이 계곡 아래쪽의 가장 비옥한 토지를 소유하고 있다. 반면 빈곤층은 나무를 깎아 낸 산비탈에 겨우 자리를 잡고 논밭을 일구며 생존을 이어 가고 있다.

결국 도시화로 인해 도시는 도시대로 농촌은 농촌대로 풀기 어려운 숙제를 떠안게 되었다.

산업화와 도시화는 지구 몸살의 주범

산업화와 도시화가 진행되면서 사람들은 지구 곳곳의 땅을 마음대로 바꾸어 왔다. 그 결과 매우 큰 규모와 빠른 속도, 그리고 다양한 종류의 유례 없는 환경 변화가 일어났다.

세계 4대 문명 가운데 하나인 메소포타미아 문명을 일으켰던 티그리스 강과 유프라테스 강 주변의 습지대가 사라진 일은 믿기 어려울 정도이다. 메소포타미아 지역에 자리 잡은 나라들은 매년 두 강이 범람하는 덕분에 영양분이 풍부한 농지의 혜택을 누릴 수 있었다. 하지만 불어나는 인구를 감당하기 위해서 더 많은 토지를 농지로 바꾸었고, 농사를 짓기 위해 관개 수로를 여기저기로 연결하면서 풍부했던 수자원이 고갈되고, 습지는 사막으로 바뀌었다. 그로 인해 동식물들이 서식지를 잃었고, 오랜 세월 동안 습지대에 적응하며 살아온 원주민들이 보금자리를 잃기도 했다.

한편 땅의 대부분이 콘크리트와 시멘트로 덮인 도시 지역은 잦은 홍수로 몸살을 앓고 있다. 물을 흡수하는 스펀지 역할을 하던 흙과 녹지가 부족해지는 바람에 조금만 비가 많이 와도 물이 포장도로 위로 넘치는 것이다. 실제로 우리나라에서도 2013년 여름에 짧은 시간에 많은 비가 쏟아져 서울시 곳곳이 하수관에서 역류한 물에 잠기는 일이 있었다. 또 우면산의 일부가 무너져 내리는 바람에 주거지까지 흙더미가 밀려들어 인명 피해를 입기도 했다.

자원을 무분별하게 개발하는 바람에 석유와 석탄, 천연가스 등은 이제 그 매장량이 얼마 남지 않았다고 한다. 게다가 공장을 돌리고, 냉난방을 하고, 자동차를 굴리기 위해 이러한 화석 연료를 끊임없이 태운 결과 공기가 오염되었고, 오염 물질은 다시 비를 타고 내려와 땅을 오염시키고 있다. 또 온실가스가 대기 중에 너무 많이 방출되어 지구는 점차 더워지고 있다. 지구의 평균 온도가 높아지면서 오랫동안 유지되었던 기후 체계가 변하기 시작했고, 예측할 수 없는 홍수나 가뭄 등의 재해가 지구 곳곳에서 일어나고 있다.

과도한 화석 연료 사용으로
점차 고갈되는 석탄

늦었지만, 이제라도! 지구를 위한 **지속 가능 발전**

이제 사람들은 개발이 마냥 좋기만 한 것은 아니라는 사실을 깨닫고 있다. 늦은 감이 있긴 하지만 무분별한 개발을 막기 위한 고민도 시작되었다. 같은 시대를 살아가는 지구 마을 이웃들 가운데 개발의 혜택을 누리지 못한 채 피해만 더 크게 입은 사람들을 생각하게 되었고, 지금의 과도한 개발이 다음 세대가 누려야 할 환경의 혜택을 빼앗고 있다는 사실도 깨닫기 시작했다. 그래서 인간의 이익만 생각한 지금까지의 개발 방법에 대해 반성을 하고, 하나뿐인 지구의 한계를 넘어서지 않으면서 인류도 함께 발전할 수 있는 지속 가능한 개발 방법을 고민하고 있다.

1992년, 브라질 리우데자네이루에서 '리우 회의'라고도 불리는 '유엔 환경 개발 회의(환경 및 개발에 관한 국제 연합 회의)'가 열린 것을 시작으로, 환경 문제를 해결하기 위해 다양한 국제회의가 열리고 있다. 여러 나라가 참여하여 환경 문제를 더 이상 만들지 않기 위한 약속을 정하고, 도시와 지역, 마을, 개인 차원에서 지켜야 할 바람직한 행동들을 마련하기도 한다.

이러한 국제적인 노력과 더불어 중요한 것이 또 있다. 지구 마을 사람 모두가 그리고 우리 개개인이 개발이 가진 문제점을 알고 지속 가능한 발전을 위한 노력에 동참하는 것이다.

● **1992년**
개발로 인한 환경 문제가 심각해지자 브라질에서 유엔 환경 개발 회의가 열리고, 지속 가능한 발전의 방향을 고민하다.

● **현재**
개발의 혜택을 누리고 있는 모두가 개발이 가진 문제점을 깨닫다.

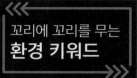

7,000,000,000

2011년 10월 31일,
세계 인구가 70억 명을
돌파했다.

소규모 농업

자급자족을 목적으로 농가
에서 직접 곡물을 재배하
고, 소비하는 작은 규모의
농업 형태이다.

열섬 현상

산업화와 도시화가 진행되면
서 난방 시설과 자동차 등에
서 인공열이 발생하여 도심
지역이 주변보다 온도가 높
은 현상이다.

개발

다국적 농업 기업

다양한 농산물에 대한 수요가 증
가하면서 전 세계를 대상으로 대
규모 농업을 주도하는 기업이다.

지속 가능 발전

이제는 무분별한 개발이 아
닌, 지구를 위해 지속 가능
발전을 생각해야 할 때이다.

18

18세기에 일어난 유럽의
산업 혁명 이후 인간의 무분별한
개발로 생태계가 파괴되기
시작했다.

대규모 농업

자본과 기술력을 갖춘 다국적
기업이 농기계와 화학 비료를
사용하여 대량 생산을 하는
큰 규모의 기업적 농업이다.

'지속 가능 발전'이
궁금하다면 **288쪽**

누구나 초원을 사용할 수 있다면
모두가 초원을 사용할 수 없게 된다.

개릿 하딘

여럿이 사용하는 공원의 수도꼭지,

나의 것이 아니라는 이유로

물을 콸콸 흘려 보내고 있지 않은지?

이스터 섬

환경 오염

공유지의 비극 Tragedy of the Commons

개념 사전   사회 구성원이 모두 함께 사용하는 공공 자원을 개인의 이익을 추구하는 시장이나 구성원들의 자율에 맡길 경우 자원이 고갈될 위험이 있다는 심각성을 설명하는 용어이다.

지하자원, 초원, 공기, 어장 등 자연환경에서 얻는 자원 대부분이 공공 자원에 해당된다. 공공 자원을 사유화하거나, 국가가 개입하여 관리하는 등 여러 가지 대안이 공유지의 비극을 해결하기 위한 해법으로 제시되고 있다.

사용 예   "저 공원의 모과를 모두 가져가 버려서 예쁜 열매를 감상할 수 없다니. 공유지의 비극이군!"

누구나 공유할 수 있는 목초지에 자신들의 소를 남몰래 더 풀어놓으면 어떻게 될까?

어느 마을에 풀이 잘 자라는 야생 초원이 있었다. 이 목초지는 소 100마리를 키우기에 딱 알맞은 크기인 데다가 경계도 없고 주인도 없어서 마을 주민들이 자신들의 소를 풀어놓고 길렀다. 따로 비용을 지불하지 않고도 소에게 신선한 풀을 마음껏 먹일 수 있었으니 말이다.

그러던 어느 날, 한 집에서 남들 몰래 이 목초지에 소를 한 마리 더 풀어놓았다. 그리고 얼마 지나지 않아 그 목초지가 완전히 황폐화되었다. 과연 그 목초지에는 무슨 일이 일어났던 것일까?

목초지가 사라진 게 **마을 사람들** 탓이라고?

자연 상태에서 생겨나는 풀은 가축이나 야생 동물이 뜯어 먹어도 일정 시간을 두고 계속 자라난다. 그렇기 때문에 사람들은 오래전부터 아무런 대가도 지불하지 않고 목초지에 가축을 풀어 길러 왔다. 하지만 목초지의 넓이와 풀이 자라는 속도는 한정되어 있기 때문에 누군가가 자신의 소를 더 풀어놓는다면 다른 사람들은 그만큼 자신의 소에게 풀을 덜 먹일 수밖에 없다.

위의 이야기 속 마을 사람들도 그 사실을 알았을 것이다. 목초지에 소를 몰래 더 풀어놓은 것이 한 집만이 아니었기 때문이다. 집집마다 자신의 이익을 위해 몰래 소를 한두 마리씩 더 풀어놓는 바람에 목초지는 소들로 넘쳐 났다. 100마리가 넘는 소들이 100마리가 먹을 분량의 풀을 뜯어 먹다 보니 얼마 지나지 않아 목초지에는 먹을 풀이 남아나지 않았고, 그 뒤로 그곳에서는 더 이상 한 마리의 소도 기를 수 없게 되었다.

이렇게 공동으로 사용하는 목초지가 파괴되는 것에는 아무 관심 없이, 오로지 자신들의 이익만 추구하다가 결국 모두의 이익이 사라져 버렸다.

개인의 이기심이 자원을 고갈시킨다면?

1968년 12월, 미국의 생태학자인 개릿 하딘(Garrett Hardin)은 유명한 과학 전문 잡지인 〈사이언스〉지에 현대 환경 사상에 매우 중요한 영향을 미친 한 편의 논문을 실었다. 그 논문의 제목이 바로 〈공유지[1]의 비극〉이다. 앞에서 소개한 공동의 목초지가 바로 공유지의 비극을 설명하기 위해 하딘이 예로 든 이야기이다.

하딘은 목초지에서 벌어진 문제가 인간이 자연환경을 이용할 때 언제나 발생한다고 보았다. 사람들은 물, 공기, 토양, 숲, 초지, 물고기, 지하수, 지하자원과 같이 공동체 모두가 사용하는 자원을 생각 없이 마구 써 버린다. 내 것이 아니라 함께 사용하는 자원이기 때문에 아끼려는 마음을 갖지 않기 때문이다. 그러면 결국 자원이 고갈되거나 오염되어 더 이상 사용할 수 없게 될 위험이 크다. 이것이 바로 인간의 이기심과 그로 인해 생기는 결과를 설명하는 공유지의 비극이다.

1968년
개릿 하딘이 논문
〈공유지의 비극〉을
발표하다.

---

1   두 사람 이상이 공동으로 소유하는 땅.

공유지의 비극은 환경 자원의 고갈과 훼손 문제의 심각성을 설명하는 용어로 유명해진 동시에 경제 용어로도 많은 관심을 받았다. 18세기 영국의 경제학자인 애덤 스미스(Adam Smith)는 자본주의 사회에서 각 개인이 자신의 이익을 추구하는 동안 '보이지 않는 손[2]'에 이끌려 사적인 이익이 공동체 전체의 이익으로 이어진다고 주장했다. 하지만 공유지의 비극이라는 입장에서 보면 제한적인 공유지를 과도하게 사용하는 것은 당장은 개인의 이익에 도움이 되는 것 같지만 결과적으로는 시장 전체에 손해를 불러올 수밖에 없기 때문에 경제적으로 해결이 필요한 문제가 된다. 이렇게 공유지의 비극은 이후 여러 분야, 특히 경제학에서 자주 인용되었다.

사회적 배경
하딘의 논문 발표 이후 경제학을 비롯한 사회과학 분야에서 공유지의 비극이 널리 인용되다.

공유지의 비극, 어떻게 해결할 수 있을까?

그렇다면 공유지의 비극을 막기 위한 해결책은 없는 것일까? 전문가들의 의견을 모아 보면 공유지의 비극을 해결하기 위한 방법은 세 가지 정도로 정리할 수 있다.

공유지의 비극을 해결할 수 있는 1차원적인 방법은 공유지를 나누어 개인이 소유할 수 있게 하는 것이다. 이것을 '사유화'라고 한다. 하딘은 영국의 '인클로저(Enclosure) 운동'을 사유화의 예로 들었다. 15세기 이래, 영국에서는 양털을 실로 뽑아 모직 옷감을 만드는 '방적 산업'이 크

---

2   애덤 스미스가 자신의 저서인 《국부론》과 《도덕감정론》에서 사용한 말. 신이나 정부가 개입하지 않아도 경제 활동을 하는 개개인이 자신의 이익을 추구하는 동안 자원 배분이 저절로 이루어지는 시장 기능을 비유한 말로, 결국 개개인의 모든 이해는 자연적으로 조화를 이룬다는 사상이다.

게 발달했다. 양털로 만든 모직물이 꽤 큰돈이 되자 영국 정부와 지주들은 더 큰 이익을 남기기 위해 미개간지나 공동 방목장과 같은 공유지에 울타리를 쳐서 개인의 땅으로 삼고 양을 키우기 시작했다. 이후 18~19세기에 이르러서는 농작물을 생산하기 위해 공유지에 담을 쌓는 일이 일어났다. 이렇게 영국에서 모직 공업의 발달로 양모 수요가 늘어나고, 도시 인구가 증가하면서 식량 수요도 많아지자 목초지와 농지의 가치가 더 커져 인클로저 운동이 일어난 것이다.

사유화의 사례는 또 찾아볼 수 있다. 1980년대에 아프리카는 코끼리 밀렵으로 몸살을 앓았다. 상아를 팔아 큰돈을 번 사람들이 무분별하게 코끼리 사냥에 나서는 바람에 코끼리가 멸종할 위기에 처한 것이다. 그러자 케냐 정부는 코끼리 사냥을 금지하고, 코끼리 가죽과 상아 거래를 단속했다. 반면 짐바브웨 정부는 코끼리 서식지의 주민들에게 코끼리에 대한 재산권을 주어 사유 재산으로 인정해 주었다. 그 결과는 어땠을까? 케냐에서는 10년 동안 코끼리의 수가 약 6만 5천 마리에서 1만 9천여 마리로 크게 감소했으며, 같은 기간 동안 짐바브웨에서는 코끼리의 수가 증가했다. 이렇듯 자기 몫이 생기면 그만큼 소중하게 아끼고 관리하게 될 것이니 개인에게 관리의 책임을 심어 주어 자원을 보존하자는 것이 사유화의 핵심이다.

1980년대 ●
짐바브웨 정부가
코끼리를 주민들의
사유 재산으로 인정하다. ▼

이와 달리 정부가 개입해 법이나 제도 등 강제적인 방법으로 공유지의 황폐화를 막고 관리해야 한다는 주장도 있다. 경계가 명확하지 않은 해양 자원처럼 개인 차원에서 보전·관리하기가 어려운 공유 자원도 있기 때문이다. 고래를 예로 들어 보자. 먼저, 넓은 바다에 경계를 그어 개인의 소유로 만드는 것은 불가능하다. 그리고 고래의 수는 한정되어 있기 때문에 사람들은 한 마리라도 먼저 잡아서 팔려고 할 테고, 그렇게

● 1986년
국제 포경 위원회에서
세계적으로 고래 포획을
금지하다.

일본의 불법 고래 포획에
반대하는 시위 현장.
국제적인 약속과
법률에도 불구하고 여전히
지구 곳곳에서 불법으로
고래를 잡고 있다.

되면 결국 앞서 살펴본 목초지의 비극처럼 고래는 멸종 위기에 처하고
말 것이다. 국가들 사이에 '국제 포경 규제 조약'이나 '멸종 위기종 관리
법' 등의 약속과 법률이 생겨난 것은 바로 이 때문이다.

마지막 방법은 국가의 강제적인 개입 없이 공동체 구성원이 자발적
으로 나서는 것이다. 이는 사람들 사이에 유대와 신뢰가 있다면, 인간은
개인의 이기심을 뒤로 하고 대화하고 소통하며 공동체를 위해 행동하는
존재라는 믿음에서 출발한 것이다. 과거 미국 메인 주 연안은 바닷가재
낚시로 유명했다. 그러나 마구잡이로 바닷가재를 잡는 통에 1920년대에
바닷가재가 없어질 위기에 처했다. 이 사실을 깨달은 어부들은 자율적
으로 바닷가재 통발을 놓는 규칙과 순서 등에 대한 규율을 만들어 바닷
가재를 잡는 양을 조절했다. 그 결과 남획[3]으로 바닷가재가 사라져 버
린 다른 지역들과 달리 그곳만은 바닷가재 어장을 유지할 수 있었다. 공
동체의 자율성과 소통으로 공유 자원을 효율적으로 관리하고, 환경 파
괴도 막을 수 있었던 것이다.

아끼면 나만 **바보** 된다는 생각

공유지의 비극은 생각보다 우리 가까이에서 벌어지고 있다. 다음 질
문들의 답을 생각해 보고 공통점을 찾아보자.

왜 청계천에 심은 사과나무의 사과는 채 익기도 전에 모두 사라질까?
왜 사람이 많이 다니는 산 곳곳에 다람쥐나 청설모의 먹이인 도토리를

3   짐승이나 물고기 따위를 마구 잡는 일.

줍지 말라는 안내문이 붙어 있을까? 왜 휴가철 바닷가에는 각종 쓰레기가 산더미처럼 쌓일까? 왜 공중화장실의 화장지는 집에서 쓰는 화장지보다 빨리 없어질까? 왜 대형마트의 박스 테이프는 금방 소모될까? 왜 사람들은 대중목욕탕에서는 물이 넘치는 것을 보고도 수도꼭지를 잠그지 않을까? 왜 지하철역이나 공원의 화장실은 집 안에 있는 화장실보다 더러울까?

늘 일어나는 사소한 일들이라고 생각할지 모르지만 이런 일들이 모두 공유지의 비극으로 설명된다. 모두가 공유하는 공간이나 물건, 시설 등 누구나 무료로 사용할 수 있는 공유 자원은 누군가의 소유가 아니기 때문에 사람들이 아껴야 할 필요성을 느끼지 못하기 때문이다. 결국 사람들의 이기심은 자원을 고갈시켜 버리는 비극을 낳고, 모두의 것은 누구의 것도 아니게 된다.

왜 공중화장실의 화장지는
더 빨리 없어지는 걸까?

안내문을 붙여도
사람들은 거리낌 없이
도토리를 줍는다.

지구라는 **작은 우주선** 안에서 살아가는 사람들

인류에게 가장 크고 유일한 공유지는 바로 우리가 살고 있는 지구이다. '우주선 지구호(Spaceship Earth)'라는 말을 들어 보았는가? 미국의 경제학자인 케네스 볼딩(Kenneth Ewart Boulding)은 《국경 없는 세계》라는 자신의 책에서, 오늘날 지구 상에 존재하는 자원의 양은 정해져 있기 때문에 태양광 말고는 외부에서 유입되는 자원이 없어 모든 것을 절약해야 하는 '우주선 경제' 체제로 바꾸어 나가야 한다고 주장했다. 하딘은 지구를 하나의 우주선으로 본 볼딩의 우주선 지구호 개념을 지지하며, 인구 제한을 주장하기도 했다. 지구 자원을 인류 전체의 공유 자원이라고 본다면 인구가 증가할 경우 무책임한 자원 이용도 증가해 공유지의 비극이 생길 수 있다는 것이 그 이유였다. 하딘이 〈공유지의 비극〉이라는 논문을 발표한 궁극적인 목적도 인구가 포화 상태에 이르면 지구가 파멸할 수도 있다는 것을 증명하기 위해서였다.

우리 모두의 공유지인 지구는 인구 문제를 비롯한 수많은 환경 문제로 몸살을 앓고 있다. 특히 과도한 경제 성장 논리에 휘둘리면서 끝없이 화석 연료를 소비한 결과 뜨거운 탄소 쓰레기장이 되어 매우 위태로운 공유지가 되었다. 지구 전체적으로 큰 위기에 빠진 것을 우리 모두 알고 있지만, 나라들 사이의 입장 차이 때문에 문제를 해결하기 위한 합의점을 찾는 데 어려움을 겪고 있다. 지금 우리는 우리의 비극을 팔짱을 낀 채 바라보고만 있는 것은 아닐까?

○ **현재**
우리 모두 지구라는
위태로운 공유지에서
▼ 살고 있다.

공유 자원

사회 전체에 속한 자원으로, 누구나 비용을 지불하지 않고 사용할 수 있으나 한 사람이 사용하면 다른 사람이 그것을 사용하는 데 제한을 받는다.

개릿 하딘

미국의 생태학자(1915~2003). 개인의 이기심으로 인한 환경 파괴와 자원 고갈 문제를 지적한 '공유지의 비극'을 주장하였다.

100

'소 100마리를 키우기에 적당한 목초지에 사람들이 남몰래 소를 더 풀어놓는다면?' 공유지의 비극은 이 가설에서 시작된다.

인클로저 운동

근세 초기의 유럽, 특히 영국에서 영주나 대지주가 목양업이나 대규모 농업을 위해 공동 방목장과 같은 공유지를 사유지로 만든 움직임이다.

공유지의 비극

1968

1968년, 개릿 하딘이 최초로 '공유지의 비극'을 언급했다.

우주선 지구호

미국의 경제학자인 케네스 볼딩이 사용한 용어로, 지구를 태양광을 제외하면 유입되는 자원이 없는 우주선으로 보는 입장이다.

님비

집단 지역 이기주의를 의미하는 님비 현상은 개인의 이익 추구 때문에 환경이 파괴되는 공유지의 비극의 연장선 위에 있다.

'님비'가
궁금하다면 **110쪽**

우리 모두는 새로운 여행을 시작하고 있습니다.
공정 무역은 오늘날 전 세계가 직면하고 있는
많은 문제들에 대한 해결책입니다.

폴 마이어스(국제 공정 무역 연합 회장), 2009년 세계 공정 무역의 날에

공정 무역 Fair Trade

개념 사전   경제 선진국과 개발 도상국 사이의 불공정한 무역 때문에 일어나는 개발
도상국의 빈곤 문제를 해결하기 위한, 세계적인 시민운동이자 사업이다.
대화와 존중에 기초하여 보다 공평하고 정의로운 관계를 추구하는 거래
방식을 말한다.

공정 무역의 목적은 물건을 만드는 사람들에게 물건을 만드는 데 드는 비용
과 노동에 대해 정당한 대가를 지불하는 것이다. 물건을 고를 때 만든 사람들
입장에서 한 번 더 생각하는 것이 공정 무역을 실천하는 것이다. 비슷한 의미
로 무역 정의, 대안 무역, 희망 무역, 얼굴 있는 거래, 윤리적 소비 등이 있다.

사용 예   "이 공정 무역 커피는 향도 좋고 맛도 정말 좋네!"

"변화요? 모든 게 달라졌죠. 처음에는 굶지 않는다는 것만으로도 너무 행복했어요. 전에는 하루하루 살길이 막막했는데, 이 일을 하게 돼서 얼마나 기뻤는지 몰라요. 가장 좋았던 건 딸을 학교에 보낼 수 있게 된 일이죠." 인도 뭄바이에서 공정 무역 제품을 만들며 살아가는 한 여성의 이야기이다.

많은 사람이 세상의 변화를 꿈꾼다. 때로는 거창한 변화를 꿈꾸기도 하지만, 소소한 변화에 기뻐하고 삶의 의미를 발견하기도 한다. 2000년대 초까지만 하더라도 '공정 무역'은 멀게만 느껴졌다. 그러나 여럿이 함께 꾸는 꿈은 반드시 이루어진다더니, 세계 곳곳에서 소소하지만 의미 있는 변화의 물결이 나타나기 시작했다. 단지 거래 방식을 바꾸었을 뿐인데, 사람들은 엄청난 삶의 변화를 느끼게 된 것이다. 제값을 주고 물건을 사는 공정 무역 단체와 사람들이 늘어나면서 열심히 일하고도 헐값에 물건을 팔아야 했던 사람들이 이처럼 거대한 변화를 경험하고 있다. 사는 사람들에게는 작은 변화일지 모르지만, 만드는 사람들에게는 마법과 같은 특별한 순간이 되기도 한다. 또한 사람들은 공정 무역을 통해 사람다운 삶에 대해 배운다. 그래서 사람들은 공정 무역을 '착한 거래'라고도 부른다.

아프리카의 여성들이 공정 무역 커피의 원두를 말리고 있다.

커피는 4,000원, 농민에게 돌아가는 몫은 고작 20원?

지금 우리는 마우스 클릭 몇 번만으로 다른 나라에서 생산되고 판매되는 제품을 살 수 있다. 옛날에는 생산자가 자신이 만들거나 재배한 것을 시장에 가지고 나왔고, 소비자는 직접 물건값을 흥정하며 필요한 제품을 구입했다. 하지만 지금은 누군가가 중간에서 정해 준 가격으로 물건을 사야 한다. 생산자와 소비자 둘 사이를 연결해 주는 또 다른 누군가, 즉 중개업자가 생긴 것이다.

그런데 '물건을 만드는 사람'과 '중개업자' 그리고 '사는 사람' 사이에 공정하지 못한 관계가 생기면 어떻게 될까? 생산하는 사람은 일한 만큼의 정당한 보수를 받지 못해 더 가난해지고 소비하는 사람은 부당한 값을 지불하여 손해를 보는데, 중개업자만 중간에서 이윤을 두둑하게 챙긴다면? 아마도 이 거래는 얼마 가지 못해 중단될 수밖에 없을 것이다. 자신에게 불공정한 거래를 계속 유지할 사람은 아무도 없기 때문이다. 한 보고서에 따르면 소비자가 우간다산 커피를 마시기 위해 내는 돈 가운데 우간다에서 원두를 재배한 농민에게 돌아가는 몫은 0.5퍼센트 정도뿐이라고 한다. 예를 들어, 여러분이 4000원짜리 커피를 한 잔 마실 때 그 커피 원두를 재배한 농민이 받는 돈은 20원뿐이다.

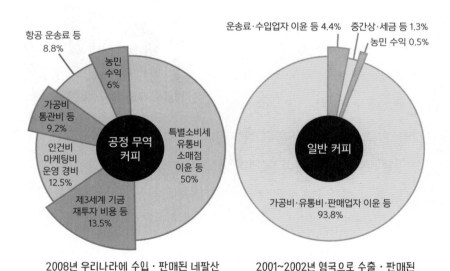

2008년 우리나라에 수입·판매된 네팔산
아라비카 커피 기준(자료: 아름다운 가게)

2001~2002년 영국으로 수출·판매된
우간다산 로버스터 커피 기준(자료: 옥스팜)

그럼 나머지 99.5퍼센트는? 중간 상인과 가공·유통업자 그리고 다국적 기업 등이 각자 자기 몫을 나눠 가진다.

공정 무역은 이처럼 공정하지 않은 거래 방식 속에서 가난한 나라의 사람들이 헐값에 노동력을 착취당하며 가난에서 벗어나지 못하는 문제를 인식하는 데 비롯되었다. 그래서 우선 유통[1] 과정에서 누군가에게만 이익이 지나치게 집중되는 것을 막고, 모두가 평등한 거래, 모두가 공정하다고 생각하는 거래를 시작했다. 이런 새로운 생각이 하나의 운동으로 발전하면서 세계로 퍼져 나가기 시작했다.

● 1940년대
미국의 '텐 사우전드 빌리지'가 푸에르토리코 바느질 자수 제품을 판매하기 시작하다.

◉ 사회적 배경
불공정한 무역에 대해 인식하고, 전 세계적으로 제3세계[2]의 빈곤 퇴치를 위해 노력하다.

● 1950년대
영국의 '옥스팜'에서 중국 난민들이 만든 수공예품을 판매하다.

● 1958년
최초의 공정 무역 가게가 미국에서 공식적으로 문을 열다.

희망이 자라는 아름다운 **공정 무역**

공정 무역의 시초는 미국의 시민 단체 중 하나인 '텐 사우전드 빌리지(Ten Thousand Villages)'에서 1940년대에 수공예품을 판매한 것으로 보고 있다. 그 뒤 1950년대 후반 '옥스팜(Oxfam)'이라는 영국의 구호 단체와 1960년대 네덜란드의 '월드 숍(World Shop)'이 본격적으

영국 옥스퍼드에 생긴 옥스팜 1호점

로 공정 무역에 나섰다. 1970년대에는 아시아, 아프리카, 남아프리카의 NGO[3]들이 선진국의 각 단체들과 관계를 맺기 위해 적극적으로 나섰

1 　상품 등이 생산자에서 소비자, 수요자에게 오기까지 여러 단계에서 교환되고 분배되는 활동.
2 　제2차 세계 대전 이후, 아시아 · 아프리카 · 라틴 아메리카의 개발 도상국을 이르는 말.
3 　정부 기관 또는 정부와 관련된 단체가 아닌 자발적으로 조직된 비영리 시민 단체.

2012년 세계 공정 무역의 날 한국 페스티벌에서 공정 무역 커피 시음 행사를 펼치고 있다.

다. 이러한 노력의 결실로 2000년대에는 매년 '세계 공정 무역의 날'을 기념하고 축제를 열 정도로 공정 무역이 크게 확산되었다.

우리나라에서도 페어 트레이드 코리아나 YMCA, 생협, 아름다운 가게 같은 NGO를 중심으로 공정 무역이 점차 확산되고 있다. 2000년대 초기에는 수공예품, 커피, 바나나 등의 일부 품목에 제한되었던 공정 무역 대상이 현재는 쌀, 사과, 코코아 등의 농산물, 설탕, 초콜릿, 와인, 맥주, 요거트 등의 가공식품, 면제품, 청바지 등의 의류와 같은 다양한 품목으로 늘어났다. 초기에는 공정 무역에 관심을 가지고 있던 NGO들이 주로 공정 무역 제품을 팔았지만, 이제는 공정 무역 제품 전문 쇼핑몰까지 생겨났다. 여기에 녹색 소비 운동을 주장하는 다양한 NGO들도 참여하기 시작했으며, 일부 백화점에 공정 무역 전용 코너가 생겨나기도 했다.

공정 무역이 **역차별**이라고?

그렇다면 어떻게 '공정한' 거래를 할 수 있을까? 가장 좋은 방법은 물건을 만든 사람과 사는 사람이 가까워지게 하는 것이다. 물건을 사고파는 날을 정해 놓고, 만든 사람과 사는 사람이 한자리에서 만나 서로 만족하는 가격에 거래를 했던 예전의 방식처럼 말이다.

공정 무역은 시장이 커지면서 나타난 문제를 소비자와 생산자가 직

1964년
영국의 옥스팜에서 '옥스팜 무역'이라는 무역 회사를 설립하다.

1967년
네덜란드에 '공정 무역 기구'가 설립되면서 공정 무역이 본격적으로 시작되다.

1970년대
아시아, 아프리카, 남아프리카의 NGO들을 중심으로 공정 무역이 확산되다.

1988년
네덜란드에서 '막스 하벨라르'라는 공정 무역 제품 인증 라벨을 붙여 판매하기 시작하다.

사회적 배경
공정 무역이 하나의 사회 운동으로 확산되다.

1997년
공정 무역 인증 기구인
'FLO 인터내셔널'이
설립되면서 공정 무역
라벨이 하나로 통일되다.

2001년
세계 공정 무역 기구가
5월 둘째 주 토요일을
'세계 공정 무역의 날'로
지정하다.

2003년
우리나라의 '아름다운
가게'에서 아시아 지역의
수공예품을 판매하다.

2004년
우리나라의 '두레 생협'이
필리핀의 마스코바도
설탕을 판매하다.

접적인 관계를 맺어 해결해 보자는 것이다. 공정 무역을 주도하는 사람들은 생산자가 누구이고, 생산자가 어떤 환경에서 어떻게 물건을 만드는지 인터넷이나 홍보물 등을 통해 소비자에게 상세히 알려 준다. 그리고 소비자가 지불하는 물건값이 어떻게 책정되었는지, 그중에서 얼마가 생산자에게 돌아가는지 정확하게 이해시켜 준다. 이렇게 되니 제값을 받을 수 있는 생산자는 책임감과 자부심을 갖고 보다 정성을 기울여 제품을 만들게 된다. 잘 만들수록 물건의 값어치가 올라가고, 공정하게 그 가치만큼의 값을 받을 수 있기 때문이다. 또한 소비자는 생산자를 이해하고, 신뢰와 존중을 쌓을 수 있다. 이렇게 생산자와 소비자가 직접적 관계를 맺으면 유통 과정에서 일어나는 노동력 착취나 불공정한 거래를 막을 수 있다.

어떤 사람들은 공정 무역이 오히려 가난한 나라의 생산자들에게만 이익이 돌아가는 불공평한 방식이라고 주장하지만, 실상은 전혀 그렇지 않다.

"우리는 거지가 아니다. 원조가 필요한 것도 아니다. 다만 소비자들이 정당한 대가를 지불하기만 한다면 우리의 삶은 지금보다 훨씬 나아질 것이다." 공정 무역을 희망하는 멕시코 농부의 말이다.

이처럼 생산자들은 원조를 구하는 것이 아니라 '정당한 대가'를 원한다. 공정 무역은 생산자가 제값을 받을 수 있도록 해 주고, 소비자가 노동 착취, 환경 파괴가 없는 지구 전체를 위한 윤리적 소비를 할 수 있는 특권을 부여한다. 따라서 생각을 조금 바꾸면, 공정 무역은 지구 마을이 함께 지속 가능한 사회를 만들어 갈 수 있는 희망적인 거래 방식이 될 수 있다.

정당한 대가를 지불하는 **착한 커피, 착한 초콜릿**

몇 년 전부터 우리나라에서 유통되고 있는 원두커피 '히말라야의 선물'은 대표적인 공정 무역 제품 중 하나이다. 그런데 이 커피에는 왜 이런 이름이 붙은 것일까?

대형 마트 공정 무역
제품 코너에 진열된
히말라야의 선물

커피는 오래전부터 플랜테이션[4] 방식으로 재배한 작물이다. 커피를 재배하는 원주민들은 항상 정당한 값을 받지 못하고 헐값에 커피를 넘겨 왔기 때문에 빈곤과 노동 착취에서 좀처럼 벗어나지 못하고 있었다. 반면 히말라야의 선물과 같은 공정 무역 커피는 농민과의 직거래를 통해 자유 거래 가격의 두세 배에 이르는 '공정한 가격'으로 수입되지만, 소비자에게는 일반적으로 유통되는 커피보다 더 낮은 가격에 판매된다. 대규모 단일 경작으로 인한 환경 파괴는 물론이고, 노동자를 착취한다는 사실 때문에 커피 한 잔의 여유조차 마음껏 즐기지 못했던 환경주의자들에게는 그야말로 큰 '선물'인 것이다.

한편 사랑을 고백하는 특별한 날이면 언제, 어디서, 어떤 과정을 통해 만들어졌는지 알 길이 없는 수많은 초콜릿이 알록달록한 포장지를 덧입고 진열대에 쌓여 있는 것을 볼 수 있다. 초콜릿을 팔기 위해 상업적인 의도로 만든 날이라는 거부감은 둘째 치고, 그 많은 초콜릿이 만들어지는 과정에서 밤낮

밸런타인데이에 나누는 초콜릿은
모두 어디에서 생산된 것일까?

4   선진국이 자신들의 농업 자본과 기술과 현지 원주민이나 이주 노동자들의 값싼 노동력을 이용하여 단일 경작을 하는 기업적인 농업 경영. 플랜테이션 작물에는 향신료 고무, 차, 삼, 커피, 카카오, 사탕수수, 바나나, 담배 등이 있다.

으로 혹사당하는 아이들의 눈물을 알게 된다면, 아마도 더 이상 달콤하게 느껴지지만은 않을 것이다.

초콜릿의 원료가 되는 카카오는 대부분 아프리카산으로, 약 25만 명의 아프리카 어린이가 카카오 농장에서 일한다. 그 가운데 인신매매로 끌려온 아이들도 1만 2천 명이 넘는다고 한다. 이렇게 생산된 카카오는 유럽에서 가공되어 전 세계인에게 비싼 가격에 팔린다.

"눈물 없이 생산된 의미 있는 초콜릿을 선물하세요!"라는 구호와 함께 판매되는 '착한 초콜릿'은 아동 착취가 없는 농민과의 직거래를 통해 들여온 카카오만 원료로 사용한다. 그뿐만 아니라 초콜릿을 만드는 과정에서 인공 첨가물을 넣지 않는다. 최소한 이 정도는 되어야 사랑하는 사람에게 선물할 수 있지 않을까?

맥도널드와 스타벅스도 공정 무역을 한다고?

● 2004년
맥도널드, 네슬레,
스타벅스 등이 공정 무역
제품을 사용하다.

◉ 사회적 배경
다국적 기업이
공정 무역에 참여하면서
다국적 기업의 공정
무역에 대한 논의가
▼ 활발해지다.

공정 무역이 제법 알려지기 시작하자 맥도널드, 네슬레, 스타벅스 등 다국적 기업들도 공정 무역 제품에 관심을 갖기 시작했다. '공정한 거래를 원하는 의식 있는 소비자'라는 새로운 시장을 발견한 것이다. 다국적 기업들은 자신들이 생산하는 제품의 일부에만 공정 무역 제품을 사용하면서 공정한 거래를 하는 회사라는 긍정적 이미지를 만들어 가기 시작했다.

그러자 그동안 공정 무역 운동을 주도해 온 사람들은 딜레마에 빠지고 말았다. 대기업의 공정 무역이 비록 농가에 경제적인 혜택을 준다고 해도 본래의 목적이 아닌, 기업의 이미지를 좋게 하는 데 이용되는 측면

이 크다면 문제가 아닐까? 공정 무역 제품만을 유통하는 회사와 유통하는 제품 가운데 일부만이 공정 무역 제품인 회사 사이에 차별을 두어야 하는 건 아닐까? 가난한 원주민들에게는 생활필수품도 부족한 상황인데, 소득을 올리기 위해 잘사는 사람들의 기호품을 생산하도록 부추기는 것이 과연 공정한 것일까? 그렇다면 '착한 소비'는 애초부터 모순이 아닐까?

이러한 딜레마가 채 해결되기도 전에 2005년, 네슬레가 공정 무역 제품의 새로운 브랜드를 출시하여 공정 무역 마크를 받자 많은 사람이 우려의 눈길을 보냈다. 빈곤 문제와 대기업의 횡포에 대한 대안으로 시작된 공정 무역이 또다시 대기업의 마케팅 수단이 될 수도 있을 것이라는 위기감이 커진 것이다. 사람들은 이제 '공정 무역은 과연 공정한가?'라는 본질적 질문에 대해 다시 생각하게 되었다.

공정 무역이 **진짜** 공정해지려면?

'공정 무역은 과연 공정한가?'라는 질문의 답은 '그렇다'이다. 물론 현명한 소비자라면 계속 질문을 던져 보는 것도 중요하다. 공정 무역이라고 해서 언제, 어디서나 절대적으로 옳은 것은 아니기 때문이다.

하지만 선택은 소비자인 우리에게 있으므로 외면하거나 포기할 필요는 없다. 우선 공정 무역이 지금까지 빈곤 문제와 불평등의 문제를 어느 정도 바로잡아 주었고, 누군가에게 희망을 주었음을 기억하자. 그리고 우리가 선택할 수 있는 범위 내에서 보다 공정한 최선의 소비를 선택하자. 공정 무역 제품이라는 이름 아래 또다시 생산자나 소비자에게 피해

2005년
기존 공정 무역의 기준과 정의, 절차 등을 통합하고 개선하기 위한 품질 관리 시스템이 도입된다.

사회적 배경
공정 무역에 대한 기준과 절차 개선되다.

2006년
한국 공정 무역 연합이 출범하다.

2012년
우리나라 공정 무역 시장 매출액이 2004년 기준 7천만 원에서 130억 원 규모로 크게 증가하다.

를 주는 일이 없도록 하려면, 제대로 된 공정 무역 제품을 선택해야 한다. 다시 말해서 다국적 기업이나 대기업에서 대량으로 생산하는 물건보다는 어디서 누가 만들어 어떻게 여기까지 오게 되었는지 알 수 있는, '관계 맺기'가 가능한 물건을 선택해야 한다. 우리는 소비자로서 물건을 선택할 수 있는 권리를 통해 공정 무역이 진짜 공정해질 수 있도록 힘을 실어 주어야 한다.

새로운 소비 양식을 선택하는 것은 우리가 세상을 바꿀 수 있는 작은 실천이다. 그러므로 물건을 사기 전에 한 번 더 생각하자. 그래도 소비를 멈출 수 없다면 이왕이면 공정한 소비, 착한 소비, 윤리적 소비에 한 걸음 다가가 보자.

○ 현재
집 주변에서 공정 무역 제품을 판매하는 곳을 찾아보고, 적극적으로 이용하기로 하다.

다국적 기업

국적을 초월한 범세계적인 기업 형태이다. '세계 기업'이라고도 한다.

불공정 무역

아직까지 명확한 정의는 없으나, 이 책에서는 선진국과 개발 도상국 사이의 무역에서 구조적으로 빈곤 문제가 일어나는 것을 의미한다.

450

세계 공정 무역 기구에는 전 세계 450개 이상의 공정 무역 단체가 가입되어 있다.

공정 무역

20

우리가 4,000원짜리 커피를 마실 때 그 커피 원두를 재배한 농민에게 돌아가는 몫은 단돈 20원!

착한 소비

조금 비싸더라도 생산자에게 희망과 꿈을 줄 수 있는 물건, 지구 환경을 보호하고 살릴 수 있는 물건 등을 구입하는 행위이다.

130

2012년 기준, 우리나라 공정 무역 상품의 매출 규모는 대략 130억 원 정도이다.

로하스

공정 무역은 로하스의 실천 방법이다.

'로하스'가 궁금하다면 **136**쪽

여행은 소비가 아니라 관계 맺기이다.

수많은 공정 여행가들

당신은 여행지에 쓰레기를 남기고 오는가,
아름다운 배려를 남기고 오는가?

공정 무역

환경 정의

공정 여행 Fair Travel

개념 사전 여행지의 제대로 된 문화를 소비하고, 그 이익은 현지 주민들에게 돌아가
도록 하는 형태의 여행을 뜻한다.

공정 무역이 생산자와 소비자가 공정한 관계를 맺는 것이라면, 공정 여행은
여행객과 여행지의 현지민이 공평한 관계를 맺는 여행이다. 유사한 의미로
착한 여행, 책임 여행, 윤리적 여행, 생태 관광, 지속 가능한 여행 등이 있다.

사용 예 "공정 여행은 사람과 자연을 모두 배려해야 하는 여행이야. 그러니
공정 여행을 하는 사람들은 마음까지 착해질 수밖에!"

49

케냐의 해안 마을에 들어선
리조트

아프리카 케냐의 어느 해안 마을. 아름다운 풍광으로 소문이 나면서 관광객들이 조금씩 늘어나더니 어느새 리조트들이 들어서기 시작했다. 그러자 연안에서 고기를 잡으며 생활하던 가난한 어부들은 바다의 아름다운 경관을 해친다는 이유로, 또 사유지를 침범한다는 이유로 일자리를 잃게 되었다. 삶의 터전을 잃고 생계를 유지할 수 없게 된 사람들은 어쩔 수 없이 마을을 떠나야 했다.

주민들 중에 몇몇은 자신들의 삶의 터전 위에 들어선 리조트나 호텔에서 일자리를 얻기도 했다. 이들은 주로 청소나 빨래, 서빙, 마사지 등의 힘든 일을 하지만, 하루에 받는 급여는 우리나라 돈으로 몇천 원이 채 안 된다. 하루하루 살아가기 힘들어진 사람들은 이제 호텔에서 버린 음식으로 끼니를 때우기도 한다.

지구 마을 시대의 빛과 그림자

현대 사회는 '지구 마을'이라는 말처럼, 비행기로 몇 시간이나 멀리 떨어진 나라마저 가깝게 느껴질 정도로 국제화되었다. 점점 더 많은 사람이 이런저런 이유로 국경을 넘어 오가면서 다양한 국적의 사람들을 만나고, 다양한 언어와 문화를 경험할 기회를 얻고 있다. 사업차 출장을 가는 사람들도 있고, 호기심에 낯선 문화를 접하려는 사람들도 있으며, 골프나 쇼핑, 관광을 통해 즐거움을 얻으려는 사람들도 국경을 넘는다. 또 어떤 사람들은 국제 봉사 활동에 참여하기 위해 국경을 넘기도 한다.

국제화가 되면서 사람들은 지구 마을 시민으로서 함께 살아가는 법과 다른 문화를 배우기도 하지만, 부작용도 만만치 않다. 앞에서 살펴본 아프리카 케냐의 경우처럼 본의 아니게 현지 주민들의 생업을 빼앗거나 환경을 파괴시키도 하고, 여행객 한 명당 하루 평균 3.5킬로그램의 쓰레기를 남기기도 한다. 또 아프리카 주민 30명이 쓰는 전기를 혼자 소비하고, 한 가족이 하루를 사는 데 필요한 물 20리터조차 구하기 힘든 지역에서 수영을 하고, 하루 한 시간밖에 전기를 쓸 수 없는 지역에서 에어컨을 펑펑 틀기도 한다.

이러한 관광 산업의 폐해가 오늘날 지구 마을 시대의 그림자가 되고 있다. 왜, 어떻게 이런 일이 벌어지게 된 것일까?

환경을 파괴하는 **굴뚝 없는 공장**

지난 50년 동안 세계 인구는 두 배, 관광 인구는 서른여섯 배나 늘었다. 전 세계적으로 관광 산업에 종사하는 사람은 전체 노동 인구의 8.7퍼센트나 된다. 아름다운 해안으로 유명한 몰디브는 전체 인구의 83퍼센트가 관광 산업에 종사한다. 이제 관광 산업은 그야말로 거대한 산업으로 성장한 것이다.

관광 산업은 공장을 짓지 않고도 외화를 벌어들일 수 있기 때문에 다른 산업에 비해 환경 피해가 적고, 자연 자원을 그대로 이용할 수 있기 때문에 잘사는 나라든 못사는 나라든 투자할 만한 사업이다. 오죽하면 관광 산업을 '굴뚝 없는 공장'이라고 불렀을까. 하지만 현실은 어떨까?

여행객들이 늘어나자 무분별한 개발이 계속되면서 아름다운 자연이 파괴되고 있다. 경관이 아름다운 곳이면 어김없이 리조트나 호텔, 쇼핑

1950년대
교통 기술의 발달, 관광
산업의 발판이 되다.

몰, 골프장 들이 빼곡히 들어선다. 사람들의 호기심과 시각적인 즐거움을 위해 아무런 거리낌 없이 파괴된 자연환경은 쉽게 되돌리기 어렵다.

여행객들이 현지에서 사용하고 버리는 쓰레기도 만만치 않다. 앞서 이야기한 것처럼 여행객들은 하루 평균 3.5킬로그램을 현지에 남겨 두고 온다. 게다가 기후 변화 문제가 심각해지면서 여행객을 실어 나르는 비행기도 문제가 되고 있다. 비행기는 '이산화탄소를 생산하는 거대한 공룡'이라는 별명을 가지고 있다. 그도 그럴 것이 승객 1인당 발생하는 이산화탄소 배출량을 살펴보면 1킬로미터당 철도 21.7그램, 지하철 38.1그램인 데 비해, 도로 130.8그램, 항공은 150그램으로 월등히 높다. 그렇기 때문에 장거리 여행을 떠나기 위해 비행기에 오르는 순간 환경에 미치는 영향은 심각해진다.

이미 지구는 너무 많은 이산화탄소 때문에 지구 온난화 같은 심각한 문제들을 겪고 있다. 이대로 가다가는 지구가 더 이상 못 버틸 것이라는 전망이 지배적이다.

관광지에서 쓰는 돈은 **어디로** 갈까?

그럼에도 불구하고 사람들은 관광지가 개발되면 현지 지역 경제에 도움을 줄 것이라고 예상한다. 결론부터 얘기하자면 전혀 그렇지 않다. 관광 산업은 매년 10퍼센트씩 성장하고 있지만, 관광객들이 쓰고 가는 돈 중에서 현지 주민들에게 돌아가는 몫은 얼마 되지 않기 때문이다. 영국의 공정 여행 단체인 '투어리즘 컨선(Tourism Concern)'에 따르면 아프리카, 남미, 아시아 등을 여행하는 사람들이 쓰는 돈 중에서 현지 주민에게 돌아가는 경제적 이익은 고작 1~2퍼센트에 불과하고, 70~85퍼센트는 선진국의 큰손들이 가져간다. 호텔, 여행사, 리조트, 관광 회사, 프랜차이즈 식당 등은 대부분 다국적 기업이 소유하고 있고, 개발 도상국[1] 일수록 다국적 기업의 점유율이 더 높기 때문이다. 잘 생각해 보면 여러분이 이용하는 호텔이나 리조트는 대부분 다국적 체인인 경우가 많다. 관광객들은 그곳에서 수입 맥주나 코카콜라를 마시고, 수입 과일을 먹는다.

이렇게 우리가 여행에서 쓰는 돈은 대부분 가난한 휴양지에 머물지 않고 밖으로 빠져나가 서구 국가로 흘러든다. 세계은행[2] 자료에 따르면, 개발 도상국에서 지출되는 여행 경비 1파운드 가운데 55펜스가 다시 서구 국가로 되돌아간다. 인도의 경우 이런 비율이 40퍼센트에 이르고, 코스타리카는 45퍼센트, 태국은 60퍼센트, 케냐와 네팔은 70퍼센트에 이른다. 〈유엔 인권 보고서〉에 따르면 국민의 83퍼센트가 관광 산업에 종사하는 몰디브는 관광지로 개발된 지 30년이 지났지만, 국민의 42퍼센트는 하루에 1달러도 안 되는 돈으로 생활고 있으며, 30퍼센트의 어린이가 기아에 허덕이는 것이 현실이다. 잘못된 관광 산업으로 고통받는 것은 사람들뿐만이 아니다. 태국이나 네팔의 코끼리들은 관광객들을 위해 50년 동안이나 혹사당하고 있다.

네팔 치트완 국립 공원의 코끼리 정글 탐험. 코끼리들은 조련사의 쇠갈고리에 맞아 피를 흘리며 일한다.

1   산업의 근대화와 경제 개발이 선진국에 비하여 뒤떨어진 나라. 제2차 세계 대전 후 독립한 아시아 · 아프리카 · 중남미의 여러 나라가 이에 속하며, 과거에는 후진국이라 불렸다.

2   제2차 세계 대전 이후, 무너진 경제를 다시 일으키고 개발 도상국을 발전시키기 위하여 설립한 국제 은행.

여행자와 현지인, 지구가 모두 즐거운 **착한 여행**

그렇다면 우리 모두 여행을 포기해야 하는 것일까? 여행의 부정적인 면만 보자면 당연히 그래야 하겠지만, 긍정적인 측면도 무시할 수는 없다. 그래서 환경을 지키면서 여행을 즐기고 싶은 다양한 사람들이 모여 여행지를 터전으로 살아가는 사람들과 그곳의 환경을 생각하는 대안적인 여행을 고민하기 시작했다. 누군가의 편안한 여행을 위해 모른 척 눈감았던 불편한 진실을 더는 되풀이하지 않기 위해서 말이다. 그들은 여행하는 동안 발생할 수 있는 환경 파괴를 최대한 줄이고, 여행지에서 지불한 비용이 현지인들에게 돌아갈 수 있도록 하는 여행을 제안했다. 바로 '공정 여행'이다.

공정 여행을 위해서는 엄청난 양의 화석 연료로 지구 온난화를 불러일으키는 비행기를 최소한만 이용한다. 그 대신 버스나 트레킹(Trekking)[3] 같은 방법을 선택하여 여행지의 아름다운 풍경을 최대한 느끼는 것이다. 느긋하게 천천히 걸으면서 하는 여행이니만큼 보고 느끼는 것이 많을 수밖에 없다.

또 현지인들의 삶을 무너뜨리고, 그들의 노동력으로 운영되는 리조트나 호텔 대신 현지인들이 제공하는 숙소를 이용하고 현지인들이 직접 해 주는 음식을 먹는다. 바람직한 여행은 타 문화에 대한 이해와 배려, 새로운 경험을 할 수 있는 소중한 체험의 기회이기 때문이다.

그리고 이러한 공정 여행은 세계 거대 여행 사업체들에게 돌아가는 돈을 최대한 현지인들에게 돌아갈 수 있도록 한다. 즉 내 며칠간의 행복

---

3   정해진 목적지 없이 즐기는 도보 여행 또는 산의 풍광을 즐기는 가벼운 산행을 뜻한다.

한 여행을 위해 자연 자원을 제공해 주고 수고해 주는 현지인들에게 그에 맞는 대가를 지불하는 것이다.

이처럼 여행은 단순한 재미나 놀이가 아니라 낯선 문화와 사람들, 환경과의 '관계 맺음'이다. 바람직한 여행의 모습은 이 관계를 지속할 수 있는 여행이어야 한다.

이렇게 기존 관광 산업의 폐해를 인식하고, 그 대안으로 제시된 공정 여행은 다양한 이름으로 불리며 전 세계로 번져 나가기 시작했다. 여행자의 사회적 책임을 강조하는 '책임 여행', 여행자의 윤리적 책무를 강조하는 '윤리적 여행', 환경 보호를 강조하는 '생태 관광', 지속 가능성을 강조하는 '지속 가능한 여행' 등이 그것이다. 이들은 모두 여행자와 현지인들에게 공평하고, 환경을 생각하며, 지속 가능한 사회를 지향한다는 공통점이 있다.

공정 여행자가 되기 위한 10계명

그렇다면 공정 여행자가 되려면 어떻게 해야 할까? 우리나라 공정 여행 단체인 '이매진피스(Imaginepeace)'는 공정 여행에서 가장 중요한 것은 '어디로 떠나느냐'가 아니라 '어떻게 떠나느냐'라고 강조한다. 공정 여행자가 되고 싶다면 이들이 제시한 다음 열 가지 방법을 기억하자.

첫째는 환경을 파괴하지 않는 여행이다. 비행기 이용과 일회용품 사용, 물 낭비 등을 최대한 줄이자는 것이다. 둘째는 동식물을 돌보는 여행이다. 공정 여행자들은 길 위에서 만나는 모든 생명을 존중하는 것을 원칙으로 한다. 셋째는 성매매 등 다른 사람의 삶을 파괴하지 않는 여행이다. 넷째는 지역 경제에 도움이 되는 여행이다. 이를 위해서는 현지인

사회적 배경
공정 여행이 본격화되다.

1989년
미국의 반세계화 운동 단체 '글로벌 익스체인지'가 '리얼리티 투어'라는 새로운 여행 사업을 시작하다.

2008년
우리나라에서 여행의 환경적 책임과 사회적 책임을 강조하는 '공정 여행 축제'가 열리다.

들이 운영하는 음식점이나 숙소, 교통을 이용하면 된다. 다섯째는 윤리적으로 소비하는 여행이다. 지나친 할인을 요구하거나 과도한 쇼핑을 하지 않으면 된다. 여섯째는 관계를 맺는 여행이다. 현지의 언어와 노래, 춤 등을 배우고, 여행을 통해 만나는 사람들에게 줄 작은 선물을 준비하는 등 서로 친구가 되기 위해 노력하는 것도 중요한 일이다. 일곱째는 사람과 문화를 존중하는 여행이다. 현지인들의 생활 양식이나 종교 등 그들만의 문화를 존중하고, 그에 대한 예의를 갖추어야 한다. 여덟째는 고마움을 표현하는 여행이다. "고맙습니다.", "미안합니다."라고 말할 줄 알아야 한다. 사진을 찍을 때는 먼저 허락을 구하고, 약속을 꼭 지키는 것도 중요하다. 아홉째는 기부하는 여행이다. 여행 경비의 1퍼센트는 현지의 단체에 기부하자. 이것은 적선이 아니라 기부이다. 마지막 열째는 행동하는 여행이다. 현지에서 비윤리적인 일이나 부당한 일을 접했다면 단호하게 항의하고 거부해야 한다.

사실 조금만 생각해 보면 그리 어렵지 않은 일들이다. 누군가에겐 한 번 지나치는 여행지이지만, 어떤 사람들에겐 삶의 터전임을 잊지 말자. 개념 있는 공정 여행자가 늘어날수록 여행이 주는 즐거움도 커질 수 있다.

● 현재
여행을 떠나기 전에 지구를 위해, 현지인을 위해 그리고 나를 위해 어떻게 여행해야 할지 계획하기 시작하다.

지구 마을

통신 기술과 교통수단의 급속한 발달로 지구 전체가 하나의 마을처럼 가까워진 것을 이른다.

3.5

해외 여행객 한 명당 하루 평균 3.5킬로그램의 쓰레기를 여행지에 남겨 두고 온다.

10

다른 나라를 여행하고 싶다고? 공정 여행자가 되기 위한 10계명을 꼭 기억하자!

관광 산업

관광객이 여행 중에 누리는 각종 서비스를 제공하는 산업을 말한다.

투어리즘 컨선

1989년 영국에서 생겨난 관광 전문 NGO 단체. 제3세계 관광 산업의 폐해를 알리고 개선하는 데 앞장섰다.

83

몰디브는 국민의 83퍼센트가 관광 산업에 종사하지만, 국민의 42퍼센트는 하루에 1달러도 안 되는 돈으로 생활한다.

공정 여행

로하스

공정 여행은 로하스의 한 부분이다.

'로하스'가 궁금하다면 **136쪽**

스톡홀름 선언은
국제 사회에 경각심을 일깨워 주고,
환경의 보존과 개선을 위해
모든 사람들을 고무하고 인도하는 전 세계적인 약속이다.
또한 환경적 위협을 극복하기 위해
새로운 형태의 국제 협력에 합의한 최초의 시도이다.

환경 보호, 지구의 모든 나라가 꼭꼭 약속해!

국제 환경 협약 International Convention on Environment

개념 사전　지구적 차원에서 환경을 보전하기 위해 국가들이 함께 지켜야 할 의무 또는 노력에 대하여 정한 약속이다.

현재 200여 개의 국제 환경 협약이 체결되어 있으며, 주요 협약으로는 기후 변화 협약, 멸종 위기에 처한 동식물 보호 협약(CITES), 바젤 협약, 몬트리올 의정서, 생물 다양성 협약 등이 있다.

사용 예 "고래는 국제 환경 협약에 따라 보호되는 동물이기 때문에 함부로 잡아선 안 돼."

아폴로 8호에서 바라본 지구

1968년, 지구 궤도를 공전한 유인 우주선 아폴로 8호가 역사상 최초로 지구의 전체 모습을 담은 사진을 보내왔다. 사람들은 완벽한 구 모양에 파란 눈동자를 닮은 지구의 모습을 보고 전 우주에서 가장 아름다운 별이라는 찬사를 보냈다. 하지만 이 사진 한 장 덕분에 사람들은 지구가 상처받기 쉬운 별이라는 사실도 깨닫게 되었다. 파란 지구를 둘러싼, 사과 껍질처럼 얇은 대기층이 지구를 안전하게 보호해 줄 것이라고는 믿기 어려웠기 때문이다.

아름답지만 연약한 지구. 우주에서 본 지구의 모습은 인간이 지구 마을의 아주 작은 한 부분에 불과하며, 우리 모두 지구라는 우주선을 탄 공동체라는 점을 쉽게 이해할 수 있도록 해 주었다. 이후 지구의 유한성[1]과 운명 공동체적 측면을 강조한 생각들이 힘을 얻기 시작했다.

● **1960년대 후반**
지구 마을이 하나의 공동체이며, 지구의 수용 능력에는 한계가 있다는 사실을 깨닫는 사람들이 생겨나다.

왜 환경 문제에 **국제적인 논의**가 필요한 걸까?

1970년대에 볼딩이 지구를 하나의 '우주선 지구호'로 봐야 한다는 주장을 펼친 이후, 한계를 가진 지구 마을에서 모두가 살아남기 위해서는 공동으로 힘을 모아 대비해야 한다는 의견들이 이곳저곳에서 발표되었다.

---

1   수나 양, 공간, 시간 등에 일정한 한도나 한계가 있는 성질.

60

지구의 수용 능력과 함께 환경 문제가 국제적으로 의논되는 이유는 환경 오염이나 환경 불평등 등의 환경 문제가 한 나라에만 한정돼서 일어나는 것이 아니기 때문이다. 물이나 공기 중에 방출된 오염 물질은 발생한 곳에 가만히 머무르지 않고 바람과 물의 흐름을 따라 이동하게 마련이다. 때로 오염 물질은 국경을 넘어 다른 나라로 확산되기도 한다. 우리나라에 자주 발생하는 황사 현상이 대표적인 예이다.

오염 물질만 국경을 넘는 것이 아니다. 계절마다 대륙을 이동하며 생활하는 철새들과 넓은 지역에 걸쳐 살아가는 야생 동물들에게 인간이 정한 국경 따위는 아무런 의미가 없다. 또한 지구 상의 자연 자원은 지역적으로 균등하게 분포되어 있지 않기 때문에 각 나라는 자원과 소비재를 사고팔도록 경제적인 시스템 아래 연결되어 있다. 따라서 야생 동물과 자연 자원을 보호하기 위한 나라들 사이의 협력 또한 필요하다.

특히 최근 지구에 닥친 심각한 위기 중 하나는 대기 중 온실가스[2]의 농도가 증가하면서 전 지구적으로 평균 기온이 높아지고, 이에 따라 기후가 변하는 문제이다. 기후 변화는 지구 마을 전체가 겪고 있는 현상이기 때문에 그 원인을 찾거나 해결하기 위해서는 국가 차원이 아닌 전 지구적으로 생각해야만 한다.

환경 문제 해결? **나라끼리** 꼭꼭 약속해!

한 지역이나 국가 차원으로 대처할 수 없는 환경 문제들을 지구 마을

---

2   지구 대기를 오염시켜 온실 효과를 일으키는 가스를 통틀어 이르는 말. 이산화탄소, 메탄 등의 가스를 말한다.

차원에서 해결하고, 유한한 지구에서 함께 살아남을 수 있는 지속 가능한 미래를 보장하기 위하여 세계 각 나라는 다양한 국제회의를 열고, 국제적인 약속도 만들고 있다.

1972년, 유엔 인간 환경 회의(UNCHE)에서 환경 보전과 경제 개발을 조화롭게 이루는 방법을 찾기 위한 국제적 논의가 처음으로 이루어졌다. 이 논의에서 지구의 수용 능력을 고려한 개발이 필요하다는 데 의견이 모아져 '스톡홀름 선언'을 채택했으며, 그 이듬해에 유엔 환경 계획(UNEP)이 창설되었다. 1982년에는 스톡홀름 선언 10주년을 맞아 '세계 자연 보호 헌장'이 채택되었다. 1983년에는 세계 환경 개발 위원회(WCED)가 창설되었으며, 이 위원회는 1987년에 '지속 가능한 발전' 개념이 담긴 〈우리 공동의 미래(Our Common Future)[3]〉라는 보고서를 제출했다. 같은 해 유엔 총회에서는 환경 문제를 국제 안보 차원으로 인식하여 "생태계의 상호 작용과 국제 안보는 불가분의 관계가 있다."라고 선언하기도 했다. 이후 1992년 브라질 리우데자네이루에서 각 나라의 정상들이 모여 유엔 환경 개발 회의를 개최하였다.

현재 환경과 관련된 200여 개의 국제 환경 협약이 체결된 상태이며, 협약에 가입한 나라든, 가입하지 않은 나라든 정해진 협약을 지키지 않을 경우에는 무역을 규제하는 등 환경과 경제는 수레의 두 바퀴처럼 맞물려 돌아가고 있다.

1972년
유엔 인간 환경 회의에서 스톡홀름 선언이 채택되면서 전 세계가 지구의 수용 능력에 대해 관심을 갖기 시작하다.

1992년
유엔 환경 개발 회의를 계기로 환경 문제를 다루는 다양한 국제적 약속들을 맺다.

---

3   당시 환경과 개발을 위한 세계 위원회의 위원장 이름을 따서 <브룬틀란트 보고서>라고 불리기도 한다.

과연 **무엇을 위한** 협약일까?

2012년 카타르 도하에서
열린 제18회 기후 변화
당사국 총회의 모습이다.

국제 환경 협약은 국제 환경 기구가 주체가 되어 회의를 개최하고 함께 토의할 안건을 내놓으면, 회의에 참석한 각 나라의 대표들이 의견을 모아 채택하는 방식으로 이루어진다. 유엔 환경 계획을 비롯한 유엔 개발 계획(UNDP), 경제 협력 개발 기구(OECD), 유엔 인간 정주 위원회(UN Habitat) 같은 국제기구들과 기후 변화 당사국 총회(COP) 등은 회원으로 가입한 나라들이 서로 협력할 수 있는 방법을 찾고, 지속 가능성 프로그램과 환경 지표[4]를 연구하여 이를 국가별로 시행하고 있다.

- **람사르 협약**: 정식 명칭은 '물새 서식지로서 국제적으로 중요한 습지에 관한 협약'이다. 수조류·어류·양서류·파충류 및 식물의 중요한 서식지인 습지를 보호하기 위해 1971년, 이란 람사르에서 채택되었으며, 1982년과 1987년에 개정되었다.
- **런던 협약**: 폐기물과 기타 물질로 인한 해양 오염을 방지하기 위한 협약으로, 1972년에 영국 런던에서 채택되었다.
- **CITES 협약**: 1973년에 미국 워싱턴에서 맺은 협약으로, 불법 거래 때문에 멸종 위기에 처한 야생 동식물을 보호하고자 국제적으로 거래되는 것을 제한하였다.
- **몬트리올 의정서**: 정식 명칭은 '오존층을 파괴시키는 물질에 대한 몬트리올 의정서'로, 오존층 파괴 물질인 프레온 가스 생산과 사용을 규제하기 위해 1987년에 채택한 협약이다. 이 협약에 따라 1992년 5월 이후로는 규제 물질이 포함된 냉장고나 에어컨 등을 비가입국으로부터

4   대기·수질·토양 오염의 정도, 생태계의 보전 정도, 자원의 소모와 재생 정도 등 환경 상태를 평가하기 위해 수치로 표현한 것.

수입할 수 없게 되었다.

- **바젤 협약**: '유해 폐기물의 국가 간 이동 및 처리에 관한 협약'으로, 국제적으로 문제가 되는 유해 폐기물의 수출입을 규제하기 위해 1989년, 스위스 바젤에서 제정되었다.

- **생물 다양성 보존 협약**: 열대림을 비롯한 삼림 개발을 제한하고, 멸종 위기에 빠진 야생 동물과 희귀한 유전자를 보전하는 등 생물의 멸종을 막기 위해 1992년, 뉴욕에서 채택된 협약이다.

- **기후 변화 협약**: 이산화탄소를 비롯한 각종 온실가스가 대기 중으로 방출되는 것을 제한하여 지구 온난화를 막기 위해 1992년, 뉴욕에서 채택되었다.

- **사막화 방지 협약**: 심각한 가뭄과 사막화의 영향을 받고 있는 나라들을 재정적·기술적으로 지원하고, 개발 도상국이 사막화 대응 능력을 키우는 것을 돕기 위해 채택된 국제 협약이다. 1994년에 프랑스 파리에서 채택되었다.

- **교토 의정서**: 1992년에 채택된 기후 변화 협약을 이행하기 위한 구체적인 약속을 담은 협약으로, 1997년 교토에서 채택되었다. 선진국 서른여덟 개 나라에서 이산화탄소를 비롯한 여섯 가지 온실가스 배출량을 2008~2012년 사이에 일정 수준 이하로 줄이는 것을 목표로 한다.

환경 문제 해결보다 **나라의 이익**이 우선이라고?

사회적 배경
몇몇 나라들이 자국의 이익을 보호하기 위해 나라들끼리 맺은 약속을 깨기도 하다.

이렇게 환경 문제를 해결하기 위해 여러 나라가 다양한 방면에서 협력하기로 약속했지만, 대부분의 국제 협약은 강제성이 부족한 데다가 구체적인 협력 방법과 실천을 위한 행동 방안이 마련되어 있지 않은 상태이다. 게다가 대부분의 나라는 자국의 이익을 우선으로 하기 때문에 환경 문제를 해결해야 한다는 점에 대해서는 공감하면서도 약속을 뒷받침하기 위한 어떠한 행동도 하지 않고 있다. 이러한 이유들 때문에 국제적인 차원에서 환경 문제를 적극적으로 해결하는 일은 쉽지 않다.

실제로 2009년, 덴마크 코펜하겐에서 열린 제15차 유엔 기후 변화 협약(UNFCCC) 당사국 총회에서는 지역과 경제 발전 등에 관한 이해관계에 따라 참가국들이 서로 다른 입장을 보였고, 결국 합의점을 찾지 못한 채 다음 회의를 기약할 수밖에 없었다.

2009년
제15차 유엔 기후 변화
협약 당사국 총회에서
참가국 간의 서로 다른
입장 때문에 합의점을
찾지 못하다.

참가국들의 이해 관계가 대립한 제15차 유엔 기후 변화 협약 당사국 총회

이렇게 국제 협약을 체결할 때 모두의 합의를 이끌어 내기 어려운 이유는 이미 공업화된 선진국과 개발이 진행 중인 나라에 환경에 대한 똑같은 의무를 지울 수 없기 때문이다.

결국 나라들 사이의 이해관계 때문에 국가 차원의 협력 체계는 부실해질 수밖에 없고, 구체적인 실행에 한계가 있기 때문에 이를 극복하기 위한 새로운 방안이 떠오르고 있다.

지구적으로 생각하고 지역적으로 행동하라!

사회적 배경
국가적 차원에서 지키기 어려운 약속을 도시에서 실천하기 위한 방안을 모색하다.

국제 환경 협약의 한계를 해결하기 위해 국가 간의 약속이 아닌 도시 차원에서 협약을 맺고 이를 실천해 가려는 움직임이 일고 있다.

그러한 움직임 중 하나인 '도시 환경 협약'은 2005년, 세계 환경의 날 행사에서 비롯되었다. '녹색 도시(Green City)'라는 슬로건 아래 세계 52개 도시의 시장들이 모여 생태적으로 지속 가능한 도시 환경을 만들기 위해 에너지 절약과 쓰레기 감량 등의 환경 협약 사항을 자율적으로 실천하고, 7년 뒤인 2012년 환경의 날에 그 결과를 평가하자는 제안을 하였다. 이것이 도시 환경 협약으로 발전한 것이다. 우리나라의 광주도 이이 도시들 중 하나로 2005년 11월 7일에 협약을 체결하였고, 제1회 총회를 개최하기도 했다.

'C40(Cities Climate Leadership Group)'은 전 세계 대도시들이 기후 변화에 대응하기 위해 자발적으로 구성한 국제 도시 협의체이다. 2005년 10월에 1차 모임이 시작되었고, 1차 회의를 통해 'C40 대도시 기후 리더십 그룹'이 형성되었다. 2009년에는 서울에서 제3차 총회를 개최한 바 있다.

이처럼 환경 문제 해결을 위한 국제 협약은 점차 도시 협약으로 세분화되고 있다. 여러분이 살고 있는 도시는 지금 환경 문제 해결을 위해 어떤 노력을 하고 있는가? 오늘부터라도 그 노력에 작은 보탬이 되기 위한 실천을 하나씩 해 보는 것은 어떨까?

현재
지금 살고 있는 도시에서 추진하고 있는 환경 문제 해결책을 조사하고, 작은 실천을 시작하다.

꼬리에 꼬리를 무는 환경 키워드

유엔 환경 회의

1972년 6월, 스웨덴 스톡홀름에서 열린 국제 환경 회의로, 환경 문제를 전 지구적인 차원에서 해결하기 위해 스톡홀름 선언을 채택하였다.

200

세계적으로 환경과 관련된 200여 개의 국제 협약이 체결되었다.

도시 환경 협약

도시 차원에서 환경 문제를 해결하기 위해 2005년 환경의 날, 세계 52개 도시들이 모여 만든 협약이다.

C40

대도시들이 지구적 기후 변화에 공동으로 대응하기 위해 2005년에 설립한 기구이다.

국제 환경 협약

유엔 환경 개발 회의

1992년 6월, 브라질 리우데자네이루에서 개최된 국제회의이다. '리우 회의'라고 불린다.

49

현재 우리나라가 가입한 주요 국제 환경 협약은 총 49개이다.

19

국제 환경 협약 중 하나인 람사르 협약에 등록된 우리나라 습지는 총 19곳이다.

지속 가능 발전

하나뿐인 지구를 지키고 보호하기 위해 국제 환경 협약에서는 지속 가능 발전을 목표로 하고 있다.

'지속 가능 발전'이 궁금하다면 **288쪽**

다국적 기업들은 유엔 환경 개발 회의에 참여하면서
사람들이 자신들의 사업을 '녹색 비즈니스'로
생각하게끔 만들고 싶어 했다.

그린피스 보고서

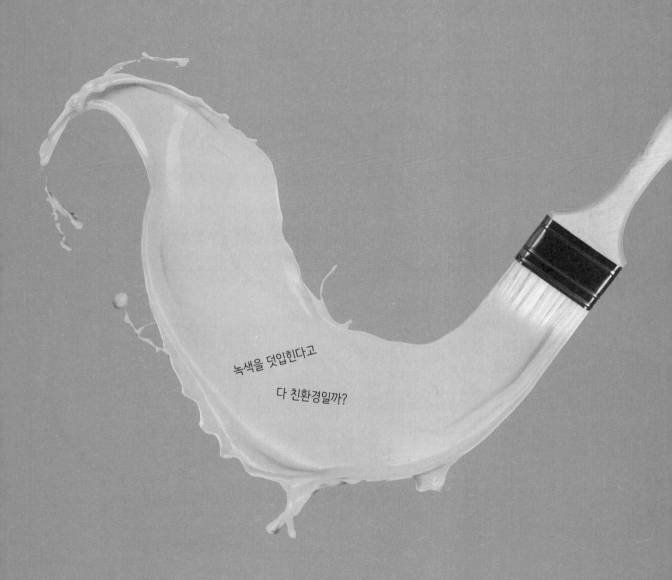

녹색을 덧입힌다고

다 친환경일까?

지구의 날

그린워시 Greenwash

개념 사전 **Green(녹색)과 Whitewash(분칠)의 합성어로, 기업이 실제로는 친환경적이지 않으면서 친환경을 내세워 제품이나 서비스를 제공하며 소비자를 속이는 행동을 가리킨다. '녹색 분칠'이라고도 한다.**

그린워시의 일곱 가지 유형으로는 숨겨진 모순, 증거 부족, 모호성, 부적절, 유해성의 축소, 사소한 거짓말, 잘못된 인증 마크 등이 있다.

사용 예 "이런! 이 친환경 마크는 가짜잖아. 그린워시에 속았군!"

2000년 지구의 날, 세계적인 환경 감시 단체인 코프워치(Corpwatch)가 미국의 거대 기업이자 세계 제2의 자동차 판매 회사인 포드사에 '그린워시 상'을 수여했다. 환경 감시 단체에서 상을 받았으니, 포드사에게는 좋은 일이었을까?

천만에! 포드사는 그린워시 상 때문에 난처해졌다. 그린워시 상을 받은 이유는 포드사의 두 얼굴 때문이었다. 포드사

초록색 옷을 입고 초록색 넥타이를 매면
친환경 기업이 될까?

는 배기가스를 내뿜는 자동차를 만드는 대기업으로서 이산화탄소 배출에 주된 역할을 하고 있으면서 홈페이지에는 개발 도상국들이 온실가스를 줄여 지구 온난화를 해결해야 한다는 모순된 주장을 해 온 것으로 드러났다. 도대체 그린워시가 뭐길래 세계 제2의 자동차 회사인 포드사가 굴욕을 맛본 것일까?

녹색 포장 뒤에 숨은 **새빨간 거짓말**

● 1986년
'그린워시'라는 말이
처음으로 사용되다.

1986년, 미국의 환경론자인 제이 웨스터벨드(Jay Westerveld)가 처음으로 그린워시라는 말을 사용했다. 당시 호텔업계에서는 환경을 살린다는 이유로 각 객실에 현수막까지 내걸고 투숙객에게 수건을 재사용하도록

홍보를 하고 있었다. 제이 웨스터벨드는 이러한 관행을 꼬집으며 실제로 호텔업계가 환경에 도움이 될 만한 것은 거의 아무것도 하지 않으면서, 투숙객의 환경 의식을 이용해 수건을 재사용하도록 하는 것은 돈을 절약하기 위한 음모라고 주장했다. 그 뒤로 그린워시는 포드사처럼 기업을 홍보하기 위해 친환경이라는 이미지로 포장하면서 실제로 친환경 활동에는 돈을 들이지 않는 행위를 가리키게 되었다. 이후 1992년, 브라질 리우데자네이루에서 개최된 유엔 환경 개발 회의에 다국적 기업들이 참여하면서 그린워시가 널리 알려졌다.

캐나다의 환경 조사 업체인 테라초이스(Terrachoice)는 2010년 4월, '그린워시의 일곱 개 죄악'이라는 분류 기준을 제시했다.

1992년
유엔 환경 개발 회의에 다국적 기업들이 참여했으며, 그린피스의 보고서를 통해 '그린워시'라는 말이 국제적으로 통용되다.

사회적 배경
환경에 대한 관심이 높아지면서 친환경 제품을 선호하는 사람이 많아지다.

- **숨겨진 모순**: 친환경적인 동시에 환경 파괴적인 것을 뜻한다. 재생 용지의 경우 재활용이라는 측면에서는 친환경적이지만, 만드는 과정에서 해로운 화학 물질이 많이 사용되고 화학 폐기물 처리 문제까지 안고 있어 또 다른 환경 문제를 발생시킨다.
- **증거 부족**: 친환경적인 제품이라고 홍보하면서 구체적인 증거를 제시하지 않는 행위이다. 친환경 성분이 들어있다고 광고하면서 성분에 대한 시험 기록은 알리지 않아 제품의 어떤 성분이 친환경적인지 소비자들이 알기 어려운 경우가 이에 해당된다.
- **모호성**: 광고 문구가 정확히 무슨 의미인지 알 수 없을 정도로 광범위하거나 제대로 정의를 내리지 않은 경우를 의미한다. 예를 들면 어떤 회사가 제품에 '천연 성분'이라는 표기를 했다고 해서 그 제품이 반드시 '친환경 제품'이라고 말하기는 어렵다. 우라늄이나 수은, 비소도 천연 성분이지만 사람의 몸에는 유해하기 때문이다.
- **부적절**: 사실이기는 하지만, 소비자가 친환경 제품이라는 판단을 하는

데 도움이 되지 않는 정보를 제공하
는 경우이다. 스프레이류에 염화불
화탄소(CFC)를 사용하는 것은 이미
30년 전에 금지되었는데도 헤어스프
레이에 오존층을 파괴하는 염화불화
탄소를 사용하지 않았다고 광고하는 것이 그 예이다. 소비자가 친환경
제품인지 아닌지 알아보는 데 적절한 정보가 아니기 때문이다.

유기농 담배를 피우면
건강을 덜 해칠까?

- **유해성의 축소**: 제품의 환경 파괴적인 측면을 감추거나 축소시켜 말하
  는 것을 뜻한다. 친환경 살충제나 저타르 유기농 담배를 생각해 보자.
  제품의 본래 기능이 환경과 건강에 해로운데, 이런 면을 감추기 위해
  친환경 물질을 강조하는 것은 명백한 그린워시이다.
- **사소한 거짓말**: 제품의 실제 성분이나 기능과 상관없이 각종 수치를
  임의로 조작해서 표기한 경우이다. 함유된 비율이 실제와 다른 친환경
  성분, 실험 결과와 다른 에너지 효율 등급, 자동차의 연비 등을 일부러
  부풀려 제시하는 경우 등이 포함되며, 소비자는 이러한 거짓 정보 때문
  에 피해를 입을 수 있다.
- **잘못된 인증 마크**: 실제로 공인 기관의 인증을 거치지 않았으면서 인
  증서와 비슷한 라벨을 붙이거나 국가 공인 문구를 사용하는 등 친환경
  제품으로 위장했다면 이 역시 그린워시라고 할 수 있다.

기업들의 **녹색 거짓말,** 우리가 감시하겠어!

다국적 기업 감시 단체인 코프워치는 진실을 왜곡하는 광고를 감시
해 왔다. 코프워치는 환경 파괴적인 기업들이 마치 환경친화적인 기업
인 것처럼 위장한 광고를 폭로하고 경고하는 차원에서 1996년부터 해마

다 그린워시 상을 발표하고 있다. 한마디로 그린워시 상은 환경을 위하는 척하는 거짓말쟁이들에게 주는 일종의 경고인 셈이다.

그린워시 상의 첫 주인공은 세계적인 화학 기업 ICI였다. 이후 셰브런(Chevron), 셸(Shell) 등 여러 기업들에게 상이 돌아갔다. 재미있게도 2000년에 포드사가 그린워시 상을 받을 때 회장은 출퇴근용 중고 자전거를 부상으로 함께 받았다. 자동차로 지구 대기를 오염시키는 대신 자전거를 타고 다니라는 의미로 말이다.

한편 그린피스를 비롯한 환경 보전 운동 단체들은 수년간 켈로그[1]의 자회사 중 하나인 '모닝스타 팜스'의 식품들이 만들어지는 과정을 조사하고 감시하여 이 회사가 유전자 조작 식품을 공급해 왔다는 사실을 세상에 알렸다. 켈로그는 어쩔 수 없이 자체 조사를 실시한 뒤 자신들이 생산한 제품에 스타링크 옥수수가 들어 있었다는 사실을 시인하고 해당 제품을 리콜[2] 처리했다. 스타링크 옥수수는 사람 몸에 알레르기를 일으킬 수 있어 미국에서 사료용으로만 승인된 유전자 조작 품종이었다. 미국 환경 단체인 지구의 벗(Friends of the Earth)은 시중에 있는 식품을 수거하여 검사한 결과 멕시코 요리 패스트푸드점을 운영하는 타코 벨사가 판매하는 타코 셸에 스타링크가 포함되어 있다는 것을 밝혀내기도 했다.

이러한 환경 감시 단체의 활동을 통해 기업의 녹색 거짓말에 속고 있던 소비자들이 건강한 제품을 먹을 권리를 찾을 수 있게 되었다. 또한 거짓말로 소비자들을 교묘하게 속인 기업들은 시민들이 자신들의 경영

1   곡물로 시리얼을 만들어 파는 식품 회사. 1906년, 미국인 윌 키스 켈로그가 설립하였다.
2   어떤 상품에 결함이 있을 때 생산 기업에서 그 상품을 회수하여 점검·교환·수리해 주는 제도.

1996년
미국의 다국적 기업 감시단체인 코프워치가 매년 지구의 날에 그린워시 기업을 선정하여 발표하다.

사회적 배경
기업에 대한 환경 감시가 시작되다.

2000년
코프워치가 포드사의 새 자동차 광고를 그린워시로 선정하다.

2001년
그린피스가 시중에 스타링크 옥수수로 만든 식품이 판매되고 있다고 폭로하다.

옥수수 가루로 만든 반죽을 얇게 튀겨 낸 타코 셸

활동을 속속들이 알게 될 것이라는 점을 예상하지 못했고, 그 결과 커다란 손실을 입게 되었다. 이처럼 그린워시를 찾아내고, 진짜 환경에 도움이 되는 기업인지 살펴보는 환경 감시의 기능은 생각보다 많은 것을 바로잡을 수 있다.

일상생활에 파고든 그린워시를 찾아라!

우리의 일상생활에서 그린워시를 찾아볼까? 마트에서 주방 세제를 고르던 주부 지순 씨는 '천연 성분 세제'라고 광고하던 A회사의 제품을 장바구니에 넣었다. 그런데 막상 집에 돌아와 설거지를 해 보니, 아무리 물로 씻어 내도 그릇과 싱크대에 거품이 사라지지 않았다. 이상하다 싶어 제품의 성분 표시를 확인해 보니, 화학 성분인 계면 활성제가 대부분이고 천연 성분이라고 볼 수 있는 것은 레몬향이 전부였다.

그린워시는 눈에 보이는 거짓말이 아니라, 겉으로는 착한 척하는 숨은 거짓말이다. 그린워시에 능한 기업들은 여러 가지 유형으로 소비자들을 속인다. 여기 그린워시를 판별하는 여섯 가지 방법이 있다.

주방 세제의 거품은
계면 활성제의
작용 때문에 생겨난다.

- **이미지 광고로 소비자를 현혹하는 기업**: 광고 속 아름다운 화면과 모델이 그 기업과 아무 관련이 없다면 그린워시이다.
- **환경친화적 프로그램을 선전하는 기업**: 실제 진행하려는 환경친화적 프로그램의 비용보다 광고 비용이 훨씬 많다면 그린워시이다.
- **주력 사업이 아닌 '안전한' 주변 사업을 선전해 소비자를 안심시키려는 기업**: 그 기업이 여전히 핵 에너지, 살충제, 유해 화학품, 석유 등을

생산하고 있다면 그린워시이다.

- **환경 보호 정책에 동참하는 듯이 말하는 기업**: 실제로 대체 에너지를 개발하거나 석유 사용을 줄이기 위해 투자한 내용이 별로 없다면 그린워시이다.
- **자기들 나름대로 정화 시스템을 설치하고 관리하겠다며 환경 기준 적용을 피하려고 하는 기업**: 이윤 추구가 목표인 기업에서 조사를 무기한 지연하거나 자체적으로 정화를 하겠다고 제안한다면 그린워시이다.
- **기아, 빈곤 문제를 우려하듯이 이야기하는 기업**: 실제로 제3세계에 있는 그들의 공장에서 인권 유린이 이루어진다면 그린워시이다.

국민을 속이는 **그린워시 정부**가 있다? 없다?

그린워시로 비난받는 것은 기업뿐만이 아니다. 2000년대 미국 부시 정부의 정책 중 '깨끗한 하늘 정책'은 그린워시라는 비판을 받았다. 대기 오염 물질 방출에 대한 엄격한 기준을 세우기 위해 만든 정책이지만, 여러 환경 단체들은 오히려 예전의 법보다 대기 오염 물질을 더 많이 방출할 수 있도록 허용하는 것을 위장하기 위한 정책이라고 주장했다.

우리 정부의 '핵 발전 확대 정책'도 그린워시라는 의심을 받고 있다. 2030년까지 지금의 두 배에 해당하는 핵 발전소를 짓겠다는 입장을 '신재생 에너지 사용 비율의 11퍼센트 확대'라고 발표한 것이다. 핵에너지의 이용은 핵 발전의 사고 위험성과 핵폐기물 처리의 어려움 때문에 오랫동안 환경 갈등을 빚고 있는 문제이다. 이처럼 정부가 국민에게 정책

2000년대
미국 부시 정부의
환경 정책이 그린워시로
비판받다.

을 알릴 때 민감하고 중요한 환경 사안은 빼놓고 좋은 점이나 중요하지 않은 부분을 더 강조하는 것 역시 그린워시에 해당된다.

핵 발전 정책을 홍보하기 위해 국민들의 세금으로 운영되는 원자력 문화 재단은 홍보 영상에서 핵폐기물 처리장이 들어선 일본 로카쇼무라의 아름다운 초원을 비춰 주었다. 하지만 사실 로카쇼무라 주변의 산업 공단에는 업체가 들어서지 않아 황무지가 되었고, 인근 바다에서 잡힌 오징어는 원산지를 숨긴 채 헐값에 판매되고 있었다. 이렇게 분명히 존재하는 핵폐기물의 어두운 면은 애써 무시한 채 긍정적인 면만을 홍보한 것이다.

그린워시에 속지 않는 **똑똑한 소비자** 되기

● 2010년
환경 인증 및 그린 마케팅 업체인 테라초이스가 그린워시를 판별할 수 있는 일곱 가지 기준을 발표하다.

● 현재
녹색 포장 뒤에 숨어 있는 거짓말을 알아차리고, 현명한 소비를 시작하다.

그린워시의 위험성은 생각보다 크다. 그린워시가 계속되어 환경에 관심을 가진 많은 사람들이 녹색 선전에 대해 의심을 품게 된다면, 친환경을 실천하려는 소비자들의 노력이나 의지까지 마비시킬 수 있다. 게다가 최근 그린워시는 범위를 넓혀서 블루워시(Bluewash), 스웨트워시(Sweatwash), 딥그린워시(Deep Greenwash)로까지 확대되고 있다.

친환경에 대한 선호도가 높아질수록 겉만 녹색인 척하는 기업들은 더욱더 늘어날 것이다. 그린워시에 속지 않으려면 우리 스스로 현명한 소비자가 되는 길밖에 없다. 진짜 녹색 기업과 가짜 녹색 기업을 잘 구별하여 진짜 녹색 기업의 제품을 구입하고, 가짜 녹색 기업의 제품은 사지 않도록 노력해 보자. 이러한 작은 실천들이 진정한 녹색 사회를 만드는 밑거름이 될 것이다.

꼬리에 꼬리를 무는
환경 키워드

스웨트워시

개발 도상국에 세운 자신들의 공장이 열악한 노동 환경이라는 것을 은폐하기 위한 기업들의 전략이다.

7

테라초이스는 2010년 4월, '그린워시의 7개 죄악'이라는 판별 기준을 제시했다.

블루워시

기업이 인권·노동권·환경 보호 같은 유엔의 주요 활동에 자신들이 관여하고 있는 것처럼 보이도록 위장하는 것을 뜻한다.

딥그린워시

친환경으로 포장한 광고 뒤에 숨어 국가의 간섭이나 국제 협약들을 피하기 위한 기업들의 정치적 의도를 이른다.

25

테라초이스 조사 결과, 친환경을 내세우는 미국과 캐나다 제품 중 7개 죄악을 저지르지 않은 제품은 25개뿐이었다.

그린워시

환경 NGO와 환경 운동

그린워시가 가짜라면, 환경 NGO가 벌이는 환경 운동은 진짜라고 할 수 있다.

환경 감시

환경 단체 등이 기업이나 지방 자치 단체가 환경을 오염시키는지를 감시하고 잘못된 점이 있으면 국가에 신고하는 행위를 뜻한다.

2000

2000년 지구의 날 그린워시 수상 기업은 포드 자동차 회사였다.

'환경 NGO와 환경 운동'이 궁금하다면 **370쪽**

기름 유출 사고는 석유 문명에 대한 경고이다.

삼성-허베이 스피릿호 기름 유출 사고 이후
'기름 유출 사고 관련 시민 교육 방향 모색을 위한 전문가 초청 간담회' 참석자, (사)환경교육센터 주최. 2008. 3.

국제 환경 협약

환경 오염

기름 유출 사고 Oil Spill

개념 사전   선박 사고 등으로 인해 주변 환경에 액체 상태의 석유가 유출되어 환경이 파괴되는 사건이다.

유출된 기름이 정화되고, 파괴된 생태계가 복구되기까지 매우 오랜 시간이 걸리며, 지역 주민들에게 심각한 경제적·정신적·사회적 피해를 입힌다. 석유 사용이 늘어남에 따라 크고 작은 기름 유출 사고가 발생하면서 전 세계적으로 우려의 목소리가 높아지고 있다.

사용 예 "2007년 12월 태안 앞바다에 기름 유출 사고가 났을 때, 100만 명이 넘는 자원봉사자들이 기름 제거 작업을 벌였단다."

79

2007년 12월 7일 오전 7시 15분, "충돌! 측면 충돌!" 무전 수신기에서 다급한 목소리가 터져 나왔다. 충남 태안의 앞바다를 지나던 삼성중공업 소속 해상 크레인선과 유조선 허베이 스피릿(Hebei Spirit)호가 충돌한 것이다. 이 사고로 유조선 기름 탱크에 구멍이 났고, 순식간에 1만여 톤의 기름이 바다로 쏟아져 나왔다. 선원들은 선체를 기울여 기름 유출을 막아 보려 했지만, 아무래도 역부족이었다. 한번 쏟아지기 시작한 시커먼 기름은 네 시간이 지나서야 멈췄다.

최악의 기름 유출 사고가 발생한 지 100일 뒤 조금 떨어진 곳에서 바라본 태안의 바닷가는 다시 제 모습을 찾은 듯했다. 햇빛을 받아 백사장은 눈부시게 빛나고, 바다도 푸른빛을 되찾았다. 겉으로 보기에는 예전의 아름다웠던 모습과 크게 다르지 않은 것 같았다. 하지만 수많은 횟집과 숙박 시설들의 문은 굳게 닫혀 있었다. 주민들은 먹고살 걱정에 하루하루가 막막했다. 졸지에 생업을 잃은 그들의 유일한 일거리는 지독한 석유 냄새를 맡으며 검게 물든 해변의 모래와 돌들을 닦는 것뿐이었다. 모래를 조금만 파도 기름 냄새가 진동을 했고, 사람 손이 닿기 어려운 해변에는 아직도 기름이 그대로 남아 있는 곳이 많았다.

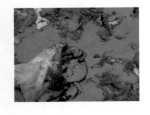

태안의 만리포 해수욕장. 기름으로 덮인 갯벌(위)과 바닷물에서 기름을 퍼내는 사람들(아래)의 모습이다.

태안 앞바다를 가득 메운 검은 눈물

2007년, 서해안에서 발생한 이 끔찍한 사고는 우리나라에서 일어난 가장 큰 규모의 기름 유출 사고로 기록되었다. 그때 바다에 쏟아진 원유가 자그마치 1만 233킬로리터. 자동차로 지구를 448바퀴나 돌 수 있는 엄청난 양이었다.

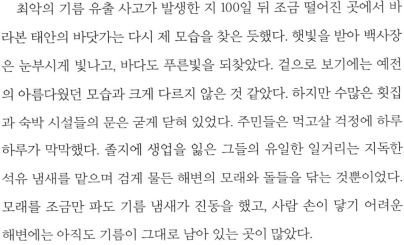

● 1989년
미국에서 엑슨사의 발데즈호가 좌초되어 4만 1천 킬로리터의 원유가 유출되다.

그렇다면 우리나라에서 기름 유출 사고는 얼마나 자주 일어났을까? 국민 안전처에서 발표한 통계 자료에 따르면, 2011년부터 2014년까지 4년 동안 우리나라 바다에서 발생한 기름 유출 사고는 무려 1,007건이나 된다. 평균적으로 매년 약 252건, 856킬로리터의 기름이 바다에 쏟아진 것이다. 이 정도의 양이면 서울에서 부산까지 자동차로 1만 700번 넘게 왕복할 수 있다고 한다. 특히 2014년 한 해에만 2,001킬로리터의 기름이 유출되었는데, 특히 '우이산호 기름 유출 사고'로 인해 여수 지역의 피해가 컸다. 인간들은 편리함을 위해 석유를 펑펑 쓰고 살았고, 결국 그 석유 속에 풍덩 빠진 꼴이 되어 버렸다.

이렇게 끊이지 않는 사고에도 불구하고, 지금도 기름 유출 사고는 계속되고 있다. 심지어 엄청난 사고가 일어났던 태안 해경 관할 해역에서만 2009년 한 해 동안 열아홉 건의 기름 유출 사고가 발생했다. 대부분 사람들의 방심과 과실 때문에 발생한 사고였다.

보이지 않는 곳까지 파괴하는 **기름 유출 사고**

바다는 무한정 넓은 것 같은데, 거기에 기름이 조금 섞인다고 해서 큰 문제가 발생할까? 대수롭지 않게 생각할 수도 있지만, 사실은 그렇지 않다. 바다에 기름이 유출됐을 때 맨 먼저 나타나는 피해는 생태계의 훼손이다. 삼성-허베이 스피릿호 기름 유출 사고 이후 환경부는 태안 해안 국립 공원 내에서만 저서 무척추동물[1] 257종, 해양 어류 46종, 해조

---

1   강, 호수 또는 해양의 바닥면에 사는, 등뼈를 가지지 않은 동물.

1993년
우리나라의 충청남도 대산항에서 프런티어 익스프레스호의 좌초로 납사 8,322킬로리터가 유출되다.

1995년
우리나라의 전라남도 여수에서 시 프린스호의 좌초로 5,035킬로리터의 원유와 벙커C유가 유출되다.

1997년
일본에서 나호드카호의 침몰로 6,400킬로리터의 벙커C유가 유출되다.

2007년
우리나라의 충청남도 태안에서 일어난 허베이 스피릿호와 삼성 1호의 충돌 사고로 원유 1만 233킬로리터가 유출되다.

류 144종을 포함하여 총 554종이 심각한 피해를 입은 것으로 발표했다.

하지만 보다 심각한 피해는 보이지 않는 곳에서 파괴된 것들이었다. 기름 유출 사고는 단순한 해양 오염 사건이 아니기 때문이다. 수많은 종류의 생물들이 자취를 감춰 버린 황폐한 지역에서 사람들은 어쩔 수 없이 떠나야 했다. 평생 일군 삶의 터전을 한순간에 잃어버린 주민들의 고통은 말로 설명할 수 없을 정도였다. 그렇다 보니 지역 경제도 심각한 타격을 받았다. 피해에 비해 터무니없이 적은 지원금과 보상금 때문에 입장이 다른 이웃끼리 다툼도 생겨났다. 바다에 뿌려진 기름이 지역 공동체의 갈등까지 초래한 것이다.

이처럼 기름 유출 사고가 발생한 지역의 주민들은 육체적·정신적·사회적으로 심각한 타격을 동시에 입는다. 그리고 무엇보다도 심각한 피해는 회복되기 어려운 절망이다. 평생을 살아온 삶의 터전에서 꿈꾸던 미래가 순식간에 날아간다고 생각해 보라. 얼마나 허탈하고 괴로울지 상상조차 할 수 없을 것이다. 이와 같은 절망은 어른들만의 것이 아니다. 태안에서 무시무시한 환경 사고가 벌어진 뒤 아이들은 어른들이 고통스러워하는 모습을 숨죽이고 지켜보아야 했다. 든든한 버팀목이 되어 주던 어른들의 허탈함과 깊은 절망이 묻어 나오는 한숨 소리를 아이들은 불안한 마음으로 듣고 있어야 했다. 새로운 희망을 만들어 가야 할 아이들이 감당하기에는 주어진 짐이 너무나도 컸다.

재난 도시에서 **환경 도시**로 거듭나기

기름 유출 사고 이후 태안 지역의 주민들은 절망을 딛고 일어나 생태계 복구를 위해 최선을 다했다. 전국 각지에서 수많은 자원봉사자들이 팔을 걷어붙이고 서해안으로 달려왔다. 함께 기름을 걷어 내면서 절망까지 걷어 낼 수 있도록 지역 주민들과 함께 고통을 나누었다. 하지만 겉으로 보이는 환경을 복구하는 것만으로 예전으로 돌아갈 수는 없는 일이다. 그렇다면 이 깊은 절망을 희망으로 바꿀 수 있는 방법은 없을까? 이웃 나라 일본에서 환경 재난을 극복해 낸 지혜를 배워 보자.

삼성-허베이 스피릿호 기름 유출 사고 후 자원봉사자들이 기름을 제거하고 있다

1956년, 일본 구마모토 현의 남서쪽에 위치한 미나마타라는 도시에서 엄청난 환경 재난이 발생했다. 공장에서 흘러나온 수은 때문에 많은 사람이 죽거나 병에 걸린 것이다. 이 사고로 사망한 사람이 공식적으로 2,200명이 넘었는데 실제로는 1만 명에 이르는 것으로 알려졌다. 사고가 발생한 지 50년이 지났지만 아직까지도 이 지역 주민들은 질병과 싸우고 있고, 기나긴 소송도 여전히 진행 중이다.

그런데 이 도시가 지금은 환경 재난 도시가 아닌 환경 도시로 유명해

2008년
일본 미나마타 시가 '환경
모델 도시'로 인정받다.

2009년
환경 모델 도시 축제에서
미나마타 시가 쓰레기를
배출하지 않도록
노력하자는 '제로
웨이스트 마을 만들기
미나마타 선언'을 하다.

졌다. 이곳 사람들은 자신들이 경험한 환경 재난의 경험을 통해 환경의 중요성과 환경 오염의 심각성을 알리는 일에 앞장서고 있다. 환경 재난은 일단 사고가 나면 그 피해가 걷잡을 수 없고 결과가 끔찍할 뿐만 아니라 어떤 사고보다도 후유증이 오래 간다는 것을 경험을 통해 잘 알고 있기 때문이다. 따라서 인간의 욕심 때문에 환경 재난이 발생하거나 커지지 않도록 이곳을 찾는 사람들에게 자신들의 경험을 이야기해 주는 일을 가장 가치 있는 일로 여긴다. 덕분에 미국, 아프리카, 유럽, 캐나다 등 세계 각지에서 이 도시를 통해 교훈을 얻으려는 많은 사람들이 미나마타를 찾아오고 있다.

한편 이곳 사람들은 친환경적인 생활의 실천을 매우 중요하게 생각한다. 환경 재난은 무엇보다 예방이 최선이라는 것을 잘 알고 있기 때문이다. 그래서 시와 기업, 시민이 모두 마음을 모아 쓰레기 줄이기와 재활용을 적극적으로 실천하고 있다. 그리고 재난을 극복해 가는 과정에서 아픔을 겪은 사람들, 사고로 병을 얻은 사람들이 편히 쉬고 함께 어울릴 수 있도록 전용 공간도 마련했다. 이들은 함께 빵을 만들어 팔기도 하고, 지역 학생들을 위한 서예 교실을 여는 등 지역 주민들이 함께할 수 있는 프로그램도 진행한다. 환경 재난으로 인한 절망과 상처는 공동체의 끈끈한 힘으로 극복할 수 있다고 믿기 때문이다.

**환경 도시로 거듭난
미나마타 시의 에코 공원**

소 잃고 외양간 고치지 않으려면?

　오랜 역사를 지닌 지구는 나이를 먹는 동안 가뭄, 홍수, 지진과 같은 자연재해를 포함해 별의별 일을 다 겪었다. 그런데 최근에는 사람들이 편리한 생활을 위해 자연을 개발하고 이용하기 시작하면서 각종 환경 재난이 잦아지고 있다. 게다가 인구가 늘어남에 따라 그 피해도 더욱 커지고 있다. 따라서 이제는 인간과 환경이 함께 생존할 수 있는 방법을 찾아야 한다. 그리고 무분별한 개발보다는 환경을 지키고 보존하며, 혹시 일어날 수 있는 환경 재난의 피해를 줄일 수 있도록 미리 준비해야 한다. 이 일은 어느 누군가가 혼자서 할 수 있는 일이 아니라, 지구에서 살아가는 모든 사람들이 함께 노력해야 할 일이다.

　그중에서도 석유의 사용을 줄이는 것이 가장 시급하고 근본적인 노력이다. 물론 기름 유출 사고가 문제라면 내일부터라도 석유를 사용하지 않으면 될 것이다. 그러면 석유를 운반할 일도 없을 테니 말이다. 그런데 당장 석유가 없다면 무슨 일이 일어날까? 우리가 입고 있는 옷, 물건, 자동차, 심지어 먹을거리까지……. 먹고 움직이고 머무르는 모든 장소에서 우리는 석유를 사용한다. 이렇게 필요는 늘고 있는 반면 석유 매장량은 점점 줄어들고 있다. 따라서 에너지를 줄이는 것도 중요하지만, 석유 대신 착한 에너지를 개발하여 사용하는 것이 더욱 중요하다. 우리가 계속 석유에 의존하며 생활한다면 무시무시한 기름 유출 사고를 피하기 어려울 뿐만 아니라 그나마 있는 석유도 곧 동이 나서 언젠가는 지구가 멈추는 상황이 닥칠지도 모른다. 이런 파국을 막기 위해서라도 이제는 지구를 오염시키지 않는 깨끗한 에너지, 다시 쓸 수 있는 재생 가능한 에너지의 시대로 전환해야 한다.

2014년 ●
태안에서 기름 유출 사고가 난 지 7년 만에 전라남도 여수에서 기름 유출 사고가 일어나다.

이를 위해 여러분이 할 수 있는 일은 바로 미나마타 시의 주민들처럼 친환경적인 생활을 실천하는 것이다. 지금 당장 집 안에 있는 재활용 쓰레기들을 살펴 제대로 분류해 보고, 매일 조금씩 쓰레기를 줄이려고 해 보자. 그리고 또 한 가지! 집 안 곳곳의 콘센트도 주의 깊게 살펴보자. 사용하지 않는데 주렁주렁 꽂혀 있는 각종 가전제품의 플러그들은 과감하게 뽑아 놓으면 어떨까?

지금 당장 보지 않는 텔레비전,
사용하지 않는 컴퓨터의 플러그는 뽑자!

어쩌면 인간과 자연이 지구에서 행복하게 공존할 수 있는 방법을 평소에 항상 고민하면서 생활하는 것이 환경 재난을 예방할 수 있는 유일한 방법일지 모른다. 지구가 지금까지 멸망하지 않은 것은 아픈 경험을 하고 난 뒤에라도 반성하고 교훈을 얻었기 때문임을 잊지 말자.

● 현재
지구를 살리는 생활
습관을 기르기 위해
노력하기 시작하다.

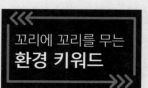
미나마타 시

일본 구마모토 현에 속한 도시로 1956년, 메틸수은이 포함된 조개 및 어류를 먹은 주민들이 집단 질병 (미나마타 병)에 걸려 환경 재난 도 시가 되었으나 시와 기업, 시민들의 노력으로 환경 도시로 거듭났다.

10,233

삼성 – 허베이 스피릿호 충돌 사고로 유출된 원유의 양은 무려 10,233킬로리터이다.

환경 재난

인명 및 재산 피해를 동반하는 사회 재난 규모의 환경 오염과 환경 사고를 뜻한다. 원자력 누출 사고나 유해 화 학 물질 사고뿐만 아니라, 오존층 파 괴나 기후 변화도 포함된다.

해양 오염

선박 사고로 유출된 기름, 항공 기에서 버리는 폐기물 등으로 바닷물이 오염되는 일이다.

재생 에너지

석유 문명은 끝이 보인다. 이제 재생 가능 에너지 시 대로 가야 한다.

기름 유출 사고

448

유출된 원유 10,233킬로리터는 자동차로 지구를 448바퀴 돌 수 있는 어마어마한 양이다.

'재생 에너지'가 궁금하다면 **258쪽**

기후 변화와 기후 난민은 현재 우리가 마주한
가장 중요한 문제입니다.
우리가 소비 방식을 바꾸지 않는다면
남태평양의 문화들은 곧 사라지지만,
우리가 작은 실천들을 시작한다면
이 문제들은 극복될 수 있을 것입니다.

메리 램버트(다큐멘터리 영화 '미스 남태평양: 미녀와 바다' 감독)

기후 변화를 막기 위한

지구 마을 곳곳의

작지만 소중한 움직임

기후 변화 Climate Change

개념 사전　원래 의미는 '일정한 지역에서 장기간에 걸쳐 기후가 바뀌는 일이 진행되는 것'이었으나, 최근에는 '지구의 평균 기온이 상승하는 지구 온난화 때문에 전 지구적으로 기후 체계가 바뀌는 현상'을 뜻한다.

석탄, 석유 등의 화석 연료를 태울 때 주로 발생하는 온실가스를 대기 중에 너무 많이 방출한 결과 지구의 평균 기온이 가파르게 올라가고 있으며, 그 영향으로 세계 곳곳에서 전에 없던 기상 이변을 겪고 있다. 자연적인 상태의 범위를 벗어난 기후 체계의 변화가 일어나고 있는 것이다.

사용 예 "2100년에는 기후 변화 때문에 우리나라의 북쪽 지방에서도 사과를 재배할 수 있게 된다는군."

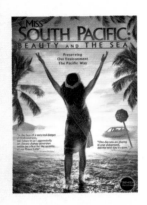

물에 잠긴 집과 차를 마주한
미스 남태평양은 하늘을
향해 무엇을 외치는 걸까?

2014년 7월 31일, 목포에서 아시아 최초의 해양 영화제인 '2014 목포 해양 영화제(MOFF)'가 개막됐다. 개막작은 다큐멘터리 영화 '미스 남태평양: 미녀와 바다'였다. 태평양 섬나라 중 하나인 피지의 수도 수바에서 열린 미인 대회에 참여한 여성들이 미스 남태평양 왕관을 차지하기 위해 고유한 전통 의상을 입고 역동적인 춤을 선보이는 등 일주일간 경연을 펼친다는 내용이었다.

그런데 이 영화는 단순한 미인 대회 이야기가 아니었다. 각 나라의 참가자들은 그 미인 대회에서 지구 마을 사람들에게 무언가를 호소하고 있었다. 바로 지구 온난화의 주범인 탄소 배출량을 줄여 달라는 것. 그녀들이 사는 섬은 지구 온난화 때문에 해수면이 상승하여 이미 바다 밑으로 사라졌거나 몇 년 사이에 침수될 위험에 처한 상황이었다. 자신들의 아름다운 섬을 지키기 위해 미인 대회에 참가한 여성들, 동시에 우리 모두의 이기심 때문에 하루아침에 삶의 터전을 잃었거나 잃을 수도 있는 사람들에 대한 이야기였다.

섬나라들이 하나둘씩 **사라진다고?**

남태평양의 작은 섬나라인 투발루 공화국이 세계의 도움을 호소했다. 일부 기자들에게는 국왕의 발언이 국토 포기 선언처럼 들리기도 했을 정도로 심각한 상황이었다. 여덟 개의 섬이 모두 물속에 잠기고 있었던 까닭이다. 원래 아홉 개의 산호섬으로 이루어져 있던 투발루는 1999년에 이미 '사빌리빌리'라는 섬을 잃었다. 이곳 국민들은 언젠가는 나라가 물에 완전히 잠길 것이라는 생각을 하며 살아간다.

투발루가 사라질 위기에 처한 가장 큰 이유는 해수면의 상승이다. 해수면 상승은 투발루의 생태계까지 변화시키고 있다. 소금기가 많아 식수를 구하기가 어려워졌고, 코코넛 나무와 농작물이 죽어 가고 있다. 또 땅 밑에서는 거품이 솟아오르는데, 이러한 현상은 바닷물이 솟아오르고 있다는 증거로 볼 수 있다.

인구 11만 명의 키리바시 공화국 또한 남태평양에 속한 작은 섬나라이다. 지구에서 맨 먼저 해가 뜨는 나라로 유명하지만, 몇십 년 뒤엔 맨 먼저 해가 뜨는 나라가 바뀔지도 모른다. 투발루와 마찬가지로 해수면 상승 속도가 점점 빨라지고 있기 때문이다. 해마다 0.3~1.2센티미터 정도로 상승하고 있어서 30~60년 뒤엔 물속으로 가라앉게 될 것이라 예상하고 있다.

키리바시 사람들의 삶의 터전인 바다의 해수면이 해마다 상승하고 있다.

이것은 비단 투발루나 키리바시, 나우루 공화국, 인도양의 몰디브를 포함한 섬나라만의 이야기가 아니다. 방글라데시, 베트남, 인도 동부 등 일부 내륙 국가들도 해수면 상승에 따른 피해를 입을 수 있다.

이 나라들이 위기를 겪고 있는 이유는 '기후 변화' 때문이다. 기후 변화가 무엇인지 알려면 먼저 '날씨'에 대해 살펴봐야 한다. 날씨는 현재의 온도, 습도, 바람, 비의 양 등으로 결정되는 기상 상태를 말한다. 그리고 날씨의 장기적인 통계를 살펴 평균적인 현황을 나타낸 것이 바로 '기후'이다. 즉 기후 변화란, 어떤 지역의 장기적인 기상 상태의 평균치가 변하고 있다는 말이다. 예를 들어 지난주와 이번 주의 기온과 비의 양이 오르락내리락하거나, 작년과 올해의 월평균 기온이 조금 높거나 낮게 반복되는 것은 매우 자연적인 날씨 변동이다. 이에 비해 지난 10년이나 30년의 평균값보다 기온이 현저히 높거나 낮아져 이전의 평균값으로 돌아가는 것이 불가능할 때에는 기후가 바뀌었다고 할 수 있다.

지구 온난화 그리고 온실 효과에 대한 **오해**

○ **사회적 배경**
   산업 혁명[1]이 일어나다.

○ **산업 혁명 이후**
   화석 연료를 과도하게
   사용한 결과 대기 중
   온실가스의 양이
   급증하다.

○ **1979년**
   우델과 맥도널드 등
   과학자들이 지구
   온난화를 경고하다.

앞에서 설명한대로 기후 변화는 일정한 지역에서 장기간에 걸쳐 기후가 바뀌는 것을 뜻하지만, 최근에는 여기에 지구의 평균 기온이 상승하는 '지구 온난화'가 더해져 바뀌는 기후 체계를 뜻한다. 즉 해수면 상승의 원인은 지구 온난화로 인한 기후 변화 때문이라는 얘기다.

지구 온난화는 인간의 여러 활동에 따라 발생하는 온실가스가 대기 중에 쌓여 지구 전체적으로 지표 및 대기의 온도가 추가적으로 높아지는 현상을 말한다. 지구는 태양으로부터 끊임없이 받는 빛과 열을 복사해 다시 우주로 내보내는데, 지구가 방출하는 에너지의 양이 지구에 도달한 태양 에너지의 양보다 적거나 같아야 지구의 온도가 계속해서 높아지거나 낮아지지 않고 일정하게 유지된다. 그 이유는 지구를 둘러싼 대기층이 유리 온실처럼 빛은 통과시키고 적정한 양의 열을 대기권[2] 안에 가두어 두기 때문이다. 이것이 바로 '온실 효과'이다.

만약 지구에 대기층이 없어 온실 효과가 일어나지 않았다면, 지구의 평균 기온은 영하 18.5도 정도로 떨어졌을 것이라고 한다. 또 세계 각 지역은 하루에도 수십 도 이상의 온도 차이를 겪어야 했을 테고, 이러한 조건에서는 인간을 비롯한 어떤 생물체도 살아가기 어려웠을 것이다. 따라서 온실 효과는 인류의 생존에 없어서는 안 될 필수 조건인 셈이다.

대기층의 주를 이루는 기체는 산소와 질소이지만, 온실 효과를 일으키는 기체는 수증기, 이산화탄소, 메탄, 프레온 가스 등의 온실가스이다.

---

[1]   영국에서 일어난 방적 기계의 개량이 발단이 되어 18세기 후반부터 약 100년 동안 유럽에서 일어난 생산 기술과 그에 따른 사회 조직의 큰 변화.

[2]   지구를 둘러싸고 있는 대기의 범위. 지상 약 1,000킬로미터까지를 이르며, 온도의 분포에 따라 밑에서부터 대류권, 성층권, 중간권, 열권으로 나눈다.

자연 상태에서 이 기체들은 앞에서 말한 것처럼 온실 효과를 일으키는 고마운 존재들이다. 문제는 인간의 활동 때문에 온실가스가 너무 많이 대기권으로 방출되고 있다는 것이다. 석유나 석탄 같은 화석 연료를 태워 공장과 발전소를 돌리고, 난방을 하고, 자동차를 모는 동안 대기 중 온실가스의 양은 점점 더 늘어났다. 온실가스층이 두꺼워지면 지구에서 방출되는 에너지의 양이 줄어들어 지구의 평균 기온이 오를 수밖에 없다. 결국 지구가 더워지는 원인은 우리 인간에게 있는 것이다.

미래의 지구가 **지구 온난화**에 보내는 경고

2007년, 기후 변화에 관한 정부 간 패널(IPCC)은 지난 100년 동안 지구의 평균 온도가 0.74도 상승했고, 특히 최근 30년 동안은 10년에 0.2도씩 가파르게 증가했다는 연구 결과를 발표했다. 이렇게 더워진 기후 때문에 여름에는 전에 없던 무더위가, 겨울에는 혹한이 찾아오기도 하고, 일부 지역에서는 기록적인 양의 폭우나 폭설이 쏟아지기도 한다.

이처럼 지구 온난화는 해수면 상승에만 영향을 미치는 것이 아니다. 과연 이 상태로 계속해서 지구 온난화가 진행되면 또 어떤 변화가 나타날까?

- 평균 기온이 1도 올라가면 꽃과 나무가 잘 자라지 못하고, 곤충이나 새들도 살아가기가 어렵게 된다.
- 평균 기온이 2도 높아지면 농업 생산 환경이 달라져 각종 작물의 파종과 수확 시기에 혼란이 올 수 있으며 새로운 병해충 문제가 생겨

사회적 배경
지구의 평균 기온이 높아져 세계 곳곳에서 이상 기후에 따른 환경 재앙을 겪다.

날 가능성이 높다. 생물종의 약 15~40퍼센트가 멸종될 수도 있다.

- 평균 기온이 3~4도 상승하면 세계 인구의 3퍼센트인 2억 명 정도가 해수면 상승과 가뭄, 홍수 때문에 이주해야 할 수도 있다.
- 대기 중의 수증기가 증가해 지중해, 북아메리카 중부 및 남부, 아마존 지역, 중국 남부와 인도차이나 반도 등에서 집중 호우가 내리는 횟수가 늘어날 것이다.
- 남극과 그린란드의 빙상이 녹아내릴 것이다.
- 여름과 겨울의 기온이 상승하여 봄과 가을이 점차 짧아지고, 겨울에 내리는 눈의 양이 크게 줄어든다.
- 아프리카 대부분의 지역에서 가뭄이 심해져 사막화가 더욱 빨리 진행된다.

그린란드의 빙하가 다 녹으면 해수면이 얼마나 높아질까?

기후 변화에 대한 정부 간 패널은 2014년 8월에 제출한 보고서를 통해 세계가 지금과 같은 추세로 온실가스를 계속 배출하면 2050년까지 기온이 1986~2005년보다 2도, 21세기 말까지 약 3.7도 더 오를 것이라고 한다. 기온이 평균 3.7도 오르면 해수면은 평균 63센티미터 상승할 것이라고 내다보는데, 이 수치는 뉴욕, 상하이 등 세계 주요 도시 일부가 물에 잠길 수도 있음을 뜻한다. 우리나라의 경우 해수면이 60센티미터 정도 높아질 경우 부산의 저지대 일부 등 서해안과 남해안에 위치한 해변 도시들이 침수 피해를 입을 것이라는 기상청의 예상도 뒤따른다. 이처럼 지속적으로 온실가스를 배출한다면 인간과 생태계에 돌이킬 수 없는 심각한 영향을 미치게 될 것이다.

기후 변화를 막기 위한 **국제적인 약속과 노력**

1972년 2월, 기후 변화에 대응하여 국가들이 머리를 맞대기 시작했다. 스위스 제네바에서 세계 기상 기구(WMO)의 주관으로 열린 제1차 세계 기후 회의에서 선진국의 온실가스 배출량을 줄여야 한다는 주장이 제기된 것이다. 또한 변하고 있는 기후에 대한 과학적인 연구와 동시에 국제적인 약속이 필요하다는 이야기도 흘러나왔다. 1988년에는 캐나다의 토론토에서 주요 국가 대표들이 모여 지구 온난화에 대한 국제 협약 체결을 공식으로 제의했으며, 1990년에 제네바 제2차 세계 기후 회의에서 기본 협약을 체결했다. 그리고 2년 뒤인 1992년 6월, 유엔 환경 개발 회의에서 지구 온난화에 따른 이상 기후 현상을 예방하기 위한 유엔 기후 변화 협약이 채택되었다. 당시 회의에 178개 나라가 참가했으며, 그 중 154개 나라가 기후 변화 예방을 위한 약속에 동참하기로 했다.

1997년, 일본 교토에서 열린 유엔 기후 변화 협약 제3차 당사국 총회에서는 기후 변화의 주범인 온실가스를 줄이기 위한 구체적인 약속이 담긴 교토 의정서를 채택했다. 그리고 교토 의정서에 따라 '탄소 배출권' 개념이 생겼다.

탄소 배출권이란, 일정한 기간 동안 이산화탄소, 메탄 등 6대 온실가스의 일정량을 배출할 수 있는 권리이다. 그리고 이것을 상품처럼 사고 팔 수 있도록 정해 놓았는데 이를 '배출권 거래제'라고 한다. 정해진 이산화탄소의 배출 허용량을 지키지 못한 기업이나 국가는, 감축 목표보다 이산화탄소 배출을 더 많이 줄인 기업이나 국가로부터 탄소 배출권을 구입해야 한다. 반대로 약속한 배출 허용량보다 더 많이 줄인 기업이나 국가는 줄인 양만큼의 탄소 배출권을 다른 나라에 팔아 돈을 벌 수

1972년
스위스 제네바에서
제1차 세계 기후 회의가
열리다.

1987년
기후 변화에 대한 전문적
연구를 위해 유엔이
'기후 변화에 관한 정부 간
패널'을 설치하다.

1992년
브라질에서 유엔 환경 개발
회의가 열리고, 정식으로
기후 변화에 관한 유엔
기본 협약이 이루어지다.

1997년
온실가스 감축 목표를
효과적으로 달성하기
위한 교토 의정서가
채택되다.

있는 시스템이다. 배출권 거래제의 궁극적인 목적은 세계 각 나라가 자발적으로 온실가스 배출을 줄여 나가도록 유도하는 데 있다. 온실가스 배출 할당량은 국가별로 부여되며, 탄소 배출권 거래는 대부분 기업들 사이에서 이루어지고 있다. 우리나라는 2015년부터 배출권 거래제를 실시하고 있다.

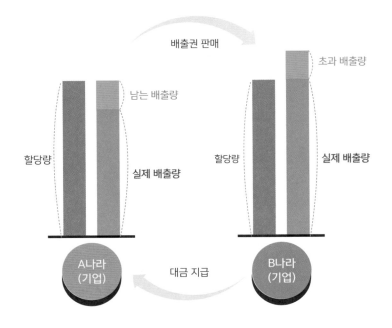

교토 의정서 채택 이후 2007년에 채택된 발리 로드맵(Bali Roadmap), 2009년의 코펜하겐 기후 변화 협약, 2011년의 더반 기후 변화 총회 등 국제회의를 통해 기후 변화가 더 급격히 진행되는 것을 막고, 기후 변화 때문에 발생하는 여러 가지 환경 문제에 대응하기 위한 국제적인 노력을 계속해 왔다.

기후 변화는 우리 모두가 책임져야 할 **우리 탓!**

유엔 환경 개발 회의 이후 세계 기후 회의가 열아홉 차례나 더 열렸지만, 안타깝게도 국제적인 약속이 항상 잘 지켜지지는 않았다. 기후 변화 협약의 주요 내용은 그동안 온실가스를 많이 배출하면서 경제를 발전시킨 선진국들부터 정해진 기간까지 의무적으로 온실가스 발생량을 줄이도록 한 것이었다. 하지만 세계에서 온실가스를 가장 많이 배출한 나라인 미국이 의무적으로 온실가스 발생을 줄이는 것에 참여하지 않겠다고 나서자, 온실가스 발생에 큰 책임이 없는 개발 도상국들이 반발하기 시작했다.

이후 2014년 12월, 전 세계 이산화탄소량의 45퍼센트가량을 배출하던 온실가스 배출국 1, 2위인 미국과 중국이 10~15년 안에 온실가스를 감축하기로 전격 합의를 했지만, 여전히 한계는 있다. 선진국과 개발 도상국 사이에 의견이 좁혀지지 않고 있기 때문이다. 온실가스 배출 감축 기술이나 대기권으로 방출되는 온실가스 포집[3] 기술 등 기후 변화를 막을 수 있는 기술을 갖춘 부자 나라들이 아무 조건 없이 개발 도상국에게 기술을 나누어 주어야 한다는 주장과 첨단 기술을 사용하려면 당연히 그에 대한 대가를 지불해야 한다는 주장이 엇갈리고 있는 것이 한 예이다.

지구 온난화로 인해 재난 국가가 된 투발루, 키리바시 등 섬나라의 아픔은 더 이상 그들만의 것이 아니다. 환경 문제는 우리가 생각하는 것보다 훨씬 심각한 지경에 이르렀다. 계속되는 지구 온난화로 빙하의 거대한 얼음층이 쪼개지는 등 과거에 비해 빠른 속도로 녹고 있어서 북극 빙

2014년
세계 1, 2위 온실가스 배출국인 미국과 중국이 온실가스를 감축하기로 합의하다.

---

3   여러 가지 방법으로 물질 속에 있는 미량 성분을 분리하여 잡아 모으는 일.

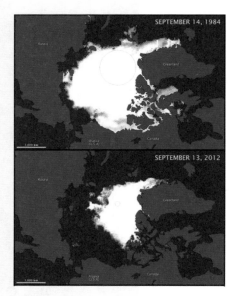

SEPTEMBER 14, 1984

SEPTEMBER 13, 2012

미국 항공 우주국의
지구 천문대에서
촬영한 사진이다.
북극해의 면적이
1984년(위)에 비해
2012년(아래)에
절반 가까이 줄어들었다.

● 현재
┊ 기후 변화를 막기 위해
┊ 할 수 있는 일이 무엇인지
↓ 고민하기 시작하다.

하의 경우 1979년에 위성 관측을 시작한 이래 가장 많이 줄어든 상태인 것으로 나타나기도 했다. 지구 온난화는 이제 선진국부터 개발 도상국까지, 전 세계가 머리를 맞대고 해결을 위해 노력해야 할 공통 과제인 것이다.

지구 마을 모두가 온실가스 다이어트!

우리나라는 2020년까지 온실가스 배출 전망치의 30퍼센트를 줄이기로 했다. 우리도 각자의 자리에서 생활 속 작은 실천으로 '온실가스 1인 1톤 줄이기'에 참여해 보자. 먼저 화석 연료를 이용하여 얻는 에너지를 아끼는 일이다. 전기 사용 시간 한 시간 줄이기, 내복 입기, 쓰지 않는 플러그 뽑기 등 전기와 난방 연료를 아껴 쓰고, 자가용보다는 여럿이 함께 타는 대중교통을 이용하거나 가까운 거리는 자전거를 타면 이산화탄소 발생량을 조금이라도 줄일 수 있다. 또 종이컵이나 비닐봉지 등의 일회용 제품을 쓰는 대신 텀블러, 장바구니 등을 이용하는 것도 지구를 위한 실천이다. 비행기나 배를 통해 수입되는 식품보다는 우리나라에서 생산된 먹을거리를 골라 먹는 일 역시 기후 변화를 막는 데 도움이 된다.

이제 기후 변화를 막기 위해 많은 나라가 움직이기 시작했다. 그렇다면 우리 개개인도 온실가스 배출을 줄이기 위한 노력을 해야 하지 않을까? 우리가 살고 있는 지구와 기후 변화로 사라질 위기에 처한 나라들 그리고 미래의 후손들을 위해서 말이다.

온실가스

지구 대기를 오염시켜 온실 효과를 일으키는 가스를 통틀어 이르는 말로, 이산화탄소, 메탄, 프레온 가스 등이 포함된다.

지구 온난화

온실가스가 대기 중에 쌓여 지구의 지표 및 대기 온도가 높아지는 현상을 말한다.

온실 효과

태양으로부터 받은 열 중 적정한 양의 열을 대기권 안에 가두어 지구의 온도를 일정하게 유지시키는 것을 말한다.

탄소 배출권

일정한 기간 동안 이산화탄소, 메탄 등 6대 온실가스를 일정량 배출할 수 있는 권리로, 배출권 거래도 가능하다.

기후 변화

2

평균 기온이 2도 상승하면 생물종의 약 15~40퍼센트가 멸종될 수 있다.

3.7

평균 기온이 3.7도 오르면 해수면은 평균 63센티미터 상승해 세계 주요 도시 일부가 물에 잠길 수도 있다.

사막화

환경 오염으로 인한 기후 변화가 사막화를 부추기고 있다.

생태 발자국

생태 발자국 수치가 높을수록 기후 변화 문제가 심각해질 것이다.

'사막화'가 궁금하다면 **152쪽**

'생태 발자국'이 궁금하다면 **196쪽**

녹색 GNP는 환경을 오염시키거나 자연을 파괴하는 행위가
국민 소득을 얼마만큼 깎아내리는지 분명히 알게 해 준다.
숫자 상의 소득 증가가 때로는
오히려 삶의 질을 떨어뜨린다는 사실을 눈으로 확인할 때
환경에 대한 인식도 바뀔 수 있을 것이다.

환경의 가치를 돈으로 환산한다면?

개발
환경 오염

녹색 GNP Green GNP

개념 사전 기존의 국민 총생산(GNP)에 환경 서비스에 따른 편익을 더하고 환경 파괴의 총액을 뺀 것을 말한다.

기존의 GNP는 환경 오염 및 천연자원 고갈 때문에 발생하는 사회적 비용을 반영하지 못하고, 오히려 파괴된 환경이 원래대로 회복되는 데 드는 비용까지 포함시키는 문제가 있다. 녹색 GNP는 이러한 문제점을 수정하여 계산한 국민 총생산으로, 경제와 환경을 통합한 새로운 지표이다.

사용 예 "우리 정부는 1인당 GNP를 올리는 데 급급해서 녹색 GNP에 대한 고려는 잊고 있는 것 같아."

"검은 고양이든 흰 고양이든 쥐를 잘 잡는 고양이가 좋은 고양이다."

이것은 자본주의든 공산주의든 상관없이 경제만 잘 살리면 된다는 뜻으로, 중국 경제 개혁의 설계자였던 덩샤오핑[1] 의 신념이었다.

그런데 2004년 중국의 국무총리였던 원자바오(溫家寶)가 중국 경제 성장의 목표를 환경과 환경의 질을 생각하는 방향으로 전환해야 한다는 정책을 펼치면서 중국에서 이 고양이 색깔론이 다시 떠올랐다. 그때 화제가 된 고양이의 색깔은 바로 녹색. 경제 최우선을 외치던 중국이 환경을 생각하는 '녹색 고양이' 정책으로 돌아선 것이었다. 물론 중국이 녹색 경제 성장을 추구하기로 한 것은 환경 보호 그 자체에 대한 관심이라기보다는 세계 제일의 환경 오염국이라는 국가 이미지에서 벗어나고, 탄소 배출권 거래제가 본격적으로 실시될 경우 중국이 물어내야 할 환경 범칙금을 줄이기 위한 하나의 방법이긴 했지만 말이다.

녹색 GNP로 **삶의 질**을 높여라!

검은 고양이와 흰 고양이 개념을 넘어서서 녹색 고양이 정책을 펼치는 것은 비단 중국만의 이야기가 아니다. 오늘을 살아가는 세계인의 화두는 이제 자본주의냐 사회주의냐 하는 이념 논쟁이 아닌, 지속 가능한 '삶의 질'을 높이는 것이기 때문이다.

국민 총생산(GNP)은 한 해 동안 한 나라의 국민이 생산한 물품과 서비스의 가격을 모두 더한 것으로, 그 수치가 높을수록 국가의 경제력과

---

1   (鄧小平, 1904~1997) 중국의 정치인. 실용주의 노선에 입각한 과감한 개혁을 단행하여 중국 경제를 크게 성장시켰다.

국민들의 생활 수준이 높다는 것을 의미한다. 하지만 환경 문제가 심각해지면서 경제적 소득의 증가만을 측정하는 '성장' 위주의 GNP 개념이 국민들의 진정한 복지를 제대로 반영하지 못한다는 반성의 목소리가 높아졌다. 환경 오염으로 인해 국민들의 복지가 줄어들고 삶의 질이 낮아지는데도 GNP에는 그러한 점이 반영되지 않고 있다는 것이었다. 그래서 지속 가능한 경제 성장의 구체적 실천 방안 중 하나로 지금까지 세계 각 나라가 사용해 온 국민 총생산을 근본적으로 수정하거나 대체하자는 논의가 활발히 진행되고 있다.

경제가 성장해도 국민들의 삶의 질은 크게 나아지지 않는다는 반성이 시작되었다.

그 대체안 가운데 하나가 바로 '녹색 GNP'이다. 네덜란드 중앙 통계국의 루피 휘팅(Roefie Hueting)은 인간의 행복을 물질적인 생산액만으로 표시할 수 없다고 생각하여 기존 GNP 계산 방식을 개선해야 한다고 제안했다. 그는 환경의 영향을 감안하지 않은 GNP 개념이 경제 현실을 과장하고 왜곡하는 중요한 요인이라고 지적하면서 한 국가의 참다운 경제력과 국민의 재화 및 용역의 정확한 값을 계산하려면 환경 요인을 포함시켜야 한다고 주장했다. 예를 들어 지금의 국민 총생산 계산 방식에서는 오염된 물을 깨끗하게 만들어 다시 수돗물로 공급하는 정수 시설에 투자한 비용이 경제 성장에 기여한 것으로 평가되지만, 실제적으로는 환경 오염을 처리하는 데 사용된 사회 비용[2]이기 때문에 GNP를 계산할 때 빼야 할 비용이라는 것이다.

1970년대 초반 네덜란드의 루피 휘팅이 녹색 GNP의 개념을 제안하다.

휘팅의 주장대로 모든 생산 활동에는 그로 인한 오염 물질, 폐기물 등의 부산물이 발생한다. 그런데 이를 그대로 방치할 경우 나중에 그것을

---

2   생산이나 소비를 할 때 당사자가 부담하는 개인적인 비용 외에 추가적으로 사회의 자원을 소모하는 경우 그것을 포함한 비용을 말하며, 그 보상은 국가나 사회가 부담한다.

처리하기 위한 비용은 더 늘어나게 된다. 가령 똑같이 1,000원만큼을 생산한 A라는 나라에서는 200원만큼의 환경 오염을 발생시켰고, B라는 나라에서는 800원만큼의 환경 오염을 발생시켰다. 생산량만 놓고 보면 두 나라 모두 1,000원만큼을 생산했지만 각 나라가 발생시킨 환경 오염을 해결하는 데 든 비용까지 고려한다면 얘기는 달라진다. A나라는 800원만큼의 생산 효과를 낸 것이고, B나라는 200원만큼의 생산 효과를 낸 것이기 때문이다. 이처럼 환경 문제 해결에 드는 비용까지 고려하여 총 생산량을 계산하는 것이 바로 녹색 GNP이다. 즉 녹색 GNP는 경제와 환경을 통합한 새로운 지표인 셈이다.

환경 문제가 **경제**에도 영향을 미친다고?

녹색 GNP처럼 환경의 영향을 경제적으로 계산하기 위해서는 환경의 가치를 돈이나 숫자로 바꾸는 방법을 먼저 생각해야 한다. 환경 경제를 연구하는 학자들은 환경의 가치를 '사용 가치'와 '비사용 가치'로 구분한다.

사용 가치는 자연에서 생활 자원을 얻고 이용하면서 생기는 이득이나 가치를 말한다. 강물이 깨끗해져 이전보다 물고기를 더 많이 잡아서 이익이 생긴다면 바로 그 이익이 환경의 사용 가치이다. 비사용 가치는 사용 가치를 제외한 가치를 통틀어서 말하는 것이다. 야생의 생태계를 살리기 위해 현장에 직접 가지는 않지만, 야생 생태계를 보전하는 일에 만족을 얻는 사람들이 자발적으로 야생 기금을 내는 것을 예로 들 수 있다.

산에서 맑은 공기를 마시며 느끼는 쾌적함도 환경의 사용 가치에 해당된다.

환경의 가치는 강이 맑아지거나 숲이 더 울창해졌을 때, 야생 생태계가 원형 그대로 보존되었을 때 등 환경의 질이 좋아질 경우 더 커진다. 반대로 환경이 훼손될 경우에는 그 가치가 감소된다.

경제학자들은 환경 오염이 시장의 실패로 이어진다고 본다. 시장의 실패란 시장 경제 제도에서 경제 활동을 시장 기구[3]에 맡길 경우 자원이 효율적으로 배분되지 못한다거나 균등하게 소득 분배가 이루어지지 못하는 상황을 의미한다. 자동차 회사를 예로 들어 보자. 자동차 공장에서 나오는 매연과 폐수는 대기와 하천을 오염시켜 자동차를 타지 않는 사람들과 사회에 손해를 끼친다. 그런데 자동차를 생산하는 기업은 대기 오염과 하천 오염을 해결하는 데 드는 비용을 생각하지 않기 때문에 자동차로 인해 발생하는 오염을 제거하는 데 소요되는 비용은 사회 전체가 지불하게 된다. 결국 자동차 회사는 이러한 사회적 비용을 뺀 사적 비용을 기준으로 삼고 자동차를 생산하기 때문에 필요 이상으로 자동차를 많이 만들게 되고, 이것이 시장 실패로 이어진다는 것이다.

환경 오염으로 인한 경제적 손실은 직접적 손실과 간접적 손실로 나눌 수 있다. 직접적 손실은 물건을 만드는 데 들어가는 생산 비용이 올라가거나 생산 기반이 손실되는 경우, 또 환경 오염 때문에 질병이 생겨 의료비나 생활비가 더 많이 지출되는 경우 등 환경 오염으로 인해 발생하는 직접적인 경제 손실을 가리킨다. 간접적 손실은 환경 오염을 처리하거나 방지하는 부담이 소비자에게 전가되는 것을 말한다. 예를 들어 기업이 환경 오염을 예방하기 위한 시설을 만들고 유지하는 비용을 생산비에 포함시켜 소비자들이 종전보다 높은 가격으로 제품을 구입하게

기업들은 공장에서 나오는 매연을 처리하는 데 드는 비용은 고려하지 않은 채 제품을 생산한다.

3   상품 거래 활동의 질서를 갖게 하는 시장의 조직.

되는 경우, 정부가 환경 오염을 관리하기 위한 기구와 대책을 마련하는 데 소요되는 비용도 환경 오염으로 인한 간접적 손실에 포함된다.

환경 정책과 경제 정책이 통합된 **환경 계정**

환경이 가지는 가치를 경제적인 관점에서 생각하기 시작하면서 1980년대 후반부터 유럽의 선진국들을 중심으로 환경 계정 작성을 위한 연구가 진행되었다. 환경 계정은 한 나라의 경제 활동을 측정하는 지표인 '국내 총생산(GDP)', '국민 총소득(GNI)' 등의 국민 계정처럼, 자연 및 환경 자산의 상태를 측정하기 위해 마련한 지표이다.

환경 계정을 마련하기로 한 것은 산림 및 지하자원과 같은 자연 자산이나 물, 공기 등과 같은 환경 자산도 경제 자산처럼 재화와 서비스를 생산하는 데 이용되는 자산으로 인정하여 경제 지표에 환경과 관련된 사항을 포함시키기 위해서였다. 계속된 연구 끝에 유엔의 '환경 경제 통합 계정(SEEA)', 유럽 연합 통계청(EUROSTAT)의 'SERIEE', 네덜란드의 'NAMEA', 프랑스의 '자연 유산 계정' 등 다양한 형태의 환경 계정 체계가 개발되었다.

이렇게 여러 국제기구와 나라에서 환경 계정을 마련하는 것은 환경 보존 없이는 지속적인 경제 개발이 불가능하다는 지속 가능 발전의 관점에서 경제 정책과 환경 정책을 통합하는 데 큰 의미를 갖는다.

환경 계정 중 하나인 녹색 GNP는 1983년 유엔 환경 계획과 세계은행이 환경 계정 워크숍을 개최한 지 10년 만에 구체적인 모습을 드러냈다. 유엔 통계국(UNSD)이 세계의 각 나라가 녹색 GNP를 계산할 수 있도록

● 1983년
유엔 환경 계획과 세계은행이 환경 계정 워크숍을 개최하다.

● 1980년대 후반
유럽의 선진국들을 중심으로 다양한 환경 계정이 개발되다.

구체적인 지침을 발표한 것이다. 기존 GNP에 환경 서비스로 얻은 이익을 더하고, 환경을 파괴한 비용 총액을 빼는 방법이었다.

$$\text{녹색 GNP} = \text{GNP} + \text{환경 서비스액} - \text{환경 파괴 총액}$$

1990년 이후의 통계 자료를 보면, 국민 총생산이 높아지고 있긴 하지만 환경을 감안하여 녹색 GNP를 계산하면 국민 총생산에 비하여 그 수치가 훨씬 작아진다는 것을 알 수 있다. 그만큼 환경 파괴 정도가 커지고 있기 때문이다.

환경과 삶의 질을 동시에 잡는 녹색 GNP

1992년, 유엔 환경 개발 회의에서 채택된 실천 계획인 '의제 21(Agenda 21)'에 환경과 경제를 동시에 아우르는 통합 계정을 확립하기 위한 프로그램이 포함되었다. 그리고 2002년 8월, 남아프리카 공화국 요하네스버그에서 개최된 지속 가능 발전을 위한 세계 정상 회의(WSSD)는 각 나라의 정부가 국가 차원에서 지속 가능 발전 계획을 세우고 실천하도록 권고했다. 그 뒤 특정 국가의 발전이나 성장이 지속 가능한 방향으로 전개되는지를 평가하는 지표를 만들기 위해 다방면에서 여러 가지 시도가 이루어졌다.

이에 따라 요즘 유럽에서는 녹색 GNP가 경제 지표로서 호응을 얻고 있다. 스웨덴과 프랑스, 노르웨이 정부는 녹색 GNP를 계산하기 위해 환경이 모든 경제 활동에 미치는 영향을 조사하고 있고, 독일 정부는 이

1993년
유엔 통계국이 녹색 GNP를 계산할 수 있는 지침을 마련하다.

1992년
유엔 환경 개발 회의에서 채택된 의제 21에 환경과 경제 통합을 위한 프로그램이 포함되다.

2002년
남아프리카공화국 요하네스버그에서 열린 지속 가능 발전을 위한 세계 정상 회의에서 환경 경제에 대한 지표 마련을 시도하다.

지표를 이용하여 국민 소득을 계산하기 위한 체계를 개발하고 있다.

　　기존의 GNP 평가 기준은 바로 '생산'이었다. 하지만 이것은 자원이 무한하다는 잘못된 전제에서 시작된 기준이므로, 이제 더 이상 생산 중심의 기준을 따라갈 수는 없다. 또한 진정한 소득 분배, 여가 생활, 환경, 복지 등 삶의 질을 제대로 반영하지 못하며 오히려 위기를 가져온 잘못된 기준이다. 따라서 이제는 외형적 경제 규모만을 보여 주는 GNP에서 벗어나 환경과 삶의 질을 동시에 생각하는 녹색 GNP를 계산할 때이다.

● 현재
그동안 경제 활동을 평가해 온 방법이 환경을 배제시킨, 잘못된 것임을 깨닫다.

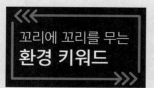
꼬리에 꼬리를 무는
환경 키워드

10

1983년 국제 연합 환경 계획과
세계은행이 환경 계정 워크숍을
개최한 지 10년 만에 녹색 GNP가
구체적인 모습을
드러냈다.

사회적 비용

기업이 재화를 생산할 때 생산
자를 포함한 사회 전체가 부담
하게 되는 비용을 말한다.

환경 계정

자연 및 환경 자원도 경제 자산
과 마찬가지로 재화와 서비스의
생산에 이용되는 자산으로 인정
하여, 환경 자산의 재무 상황을
기록하는 체계를 말한다.

시장 실패

시장 경제 제도에서 경제 활동을
시장 기구에 맡길 경우 효율적인
자원 배분과 균등한 소득 분배가
이루어지지 못하는 상황을 뜻한다.
경제학자들은 환경 오염이 시장 실
패로 이어진다고 본다.

국민 총생산(GNP)

한 나라의 국민이 국내와 국외에
서 한 해 동안 생산한 물품과 서비
스의 가격을 모두 더한 총액이다.

녹색 GNP

지속 가능 발전

경제 정책에 환경 정책을 통합한
녹색 GNP는 지속 가능 발전의
관점에서 큰 의미를 갖는다.

8,500,000,000,000

1997년 우리나라의 정부, 기업, 가계
등에서 환경 오염 방지를 위해
지출한 비용은 8조 5천억 원에
이르렀다.

'지속 가능 발전'이
궁금하다면 **288쪽**

님비는 야단스럽다.
님비는 강력하다.
님비는 어느 곳에서나 찾아볼 수 있다.
님비는 기업이나 정부의 사업 현장 인근에서 발생하며,
사업을 중단시키거나 지연시키거나 축소시키는 등
사업 추진을 상당히 방해한다.

윌리엄 글래버슨, 〈뉴욕 타임스 '님비의 시대에 대한 대처'〉, 1988. 6. 19.

님비 NIMBY

개념 사전 'Not in My Back Yard'의 줄임말로, 지역 주민들이 위험 시설이나 공해 배출 시설 또는 이미지가 나쁜 공공시설 등의 비선호 시설이 주거지 인근에 들어서는 것을 반대하는 현상을 뜻한다.

환경 갈등의 한 종류로, 특히 핵 발전이나 방사성 폐기물 처리장과 같은 핵 처리 시설의 입지에 대한 반대 현상이 매우 강력하게 나타난다.

사용 예 "부안에 방사성 폐기물 처리장이 지어진다는데, 그 지역 주민들의 님비 현상이 극심한 모양이에요. 이렇게 환경 갈등이 심해서야 원."

30000여 톤의 쓰레기를 싣고
항해를 떠난 모브로 4000호

1987년 3월, '모브로 4000호'가 3,168톤의 쓰레기를 싣고 미국 뉴욕 근교의 작은 동네인 아이슬립을 출발했다. 아이슬립에서 배출된 쓰레기를 처리할 방법을 찾지 못하자, 그 쓰레기를 받아 줄 곳을 찾아 무작정 배에 싣고 떠난 것이다. 쓰레기를 실은 배는 6개월 동안 노스캐롤라이나, 플로리다, 앨라배마, 미시시피, 루이지애나, 텍사스 등 미국 남부의 여섯 개 주에서 멕시코와 벨리즈 등 중남미 연안까지 9,600킬로미터를 항해하면서 다른 지역에 쓰레기를 처리하려고 했다. 하지만 쓰레기를 받아 주는 곳은 어디에도 없었다. 결국 쓰레기는 긴긴 항해 끝에 아이슬립으로 되돌아갔고, 뉴욕에서 소각되었다. 이때 새롭게 생긴 말이 "Not in My Backyard!(우리 집 뒷마당에는 안 돼!)" 즉 '님비(NIMBY)'였다. 시간이 흐르면서 님비 현상은 점점 더 심해졌다.

공공시설? 내 집 주변에는 절대로 안 돼!

국가나 공공 단체가 설치해 운영하는 공공시설 가운데 하수 처리장과 쓰레기 소각장, 분뇨 처리장 등은 인간의 여러 활동으로부터 배출되는 오염 물질을 없애거나 양을 줄여 환경 상태가 나빠지는 것을 방지하기 위한 '환경 기초 시설'이다. 환경 기초 시설은 직접적인 생산 활동을 위한 것은 아니지만, 그 지역의 경제 활동을 원활하게 하기 위하여 꼭 필요한 사회 기반 시설이며, 주민 모두가 혜택을 누리는 공공재이다.

하지만 환경 기초 시설이 들어선다고 할 때 해당 지역의 입장에서 이러한 시설들은 '혐오 시설(기피 시설)'에 불과할 뿐이다. 악취, 소음, 분진 등으로 주민들의 일상생활이 불편해지며, 땅값이 떨어지는 등 재산상의 손실을 입을 수 있기 때문이다. 이러한 이유로 혐오 시설을 '지역이 원하지 않는 토지 이용(Locally Unwanted Land Uses, LULU)'이라고 하기도 하고, '공익이라는 구실 아래 지역 주민들에게 분노와 고통을 주는 시설'이라고 부른 학자도 있다.

실제로 대부분의 경우, 혐오 시설이 들어설 지역을 선정하는 과정에서 후보지로 거론되는 지역에서는 강한 주민 반대 현상이 나타나기 마련이다. 그 과정에서 시설 자체의 필요성과 안전성을 두고 지역 주민들과 시설을 둘러싼 이해 당사자들 사이의 갈등이 일어나 사회적인 주요 쟁점으로 떠오르기도 한다.

이처럼 공공의 이익에는 부합하지만, 자신에게는 해가 되는 일을 반대하는 인간의 이기적인 행동이 집단적으로 발생하는 것, 아무리 공익을 위해 필요한 시설이라도 내 집 주변에는 절대 안 된다는 것, 이것이 바로 '님비'이다.

위험한 시설은 **무조건 반대!**

1890년대 미국 나이아가라 폭포 근처에 짓던 '러브 커낼'이라는 운하의 건설이 중단되었다. 그로부터 48년 뒤 그곳에 들어선 '후커 화학(Hooker Chemical)'이라는 업체가 2만여 톤에 이르는 염소 폐기물을 러브 커낼에 묻었다. 그 뒤 그곳에는 주택 단지가 들어섰는데 1970년대에 들어서 마당에 이상한 물질들이 스며 나오는가 하면 가로수와 꽃들이 말라죽어 갔다. 동네 주민들과 아이들의 건강 상태도 심각해졌고, 기형아가 태어나기도 했다. 이것이 바로 '러브 커낼 사건'이다.

러브 커낼 사건처럼 유해 폐기물과 관련된 세계적인 대형 사고는 폐기물 처리 시설의 안전성과 처리 기술에 대한 경각심과 불신을 낳았고, 아이를 키우는 부모들은 자신들의 생활 환경에서 벌어지는 각종 토지 이용 관련 문제들을 눈여겨보기 시작했다. 결국 그러한 시설은 대부분의 나라에서 입지 문제로 강한 주민 반대 현상을 겪게 되었다.

또 하나 중요한 문제는 유해 폐기물 처리나 핵 발전 시설처럼 안전성에 대한 걱정을 놓을 수 없는 시설이 위치한 곳은 인근의 집이나 땅의 경제적 가치가 하락할 수밖에 없다는 사실이다. 우리나라에서는 방사성 폐기물 관리 시설의 입지를 두고 굴업도와 부안, 경주 등에서 거센 주민 반발에 부딪힌 사례가 있다. 위험성이 심각하지 않더라도 실질적으로 쓰레기 소각장이나 하수 처리장과 같은 많은 환경 기초 시설들이 그 필요성에도 불구하고 부지를 선정하고 시설을 운영하는 과정에서 집값이 떨어지는 것을 우려하는 지역과 주민들의 반발에 부딪히고 있다.

님비, 핌비, 바나나 현상? 결국 모두가 **환경 갈등**

공유지의 비극처럼 환경 자원이나 관련 시설들은 사회나 공동체 전체를 위해서는 이익이 될 수도 있지만, 개인의 이득이나 손해로 연결되면 공정하고 합리적인 관리가 어려워지기도 한다. 특히 환경권이 강조되면서부터는 환경을 둘러싼 갈등이 점차 다양해지고 빈번히 발생하고 있는데, 이러한 환경 문제 때문에 관련된 당사자들의 다툼이 합의에 이

1966년
부산 화력 발전소 인근 주민들이 매연 반대 운동을 벌이다.

사회적 배경
우리나라에서 환경 운동이 시작되다.

1970년대
미국의 러브 커낼 사건 이후 유해 폐기물과 처리 시설에 대한 국제적인 관심이 높아지다.

르지 못한 상태를 '환경 갈등'이라고 한다.

환경 갈등은 님비처럼 환경 관련 시설이 들어서느냐 마느냐에 관한 문제만은 아니다. 자연의 개발과 보존을 둘러싸고 그 지역에 사는 주민이나 개발 또는 보존을 시행하려는 당사자 사이의 경제적인 이해관계가 충돌하여 발생하는 경우도 있다. 또한 환경 갈등은 유해 폐기물이나 핵발전 시설의 안전성 등과 같이 과학적으로 밝히기 어려운 문제와 얽혀 있는 경우가 많아서 확실하지 않은 정보나 검증되지 않은 근거 때문에 논쟁이 벌어지기도 한다. 대립하는 당사자들이 서로 다른 생각이나 가치관을 가지고 있는 경우에는 더욱 심하게 싸우고 결국 합의점을 찾기 어려워지는 경우도 많다. 이처럼 환경 갈등은 환경 가치관의 다양성, 환경 위험에 대한 인식의 차이에서 비롯되며, 국가나 지역이 환경과 관련하여 환경적·경제적으로 합리적인 의사 결정 과정을 거치지 못할 때도 환경 갈등이 생긴다.

환경 갈등 중에는 '핌피(Please in My Front Yard, PIMFY)' 현상도 있다. 님비와 반대로 공해 방지 시설을 갖춘 산업 시설이 자신의 지역에 들어서는 것을 환영하고 적극적으로 추진하기 위해 지역 간에 경쟁이 일어나는 것을 뜻한다. 눈앞에 보이는 지역의 이익만을 추구한 나머지 지역 환경의 보전은 나 몰라라 하는 지역 이기주의의 한 예이다.

'바나나(Build Absolutely Nothing Anywhere Near Anybody, BANANA)'는 '어디에든 아무것도 짓지 말라'는 뜻으로, 환경에 해를 끼치고 오염물질을 많이 발생시키는 시설 자체를 반대하는 현상이다. 무조건적인 반대 때문에 원자력 발전소나 공장, 댐, 핵폐기물 처리장, 광역 쓰레기장 같은 시설의 설치가 중단되는 등 많은 문제를 낳고 있다.

1990년대 ●
환경 운동의 한 방법으로 지역 주민과 연대하여 지역의 환경 문제를 해결하는 사례가 생기다.

사회적 배경 ●
반핵 운동이 벌어지다.

1990년대 이후 ●
방사성 폐기물 등 폐기물 처리 시설의 입지를 놓고, 환경 갈등이 발생하다.

경제적인 이해관계, 시설의 안정성, 서로 다른 가치관 등 여러 가지 이유로 환경 갈등이 일어난다.

서로의 입장 차이를 좁히는 환경 갈등 **해결 방법**

　어떤 환경 문제에 대해 의견 대립이 심하다고 해서 그 일을 손 놓고 볼 수만은 없는 노릇이다. 환경 갈등은 당사자들이 적극적으로 나서서 합리적으로 극복해야 하는 문제이기 때문이다. 갈등을 해결하기 위해 맨 먼저 해야 할 일은 문제가 되는 환경 시설의 입지나 개발(또는 보존) 사업에 대해서 가장 객관적이고 정확한 정보를 찾아봐야 한다. 근거 없는 주장 때문에 불안감이 생기지 않아야 하고, 각기 다른 입장을 가진 당사자들에게 돌아오는 이익과 손해에 대해서 누구나 명확히 알 수 있어야 한다. 만약 불이익을 당하는 집단이나 개인이 있다면, 그 불이익에 대해 충분히 보상한 뒤에 설득하는 것이 필요하다. 요즘은 님비 현상이 일어날 우려가 있는 환경 시설의 경우 정부나 지방 자치 단체가 그 시설이 왜 필요한지, 왜 그 지역에 지어져야 하는지 설명하고 주민의 의견도 듣는 공청회를 실시하고 있다. 모두가 알 수 있도록 충분히 설명하고, 미처 대비하지 못한 문제점에 대해서 여러 전문가와 지역 주민의 이야기를 듣는 과정이 여러 차례 이루어지고 나면 투표를 통해 그 문제를 해결하기도 한다. 결국 중요한 것은 당사자들이 서로의 입장을 이해하면서 합의를 이끌어 내는 것이다. 현재 우리가 할 수 있는 가장 적합한 해결 방법은 주민 투표 방식이라고 할 수 있다.

　만약 여러분이 언젠가 어떤 환경 문제와 관련하여 직접적인 고민을 하게 된다면, 이것만은 꼭 기억하자. 환경 문제를 해결하기 위한 입장에는 차이가 있을 수밖에 없지만, 정확하게 이해하고 민주적으로 대처할 수 있는 방법이 어딘가에는 반드시 있다는 것을.

현재
환경 갈등을 극복하려면 정확한 이해와 민주적인 절차가 가장 중요하다는 사실을 인식하다.

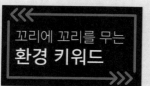

꼬리에 꼬리를 무는
환경 키워드

3,168

미국의 아이슬립은 그 지역에서 배출된 쓰레기 3,168톤을 배에 싣고 다른 지역에 처리하려 했지만, 님비 현상에 부딪혔다.

환경 갈등

환경 문제로 서로 다른 입장을 가진 이해 당사자들이 대립하고 충돌하며 합의에 이르지 못한 상태를 말한다.

환경 오염

러브 커낼 사건과 같은 유해 폐기물 관련 환경 오염 사고 이후 대부분의 나라에서 환경 기초 시설이 들어서는 것을 반대하는 님비 현상을 겪게 되었다.

'환경 오염'이
궁금하다면 **338**쪽

님비

바나나 현상

환경을 훼손시키는 산업 시설 자체를 반대하는 현상이다. 바나나 신드롬 또는 바나나 증후군이라고도 한다.

핌피

지역 주민에게 혜택이 돌아가는 공공 시설이 들어서는 것을 환영하고, 이를 유치하기 위해 지역 간에 경쟁이 일어나는 현상을 뜻한다.

공유지의 비극

님비는 공동체의 구성원이 개인의 이익만을 챙기려고 한다면 결국 모두의 불행을 초래한다는 점을 보여 주는 공유지의 비극과도 연결되어 있다.

'공유지의 비극'이
궁금하다면 **26**쪽

어떤 동물이 고통을 느낄 수 있다면,
그 고통은 인간이 느끼는 고통과 다를 것이 없을 것이다.

피터 싱어 · 짐 메이슨 지음, 함규진 옮김, 《죽음의 밥상》, 산책자, 2008, p. 348

우리는 동물이 고통을 느낀다는 사실을
기꺼이, 전적으로 인정한다.
그럼에도 많은 이들이 전혀 신경 쓸 일이 아니라고 여긴다.

마크 롤랜즈 지음, 윤영삼 옮김. 《동물의 역습》, 달팽이, 2002, p. 23

동물 윤리 Animal Ethics

개념 사전

윤리는 사람으로서 마땅히 지키거나 행해야 할 도리를 뜻한다. 동물 윤리란, 동물도 인간과 마찬가지로 고통을 느끼고 의식을 가지고 있으므로 윤리적으로 대우해야 한다는 의미로 사용되는 용어이다.

동물 윤리를 주장하는 사람들은 강아지나 고양이와 같은 반려동물뿐만 아니라 소, 돼지, 닭 등의 가축도 함부로 괴롭히거나 죽이지 말아야 한다고 말한다. 이는 동물 권리 주장이나 동물 학대 반대, 동물 실험 반대, 육식 반대와 같은 주장의 기반이 된다.

사용 예 "다람쥐와 까치, 소와 돼지, 개와 고양이도 나와 똑같이 기쁨과 고통을 느낀다고 생각하는 것이 동물 윤리의 출발이지."

● 1948년
'환경 윤리의 아버지'
알도 레오폴드(아래)가
사망하다.

● 1949년
알도 레오폴드의 책
《모래 군의 열두 달》이
출간되다.

◉ 사회적 배경
알도 레오폴드가
주장한 토지 윤리가
주목받기 시작하다.

1948년 미국, 한 남자가 이웃집 잔디밭에 난 불을 끄다가 심장마비로 세상을 떠났다. 그리고 다음 해인 1949년, 그가 쓴 글이 책으로 만들어져 출간되었다. 이 남자의 이름은 알도 레오폴드(Aldo Leopold), 책의 제목은 《모래 군의 열두 달》이었다. 책에는 레오폴드가 미국 위스콘신 주에 살면서 자연 속에서 느낀 감상이 담겨 있었다.

사람들은 이 책을 읽으면서 자연 속에서의 삶이 얼마나 아름다운지에 대해 느낄 수 있었다. 그리고 맨 마지막 장을 펼쳤을 때 지금까지 알지 못했던 새로운 생각을 만나게 되었다. 마지막 장의 제목은 '토지 윤리'였으며, 이 글은 이후 동물 윤리, 생명 윤리 등으로 발전하게 될 환경 윤리를 출발시키는 계기가 되었다.

자연을 사람처럼 대해야 한다는 생각, **환경 윤리**

알도 레오폴드는 《모래 군의 열두 달》 마지막 장에서 고대 오디세우스[1] 시대의 이야기를 언급했다. 내용은 이러했다.

트로이 전쟁을 끝내고 고향으로 돌아온 오디세우스는 부정한 일을 저지른 열두 명의 여자 노예를 죽였다. 하지만 그가 노예를 죽인 것은 그때의 기준으로 볼 때 윤리적으로 잘못된 일이 아니었다. 그때만 해도 노예가 사람으로 대우받지 못하고, 주인의 재산으로 여겨졌기 때문이다. 세월이 흘러 노예는 사라졌다. 사람은 누구나 똑같으므로, 피부색이나 성별이 달라도 모두를 평등하게 대해야 한다는 생각이 자리 잡기 시

---

1   그리스 신화에 나오는 영웅. 이타카(Ithaca)의 왕으로, 트로이 전쟁에서 목마 안에 군사를 숨기는 계략을 써서 그리스의 승리를 이끌었다.

작했다.

　레오폴드는 이처럼 윤리의 대상이 넓어지고 발전하는 것은 매우 자연스럽고 당연한 과정이라고 말했다. 그리고 이제는 윤리적으로 대해야 하는 대상이 사람을 넘어 지구에서 살아가는 모든 동물과 식물로 넓어져야 한다고 주장했다. 동물, 식물, 곤충뿐만 아니라 개울이나 호수에까지 말이다. 자연을 단순히 인간의 필요에 따라 사용되는 도구 정도로 취급하는 생각에서 벗어나 자연 자체를 사랑하고 귀하게 여기며 존중할 것을 제안한 것이다. 많은 사람이 그의 글을 읽고 고개를 끄덕였으며, 그러한 생각에 '환경 윤리'라는 이름을 붙였다. 동물과 식물을 포함한 모든 자연을 윤리적으로 대해야 한다는 생각 또한 하게 되었다.

동물, 꽃으로도 때리지 마라! 동물 윤리

　환경 윤리를 지지하는 사람들 중에서 특히 살아 있는 동물에 관심을 가지고 윤리적으로 대해야 한다는 사람들이 나타났다. 동물도 사람과 마찬가지로 생각을 할 수 있을 뿐만 아니라 고통도 느낄 수 있기 때문에 괴롭히거나 함부로 죽이는 것은 옳지 못하다는 주장이었다. 동물도 고통을 느낀다는 사실은 지금이야 당연하게 여겨지지만, 17세기에만 해도 사람들은 전혀 그렇게 생각하지 않았다. 사람이 동물을 때렸을 때 낑낑대는 것은 고통을 느껴서가 아니라 기계가 잘못 맞물려 삐그덕 소리가 나는 것과 같은 현상이라고 생각했을 정도였다.

　동물도 사람처럼 윤리적으로 대우받아야 할 생명이라는 생각은 야생 동물을 보호하자는 움직임으로 발전하기도 했고, 가축을 보다 윤리적

1973년　●
리처드 실번이 자신의 책
《새로운 환경적 윤리는
필요한가》에서 생태계와
야생 동물에 대한 윤리가
필요하다고 주장하다.　▼

● 1975년
피터 싱어가 자신의 책
《동물 해방》에서
인공적인 환경에서 사는
가축을 윤리적으로
대해야 한다고 주장하다.

으로 대해야 한다는 운동으로 이어지기도 했다. 이것이 바로 '동물 윤리'이다. 가축이 길러지고 도살되는 과정에 관심을 기울이고, 이들을 보다 윤리적으로 대해야 한다는 움직임은 '동물 해방' 또는 '동물 권리' 등의 이름으로 발전하기도 했다.

우리가 먹는 **고기와 달걀**은……

가축이 사람들의 관심을 끌기 시작한 이유는 그만큼 길러지는 장소와 방법이 열악했기 때문이다. 특히 가축을 기르는 방식이 공장형으로 바뀌면서 가축이 살아가는 환경은 더욱 나빠졌다. 과연 가축을 사육하는 곳에서는 어떤 일이 벌어지고 있는 걸까?

먼저 소를 보자. 소는 원래 넓은 풀밭을 돌아다니면서 풀을 뜯어먹고 사는 동물이다. 하지만 요즘 소들은 평생 우리에 갇혀 지낼 뿐만 아니라 먹이도 자연스럽지가 않다. 풀은 아주 조금만 제공되고, 대부분은 옥수수, 보리, 콩 찌꺼기 등의 곡류를 먹는다. 풀을 먹은 소보다 곡물을 먹은 소의 고기가 더 부드럽기 때문에 풀 대신 곡물을 먹이는 것이다. 또한 소가 자꾸 움직이면 근육이 생겨 고기가 질겨지기 때문에 사람들은 소를 꼼짝달싹 못하게 가두어 놓는다. 마블링이라 불리는 지방질이 꽃처럼 잘게 퍼진 꽃등심은 바로 이런 과정을 겪은 소의 고기인 것이다. 인간의 혀를 즐겁게 하기 위해 지금도 소들은 고통당하고 있다.

돼지 역시 좁은 공간에서 평생을 살아야 한다. 새끼를 낳으면 상황은 더 나빠진다. 어미 돼지는 자신의 몸에 꼭 맞는 우리에 누워 새끼들에게 젖을 물린다. 혹시 돼지가 더러운 동물이라고 알고 있는가? 천만에! 자연 상태의 돼지는 무척 깨끗한 동물이다. 하지만 좁디 좁은 사육장에서는 배설물과 함께 뒹굴 수밖에 없다. 뛰어난 지능에 활동적인 성격을 갖고 있는 돼지는 그만큼 큰 스트레스를 받는다. 한편 어미에게서 일찍 떨어진 아기 돼지가 젖을 빨고 싶은 욕구를 견디지 못하고 다른 돼지의 꼬리를 물어뜯자 사람들은 미리 돼지의 꼬리를 자르는 방법을 선택했다.

좁은 우리에 갇힌 채 새끼들에게 젖을 먹이는 어미 돼지

또 하나 빼놓을 수 없는 것이 닭이다. 닭은 철조망으로 만들어진 비좁은 닭장이 층층이 쌓인 양계장에서 자란다. 공장식 양계장에서 닭 한 마리가 평생 살아가는 공간은 겨우 A4 복사지 한 장 정도의 넓이이다. 암탉들은 이곳에서 끊임없이 알을 낳아야 한다. 그게 닭장 속 암탉들의 임무이다. 암탉이 더 이상 알을 낳지 못할 정도로 쇠약해지면, 사람들은 암탉을 캄캄한 곳에 가두고 며칠 동안 물도 음식도 주지 않는다. 갑자기 환경이 바뀐 닭은 충격 때문에 얼마간 알을 더 낳게 된다. 우리가 먹는 계란은 바로 그렇게 자란 닭의 알이며, 프라이드치킨은 평생 날개 한번 펴 보지 못하고 죽은 닭들의 고기이다.

사람들이 고기를 많이 먹고 더 맛있는 고기와 더 싼 고기를 찾을수록 가축은 더 많이 태어나고, 더 많이 희생되며, 더 힘든 환경에서 살아가게 된다.

인간의 만족에 비례하는 동물들의 고통

인간의 입맛을 돋우기 위해서 다른 생명을 죽이는 것은 옳은 일일까?

사회적 배경
동물 보호 단체들이
동물을 보호하기 위해
적극적인 활동을 펼치다.

2012년
우리나라에 채식 열풍이
불다.

현재
생명을 가진 것은 모두가
귀하고 소중하다는
마음으로 생명을
대하기로 약속하다.

동물 윤리를 주장하는 사람들은 열악한 환경에서 가축을 기르는 농장에 항의를 하기를 하고, 이런 고기를 사용하여 음식을 만드는 식당에 대해 불매 운동[2]을 벌이기도 한다. 또한 이러한 이유 때문에 고기를 전혀 먹지 않고 채식만 고집하는 사람들도 있다. 이들은 다른 생명을 해치지 않아도 된다는 생각에 행복한 마음으로 식사를 한다. 고기를 먹기는 하지만 양을 최소한으로 줄이거나, 풀밭에 풀어서 자연스럽게 키우거나 사육장을 넓히고 먹이에 신경을 써서 기르는 등 보다 윤리적이고 자연스러운 방법으로 가축을 키우는 농장의 고기를 선택하는 사람들도 있다. 가축들이 사는 동안만이라도 자연스러운 방식으로 행복하게 살기를 바라는 마음이 반영된 것이다. 이런 사람들의 노력으로 가축들이 생활 환경이 조금 나아진 경우도 있지만, 아직은 부족한 부분이 너무 많다.

여러분은 이런 동물들의 삶에 대해 어떻게 생각하는가? 혹시 집에서 키우는 개나 고양이는 가족처럼 생각하면서 소나 돼지, 닭과 같은 가축에 대해서는 별로 관심이 없는 것은 아닐까?

레오폴드가 말한 윤리의 대상을 넓히는 일은 바로 이런 동물들에게도 관심을 가지라는 뜻일 것이다. 모두 귀한 생명이며, 생명은 다 소중하다.

2 　특정한 상품을 사지 않는 일. 보통 그 상품의 제조 국가나 제조 업체에 대한 항의나 저항의 뜻을 표시하기 위하여 불매 운동을 벌인다.

토지 윤리

토지를 인간이 속한 공동체로 바라보고 사랑과 존중을 가지고 매우 조심스럽게 이용해야 한다는 윤리이다.

환경 윤리

환경을 경제적 가치로 보는 인식에서 벗어나 모든 생물이 인간과 동일하게 존중받을 가치가 있다고 보는 것이다.

3,000

신제품 개발을 위해 토끼의 눈에 3,000번 넘게 마스카라를 바르거나 주입한다.

0.05

암탉 한 마리는 A4 한 장 크기에도 못 미치는 0.05제곱미터 면적의 케이지 안에서 사육당한다

동물 권리

동물과 인간은 수평적이고 동등한 관계이기 때문에 동물을 사고팔거나 실험 도구, 오락물, 음식물 등으로 이용하면 안 된다는 주장이다.

동물 윤리

유기농

동물 윤리는 화학 비료나 농약을 사용하지 않고 자연스럽게 농사짓는 방법인 유기농과 연관된다.

동물 복지

인간의 필요를 위해 동물을 이용할 수는 있지만 동물의 복지와 관련된 모든 의무와 책임을 다해야 한다는 주장이다.

2.4

어미 돼지는 인공 수정으로 1년에 약 2.4회 임신을 한다.

'유기농'이 궁금하다면 **228쪽**

농업은 무엇보다
그 지역에 사는 사람들에게
식량을 공급하는 것이어야 한다.

조제 보베(프랑스 농민 운동가)

필리핀산 바나나는 2,598킬로미터를 이동해 우리나라에 온다.

유기농

패스트푸드 대 슬로푸드

로컬 푸드 Local Food

개념 사전   local(지역)과 food(음식)의 합성어로, 사는 곳에서 가까운 국내 지역에서 키운 쌀, 채소, 과일, 육류 등의 지역 먹거리를 뜻한다. 이런 먹거리를 먹자는 사람들의 주장과 움직임을 '로컬 푸드 운동'이라고 부른다.

로컬 푸드는 국경을 넘어야 하는 농산물 거래가 환경에 부담을 줄 뿐 아니라, 먹을거리의 질을 떨어뜨리고, 지역의 농업 기반을 무너뜨릴 수 있다는 위기감에서 등장한 개념이다. 로컬 푸드를 선택하면 필리핀산 바나나, 칠레산 포도, 호주산 쇠고기 등 다양한 수입 농산물을 즐길 수 없어 아쉬울 수 있으나, 신선한 먹을거리를 먹고 지역 농촌을 살린다는 자부심을 느낄 수 있다.

사용 예 "이 신선함은 로컬 푸드가 아니면 느낄 수 없는 맛이지."

1984년 서울, 한 가정의 저녁 식탁의 풍경을 보자. 경기도 이천 쌀로 지은 밥, 광주 배추로 만든 김치, 가평에서 키운 돼지고기에 강원도 명태를 말려 만든 북엇국, 영월 콩으로 만든 두부 조림이 올라온다. 식사를 마친 뒤에는 천안에서 재배된 포도를 후식으로 먹는다.

이번엔 2014년, 역시 서울 한 가정의 식탁이다. 미국 쌀로 지은 밥, 중국에서 만들어진 김치, 스페인산 돼지고기에 러시아 명태를 말려 만든 북엇국, 중국 콩으로 만든 두부 조림이 차려진다. 식사를 마친 뒤에는 칠레에서 수입된 포도와 페루산 커피를 후식으로 먹는다.

30년의 시간은 우리 식탁을 완전히 바꿔 놓았다. 아시아를 비롯해 북아메리카와 남아메리카, 유럽에서 생산된 먹을거리가 우리 식탁 위에 올라온다. 과연 이런 모습이 정상인 걸까? 바람직한 걸까?

음식을 **오래오래** 보관하라!

예로부터 사람들은 사는 곳 가까이에서 재료를 구하여 바로 조리해서 먹으며 살았다. 특별한 저장 식품을 제외한 대부분의 음식은 금방 상하기 때문에 오래 둘 수가 없었다. 먼 곳까지 보낸다거나 가지고 가는 것은 생각할 수도 없는 일이었다.

하지만 오래 보관할 수 있는 저장 음식이 간절히 필요한 곳이 생겼다. 바로 전쟁터였다. '나의 사전에 불가능은 없다'던 프랑스의 황제 나폴레옹 1세에게도 두려운 것이 있었으니 바로 병사들의 굶주림이었다. 나폴레옹 1세는 황제의 자리에 오르자마자 전쟁을 치르면서 오랫동안 두고 먹을 수 있는 식품 기술을 공모했다. 그리고 1810년, 프랑스 요리사 니콜

1810년
니콜라 아페르가 최초로 병조림 저장법을 발명하여 군인들의 식량 문제를 해결하다.

라 아페르가 병조림 저장법을 개발해 1만 2000프랑의 상금을 차지했다. 병조림 저장법이란 조리한 음식을 유리병에 넣고 코르크 마개로 입구를 단단히 막은 다음 뜨거운 물에 담가 살균하는 방법이었다.

그 뒤 쉽게 깨지는 유리병의 단점을 보완하여 영국에서 금속을 이용한 통조림이 발명되었고, 1920년대에는 공기 조작 저장법[1]으로 채소를 오래 보관할 수 있게 되었다. 1930년대에는 꽃이 피거나 지고, 잎이 자라서 떨어지고, 과일이 숙성하는 과정에 에틸렌[2]이 호르몬으로 작용한다는 사실이 확실해지면서 농산물을 숙성시키는 데 이용하기 시작했다. 먼 나라에서 과일을 수입한다거나 오랫동안 보관해야 하는 경우 과일이 변하는 것을 막기 위해 덜 익은 상태에서 수입하거나 보관했다가 에틸렌 기체를 이용해서 과일을 숙성시키는 것이다. 게다가 냉장 기술이 발전하고, 열차와 자동차, 도로가 발달하면서 먹을거리는 점점 더 먼 거리를 이동할 수 있게 되었다. 또한 각종 생명 공학 기술이 발달해 오래 보관해도 무르지 않는 채소가 개발됐고, 국제 무역이 활성화되어 먹을거리는 배, 기차, 자동차, 비행기를 통해 전 세계의 국경을 넘기 시작했다. 전투 식량에서 시작되어 길지 않은 역사 속에서 단계를 거치면서 필리핀산 바나나와 칠레산 포도, 미국산 밀가루와 벨기에산 돼지고기가 바다를 건너 우리의 식탁 위에 오르고 있다. 지금 우리의 밥상을 바라보자. 원재료를 알 수 없을 정도로 시간과 공간을 초월하여 전 지구적으로 상품화된 식품, 글로벌 푸드(Global Food)로 차려진 밥상을.

니콜라 아페르가 고안한
최초의 저장용 병

사회적 배경
냉장 기술과 교통수단,
생명 공학 기술의 발달로
먹을거리가 점점 더
먼 거리를 이동하게 되다.

마트에서 쉽게 볼 수 있는
필리핀산 바나나는
2,598킬로미터를
이동해 왔다.

1   과일이나 채소 등을 창고 형태로 저장할 때 많은 장치를 동원해서 대기 중의 공기 성분을 일정하게 유지시키면서 저장하는 방법.
2   식물의 잎, 줄기, 꽃, 과일, 뿌리, 씨앗, 땅속줄기 등 어디에서나 배출되는 식물 호르몬. 각종 화합물의 원료로 사용된다.

입은 즐겁지만 내 몸과 지구가 **병들어 간다면?**

수입된 먹을거리는 싼값에 다양한 식품을 먹을 수 있는 선택의 기쁨을 준다. 하지만 잊을 만하면 터지는 사고 때문에 사람들의 불안 또한 점점 커지고 있다. 벨기에산 다이옥신[3] 돼지고기, 중국산 납 꽃게 사건 등 수입 식품 때문에 발생한 사고는 헤아릴 수 없을 정도이다. 먼 곳에서 수입된 글로벌 푸드는 왜 이런 문제들을 일으키는 걸까?

먼저 먹을거리를 생산하는 방식을 들여다보자. 되도록이면 보다 싼값으로 먹거리를 사는 것, 전 세계 수많은 소비자들의 똑같은 마음일 것이다. 값을 낮추기 위해 생산자들은 한 지역에서 같은 종류의 농산물을 대량으로 생산하는 방법을 선택했다. 그 결과 비행기로 농약을 살포하는, 끝이 보이지 않는 미국의 옥수수 밭이 탄생했다. 이런 거대 농장에

미국의 중서부 지역에 걸쳐 넓게 펼쳐진 세계 최대의 옥수수 재배 농장

서 수익이 나려면 다른 곳보다 열매가 실해야 하고, 잡초도 벌레도 생기면 안 된다. 그렇다 보니 슈퍼 열매를 만들어 내는 유전자 조작, 잡초를 제거하는 제초제, 벌레를 죽이는 살충제 그리고 화학 비료 등을 대량으

3   2,3,7,8-테트라클로로다이벤조-파라(P)-다이옥신을 이르는 말. 독성이 강하며, 암을 유발하거나 기형아 출산의 원인이 된다. 플라스틱이나 쓰레기를 태울 때 생긴다.

로 사용할 수밖에 없다. 실제로 칠레의 대규모 포도 농가에서는 우리나라의 두 배가 넘는 양의 농약을 사용하고 있다.

축산업도 사정은 마찬가지이다. 수익을 내기 위해 좁은 사육장에 수많은 동물을 가두고, 빨리 자라게 하는 성장 호르몬제와 병에 견딜 수 있는 항생제를 투여한다. 이런 방식으로 생산 비용을 줄여야 낮은 가격을 유지할 수 있고, 세계적인 가격 경쟁력을 갖출 수 있기 때문이다.

수송 기간에 따른 문제도 놓쳐서는 안 된다. 먼 나라에서 수입되는 먹을거리들은 배에 실린 채 수십 일이 지나서야 수입국으로 들어온다. 곡물, 과일, 채소, 고기 어느 것 하나 온전할 리 없다. 농장에서는 수확한 먹을거리에 벌레가 먹지 않도록 살충제를 뿌리고, 싹이 나지 않도록 성장 억제제를 투여한다. 이렇게 수확된 이후에 뿌려지는 약품은 밭에서 성장하는 동안 뿌려지는 것보다 훨씬 더 치명적이다. 성장할 때 뿌려지면 바람이나 비에 씻겨 나가고 햇빛에 분해되기도 하지만, 밀폐된 공간에서 뿌려지면 약품이 그대로 남기 때문이다. 어떤 경우에는 '코발트 60'이나 '세슘 137' 같은 방사성 물질을 쪼이기도 한다는데, 농약이든 방사성 물질이든 사람 몸에 좋지 않은 영향을 미치는 것은 분명하다. 하지만 어쩌겠는가? 굳이 지구 반대편에서 온 농산물을 먹고 싶다면, 이 정도의 위험은 감수해야 한다.

한편, 수송 거리가 길어지면 수송에 사용되는 화석 연료의 양이 그만큼 늘어나고, 이산화탄소도 더 많이 발생하게 된다. 수입 먹을거리로 한 끼 식사를 조리할 때 국내 재료로 만들 때보다 네 배 이상의 에너지가 사용된다고 한다. 이 말은 네 배 이상의 온실가스를 만들어 낸다는 말과도 같다. 국내 농산물보다 수입 농산물이 더 싸니까 선택한다는 사람들도 있다. 하지만 수입 농산물의 가격에는 황폐한 땅을 복구하고 농약에 노출된 생산자와 소비자의 건강을 회복시키는 비용이 포함되어 있지 않다. 물론 낭비된 화석 연료를 대체할 에너지원을 찾고, 방출된 온실가스를 없애는 데 들어가야 하는 어마어마한 비용 역시 더해지지 않았다. 이제 그 비용은 우리와 우리 후손들이 계속 지불해야 할 것이다.

지구를 **돌고 돌아** 우리 밥상에 오르는 먹을거리

화학 약품에 찌든 수입 먹을거리에 대한 불안감이 깊어지면서 사람들은 새로운 고민을 시작했다. '남아프리카공화국의 당근을 9,600킬로미터 떨어진 영국 런던에서 먹을 필요가 있을까? 63킬로그램의 이산화탄소를 방출하는 국내산 밀 대신 982킬로그램의 이산화탄소를 생산하는 미국산 밀을 먹는 것이 과연 합당한가?'라는 고민이었다.

1994년
먼 거리에서 오는
수입 먹을거리의 폐해를
인식하면서 고민이
시작되었고, 팀 랭이
'푸드 마일'이라는
용어를 사용하다.

1994년, 영국의 소비자 운동가인 팀 랭(Tim Lang)은 '푸드 마일(Food Miles)'이라는 새로운 단어를 만들어 냈다. 푸드 마일은 먹을거리가 생산되는 곳으로부터 소비되는 곳까지의 거리를 뜻한다. 푸드 마일이 길수록 먹을거리가 건강하지 못할 가능성이 커지고, 환경에도 부담을 줄 수 있다. 팀 랭은 가능한 한 가까운 곳에서 생산된 먹을거리를 소비하는 것이 안전한 식품을 즐기고 환경 오염을 줄이는 방법이라고 주장했다.

이렇게 로컬 푸드가 힘을 얻기 시작하자 거대 자본이 지배하는 산업적인 농업 시스템이 지역 농업을 어렵게 만든다는 목소리도 커졌다. 1999년, 프랑스 농부이자 농민 운동가인 조제 보베(José Bové)는 자신만의 방법으로 미국 자본에 항의했다. 트랙터를 타고 맥도널드 매장으로 돌진한 것이다. 이 사건은 전 세계적인 이슈가 되었으며, 세계를 무대로

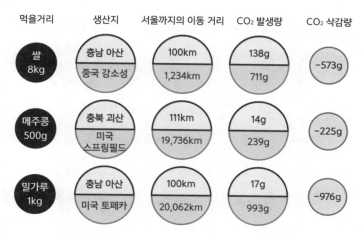

먹을거리	생산지	서울까지의 이동 거리	CO_2 발생량	CO_2 삭감량
쌀 8kg	충남 아산	100km	138g	-573g
	중국 강소성	1,234km	711g	
메주콩 500g	충북 괴산	111km	14g	-225g
	미국 스프링필드	19,736km	239g	
밀가루 1kg	충남 아산	100km	17g	-976g
	미국 토페카	20,062km	993g	

가까운 먹을거리와 수입 먹을거리의 푸드 마일 비교(자료: 한살림 연합)

하는 산업형 농업을 반대하고 지역 먹을거리를 소중히 여기자는 운동에 불을 붙였다. 로컬 푸드 운동은 슬로푸드 운동과 손을 잡으면서 더욱더 힘을 키워 나가고 있다.

내 몸을 살리고 열난 지구를 식히는 **착한 로컬 푸드!**

환경 문제는 우리가 매일 접하는 식탁 위에 고스란히 담겨 있다. 내가 무엇을 먹는지에 따라 생산 및 수송 방식이 결정되며, 그 방식은 지구의 환경에 크고 작은 영향을 끼친다. 따라서 내가 사는 곳과 가까운 곳에서 자란 먹을거리를 선택하는 것은 매우 중요한 환경 행동이다.

마음만 먹는다면 먹을거리와 관련하여 실천할 수 있는 일이 꽤 많다. 장을 보러 가서 수입산 오렌지나 바나나 대신 국내산 사과와 토마토를 사자고 부모님께 말할 수 있다. 간식거리를 고를 때도 마찬가지이다. 포장지를 꼼꼼히 살펴보고, 수입산 재료가 지나치게 많이 들어 있다면

1999년 조제 보베(아래)가 맥도널드 매장에 트랙터를 몰고 들어가다.

133

과감하게 다른 제품을 선택할 수도 있다. '탄소 배출량 인증 마크'가 붙어 있는 제품을 고르는 것도 좋은 방법이다. 우리나라는 2009년부터 한국 환경 산업 기술원에서 탄소 성적 표지 제도를 실시하고 있다. 인증 마크 안에 탄소 발자국 수치를 표기하는데, 100그램이라고 쓰여 있으면, 그 과자를 생산하는 모든 과정에서 제품당 평균 100그램의 이산화탄소가 배출된다는 뜻이다. 물론 이 수치가 낮을수록 환경을 살리는 먹을거리라는 뜻이 된다. 한편 몇몇 생활 협동조합에서도 자체적으로 로컬 푸드를 권장하는 활동을 하고 있다. 로컬 푸드 물품의 경우 '가까운 먹을거리'라는 표시를 하여 소비자들이 로컬 푸드를 인식하고 기꺼이 선택할 수 있도록 유도한다.

● 2009년
한국 환경 산업 기술원이 탄소 성적 표지 제도를 실시하다.

탄소 배출량 인증 마크

몇몇 생활 협동조합에서는 물품이 얼마나 가까운 곳에서 생산된 것인지 표시하고 있다.

● 현재
당신과 나, 내 몸과 지구를 살리는 지역 먹을거리에 대한 새로운 고민을 시작하다!

당연한 얘기겠지만 수입 먹거리를 사는 사람이 많으면 그만큼 많이 들여오고, 찾는 사람이 줄어들면 수입되는 양도 줄어들 것이다. 국내산이 더 비싸서 망설여진다고? 국내산을 선택하는 대신 구입하는 양을 좀 줄여 보면 어떨까? 사실 값싼 먹을거리를 많이 사서 다 먹지도 못하고 버리거나, 지나치게 많이 먹는 경우도 있으니 말이다. 값싼 수입 먹을거리를 포기하는 대신, 날씬한 몸매와 건강, 지구의 환경을 건강하게 하는 데 힘을 보탰다는 자부심을 얻는다면 꽤 괜찮은 선택이 아닐까?

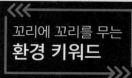

글로벌 푸드

로컬 푸드와 반대되는 개념으로, 시간과 공간을 초월하여 전 지구적으로 상품화된 식품을 말한다.

조제 보베

프랑스 농민 운동가(1953~). 농업의 대규모 산업화에 항의하여 트랙터를 타고 맥도널드 매장에 돌진하기도 했다.

7,085

2010년 기준 우리나라 국민 1인당 푸드 마일은 7,085톤킬로미터로, 프랑스보다 약 9.5배 높은 수치이다.

푸드 마일

먹을거리가 생산되는 곳에서부터 소비되는 곳까지의 거리를 말한다.

16,816

2012년 말 조사에 따르면, 일본의 로컬 푸드 매장 수는 무려 16,816개에 이르렀다.

로컬 푸드

탄소 발자국

사람의 활동이나 상품을 생산·소비하는 전 과정에서 얼마나 많은 이산화탄소를 만들어 내는지를 양으로 표시한 것이다. 푸드 마일이 짧을수록 탄소 발자국이 줄어든다.

359,124

우리나라 사람이 가장 많이 먹는 수입 과일인 바나나는 2014년 한 해 동안 359,124톤 수입되었다.

슬로푸드

로컬 푸드는 각 지역의 음식을 보존하고 건강한 음식을 제대로 즐기자는 슬로푸드 운동과 연결된다.

'슬로푸드'가
궁금하다면 **304쪽**

당신은 비닐봉지 족인가,

장바구니 족인가?

21세기에 중요한 것은
학벌이나 국적, 인종이나 나이가 아니다.
세상을 바꾸기 위한 개개인의 노력이
중요하다.

대니 서(환경 운동가)

유기농

지속 가능 발전

로하스 Lohas

개념 사전 건강하고 지속 가능한 지구를 생각하는 생활 방식을 뜻하는 'Lifestyles of Health and Sustainability'의 줄임말이다.

'웰빙(Well-being)'이 당장 나 자신의 건강을 위해 좋은 음식과 물건을 소비하는 생활 방식인 데 비해, 로하스는 개인뿐만 아니라 우리의 다음 세대와 미래의 환경까지 생각한다는 점에서 차이가 있다. 이렇게 친환경적인 생활 방식으로 살아가는 사람들을 '로하스 족'이라고 부른다.

사용 예 "이젠 웰빙보다는 로하스가 대세지!"

한 소년의 열두 살 생일 파티. 소년은 생일 파티에 참석한 친구들에게서 받은 선물을 되돌려주고, 자기가 만든 환경 보호 단체의 회원이 되어 달라고 제안했다. 이렇게 회원을 모은 소년은 개발 때문에 마을에 있는 연못이 없어진다는 이야기를 듣고, 친구들과 함께 그 연못이 있는 마을 숲을 지키자는 캠페인을 시작하였다. 소년의 이름은 바로 '대니 서(Danny Seo)'. '세계에서 가장 아름다운 50인', '미국에서 가장 영향력 있는 10대'에 뽑힐 정도로 유명한 한국계 미국인 소년 대니 서가 만든 환경 보호 단체 '지구 2000'은 미국에서 가장 큰 청소년 환경 단체로 성장했다. 그 뒤로 대니 서는 마을을 돌아다니며 폐유리병이나 고철 등의 쓰레기를 모아 환경 운동 기금을 마련하기도 하고, 국회 의원이나 기업으로부터 사랑의 집 짓기 기금을 받아 내기도 했다. 또한 자동차나 휴대 전화를 사용하지 않고, 채식을 하거나 장바구니를 사용하는 등 '작은 실천이 세상을 바꾼다'는 자신의 말이 틀린 것이 아님을 솔선수범해서 보여 주었다.

열두 살 때부터 환경
운동가로 활동한 대니 서

개인의 건강과 환경을 중시하는 **웰빙**

로하스를 알기 위해서는 먼저 '웰빙(Well-Being)'을 이해해야 한다. 웰빙은 로하스보다 먼저 등장한 개념으로, 좋은 음식과 좋은 물건을 소비하고 생활하면서 건강한 삶을 추구하는 것이다.

산업의 발전은 사람들에게 물질적인 풍요를 안겨 주었지만, 동시에 사람들은 정신적인 여유와 안정을 빼앗겼다. 물질적인 부를 축적하기 위해 많은 시간을 소비해야 했기 때문이다. 웰빙은 이런 문제를 인식한 사람들이 정신적·육체적으로 조화롭고 행복한 삶을 추구하기 위해 삶의 양식을 변화시키면서 생겨난 말이다.

건강과 환경이 위협받고 있다는 것을 알게 되면서 새로운 문화를 만들고 싶어 하는 사람들이 생겨났다. 이렇게 웰빙을 추구하는 사람들을 '웰빙 족'이라고 부르는데, 이들은 몸과 마음, 일과 휴식, 가정과 사회, 자신과 공동체 사이에서 조화를 이루어 어느 한쪽으로 치우치지 않아야 행복할 수 있다고 생각한다. 웰빙 족은 고기 대신 생선과 유기 농산물을 먹고, 외식보다는 가정에서 만든 슬로푸드를 선호한다. 또 단전 호흡[1]이나 요가[2] 등 마음을 안정시킬 수 있는 운동을 즐기며, 여행이나 등산, 독서 등 취미 생활을 매우 중요하게 생각한다. 우리나라에서도 2000년대에 들어서면서 이러한 웰빙 문화가 확산되기 시작했다.

1980년대
친환경주의를 추구하는
웰빙 족이 등장하다.

타인을 배려하는 사회적 웰빙, 로하스

웰빙이 개인의 행복과 건강을 추구하는 것이라면, 로하스에는 사회적이고 타인을 배려하는 사고방식이 담겨 있다. 우리의 다음 세대와 미래의 환경을 더 중요하게 생각하고 행동하는 생활 방식이기 때문이다. 이렇게 사회적인 가치가 강조되었다고 하여 '사회적 웰빙'이라고 부르기도 한다. 로하스라는 개념이 널리 알려지면서 로하스를 실천하는 사람들을 가리키는 '로하스 족'이라는 신조어도 생겼다. 로하스 족을 대표

1990년대 후반
미국 콜로라도 주의
비즈니스계와 학계를
중심으로 로하스라는
개념이 탄생하다.

1   단전으로 숨을 쉬는 정신 수련법의 하나.
2   고대 인도에서 전해져 내려오는 심신 단련법. 자세와 호흡을 가다듬는 훈련과 명상을 통해 초자연적 능력을 개발하고 물질의 속박에서 자유로워지는 것을 추구한다. 최근에는 주로 건강 증진과 미용을 목적으로 한다.

2000년
미국의 내추럴 마케팅
연구소에서 로하스라는
용어를 처음 사용하다.
그리고 〈로하스 저널〉이
창간되면서 이 용어가
전 세계적으로 확산되다.

2003년
〈뉴욕 타임스〉가 미래
소비를 주도할 키워드로
로하스를 소개하다.

사회적 배경
미국인의 26퍼센트,
유럽 성인 인구의
35퍼센트 정도가
로하스 족이 되다.

2008년
우리나라에 로하스
협회가 세워지다.

하는 청년, 대니 서는 1990년대 후반에 들어서면서 환경 운동에도 변화가 필요하다고 생각했다. 신념을 일상에 적용하고 긍정적 영향력을 발휘하기 위해서 할 수 있는 일은 없을지, 일상생활 속 작은 선택을 통해 큰 성과를 얻을 수는 없을지 고민하던 대니 서는 대학에 진학하는 대신 자신이 생각한 것을 실천에 옮기기로 결정했다. 그리고 친환경적인 생활 방식을 디자인해 주는 '에코 스타일리스트'가 되었다. 지구를 생각하는 새로운 직업을 만든 셈이다.

현재 미국 사람들의 상당수가 로하스 족에 포함된다고 한다. 환경을 생각하는 주부들도 점차 늘어나고 있다. 이들을 '에코 맘'이라고 한다. 로하스 족이나 에코 맘들은 물건 하나를 고를 때도 반드시 지구의 환경을 고려한 제품을 구매한다. 또한 환경 보호에 적극적으로 참여하며, 친환경 제품이나 재생 원료를 사용한 제품을 선택하고, 돈이 더 들더라도 지속 가능

비닐봉지 대신 장바구니를
이용하는 에코 맘

성을 고려하여 만든 제품을 기꺼이 구입한다. 최근에는 이산화탄소 배출을 줄이기 위해 이산화탄소 배출 저감 제품으로 표시된 것을 꼭 확인하고 구입하는 등 지구에 미칠 영향을 고려하여 소비하는 의식 있는 소비문화가 확산되고 있다. 개인보다는 공동체를 생각하는 의식 있는 삶을 살고자 하는 것이다. 이렇게 로하스 족이 많아질수록 기업들도 친환경적인 제품을 점점 더 많이 만들어 내게 될 것이다.

재활용과 반짝이는 **아이디어**가 만나면?

최근 '업사이클링(Upcycling)'이라는 신조어가 생겨났다. 업그레이드(Upgrade)와 재활용을 뜻하는 리사이클링(Recycling)이 합쳐진 말로, 쓸모없어진 폐자원에 디자인이나 새로운 생각을 접목시켜 기존의 가치와 다른 가치를 지닌 상품 또는 더 나은 환경적 가치를 지닌 상품으로 탈바꿈시키는 것을 뜻한다.

사회적 배경
업사이클링 제품이
주목받다.

스위스의 프라이탁(Freitag) 형제는 비 오는 날 자전거를 탈 때 젖어 버리는 가방이 늘 불만이었다. 비가 와도 젖을 걱정 없이 메고 다닐 수 있는 가방을 찾던 형제의 눈에 들어온 것이 트럭을 덮는 방수포였다. 그들은 더 이상 사용되지 않는 폐방수포를 모아 가방을 만들어 팔았고, 현재 전 세계에 350여 개 매장을 운영하고 있다.

또 테라사이클(Terracycle)이라는 업체는 주스 팩을 이어 붙여서 책가방을 만들고, 오레오 쿠키 포장지를 엮어 장난감 연을 만드는 등 버려진 과자 비닐봉지를 모아 가방이나 소품으로 재탄생시키고 있다. 이렇

(왼쪽부터) 폐방수포를 활용해
만든 프라이탁 가방,
주스 팩으로 만든 가방,
캔 뚜껑을 엮어서 만든 가방

게 만들어진 제품들이 타깃이나 월마트 같은 대형 매장에서 판매되고 있다.

이처럼 환경을 생각하는 새로운 소비문화가 생겨나고, 새롭고 독창적인 디자인을 찾는 사람이 늘어나면서 기존의 단순한 자원 재활용을 뛰어넘어 새로운 가치를 지닌 업사이클링 제품들이 주목받고 있다. 미국, 유럽, 일본 등 환경에 대한 인식 수준이 높은 국가에서 주로 인기를 끌었지만, 최근 우리나라에서도 젊은 층과 소규모 업체들을 중심으로 이런 좋은 소비문화가 자리 잡고 있다.

로하스 족만 아는 **즐거운 수고**

친환경적인 삶은 불편하다고? 로하스 족은 특별한 사람들이라고? 사실일 수도 있다. 하지만 미래 세대의 삶을 생각한다면 그 정도의 불편함은 '즐거운 수고'가 아닐까. 이제 환경을 생각하는 착한 소비, 이른바 '녹색 소비'를 위해 즐거운 수고를 해 보자. 작은 컵 하나를 챙겨 가방에 넣고 다니다가 친구들과 함께 식당이나 분식점에 갔을 때 일회용 컵 대신 자기 컵을 꺼내기만 하면 된다. 그리고 친구들에게 로하스 족에 대해서 설명해 주고, 동참할 것을 당당하게 권해 보자. 작은 실천이 세상을 바꾼다. 우리 모두 함께 로하스 족이 되어 보자!

미국 원주민 속담 중에 '지구는 선조로부터 물려받은 것이 아니라 후세로부터 빌려 쓰는 것이다'는 말이 있다. 자연이 우리에게 주는 혜택을 생각한다면, 다음 세대에게 좋은 환경을 물려주기 위해 낭비를 줄이고, 환경을 파괴하지 않는 물건을 사용하는 것은 당연한 일이 아닐까?

○ 현재
어깨에는 에코백을 메고 한 손에는 휴대용 컵을 들고 다니는 여러분이 진정한 로하스 족!

꼬리에 꼬리를 무는
환경 키워드

1,000,002,000,000

버려지는 비닐봉지가 한 해에
1조 2백만 장에 이른다.

업사이클링

버려진 제품을 단순히 재활용
하는 차원을 넘어서 새롭고 독
창적인 디자인과 생각을 더해
새로운 가치가 담긴 제품으로
재탄생시키는 것을 말한다.

대니 서

에코 스타일리스트이자 업사이클
러로 활동하고 있는 환경 운동가
(1977~). 12세에 '지구 2000'이라
는 환경 단체 결성을 시작으로 여러
환경 운동을 펼쳤으며, 1998년에는
'슈바이처 인간존엄상'을 받았다.

공정 무역

로하스 족은 공정하고
착한 소비인 공정 무역
을 한다.

녹색 소비

좋은 것을 필요한 만큼만
착하게 쓰는, 환경에 이로
운 소비를 뜻한다.

로하스

'공정 무역'이
궁금하다면 **36**쪽

공정 여행

로하스 족은 현지의 자연
환경과 사람들을 고려하
는 공정 여행을 한다.

'공정 여행'이
궁금하다면 **48**쪽

300

사용한 유리병을 재사용하면
이산화탄소 배출량을
300그램 줄일 수 있다.

웰빙

정신적·육체적으로 건강하고,
조화롭고 행복한 삶을 추구하는
생활 방식이다. 순우리말로는
'참살이'라고 한다.

40,000

청구서를 온라인이나 스마트폰으로
받으면 한 달에 4만 그루의
나무를 살릴 수 있다.

인간은 자연과 더불어 살아가는 존재이다.
눈앞의 경제적인 이익만을 좇아
자연을 관리하거나
이용하려는 행위를 멈춰야 한다.

존 뮤어

보존과 보전 Conservation vs. Preservation

개념 사전   보존은 앞으로 계속 자연 자원을 사용하기 위해 지금은 아껴야 한다는 의미이며, 보전은 미래에 이용하기 위해서가 아니라 자연은 원래 있는 그대로 두어야 한다는 의미이다.

두 단어 모두 자연을 함부로 훼손하지 말고 지키자는 의미로 비슷해 보이지만, 보전에는 자연이 인간에게 쓸모 있는 것이든 아니든 상관없이 함부로 훼손하면 안 된다는 뜻이 포함되어 있다.

사용 예   "환경 보전과 환경 보존, 네 생각은 어느 쪽에 가까워?"

환경 보존론자 기포드 핀쇼

자연을 보호하는 건, 인간이 오랫동안 잘 살기 위해서죠.

환경 보전론자 존 뮤어

천만에! 인간의 이익을 위해 자연을 함부로 훼손해선 안 돼!

FIGHT!!

VS

댐이 건설되기 전의
헤츠헤치 계곡(위)과
완공된 헤츠헤치 댐(아래)

1906년 4월, 미국 서부 샌프란시스코에 큰 지진이 발생했다. 지진으로 건물들이 무너져 내리고, 크고 작은 화재로 도시는 폐허가 됐다. 사람들은 인근 요세미티에 있는 헤츠헤치 계곡(Hetch Hetchy Valley)에 댐이 있었다면, 화재를 쉽게 막을 수 있었을 거라고 생각했다. 그리고 댐에서 수력 발전을 하면 인구가 늘어난 샌프란시스코에 전기를 안정적으로 공급해 줄 수 있을 것이라는 생각까지 나아갔다. 샌프란시스코 주민들은 헤츠헤치 계곡에 댐을 건설해 달라고 정부에 요구했다. 그러자 댐 건설을 두고 논쟁이 시작됐다. 댐 건설을 주장하는 쪽과 반대하는 쪽의 대립은 팽팽했다. 5년 넘게 대립과 논쟁이 이어진 끝에 1913년, 결국 미국 정부는 댐 건설을 승인했다. 그리고 1934년, 완공된 헤츠헤치 댐에서 첫 방류를 시작했다.

19세기 말
산업의 발달과 무분별한 개발로 미국에서 숲에 대한 반성이 싹트기 시작하다.

1872년
옐로스톤 국립 공원이 미국뿐만 아니라 세계 최초로 국립 공원으로 지정되다.

헤츠헤치 댐 때문에 갈라선 환경 운동가들

20세기 초, 미국에서는 이미 자연 보호 운동이 활발하게 이루어지고 있었다. 산업이 발달하면서 자연이 무분별하게 개발되자 사람들 사이에서 이에 대한 반성이 일어났기 때문이다. 자연을 사랑하고, 보호해야 한다고 생각한 사람들은 단체를 조직해서 다양한 활동을 벌였다. 그 활동 중 하나가 정부가 아름다운 야생지를 국립 공원으로 지정하여 보호 활동을 펼치도록 하는 것이었다. 자연 보호 운동을 지지하고 참여하는 사람들은 모두 한마음처럼 보였고, 의견이 크게 갈리는 일도 없었다.

그러던 중 헤츠헤치 댐 건설을 둘러싸고 논란이 일자, 자연 보호를 주장해 온 사람들 사이에서 의견이 나뉘기 시작했다. 한쪽은 자연을 보호하는 것은 결국 인간이 오랫동안 자연 자원을 사용하기 위해서라고 주장했다. 많은 사람들의 이익을 위해서라면 자연을 이용할 수 있고, 따라서 수많은 샌프란시스코 주민들을 위해 헤츠헤치 계곡에 물을 채워 댐을 만드는 것은 합당한 일이라는 것이었다. 이러한 주장의 선두에는 미국 산림 협회의 회장이기도 했던 기포드 핀쇼(Gifford Pinchot)가 섰다. 핀쇼는 자연을 더 과학적으로 관리해야 하고, 많은 사람들이 오랫동안 사용할 수 있도록 체계적으로 보존해야 한다고 주장했다. 그리고 이러한 관리야말로 몇몇 사람들의 이익을 위해서 마구잡이로 자연이 개발되는 것을 막는 방법이라고 했다. 이러한 주장을 하는 사람은 '보존론자(保存論子)'라고 불렸다. 오스트레일리아 철학자 존 패스모어(John Passmore)는 보존(Conservation)을 '미래의 사용을 위해 자원을 비축하는 것'이라고 정의했다. 즉, 보존론자들은 인간이 오랫동안 잘 살기 위해서 자연을 보호하고 관리해야 한다는 입장이었다.

한편 다른 의견도 있었다. 자연은 인간이 자신의 이익을 위해서 함부로 사용하거나 훼손할 수 있는 것이 아니라는 주장이었다. 아무리 많은 사람들의 이익을 위한 일이라고 해도, 수천수만 년 전부터 존재하던 아름다운 헤츠헤치 계곡에 물을 채워 망가뜨리는 것은 옳은 일이 아니라는 것이었다. 이쪽 편의 선두주자는 미국의 대표적인 환경 운동 단체인 시에라 클럽을 세운 존 뮤어(John Muir)였다. 뮤어는 인간이 경제적 이익만을 쫓아 자연을 관리하거나 이용하려 해서는 안 된다고 강조했다. 또한 자연은 인간에게 얼마나 경제적 이익을 주는지로 가치를 평가할

자연 보존을 주장한 핀쇼

1892년
뮤어(아래)를 중심으로 가장 오래된 환경 보호 단체 중 하나인 시에라 클럽이 탄생하다.

자연 보전을 주장한 뮤어

147

● 1905년
숲 보존을 위해 미국에
산림청이 세워지고
핀쇼가 초대 산림청장이
되어 숲 보존의 이념과
기틀을 잡다.

● 1934년
헤츠헤치 댐이 완공되다.

대상이 아니라고 말했다. 그와 같은 주장을 하는 사람은 '보전론자(保全論子)'라고 불렸다. 패스모어는 보전(Preservation)을 '아직 인간의 손길이 명백히 미치지 않은 지구 상의 지역을 현 상태 그대로 유지하고, 아직 파괴되지 않은 생명체의 종을 멸종의 위협으로부터 보호하려는 시도'라고 정의했다.

사실 헤츠헤치 댐 건설에 대한 논쟁이 있기 전까지는 대부분의 사람들이 자연 보호를 하는 것에만 관심을 두었지, 그 이유가 무엇인지에 대해서는 크게 관심을 갖지 않았다. 그러나 이 사건 이후 환경 보호의 이유를 어디에 두느냐에 따라 다양한 의견이 있을 수 있다는 것을 알게 되었고, 그 이유의 근본이 되는 배경을 고민하기 시작했다.

인간이 우선일까, **다른 생명**이 우선일까?

인간이 다른 생물을 함부로 다룰 수 없다고 생각하는 것은 생태 중심 주의에 속한다고 할 수 있다. 생태 중심 주의는 인간은 다른 생물과 평등한 존재이며, 인간의 생명이 소중한 만큼 다른 생물의 생명도 소중히 여겨야 한다는 생각이다. 이 생각을 지지하는 사람들은 인간은 자신의 목적을 위해 마음대로 다른 생물을 지배하거나 이용할 수 없다고 주장한다.

인간을 위해 자연을 이용할 수 있다고 주장하는 것은 넓은 의미에서 인간 중심 주의라고 할 수 있다. 인간 중심 주의란, 인간은 다른 생물보다 뛰어나고 귀한 존재이기 때문에 인간의 이익을 위해서 다른 생물을 소유하거나, 지배하거나, 이용할 수 있는 권리가 있다는 생각이다. 인간이 오랫동안 별 문제없이 사용하기 위해 자연을 보호해야 한다는 보존론은 넓게 보아 인간 중심 주의에 해당한다고 볼 수 있다. 근본적으로 자연을 자원으로 대하는 시각을 갖고 있기 때문이다.

미국 요세미티 국립 공원의 와오나 트리. 사람들은 자동차가 지나다닐 수 있도록 이 나무의 밑둥치를 뚫었다. 2,300년 동안 제자리를 지킨 와오나 트리는 1969년, 결국 쓰러지고 말았다.

아마도 대부분은 인간 중심 주의와 생태 중심 주의의 중간 어디쯤에 있을 것이다. 어떤 사람은 인간 중심 주의에 조금 더 쏠려 있을 수 있고, 어떤 사람은 생태 중심 주의를 좀 더 지지할 수 있다. 그리고 어느 쪽도 틀린 것은 아니다.

문제는 극단적인 선택이다. 무조건 극단적인 편에 서는 것은 바람직하지 않다. 물론 양 끝에 있는 생각을 극단적으로 지지하는 사람은 아주 극소수에 불과하지만 말이다. 인간 중심 주의가 극단으로 가면 결국은 되돌릴 수 없을 정도로 환경이 파괴되어 인간이 생존할 수 없을 것이고, 생태 중심 주의가 극단으로 가면 인간을 미워하거나 나아가 인간이 살아 있는 것 자체를 거부하게 될 수도 있다.

우리는 **왜** 환경을 보호해야 할까?

지금까지 많은 사람들은 자연을 이야기할 때 그것이 인간에게 쓸모가 있는지 없는지에 초점을 맞췄다. 즉 인간에게 도움이 되면 가치 있는 자연이고, 그렇지 않으면 쓸모없는 자연이었다. 이처럼 인간은 자연을 얼마든지 이용할 수 있는 대상으로 보아 왔기 때문에 지금까지 함부로 훼손하고 거리낌 없이 사용해 왔다. 아마도 요즘에는 자연을 마구잡이로 파헤치는 것을 찬성하는 사람은 거의 없을 것이다. 그렇다면 자연을 보호하는 진짜 이유가 무엇일까? 그저 남들이 환경을 보호해야 한다고 말하니까 그대로 따르는 건 아닐까?

환경을 보호해야 하는 이유가 인간에게 유용한 자원이기 때문이라고 생각한다면 당신은 보존론자에 가깝다. 반면, 자연은 그 자체가 유용하든 그렇지 않든 그 자체의 존재가 중요하기 때문에 귀하게 여겨야 한다고 생각한다면 당신은 보전론자라고 할 수 있다. 중요한 것은 내가 어디쯤에 있는지, 내 생각이 어디에서 출발한 것인지, 그것이 옳은 방향인지 고민하는 것이다. 환경 보호도 남들이 하라고 하니까 무조건 따라 하는 것이 아니라, 그것이 옳은 방향인지, 내가 그렇게 생각하는 이유가 무엇인지 곰곰이 생각해 볼 필요가 있다. 여러분처럼 깊이 생각하는 사람들이 많아진다면, 우리 사회와 환경은 더 성숙하고 바람직한 방향으로 나아갈 수 있을 것이다.

● 현재
왜, 어떤 방향으로 환경 보호를 실천해야 하는지 고민하기 시작하다.

150

꼬리에 꼬리를 무는
환경 키워드

존 뮤어

미국의 환경 운동가(1838~1914).
미국 정부에 산림 보호 정책 시행
을 계속 주장했으며, 요세미티를
국립 공원으로 만드는 데 크게 기
여했다.

기포드 핀쇼

미국의 산림학자이자 정치가
(1865~1946). 미국 산림청장을
지냈으며, 산림청의 모든 체계와
행정을 확립했다. 그로 인해 미
국에서 산림 보호 운동이 널리
확산되었다.

시에라 클럽

미국에서 무분별한 금광 개발
로 산림 지대가 훼손되자 이를
지키기 위해 존 뮤어가 1892
년에 설립한 비영리 단체이다.

358

요세미티 국립 공원에서부터
미국 최고봉인 휘트니 산에 이르는
358킬로미터의 산길은, 존 뮤어를
기리기 위해 후손들이 만든
종주 코스이다.

보존

보전

1923

기포드 핀쇼를 중심으로 한 환경
보존론자들의 주장으로 1923년,
결국 요세미티 국립 공원의
헤츠헤치 계곡에 댐이
건설되었다.

지속 가능 발전

보존과 보전은 자연과 지구의
미래를 생각하는 지속 가능 발
전과도 연결된다.

'지속 가능 발전'이
궁금하다면 **288쪽**

사막화는 인류가 직면한 가장 위급한 환경 재앙이다.

코피 아난(전 유엔 사무총장)

사막화 Desertification

개념 사전 가뭄이나 산림 벌채, 환경 오염 등으로 숲이 사라지고 토지가 사막으로 변해 가는 현상이다.

사막화는 단순히 사막 지역이 넓어지는 것뿐만 아니라, 토양의 생산성이 지속적으로 악화되는 것도 의미한다. 도시의 팽창과 과도한 경작과 방목, 무분별한 산림 파괴 등 부적절한 인간 활동이 주요 원인이다.

사용 예 "봄에 황사가 갈수록 심해지는 이유는 중국의 사막화 때문이래."

도로 확장 공사가 한창인 중국 내몽골[1]의 차깐노르 초원. 멀리서 뿌연 흙먼지를 일으키며 차 한 대가 달려오더니, 한 청년이 차에서 내렸다. 결혼을 앞둔 서른 살의 예비 신랑, 이특공이었다. 이특공은 차에서 내리자마자 공사 중인 사람들 그리고 땅 주인과 열띤 논쟁을 벌였다. 도로를 확장하면서 땅 주인과 협의가 잘 이루어지지 않은 모양이었다. 이런 일을 조정하는 것이 그의 역할로, 마을의 온갖 일을 도맡아 하던 이특공은 몇 해 전부터 차깐노르 초원 복원 사업의 현지 책임도 맡았다.

이 마을에 살던 많은 청년이 도시로 떠났지만, 이특공은 그럴 수가 없었다. 끝없이 펼쳐진 초록 풀밭과 눈이 시릴 정도로 파란 하늘, 평화로운 양떼와 사람들이 한가롭게 거닐던 아름다운 초원……. 수천 년 동안 자연과 사람이 어우러져 살아온 초원에서 자란 어린 시절에 대한 기억 때문이었다. 그는 목초지가 점점 망가지는 것을 보면서 그곳의 심각한 변화를 예감하고 있었다. 어릴 적에는 푸르던 이곳이 1998년에 극심한 가뭄을 겪고 난 뒤 점차 사막화되어 호수가 하얗게 말라 버렸다. 그의 꿈은 어린 시절 뛰놀던 푸른 초원을 이곳에서 다시 보는 것이다.

사막화가 진행된 땅에서는 흙먼지가 심하게 날려 생활이 어렵다.

보호받는 사막, 욕 먹는 **사막화**

사막이 무조건 나쁜 것이라고는 말할 수 없다. 사막도 자연의 일부이기 때문이다. 사막은 땅의 한 종류이며, 땅이 주변 환경과 영향을 주고받으면서 나타난 자연적인 현상일 뿐이다. 열대 우림이나 습지처럼 말

1   몽골의 영역 가운데 고비 사막 남쪽의 옛 이름.

이다. 그래서 사람들은 자연적으로 만들어진 사막을 보호하기도 한다. 실제로 미국 캘리포니아 주의 모하비 사막은 사막 보호법에 따라 1994년에 국립 보호 구역으로 지정되었다.

그런데 왜 우리는 사막의 면적이 늘어나는 것을 두려워하는 것일까? 사실 우리가 두려워하는 것은 자연스럽게 만들어진 사막이 아니다. 원래는 풀과 나무가 자라던 땅이 인간의 활동에 의해서 사막으로 변해 가는 것, 즉 '사막화'가 두려운 것이다.

지금 유목민들이 오랜 세월 살아왔던 초원이 모래 쌓인 사막으로 변해 가고 있다. 최근 100년 동안 일어난 사막화 속도는 과거에 비해 4,000배가 빨라졌다고 한다. 지구에 문제가 생긴 것이다.

특히 사헬 지역의 사막화는 국제 사회가 사막화를 전 지구적 문제로 인식하는 데 큰 영향을 미쳤다. 아프리카 대륙의 사하라 사막은 자연적으로 생겨난 사막이다. 그런데 1960년대에 사하라 사막의 남쪽인 사헬 지역에 심한 가뭄이 지속되고 땅이 건조해지면

사막화 때문에 메마른 사헬 지역의 땅

서 사막이 넓어지기 시작했다. 사막화가 일어난 것이다. 그로 인해 1972년 한 해 동안만 수십만 명이 목숨을 잃었다.

사막화에 대한 대책을 마련하기 위해 1977년, 케냐 나이로비에서 '유엔 사막화 회의'가 열렸고, 이후 민간 기업이 주체가 되어 이 지역의 사막화를 막기 위한 '사헬 그린벨트 프로젝트'도 시작되었다. 이러한 노력에도 불구하고 1982~1985년 사이에 더 넓은 지역이 사막화되었고, 수백만 명이 죽는 등 수천 년 동안 평화로웠던 지역에 엄청난 재난이 불어

1960년
사헬 지방이 사막화 때문에 생물이 살 수 없는 땅으로 변하다.

1972년
사헬 지방에 사막화와 가뭄이 덮쳐 수십만 명과 가축이 목숨을 잃다.

사회적 배경
국제 사회가 사막화를 전 지구적 차원의 문제로 인식하다.

1977년
케냐 나이로비에서 유엔 사막화 회의가 열리다.

1982~1985년
사헬 지방의 사막화가 넓은 지역으로 확대되어 수백만 명이 사망하다.

사회적 배경
사막화를 자연 재난이
아닌 인위적 재난으로
인식하다.

1989년
일본 도쿄에서 '아시아
지역 환경 심포지엄'이
열리다.

닥쳤다. 그제야 사람들은 단순한 사업으로 사막화를 막을 수 없다는 사실을 알게 되었고, 근본적인 원인은 사람에게 있다는 것을 서서히 깨닫기 시작했다.

푸르렀던 차깐노르 호수, 사막화로 말라 버리다

지금 아프리카의 3분의 2에 이르는 지역이 사막화되었거나 진행 중이다. 그런데 사막화 문제는 아프리카의 문제만은 아니다. 앞에선 본 내몽골의 차깐노르처럼 중국의 사막화 문제도 심각한 수준이다.

'하얀 호수'라는 뜻의 차깐노르는 원래 담수호인 동쪽의 작은 호수, 염수호인 서쪽의 큰 호수 두 개로 이루어져 있었다. 그런데 호수 사이에 제방을 세운 뒤로 호수로 유입되던 강물이 줄어들자 호수의 수량도 점점 줄어들었다. 이렇게 차깐노르가 점차 마르기 시작하더니 2002년 봄, 서쪽 호수가 완전히 말라 호수 바닥에 알칼리 토사와 분진이 가득 쌓였다. 수천 년 동안 초록빛을 잃지 않았던 초원이 모래밭으로 변해 버린 것이다. 상황이 악화된다면 현재 수심이 1.5미터밖에 되지 않는 작은 호수도 큰 호수처럼 완전히 마를지 모른다.

알칼리 토양은 딱딱한 데다가 소금기를 많이 머금고 있어서 식물이 자라기 어렵다. 미세한 알칼리 분진이 봄철 강한 바람에 날리면 흙, 모래와 함께 황사를 형성하여 주변을 사막화시키고, 인근 지역에 모래 언덕을 만든다. 이렇게 비옥한 논밭이나 초원들이 사막화되면서 생활에 큰 피해를 입혔으며, 극심한 황사는 중국 본토뿐만 아니라 우리나라와 일본 생태에도 큰 영향을 미치고 있다.

하얗게 말라 버린 서쪽
호수와 아직 물이 남아 있는
동쪽 호수가 확연히 구별된다.

문제는 중국에 이러한 알칼리 호수가 800여 개가 넘고 큰 호수들이 빠른 속도로 말라 간다는 것이다. 사막의 면적이 점차 넓어지면서 황사는 더 심해졌다. 또한 사막화로 농지를 잃은 사람들은 물과 먹을거리를 찾아 도시로 몰려들었다. 도시는 가난한 사람들로 넘쳐났고, 계획성 없이 커졌다. 이로 인해 사막화는 더 심각해지고, 속도도 점점 더 빨라졌다. 이렇게 한 번 만들어진 악순환의 고리는 쉽게 끊어지지 않는다.

중국은 이미 국토의 18퍼센트인 174만 제곱킬로미터가 사막화되었고, 매년 사막화 면적이 늘어나고 있다. 유엔 환경 계획에 따르면 지구 육지의 전체 면적의 3분의 1인 52억 헥타르 정도가 이미 사막화되었고, 해마다 12만 제곱킬로미터가 사막으로 변하고 있다. 사막화는 이렇게 전 지구적인 환경 문제가 되었다. 이런 추세라면 200년 뒤에는 목초지나 농경지의 풍경은 그림책에서나 볼 수 있게 될지도 모른다.

사막화 현상으로 메마르고, 갈라진 땅

사막화의 원인은? 바로 **사람!**

내몽골 지역에서 사막화가 급속하게 진행된 것은 바로 사람 때문이다. 사람들은 넓고 한가로워 보이는 초원을 그냥 내버려 두지 않았다. 많은 사람이 초원으로 몰려들어 밭을 만들고 농사를 짓고, 무리하게 가축을 방목하고, 탄광을 개발하기 시작한 것이다. 탄광 근처에는 화력 발전소를 세운다는 계획도 잡혀 있다. 18세기 초에 중국 정부가 내몽골 지역으로 한족을 이주시키는 정책을 펼치면서 큰 도시가 생겨났고, 그만큼 물 사용량도 늘어났다. 사람들은 집을 짓고, 가축의 수를 늘리고, 부족한 풀은 멀리서 따로 베어 와서 먹였다. 원래 소와 양, 말은 풀의 뿌리까지 먹지 않아 뿌리가 살아 있는 풀은 다시 자란다. 그런데 이주민이 늘면서 문제가 생겼다. 가축의 수는 늘어나는데 사막화로 인해 초원이 줄어들자 가축들이 풀의 뿌리까지 먹기 시작한 것이다. 그러자 풀은 다시 나지 않았고, 그로 인해 내몽골 지역의 초원이 사라졌다.

원래 이곳은 다양한 생물이 살아가기에 그다지 좋은 조건은 아니었다. 그렇지만 오랜 세월 동안 유목민들은 초원 본래의 모습에 자연스럽게 동화되어 자연에 순응하고, 동물과 조화를 이루는 삶을 살아왔다. 그것은 땅을 어머니로 생각하는 유목민들의 지혜 덕분이었다. 그들은 항상 적당한 수의 양 떼를 유지했고, 한곳에 정착하지 않고 늘 이동하면서 풀이 적절하게 유지되도록 배려했다.

하지만 초원까지 밀어닥친 도시화와 산업화의 열기는 수백 년을 지켜온 유목 문화를 무색하게 할 만큼 강렬했다. 결국 사막화의 원인은 사람이다. 많은 사람이 몰려와 공장을 세우고 도시를 개발하는 바람에 땅을 어머니로 여기며 살아오던 유목민의 문화가 사라지면서 초원의 생태계에 금이 가기 시작하고, 점차 사막으로 변한 것이다.

오래 전부터 동물과 조화롭게 살아온 몽골의 유목민들

세계가 함께 노력하는 사막화 방지

우리는 아름다운 자연이 황막한 사막으로 변해 가는 것을 그냥 지켜볼 수밖에 없는 걸까? 많이 늦기는 했지만 사막화가 더 진행되는 것을 막고, 이미 사막화가 된 지역을 원래의 모습으로 되돌릴 수 있는 방법이 있다. 단, 이를 위해서는 포기하지 않는 꾸준한 노력이 필요하다. 그 노력은 직접적으로 사막화의 피해를 입고 있는 나라뿐만 아니라, 그렇지 않은 나라도 함께 손을 잡고 실천해야 한다.

사막화가 자연 재난이 아닌 사람에 의한 재난으로 인식되기 시작하면서 세계 각국은 사막화 방지를 위해 함께 노력하기로 약속했다. 1994년에 채택된 '유엔 사막화 방지 협약(UNCCD)' 역시 그러한 노력 중 하나이다. 이 협약이 체결된 날을 기념하기 위해 6월 17일을 '세계 사막화 방지의 날'로 지정하기도 했다. 우리나라도 1999년에 이 협약에 가입했다. 아시아에서는 중국과 몽골 지역의 사막화가 심각한데, 이 문제의 해결을 위해 한국·중국·일본·몽골 네 나라가 긴밀히 협력하고 있다.

각 나라의 환경 단체들도 손을 잡고 사막화로 인한 재난을 줄이기 위해 노력하고 있다. 지금은 이미 사막화가 진행된 곳보다는 사막화가 진행 중인 곳을 중심으로 초원 복원 사업이 이루어지고 있다. 동시에 이 시대의 목축 문화를 새롭게 이해하고, 그 문화 속에서 초원을 되살리기 위한 적절한 균형점을 찾고 있다. 차깐노르의 이특공과 같이 목축을 업으로 하는 현지인들도 이런 노력에 동참하고 있다. 가축 수를 줄이고, 가축들이 지역을 돌아가면서 풀을 뜯어 먹을 수 있도록 구역을 정하는 등 아름다운 초원을 지키고 되살리기 위한 노력을 하고 있는 것이다.

너와 나, **모두**가 노력하는 사막화 방지

각 나라와 전 지구적 움직임도 중요하지만 가장 기본적인 것은 우리 한 사람 한 사람이 구체적으로 노력할 일을 찾고 실천하는 것이다.

사막화는 당장 나에게 닥친 문제가 아니라고? 하지만 생각해 보자. 봄에 더 강한 황사가 우리나라를 덮친다면? 중국에서 발생한 모래 폭풍

1992년
유엔 환경 개발 회의에서 아프리카 나라들의 발제로 사막화 대책이 논의되고, 결의안이 채택되다.

사회적 배경
지구 온난화에 대한 인식이 세계적으로 확산되다.

1993년
중국 간쑤 성에 일어난 모래 폭풍으로 50명이 사망하고, 153명이 부상을 당하다.

1994년
유엔 사막화 방지 회의에서 유엔 사막화 방지 협약을 채택하고, '세계 사막화 방지의 날'을 지정하다.

1999년
우리나라가 사막화 방지 협약에 가입하다.

2001년
도쿄에서 열린 한·중·일 환경 장관 회의에서 황사로 인한 환경 문제를 해결하기 위해 협력하다. 이후 몽골도 이 회의에 참가하다.

이 미세 먼지를 싣고 날아와 우리의 피부와 기관지를 괴롭힌다면? 이것은 당장 우리에게 닥친 현실이다. 게다가 우리가 한 번 쓰고 버린 나무젓가락과 종이컵은 중국 지역의 사막화를 더 심각하게 만들 수 있다. 대부분의 나무젓가락과 종이컵의 재료는 중국 지역의 나무를 베어 만든 것이기 때문이다. 이처럼 환경 문제는 돌고 돌아 서로 영향을 주고받는다. 따라서 우리가 맨 먼저 해야 하는 일은 이와 같은 환경 문제를 지구적인 관점에서 생각하는 것이다.

또 어떤 물건이든 아껴서 사용하고, 꼭 필요한 물건만 사고, 반드시 사야 할 물건이라면 꼼꼼히 따져서 환경을 덜 오염시키는 물건을 선택하자. 사막화 방지를 위해 노력하는 환경 단체들을 찾아보고, 회원으로 가입할 수도 있다. 단체에서 하는 '희망의 풀씨 보내기' 운동 등 사막화 방지 활동에 참여해 보자. 이것은 어머니 대지로부터 얻은 행복을 다시 돌려주는 일이다.

여러분이 가장 쉽게 할 수 있는 일이 남아 있다. 블로그, 페이스북, 트위터, 인터넷 카페 등 평소 자주 쓰는 SNS 매체를 활용하여 사막화 방지에 대한 여러분의 생각과 행동을 알리는 것이다. 가족과 주변 친구들에게 알리는 것부터 시작해 보자. 아마도 주변 사람들은 당신을 '개념 있는 청소년'으로 새롭게 볼 것이다.

● 현재
우리의 작은 행동이
사막화를 막을 수 있다고
여기저기 알리고 다니는
'개념 청소년'으로
거듭나다.

24

사막화가 되기 전 차깐노르는
호수의 면적이 우리나라 여의도
면적의 약 24배였다.

알칼리성 토양

나트륨, 마그네슘, 칼슘 등과 같은
염류 화합물이 많이 포함되어 약알
칼리성을 나타내는 토양을 말한다.

사헬 지역

아프리카의 사하라 사막 남쪽에
펼쳐진 거대한 초원 지대로, 사막
화가 일어난 대표적인 지역이다.

5

중국 내몽골의 쿠부치 사막은
매년 서울의 5배에 이르는 면적이
사막화로 인해 불모지로
변하고 있다.

사막화

황사

사막화는 황사 문제를
불러일으킨다.

세계 사막화 방지의 날

매년 6월 17일로, 유엔이 사막화의 심각
성을 알리고 사막화 방지를 위한 국제적
인 협력을 구하기 위해 정한 날이다.

1,166

몽골은 사막화로 인해
지난 67년 동안 1,166개의 호수,
887개의 강이 사라졌다.

'황사'가
궁금하다면 **380쪽**

집을 옮긴 직후 목이 붓고 기침이 심해지고,
두통과 같은 감기 초기 증세가 나타났는데
아무리 약을 먹어도 소용이 없고 날이 갈수록
불면, 헐떡임, 현기증, 기억 장애, 눈의 통증 등
다양한 증상에 시달렸다.

코야마 유미, 〈연합 뉴스 '화학 물질 · 전자파 과민증 고통 아무도 몰라요'〉, 2007. 7. 4.

환경 호르몬

새집증후군 Sick House Syndrome

개념 사전 신축 학교나 아파트 등 새로 지은 건물에서 생활하는 사람들에게 나타나는 건강상의 이상 증상을 통틀어 이른다.

눈이 따갑거나, 피부에 두드러기가 생기거나, 머리가 아프거나, 어지러운 것이 대표적인 증상이다. 마음이 우울해지거나 행동이 난폭해지고, 정신 착란이 오는 경우도 있다. 새집증후군이 발생하는 주요 원인은 집을 지을 때 사용되는 벽지, 페인트, 바닥 접착제 등 각종 마감재의 독성이라고 알려져 있다.

사용 예 "새로 지은 집이라고 해서 다 좋은 게 아냐. 새집증후군이 없어야 진짜 좋은 집이지."

새 집이라 좋긴 한데…

학교 다녀왔… 헉!

새… 새집증후군엔 화… 환기가 최고래.

"아파트를 지은 건설 회사는 이 아파트에 살고 있는 박 씨의 가족에게 303만 원을 지급하라."

2004년 6월, 많은 이들의 관심이 집중된 한 사건에 환경부 환경 분쟁 조정 위원회가 내린 결정이다. 도대체 무슨 일이 있었던 것일까? 2004년 1월, 박 씨 부부는 생후 7개월의 딸과 함께 새로 지은 아파트로 이사를 했다. 깨끗하고 잘 정돈된 새 아파트의 모습에 부부는 매우 만족스러웠다. 그런데 이사를 마치고 4일 뒤 아기의 몸에 심상치 않은 변화가 일어나기 시작했다. 등에 두드러기가 일어난 것이다. 부부는 아기의 피부병을 치료하려고 온갖 방법을 다 써 봤으나 상태는 점점 심각해졌다. 이들은 결국 아기를 외갓집으로 데려갔다. 한 달 동안 외갓집에서 생활한 아기의 피부는 많이 회복되었다.

그런데 집으로 다시 돌아온 뒤가 문제였다. 두드러기가 또 올라온 것이다. 그제야 박 씨는 새 아파트가 문제의 원인이라는 것을 깨닫고, 집을 잘못 지은 건설 회사가 책임을 지게 해 달라고 환경부 환경 분쟁 위원회에 조정 신청을 했다. 결국 위원회는 아기의 피부병이 집 때문이라는 결론을 내리고, 박 씨 부부의 손을 들어 주었다.

화학 물질로 구석구석 도배된 새 집

인류는 동굴을 나오면서부터 집을 짓기 시작했다. 사람들은 집을 지을 때 주변에서 쉽게 구할 수 있는 재료를 사용했다. 풀이 많은 지역에서는 풀로 집을 지었고, 나무를 이용할 수 있는 지역에서는 나무로 집을 지었다. 흙, 돌, 눈이나 얼음, 천, 벽돌 등도 집을 짓는 데 사용되었다. 대

면역력이 약한 아이들은 새 집에서 생활할 경우 가려움증과 두드러기 등 피부 질환에 걸리기 쉽다.

● 신석기 시대
인류가 농사를 짓고 한곳에 정착해 살면서 집을 짓기 시작하다.

164

부분 자연에서 얻은 환경친화적인 재료였고, 그러한 재료는 인간과 잘 어울렸다.

하지만 인구가 늘어나자 좀 더 튼튼한 집이 필요했고, 집의 높이도 점점 높아졌다. 이때부터 집을 짓는 데 철근과 콘크리트, 시멘트 등이 사용되기 시작했고, 비어 있는 땅 곳곳이 개발되어 고층 아파트 단지가 들어섰다.

1932년
서대문구 충정로에
우리나라 최초의
아파트가 세워지다.

갈대나 새, 볏짚 등 자연 재료로 지붕을 이어 지은 우리의 전통 가옥, 초가집(왼쪽)과 철근과 콘크리트 등으로 지은 건물이 빽빽하게 들어선 아파트 단지(오른쪽)

튼튼한 집에 살게 된 사람들은 점점 더 아름답고 화려한 집을 원했다. 집을 지어 파는 기업들은 사람들의 이러한 욕구를 만족시키면서도 비용은 적게 드는 재료를 찾아야만 했다. 그 결과 시멘트 벽 위에 알록달록한 페인트가 칠해졌고, 합성 벽지와 합성 바닥재가 온 집 안의 벽과 바닥을 채웠다. 멋진 장식이 그려진 바닥재를 붙이기 위해서는 접착제가 필요했고, 접착제를 만들 때에는 용제[1]가 사용되었다.

이름에서도 짐작할 수 있듯이 집을 꾸미는 데 사용된 위의 재료들은 모두 화학 물질로 이루어진 것들이다. 사람들은 이렇게 만들어진 아파

---

1   알코올, 가솔린 등 물질을 용해하는 데 쓰이는 액체. 접착성을 띠는 성분과 섞어 접착제를 만드는 데 쓰인다.

트를 좋아했고, 아파트를 짓는 기업들은 더 많은 화학 물질과 화학 약품을 사용하여 겉보기에 예쁜 집을 지었다. 새 집에는 새로 만든 윤기 나는 가구가 들어왔고, 새 카펫이 깔렸으며, 새 커튼이 달렸다. 그리고 화학 약품으로 무장한 물건들이 집 안으로 들어오면서 사람들은 시름시름 앓기 시작했다.

새 집이 **우리 몸**을 공격한다고?!

아마 여러분도 새 집이나 건물에 들어갔을 때 독특한 냄새를 맡아 봤을 것이다. 뭔가 자극적이기는 한데, 그렇다고 해서 그리 싫지도 않은 냄새. 사람들은 그런 냄새를 새 집 냄새라며 당연하게 생각하고, 심지어 오래된 집에서 나는 퀴퀴한 냄새보다 낫다며 좋아하기도 했다. 사실 이 냄새는 새 집에서만 나는 것은 아니었다. 새 가구에서도, 새 자동차에서

도, 새 카펫에서도 났다. 그렇다면 새로 지은 집이나 건물, 새 물건에서 나는 냄새의 정체는 무엇일까?

새 집 냄새가 당연한 것으로 받아들여지던 때, 새 집에 살던 사람들이 병원을 찾는 경우가 차츰 늘어났다. 집에만 들어오면 머리가 아프고, 구역질이 나며, 피부가 붉어지고, 가려운 증상들이 나타난다는 것이었다. 그러다가도 집을 나가면 괜찮아지곤 했다. 처음엔 대수롭지 않게 여겼으나, 이런 증상을 호소하는 사람들이 많아지자 전문가들이 조사를 하기 시작했다.

얼마 후 전문가들이 범인으로 지목한 것은 바로 '새 집'이었다. 집을 지을 때 사용되는 시멘트, 석고 보드, 플라스틱, 페인트, 합성 벽지, 합성 바닥재, 접착제, 실리콘 등 모든 것이 문제였다. 이런 재료들에는 폼알데하이드와 휘발성 유기 화합물(VOCs)이 들어 있는데, 사람들이 입주한 뒤에도 이 물질들이 사라지지 않고 계속 뿜어져 나왔던 것이다. 휘발성 유기 화합물이란 벤젠, 에틸벤젠, 톨루엔, 크실렌, 아세트알데히드 등 쉽게 공기 중으로 기화되면서 환경과 사람의 건강에 좋지 않은 영향을 끼칠 수 있는 물질을 아우른다. 이런 물질들은 집에서 생활하는 사람들의 폐와 피부, 기관지 등에 나쁜 영향을 주었는데, 특히 아기와 어린이들의 피해가 더 심각했다.

1983년, 세계 보건 기구(WHO)에서는 이러한 증상을 '빌딩증후군(Sick Building Syndrome)'이라고 했으며, 1996년에는 일본에서 화학 물질로 인한 주거용 건물의 실내 공기 오염이 심각한 환경 문제로 대두되면서 위와 같은 증상을 '새집증후군(Sick House Syndrome)'이라고 불렀다.

새집증후군의 문제는 점점 심각해졌다. 새 집에서 나오는 공기 오염 물질은 대부분 화학 물질인데, 이러한 화학 물질에 오랫동안 노출된 사

1970년대
두 번에 걸친 오일 쇼크를 겪은 뒤 각 나라에서 냉난방비를 줄이기 위해 에너지 절약 건물을 세우기 시작하다.

1980년대 초반
에너지 절약 건물에서 생활하는 사람들이 다양한 이상 증상을 호소하다.

1983년
세계 보건 기구가 건물의 실내 공기 오염에 따른 사람들의 이상 증상을 '빌딩증후군'이라고 하다.

1996년
일본에서 처음으로 '새집증후군'이라는 용어를 사용하다.

람들은 이후 아주 적은 양의 화학 물질에 접촉해도 몸이 민감하게 반응하는 증상에 시달리기도 했다. 이들은 보통 사람들이 잘 느끼지도 못하는 1마이크로그램[2] 이하의 극미량 화학 물질에도 재채기, 콧물, 두드러기, 피부 가려움증 등을 호소했으며, 심할 경우 우울증, 난폭증, 집중력 결핍, 정신 분열 등의 증세를 보이기도 했다. 이런 증상에 붙여진 이름은 21세기의 환경 알레르기라고도 불리는 '화학 물질 과민증(Multiple Chemical Sensitivity)'이다. 화학 물질 과민증 때문에 고통받는 사람들은 집에서 잠을 자기도 어려울 뿐만 아니라 샴푸나 세제를 가까이 하거나 책과 신문 냄새만 맡아도 구토를 하고, 피부에 두드러기를 일으키기도 한다. 결국 새집증후군이나 화학 물질 과민증은 우리 주변에 화학 물질이 너무 많이 사용되고, 우리 몸이 그 화학 물질을 더 이상 견디지 못해 일어난 결과이다.

언제까지 **새것만** 좋아할 텐가?

앞에서 예로 든 박 씨 가족의 사건은 우리나라에서 새집증후군을 인정한 첫 사례로, 지금도 여전히 새집증후군 때문에 피해를 입는 사람들이 생겨나고 있다. 새 집에 살지 않으니 괜찮다고? 안심할 일이 아니다. 문제는 집뿐만 아니라, 여러분이 긴 시간을 머무는 학교, 학원, 쇼핑몰 등 어디에나 새집증후군이 도사리고 있다는 점이다. 따라서 새집증후군을 줄일 수 있는 방법을 찾고, 실천하는 것이 중요하다.

● 2004년
환경 분쟁 위원회에서 아파트 시공사가 새집증후군에 걸린 입주민에게 배상하라고 판결하다.

2   100만분의 1그램.

168

최근에는 이런 새집증후군을 방지하기 위해 녹색 건축, 녹색 건물을 지향하고 있다. 휘발성 유기 화합물을 되도록 사용하지 않거나 줄이고, 실내외의 공기를 환기하는 시스템을 의무적으로 설계하는 등 건물을 지을 때부터 사람과 환경을 생각하기로 한 것이다. 그렇다면 우리가 생활 속에서 실천할 수 있는 것은 무엇일까?

처음 새 집에 들어갈 때 충분히 환기를 하고, 살면서도 매일 환기를 해 주는 것이다. 실내의 공기는 바깥 공기보다 70배 이상 오염되기 쉽고, 한번 오염된 공기는 그 안을 돌면서 오염 농도가 더 높아진다고 한다. 그렇기 때문에 환기를 자주 하는 것은 꼭 필요한 일이다. 하루에 세 번, 한 번에 30분 이상 환기하는 것이 가장 좋다고 하니 엄마가 환기시킨다고 창문을 활짝 열 때 춥다고 불평하지 말고, 시키지 않아도 여러분 스스로 환기를 시키면 어떨까?

공기 정화 식물 중
하나인 산세베리아

공기 정화 식물을 키우는 것도 좋은 방법이다. 식물은 잎의 뒷면에 있는 작은 기공을 통해 이산화탄소와 휘발성 유기 화합물 등을 흡수하고, 뿌리로 빨아들인 산소와 물을 수증기 형태로 배출해 자연스럽게 실내의 공기가 순환할 수 있도록 도와주기 때문이다.

청소를 자주 해서 먼지를 없애는 것도 중요하며, 자는 방에 새 가구나 새 책이나 새 장난감 등을 두지 않고, 화학 물질이 포함된 방향제를 사용하는 것도 피해야 한다.

물론 무엇보다 좋은 것은 집을 지을 때 친환경 재료로 만들어진 제품을 사용하는 것이다. 페인트나 벽지, 바닥재를 고를 일이 생긴다면 친환경 제품을 선택하도록 부모님께 말씀 드려 보자.

하지만 그 무엇보다 중요하고 근본적인 해결책이 있다. 그것은 바로 새 집, 새 가구, 새 벽지 등 새것을 너무 욕심 내지 않는 것이다. 이것은 어른뿐만 아니라 여러분에게도 해당되는 사항이다. 새 책, 새 가방, 새 운동화, 새 필통을 가질수록 집 안에는 화학 물질이 점점 더 많이 쌓인다. 이런 행동은 여러분과 가족의 건강에 피해를 줄 뿐만 아니라, 이 물건을 만들고 옛 물건을 버리는 과정에서 환경에도 부담을 준다. 손때 묻은 오래된 물건을 사용하는 것이 건강에 좋고, 환경에도 도움이 된다는 사실을 기억하자.

현재
새 물건을 고르고 사는 재미보다 손때 묻은 물건을 아끼는 즐거움을 알게 되다.

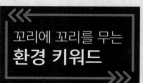

꼬리에 꼬리를 무는
환경 키워드

0.08

국제 보건 기구(WHO)는
폼알데하이드 국제 기준 농도를
0.08피피엠 이하로
정해 놓았다.

휘발성 유기 화합물

공기 중으로 쉽게 증발되는 유기
화합물로, 대기 오염뿐만 아니라
인체에 암을 일으키기도 하는 독성
화학 물질이다.

화학 물질 과민증

아주 작은 양의 화학 물질에도
신체에 민감한 반응을 일으키는
증상으로, 실내 공기 오염이 주
원인으로 알려져 있다.

새집증후군

녹색 건축

에너지 절약, 자원 절약 및
재활용, 자연환경의 보전,
쾌적한 실내 환경 조성을 목
적으로 설계·시공·유지·폐
기하는 건축물을 가리킨다.

아토피

새집증후군은 환경적인 요인
과 유전적인 원인 등에 의해
발생하는 아토피와 연결된다.

친환경 제품

재료의 질뿐만 아니라, 생산
되는 전 과정을 통틀어 환경
을 생각하여 만드는 제품을
말한다.

10

미국 항공 우주국이 10대
공기 정화 식물을
발표했다.

'아토피'가
궁금하다면 **206쪽**

생물 다양성은 삶입니다.
생물 다양성은 우리의 생명입니다.

반기문(유엔 사무총장), 2010 생물 다양성의 해 기념 연설 중에서

한국의 멸종 위기 동물, 반달가슴곰

생물 다양성 Biodiversity

개념 사전 '생물학적 다양성'의 줄임말로, 지구에 사는 생명체의 종류와 생태계 환경의 다양함을 뜻한다.

우리나라에서 더 이상 호랑이, 늑대, 곰 등을 보기 힘든 것은 생물 다양성이 악화된 결과이다. 여러 생물들이 한데 어울려 사는 것은 생태계가 건강하다는 증거이므로, 생물 다양성의 부족은 그만큼 생태계의 건강이 깨지기 쉬운 상태를 의미한다.

사용 예 "토끼, 호랑이, 늑대, 여우……. 옛날이야기 속엔 참 많은 동물이 등장하지? 그때는 그만큼 생물 다양성이 풍부했다는 뜻이란다."

1970년대에 중국은 참새들이 애써 지은 농작물을 하도 쪼아 먹는 바람에 골치를 앓고 있었다. 논에 허수아비를 세워 놓기도 하고, 소리를 크게 질러 쫓아 보기도 했지만, 수많은 참새를 당할 재간이 없었다. 결국 중국 정부는 쥐, 모기, 파리와 함께 참새를 중국의 주요 재앙거리로 선포하고, 대대적인 소탕 작전에 돌입했다. 많은 사람이 참새 잡기에 나섰고, 순식간에 80만 마리가 넘는 참새를 잡았다. 그래서 문제가 해결됐을까? 천만에 말씀! 농작물을 거두고 보니 참새를 잡아들이기 전보다 추수한 양이 훨씬 줄어 있었다. 참새의 수가 갑자기 줄어들자 농작물을 갉아먹는 벌레가 폭발적으로 늘어났기 때문이었다. 참새가 농작물을 쪼을 때 거기에 붙어 있는 벌레도 같이 잡아먹는다는 사실을 사람들이 몰랐던 것이다. 결론적으로 계획은 대실패로 돌아갔고, 중국 정부는 서둘러 참새를 재앙거리 목록에서 빼고는 새 사냥을 금지시켰다.

생태계를 알면 **생물 다양성**이 보인다?

'생태계(Ecosystem)'. 자주 듣고 쓰는 말이지만 그 개념에 대해 설명해 보라고 하면 쉽지 않을 것이다. 생태계는 1935년, 영국의 생태학자 아서 탠슬리(Arthur G. Tansley)가 처음으로 생각해 낸 말이다. 여러 생물적 요소들(균류[1], 식물, 동물 등)과 무생물적 요소들(흙, 물, 바위 등)이 서로 영향을 주고받으며 질서를 이루는 체계를 말한다. 가장 큰 생태계는 지구 전체다. 그 속에 육상 생태계와 해양 생태계 등의 비교적 큰 생태계

● 1935년
영국의 생태학자
탠슬리가 생태계라는
말을 처음 고안하다.

---

1   광합성을 하지 않는 하등 식물을 통틀어 이르는 말. 엽록소가 없어 광합성을 못하므로 다른 유기물에 기생하여 살아간다. 세균류, 버섯류, 곰팡이류 등이 균류에 포함된다.

174

가 있으며, 그 속에 더 작은 생태계가 있다. 작게 보면 집이나 학교의 화단도 나름의 생태계를 이루고 있다고 볼 수 있다.

화단도 작은 생태계를
이루고 있다.

생태계는 오랜 시간 동안 형성되어 왔으며, 안정된 상태를 오랫동안 유지하는 것을 좋아한다. 즉, 밖에서 어떤 방해 요소가 들어오더라도 이를 이겨내고 버티면서 지금의 상태를 그대로 유지하려고 하는 것이다. 이처럼 생태계가 안정되고 건강한 상태를 유지하려면 많은 수의 생물종이 다양하게 살고 있어야 하는데, 이를 '생물 다양성(Biodiversity)'이라고 한다.

생물 다양성은 '생태계 안에는 얼마나 많은 생물종이 존재하는가?'를 뜻하는 종 다양성(Species Diversity), '같은 생물종에 포함된 하나하나의 개체가 얼마나 많고, 얼마나 다양한 유전자가 있는가?'를 가리키는 유전적 다양성(Genetic Diversity), '한 지역 안에서 생물종이 살아가는 서식지가 얼마나 다양한가?'를 이르는 생태계 다양성(Ecosystem Diversity)을 포괄하는 개념이다. 쉽게 이해하자면 결국 생물 다양성이란, 지구 상에 존재하는 생명이 얼마나 풍부하고 안정적인지를 뜻하는 말이다.

지구 생태계는 수많은 종이 서로 얽히고설킨 관계를 맺은 덕분에 건강하고 안정적인 상태를 유지해 왔다. 어떤 학자는 지구에 사는 생물종이 1300만 종 정도라고 하고, 또 어떤 학자는 1억 종이 넘는다고 보기도 한다. 하지만 사실 인간은 자연을 잘 알지 못한다. 인간이 모든 것을 파악하기에 자연은 너무 거대하고, 생태계도 매우 복잡하기 때문이다. 인간은 아직 생태계 내에서 여러 생물과 무생물 요소들이 어떻게 영향을 주고받으며 살아가는지 정확하게 모른다. 그런데도 생태계 내의 어떤 종을 사라지게 하거나 새로운 종을 들여오는 등 무책임한 결정을 쉽게 내리는 것도 모자라, 무책임한 행동 뒤에 발생하는 예기치 않은 결과에 깜짝 놀라 허둥대곤 한다. 앞에서 이야기한 중국의 참새 사냥처럼 말이다.

호랑이 담배 피던 시절? 그 **호랑이**들은 다 어디에……

멸종은 한 생물종의 죽음을 일컫는 말이다. 우리나라에서는 한국호랑이, 늑대 등이 멸종된 것으로 알려져 있으며, 산양, 삵, 재두루미 등 수많은 생물들이 멸종 위기를 맞고 있다. 이처럼 어떤 생물종은 이미 멸종이 되었고, 멸종 위기 상태에 놓인 생물은 점점 늘어나고 있다. 생물 다양성이 심각하게 훼손되고 있는 것이다. 그 이유는 무엇일까?

먼저 생물들이 살고 있는 곳, 즉 서식지가 사라지거나 좁아지는 것이 문제다. 과거 지구에는 기본적으로 다양한 생태계가 있었고, 그 안에 수많은 생물종이 어우러져 살았다. 하지만 인구가 늘어나면서 인간은 집을 짓고, 공장을 세우고, 여가 시설을 만드느라 다른 생물들의 서식지를 침범하고 있다. 그뿐만 아니라 여러 지역으로 쭉쭉 뻗는 도로를 만들기 위해 그나마 남은 생물들의 터전을 조각조각 나누기까지 한다. 이러한 이유로 생물들이 살 곳과 먹을 것을 구하는 일은 점점 어려워지고, 무리를 짓거나 짝을 찾는 행위도 방해를 받는다.

다른 나라에서 들여오는 외래종도 문제다. 언뜻 생각하기에 외국에서 새로운 생물이 들어오면 생물 다양성이 풍부해질 것 같지만, 실상은 그렇지 않다. 하나의 생태계는 오랜 시간에 걸쳐 안정되었기 때문에 그 지역에 가장 적합한 종들이 모여 살면서 건강함을 유지해 왔다. 그런데 외부에서 덩치가 크거나 새끼를 너무 많이 낳아서 그 지역을 독점해 버

붉은귀거북, 블루길,
황소개구리(왼쪽부터)는
우리나라의 대표적인
생태계 교란종이다.

리는 생물종이 들어오면, 그 생태계는 균형이 깨지고 생물 다양성이 위협을 받게 된다. 이렇게 생태계에 악영향을 끼치는 생물을 '생태계 교란종'이라고 하는데, 우리나라의 대표적인 생태계 교란종으로는 황소개구리, 붉은귀거북, 베스, 블루길, 물참새피, 돼지풀 등이 있다.

사람들이 특정 생물종을 지나치게 많이 잡거나 캐서 생물 다양성이 악화되기도 한다. 인간의 몸에 이롭다는 이유로, 산업 재료로 쓴다는 이유로, 눈을 즐겁게 할 장식을 만든다는 이유로 수많은 동식물이 죽임을 당해 왔다. 한국호랑이는 일제 강점기에 일제의 대대적인 소탕 작전으로 죽임을 당해 가죽으로 팔렸고, 담비는 사치스러운 목도리가 되어야만 했다. 노랑부리저어새 역시 멋진 부리 때문에 위기에 처했으며, 곰은 웅담을 노리는 사람들의 손에 쓰러졌다. 외국 상황도 크게 다르지 않다. 1810년대 북아메리카 대륙 전역에 걸쳐 서식하던 30억~50억 마리의 나그네비둘기는 1914년, 신시내티 동물원에서 마지막 남은 한 마리가 죽으면서 지구 상에서 그 모습을 완전히 감췄다. 고기가 맛있다는 이유로, 또 깃털을 얻기 위해 사람들이 마구잡이로 나그네비둘기를 사냥한 결과였다. 북아메리카 들판을 새까맣게 메웠던 아메리카들소도 한때 사냥의 대상이 되는 바람에 지금은 겨우 3만 마리가 보호받으며 살고 있다.

최근 심각한 문제로 여겨지는 지구 온난화도 생물 다양성을 파괴하

1956년에 스미스소니언
박물관에 전시되었던
마지막 나그네비둘기
'마사'의 모습이다.

는 데 큰 몫을 하고 있다. 지구 온난화는 세계 각 지역에서 기후 변화를 일으키는데, 급작스럽게 변하는 기후에 생물들이 적응하지 못하고 멸종될 위기에 빠지고 있는 것이다. 봄마다 우리나라를 찾아오던 반가운 철새인 제비도 일부 지역을 제외하고는 보기 힘든 새가 되어 버렸다. 지구 온난화의 영향 때문이기도 하고, 농약을 과다하게 사용해 제비의 먹이인 메뚜기, 잠자리, 나비와 같은 곤충이 사라졌기 때문이라는 주장도 있다.

이와 같이 생물 다양성을 해치는 원인에는 여러 가지가 있지만, 공통점은 하나다. 바로 인간에게서 비롯되었다는 것이다. 인간의 이기심과 어리석음이 생물 다양성을 파괴하고 있다.

사회적 배경
산업의 발전으로
야생지가 축소되다.

버드나무가 인간에게 준 선물, **아스피린**

사실 과거에는 생물 다양성이 크게 문제되지 않았고, 그것이 중요하다는 사실도 몰랐다. 그런데 왜 오늘을 사는 우리에게 생물 다양성이 중요한 문제로 떠오른 것일까?

우선 생물 다양성이 풍부하면 인간이 안전하게 먹을 수 있는 것이 더 많아지고 다양해진다. 쌀, 보리, 밀 등 지금 인간이 식량으로 먹는 작물들이 있지만, 만약 환경에 급격한 변화가 생겨서 그 작물들에 문제가 생길 경우 생물 다양성이 풍부하다면 다른 종을 식량으로 삼을 수 있기 때문이다.

또한 생물 다양성은 인간의 질병을 치료하는 데 도움을 줄 수도 있다. 사실 우리가 사용하는 약의 대부분은 식물이나 동물이 갖고 있는 특정

성분의 화학 구조를 분석하고, 이용하여 만든 것이다. 버드나무 껍질에 들어 있는 살리실산이라는 성분은 아스피린[2]을 만들 수 있도록 해 줬으며, 마늘과 은행나무, 호두나무에서는 항생 물질을 얻을 수 있다. 마다가스카르에서 자라는 로지 페리윙클(Rosy Periwinkle)이라는 식물에 들어 있는 항암 물질은 백혈병 치료제의 원료가 되기도 한다.

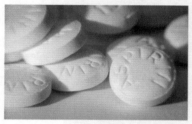

버드나무 껍질(위)의 성분을 이용하여 만든 아스피린(아래)

　생물 다양성은 아름다운 경관도 만들어 낸다. 손톱만 한 풀에서 하늘을 찌를 듯 키 큰 나무까지, 조그만 무당벌레에서 집채만 한 코끼리까지……. 다양한 동식물이 어울려 사는 모습은 그 자체만으로도 아름다운 풍경이고, 인간은 그 안에서 편안한 휴식을 취할 수 있다. 다양한 생물이 어울려 사는 숲과 한 종류의 생물만 사는 숲을 상상해 보라. 여러분은 어느 쪽이 더 아름답다고 생각하는가?

　앞에서 말한 모든 것이 중요한 이유지만, 그것이 전부는 아니다. 그 무엇보다 더 중요한 가치가 있다. 다양한 생물종들이 풍성하게 어우러져 사는 것은 그 자체가 자연스러운 모습이라는 점이다. 인간도 지구 생태계에서 같이 살고 있는 하나의 생물종으로서 다른 동료 생물들을 존중하고 인정해야 한다.

함께 가야 멀리 간다고? 인간과 생물의 **동고동락!**

　생물종의 숫자에 대해서는 여러 학자들이 각각 다른 의견을 내놓고

2　　해열제의 한 종류.

있지만, 생태계의 특징에 대해서는 공통된 의견 두 가지가 있다. 첫째는 생태계는 수많은 생물종들이 오랜 시간에 걸쳐서 가장 안정된 상태를 만들어 왔으며, 그 안정의 기반이 되는 것은 풍부한 수와 종류라는 사실이다. 둘째는 지구에 살고 있는 생물종의 숫자가 점점 줄어들고 있다는 점이다.

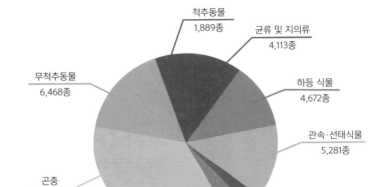

우리나라 생물종 현황(자료: 환경 통계 연감 2012)

한 전문가에 따르면 열대 지역에는 지구 생물종의 절반 이상이 살고 있는데, 지금과 같은 속도로 열대 지역 숲이 계속 파괴되면 50년 뒤에는 지구 생물종의 4분의 1이 없어질 수 있다고 한다. 유엔 환경 계획은 지구 전역에 걸쳐 하루에 100여 종, 1년에 4만여 종의 생물이 멸종되고 있다고 보고하기도 했다.

내 생명이 소중한 것처럼 다른 생명도 소중히 여기며 살아가는 것은, 인간에게 이익이 되고 안 되고를 떠나 당연히 지켜야 하는 규칙이다. 인간의 욕심을 위해 다른 생물을 멸종에 이르게 하는 것은 윤리적이지 못

● 1963년
국제 자연 보호 연맹에서 멸종 위기에 처한 야생 동식물종의 국제 거래에 관한 협약을 채택하다.

● 1972년
이란의 람사르에서 람사르 협약이 이루어지다.

하다. 그런 점에서 생물 다양성을 지키고 이를 위해서 노력하는 것은 아주 당연하고 자연스러운 일이다.

열대 지역에는 지구 생물종의 절반 이상이 살고 있다.

생물 다양성의 중요성이 알려지면서 이제 사람들은 자신들의 행위를 반성하고 바로잡기 위해 다양한 시도를 하고 있다. 전 세계적으로 물새를 보호하기 위해 물새 서식지인 습지를 보존하자는 람사르 협약을 맺었고, 멸종 위기에 처한 야생 동물 매매를 제한하는 CITES 조약도 체결했다. 국제 자연 보호 연맹(IUCN)은 멸종이 우려되는 세계 야생 동물 목록을 기록해 〈적색 목록〉이라는 책자를 발간하고 있고, 세계 각 나라가 야생 동물을 보호하는 법을 만들어 이를 지키기 위해 노력하고 있다.

멸종 위기종을 복원하려는 보다 적극적인 시도도 있다. 미국에서는 위기에 빠진 캘리포니아콘도르를 인공적으로 부화시킨 다음 자연에 풀어놓아 멸종을 막았으며, 일본에서는 황새를 복원하는 데 성공하기도 했다. 우리나라에서는 지리산에 반달곰을 풀어 살게 하거나 따오기를 들여와 우포늪에 적응하게 하는 등의 노력을 하고 있다. 또한 식물 종자를 보관하는 일도 진행하고 있는데, 노르웨이의 스발바르 섬에는 국제 종자 저장고가 설치되어 있고, 우리나라에서는 농촌 진흥청 유전자원 센터가 다양한 종자들을 보관하고 있다.

이미 늦은 감이 있지만, 늦었다고 생각할 때가 되돌리기 가장 빠른 때

1980년대
생물 다양성이라는 개념이 처음 등장하다.

1987년
유엔 환경 계획이 생물종 보호를 위한 전문가 회의를 개최하다.

1992년
유엔 환경 개발 회의에서 158개 나라가 생물 다양성 협약에 서명하다.

● 현재
국제적 협약과 규제에도
불구하고, 지금 이 순간
수많은 야생 동식물이
죽어 가고 있다.

라는 말도 있다. 지금까지 인간들이 저지른 잘못을 뉘우치고 생물 다양성을 회복시키기 위한 노력을 기울일 때 떠났던 생물들이 우리 곁에 돌아올 수 있고, 원래 그대로의 자연의 모습으로 조금씩 다가갈 수 있을 것이다.

람사르 협약

간척과 매립으로 사라지고 있는 습지를 보존하기 위해 1971년 2월, 이란의 람사르에서 맺은 국제적 협약이다. 우리나라는 1997년 7월에 가입했다.

생태계 다양성

생물 다양성을 이루는 세 가지 개념 중 하나로, 한 지역 안에 얼마나 다양한 종류의 생태계가 있는지 그 정도를 나타낸다.

246

2013년 1월 기준으로 멸종 위기종으로 보호·관리하는 야생 생물은 총 246종이다.

종 다양성

생물 다양성을 이루는 세 가지 개념 중 하나로, 생태계 안에 얼마나 많은 생물종이 존재하는지 그 정도를 나타낸다.

생물 다양성

39,150

2012년 통계에 따르면 우리나라에 서식하는 동식물은 모두 39,150종에 이른다.

유전적 다양성

생물 다양성을 이루는 세 가지 개념 중 하나로, 같은 생물종이 얼마나 많고, 그 안에 얼마나 다양한 유전자가 있는지를 나타낸다.

야생 동물 보호

생물 다양성을 유지하기 위해서는 야생 동물과 주요 동식물을 보호하는 것이 중요하다.

'야생 동물 보호'가 궁금하다면 **216쪽**

"만약 우주가 되고자 한다면 당신의 마을을 노래하십시오.
이것은 문학에서 진리이고, 음악에서도 진리입니다.
도시에서도 역시 진리입니다.
당신의 마을을 알아야 하고 사랑해야 합니다."
쿠리치바의 전 시장 레르네르는 말했다.
이 말에는 작은 실천이 거대한 도시를 바꾸고,
나아가 우리가 살고 있는 지구의 운명을 조금씩,
결국에는 끝내 바꿀 수 있다는 신념이 담겨 있다.

김윤태 지음, 《교양인을 위한 세계사》, 책과함께, 2007, p. 280

생태 도시 Ecological Polis

개념 사전 　스스로 자립할 수 있는 도시, 안정되어 있으며 물질이 순환하고 환경에 부담을 주지 않는 도시, 즉 인간과 자연이 공존하는 도시를 뜻한다.

도시화의 폐단으로 나빠진 도시 환경의 질을 높이기 위한 대안이다. 도시에 사는 사람들의 쾌적한 생활 환경을 보장하고, 나아가 도시의 지속 가능한 발전을 가능하게 하는 이상적이고 바람직한 형태의 도시이다. 최근 새로 도시를 만들거나 기존 도시의 노후된 환경을 다시 정비할 때 많은 나라와 도시들이 고민하는 개념이다.

사용 예 "우리 시의 슬로건을 자연과 공생하는 생태 도시로 하면 좋겠어요."

브라질의 쿠리치바 시는 곳곳에 크고 작은 공원 1,000여 개가 조성된 도시이다. 이곳의 1인당 녹지 면적은 54제곱미터로, 다른 선진국의 도시들보다 1인당 녹지 면적이 넓으며, 서울의 1인당 녹지 면적과 비교하면 무려 열 배가 넘는다. 그렇다 보니 쿠리치바의 도심에는 290여 종의 조류와 50종의 뱀을 포함한 다양한 파충류와 포유류가 산다고 한다. 또한 쿠리치바는 쓰레기 분리수거를 시스템화하고 쓰레기의 재활용률을 높여 새로운 소득을 만들어 내고 있다.

불과 60여 년 전만 해도 쿠리치바는 공해에 찌들고 낙후된 도시였다. 1950년대에 농업이 기계화되고, 수출 작물을 재배하면서 인구가 폭발적으로 늘어난 까닭이었다. 하지만 1971년, 자이메 레르네르(Jaime Lerner) 시장을 중심으로 체계적인 도시 계획을 세우고, 녹지의 중요성을 인식한 시민 모두가 자발적으로 동참하면서 가난한 슬럼 도시가 자연과 인간이 공존하는 생태 도시로 탈바꿈했다. 그리고 20년이 지난 지금 세계여러 나라의 많은 도시들이 쿠리치바 배우기에 열심이다.

쿠리치바는 지하철 대신 '땅 위의 지하철'로 불리는 간선 급행 버스 시스템을 운영하고 있으며, 주요 지점에는 원통형 정류장 두세 개를 이어 독특한 경관을 보여 준다.

전원도시, 생태 도시의 할아버지가 되다!

18세기 말에 산업 혁명이 시작되면서 영국을 비롯한 유럽 각 나라에 공업 도시가 확대되었다. 그 뒤 제2차 세계 대전을 거치면서 모든 분야에서 생산력이 급격히 늘어나자 많은 사람이 도시로 몰려들었다. 이러한 도시화 현상은 세계적으로 동시에 진행되었다.

도시라는 한정된 공간에 인구가 집중되다 보니 기본적으로 집과 물이 부족해졌다. 교통이 복잡해지고, 쓰레기는 늘 넘쳐났으며, 각종 전염병과 질병이 도시를 휩쓸었다. 농촌을 떠나 도시로 삶의 터전을 옮겼지만, 일자리를 구하지 못해 가난하게 살아가야 했던 사람들에게 주변 환경과 위생에 신경 쓸 여유가 없었기 때문이다. 공장에서 일하는 사람들의 상황도 덜하지 않았다. 늘 공해와 재해, 사고 등에 시달려야 했고, 범죄와 마약 중독, 정신병 등의 사회적 병폐도 끊이지 않았다. 상황이 이렇게 되자 경제적인 여유가 있는 사람들은 더럽고 위험한 도시 중심부를 떠나 쾌적한 교외로 주거지를 옮겼다. 그리고 그들이 버리고 떠난 주거지는 가난한 사람들이 모여 사는 빈민가로 변했다.

1898년, 도시 계획가[1]였던 에버니저 하워드(Ebenezer Howard)는 이러한 도시화 문제를 해결할 대안을 제시했다. 바로 도시와 농촌을 통합시킨 '전원도시(Garden City)'였다. 하워드는 전원도시를 만들 때 에이커[2]당 열두 가구로 인구 밀도를 제한하고, 공원과 가로수를 정해진 면적 이상 만들어야 한다는 구체적인 수치까지 제안했다. 전원도시는 당시로

---

[1] 도시 생활에 필요한 교통 · 주택 · 위생 · 보안 · 행정 등에 관하여 주민의 복리를 증진하고 공공의 안녕을 유지할 수 있도록 능률적 · 효과적으로 공간에 배치하는 계획을 수립하는 일을 하는 사람.

[2] 논밭 넓이의 단위로, 1에이커는 약 4,047제곱미터이다.

사회적 배경
산업 혁명 이후
공업 도시가 확대되다.

1800년대 후반
도시화의 결과로 극심한
환경 문제들이 발생하다.

1898년
에버니저 하워드가
전원도시를 제안하다.

1970년대
브라질 쿠리치바 시가
생태 도시로 거듭나다.

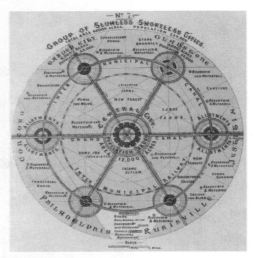

에버니저 하워드가
구상한 전원도시 계획안

서는 획기적인 도시 모델이었다. 겉으로 드러나는 시설뿐만 아니라 도시에 살고 있는 사람들이 하는 일, 돈의 흐름, 사람들 사이의 관계까지 고려하여 도시를 계획했기 때문이다.

하워드의 도시 모델은 이후 건설된 많은 신도시에 영향을 미쳤다. 실제로 영국의 레치워스, 웰윈 등은 그의 영향으로 지어진 전원도시이다. 그리고 이 도시들은 오늘날 생태 도시의 할아버지 대접을 받고 있다.

낮에는 도시로, **밤에는 도시 주변으로** 모이는 사람들

에버니저 하워드처럼 도시 문제의 심각성을 인식한 정부와 도시 계획가들은 망가진 도시 환경을 정비하기 위해 나섰다. 프랑스 파리와 오스트리아 빈에서 도로와 주택 단지를 허물고 계획에 따라 다시 건설한 일은 성공적이라고 평가받기도 했다. 1893년에는 미국에서 도시 빈민 문제를 해결하고 잃어버린 도심부의 활력을 되찾기 위한 도시 미화 운동이 벌어지기도 했다. 그 뒤로도 수많은 계획과 실험적인 도시들이 만들어졌지만, 큰 성공을 거두지는 못했다.

20세기 후반에 들어서면서 전 세계적으로 또다시 도시의 인구가 폭발적으로 늘어났다. 과학과 의학 기술이 발달하여 물 부족 문제, 쓰레기 처리 문제, 위생 문제 등 몇몇 문제들은 나아졌지만, 대신 이전에는 생각하지 못했던 새로운 문제들이 발생했다.

토목 기술이 발달하면서 산을 관통하는 터널이 뚫리고, 일반 가정에

○ **사회적 배경**
20세기 후반에 도시 인구가 급격히 늘면서 새로운 도시화 문제들이 생겨나다.

도 자동차가 보급되면서 직장과 집이 멀어져 '베드타운'이 마구 개발되기 시작한 것이다. 베드타운이란 큰 도시 주변의 주택 지역을 가리키는 말인데, 도심으로 일하러 나갔던 사람들이 밤이 되면 잠자기 위해 돌아온다는 뜻 때문에 베드타운이라고 불렸다.

계속해서 도시가 확장되자 급기야 두 개의 도시가 만나는 일도 벌어졌다. 계획 없이 집만 지어 대다 보니, 도로와 하수 처리장 등 공공시설이 없는 지역도 생겨났다. 심지어 수천 가구가 들어선 곳에 학교가 하나도 없어서 아이들이 먼 거리를 통학해야 하는 일도 발생했다. 도시 중심부에는 낮에만 사람들이 일을 하기 위해 모였다가 밤에는 썰물처럼 빠져나갔다. 베드타운에 입성하지 못한 가난한 사람들만 낡고 더러운 주거 지역을 지켜야 했다.

더 큰 문제는 소리 없이 닥쳤다. 도시가 확장되자 땅값과 집값이 싼 도시 외곽의 논밭과 산자락을 갈아엎은 땅에 대규모 고층 아파트 단지가 들어섰다. 동식물에게 먹이와 잠자리, 쉴 곳을 제공했던 외곽의 숲과 습지가 사라져 버린 것이다. 보금자리를 잃은 수많은 동식물은 결국 도시와 도시 인근에서 자취를 감췄다.

도시 문제를 해결하기 위한 세계인의 **노력**

심각해진 도시 문제를 해결하기 위해 전 지구적 차원에서 서로 돕고 함께 고민하기에 이르렀다. 1976년, 유엔은 캐나다 밴쿠버에서 '유엔 인간 정주 회의(HABITAT I)'라는 국제회의를 열어 세계 각 나라의 도시에 살고 있는 가난한 사람들에게 살 곳을 마련해 주고, 도시를 제대로 유

1976년
인간의 주거 환경을
개선하기 위한 유엔
인간 정주 회의가 열리다.

1992년
유엔 환경 개발 회의에서
지속 가능한 발전 실천 방
안인 '의제21'을 채택하여
도시의 환경 문제를
적극적으로 해결하기
시작하다.

1996년
제2차 유엔 인간 정주
회의에서 세계의 모든
도시와 마을, 지역 사회를
건강하고, 안전하고,
공정하며 지속 가능하게
만드는 방법을 고민하다.

지할 수 있는 물리적·사회적 기반 시설을 구축하기 위한 방법을 논의했다. 회의가 끝난 뒤 각 나라의 도시 문제를 해결하기 위해 국제적인 협력을 지원할 '유엔 인간 정주 센터'라는 기구가 설립되었다. 회의에 참석했던 여러 나라는 이 기구를 통해 세계의 도시 문제를 해결하기 위해 노력하기로 하고, 20년 뒤에 다시 모여 그 결과를 나누기로 약속했다.

1992년, 지구의 환경 보전 문제를 협의하기 위해 열린 유엔 환경 개발 회의에서는 개발과 환경 보전을 조화시키자는 '환경적으로 건전하고 지속 가능한 발전'이 중요한 개념으로 자리 잡았다. 지속 가능 발전은 고질적인 도시 문제 해결을 위해 나아가야 할 방향이기도 했다.

1996년 6월, 마침내 터키 이스탄불에서 제2차 유엔 인간 정주 회의(HABITAT Ⅱ)가 열렸다. 그런데 그곳에 모인 각 나라 대표들의 표정이 어두웠다. 제1차 회의 이후 20년이 지난 20세기에도 도시 문제가 제대로 해결되지 않았기 때문이다. 하지만 유엔 환경 개발 회의의 지속 가능 발전 개념을 이어받아 세계의 모든 도시, 마을, 지역 사회를 건강하고 안전하며, 공정하고 지속 가능하게 만들 것을 정식으로 결의하며 다시 한 번 힘을 모으기로 했다.

지구 마을의 본보기가 된 **생태 도시들**

유엔 환경 개발 회의 이후 환경 문제를 비롯한 도시의 여러 문제들을 해결하고, 도시와 마을 그리고 지역 사회를 지속 가능하게 만들려는 고민이 시작되었다. 이때 환경 보전과 개발을 조화시키기 위해 등장한 방안 중 하나가 '생태 도시'였다. 생태 도시는 이전까지 인간의 생활만을 고려하여 계획한 도시와 달리, 인간과 자연이 조화를 이루는 도시를 뜻한다.

앞서 살펴본 브라질의 쿠리치바 말고도 최근 생태 도시로 주목받는 도시에는 독일의 프라이부르크·베를린·슈투트가르트·함부르크, 덴마크의 스투르스템, 스웨덴의 하마비 허스타드, 쿠바의 아바나, 네덜란드의 델프트, 미국의 데이비스와 오스틴, 일본의 고베와 기타큐슈 등이 있다. 독일 슈투트가르트는 계획에 따라 총 길이 8킬로미터의 U 자 형태로 공원들이 연결되는 띠인 '그린 유(Green U)'가 조성된 것으로 잘 알려져 있다. 그리고 네덜란드 델프트는 자전거 보급률이 100퍼센트에 이르는 친환경 자전거 도시로, 역이나 상가 앞에는 꼭 자전거 보관소가 마련되어 있다.

독일 슈투트가르트의 그린 유에 해당되는 킬레스베르크 공원(위) 네덜란드 델프트의 자전거 보관소(아래)

위의 도시들처럼 오늘날 바람직한 생태 도시의 본보기가 되기 위해 필요한 것은 무엇일까?

먼저, 첫술에 배부르길 바라는 것은 금물이다. 처음에 세운 계획만 가지고 실행하려고 하거나 완성될 도시의 모습을 고정해 두고 맞춰 나가는 것이 아니라, 필요한 부분을 상황에 따라 알맞게 고치면서 점차 생태적으로 건강한 도시가 되도록 계획을 세우는 것이 중요하다. 모두가 부러워하는 쿠리치바는 하루아침에 만들어지지 않았다. 쿠리치바에 '재미와 장난이 만든 도시'라는 별명이 붙은 것은 쿠리치바를 건강한 도시로 바꾸기 위한 여러 고민들이 계획 단계에서부터 실제로 어떻게 시도되었고, 좌충우돌하며 가장 잘 어울리는 모습을 찾아 갔는지 엿볼 수 있는 대목이다.

1990년대 후반 여러 나라에서 자연과 인간이 조화를 이루는 생태 도시를 건설하다.

이웃하게 될 주변 마을이나 도시의 특성에 대해도 공부해야 한다. 도시를 하나의 생태계로 보고, 도시 안에서 유기적인 순환이 일어나 안정성을 유지하는 것뿐만 아니라 인근의 다른 도시와 끊임없이 관계를 맺고 상호 작용해야 하기 때문이다. 독일의 슈투트가르트의 경우, 인근 지역의 녹지와 자연 지형까지 잘 분석하고 고려하여 도시의 공기를 깨끗하게 할 수 있도록 도시의 녹지와 건물을 배치했다. 또한 바람길을 만들기 위하여 주변 지역의 기후와 풍토, 지형, 생태계까지 꼼꼼히 조사하여 지도를 만들고, 도시 안팎의 환경 관리에도 정성을 쏟고 있다.

또한 단순히 환경 오염이 없다고 해서 모두 생태 도시가 될 수 있는 것은 아니다. 생태 도시를 계획할 때에는 그 도시의 정치적·사회적·경제적·문화적 요인들이 어떻게 바뀌어야 할지 함께 고민해야 한다.

마지막으로 필요한 것은 그 도시만이 가지는 특수성을 충분히 배려하고, 모든 시민이 참여하여 함께 생태 도시를 만들어야 한다는 점이다. 독일 프라이부르크는 시민들이 핵 발전소 건립을 반대하며 스스로 불편한 삶을 택하여 만들어진 생태 도시이다. 핵 발전 없는 에너지 자립에 모든 시민들이 동참하고 있으며, 환경 수도에 살고 있다는 시민들의 높은 자긍심은 태양의 도시 프라이부르크를 한층 더 빛나게 하고 있다.

위의 네 가지 조건을 지키면서 만들어진 생태 도시는 지속 가능하게 발전해 나갈 확률이 매우 높다.

이름은 하나인데 **별명은 서너 개**인 생태 도시

생태 도시는 각 도시가 강조하는 내용에 따라 불리는 이름도 다양하다. 예를 들어 1892년, 영국의 생태주의자인 윌리엄 모리스(William Morris)는 도시가 독립된 생태 단위로 제 역할을 해야 한다고 강조하면서 '자립 도시(Self-Sufficient City)'를 언급했다. 그는 도시가 커지면 도시를 부양하기 위한 살림살이의 규모가 커질 수밖에 없기 때문에 모든 상품의 이동 거리가 늘어나고, 그만큼 에너지 소비도 증가하게 된다고 생각했다. 따라서 에너지 효율을 극대화하려면 한 도시에서 필요한 물품과 에너지를 자체적으로 생산하고 소비해야 한다고 주장했다. 그래야 이동할 필요가 줄어들고 에너지도 낭비하지 않게 될 테니 말이다.

한편 도시 경관을 계획하는 조경 분야에서는 나무가 무성한 숲, 공원과 호수 같은 공간을 최대한 많이 만들어야 한다고 강조했다. 자연과 생태를 상징하는 색깔인 녹색을 내세운 이런 도시들을 '녹색 도시(Green City)'라고 부른다.

독일에서는 생태 도시를 꾸리기 위한 노력이 활발하게 이어졌는데, 특히 이들이 추구하는 생태 도시에는 '인간성 회복'이라는 원칙도 포함되었다. 인공적인 도시 공간 때문에 사람들이 인간성을 잃었다고 믿었기 때문이다. 그래서 도시를 계획하고, 만들 때 그곳에 살고 있거나 살게 될 주민들이 참여하는 것을 매우 중요하게 생각했다. 독일만의 독특한 생태 도시는 '외코폴리스(Öcopolis)'라고 불린다.

진정한 생태 도시를 만들기 위하여

도시를 생태적으로 만들기 위해서는 먼저 도시를 개발할 때 자연 지형을 최대한 활용해야 한다. 원래 있던 산림이나 습지를 보존하는 것은

독일 프라이부르크 시내를
휘감아 흐르는 인공 수로
'베히레'는 여름철 도심에서
발생하는 열기를 식혀 준다.

● 현재
우리 모두가 도시에서
생태적으로 살아가는
방법을 배우고 실천하다.

기본이고, 땅을 파내거나 외부에서 흙을 들여와 더 쌓는 일은 줄이는 것이 좋다.

둘째로는 재생 에너지를 활용해야 한다. 건물 옥상에 화단을 가꾸고 벽면을 식물로 꾸미면 냉난방 효과가 좋아져서 에너지를 아낄 수 있으며, 도시 안에 물이 흐르도록 하면 도시 중심부의 공기가 더워지는 것을 막을 수 있다.

셋째, 아스팔트와 콘크리트처럼 물이 스며들 수 없는 포장 공간은 줄이고 자연 상태의 흙이나 녹지는 늘려야 한다. 그래야 빗물이 땅속으로 천천히 스며들어 홍수를 예방하고 땅이 건조해지는 것을 막을 수 있기 때문이다. 또한 습기를 적당히 포함하고 있는 자연 상태의 흙과 녹지는 생물이 살아가는 데 좋은 환경을 만들어 준다. 녹지와 녹지 사이가 가까울수록 새와 곤충들이 자유롭게 움직일 공간이 넓어져서 다양한 생물이 살 수 있다.

그런데 도시의 외부 환경을 생태적으로 만드는 것보다 더 시급하고 어려운 일은 도시에 사는 사람들의 생활 방식과 생각을 생태적으로 바꾸는 일이다. 쿠바의 수도 아바나에 살고 있는 시민들은 에너지와 먹거리를 자급자족하는 농업 도시를 만들기 위해서 모두가 도시를 경작하는 농부가 되었다. 척박한 도시의 흙을 비옥하게 바꾸기 위하여 쓰레기를 썩히고, 지렁이 똥을 이용하는 전통적인 농사법을 배우고 활용하는 데 열심이다. 시간이 걸리더라도 지속적인 도시 농업이 가능한 방법을 생활화하는 것에 시민들이 동의하고 동참하고 있는 것이다. 덕분에 아바나 역시 세계가 배우고 싶은 또 다른 형태의 생태 도시로 유명하다. 우리도 우리가 살고 있는 지역에 적합한 환경 실천 한두 가지를 지금부터 시작해 보면 어떨까?

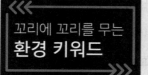
전원도시

18세기 영국의 산업 혁명 후 도시 문제 해결을 위해 하워드가 제시한 개념으로, 도시와 농촌의 장점을 적절히 결합하여 설계한 도시를 뜻한다.

유엔 인간 정주 회의

심각해진 도시 문제를 해결하기 위해 1976년, 유엔이 캐나다 밴쿠버에서 개최한 회의이다. 20년 뒤인 1996년 6월, 터키 이스탄불에서 제2차 회의가 열렸다.

100

독일의 생태 도시인 프라이부르크의 바우반 단지는 필요한 전기 에너지의 100퍼센트를 태양열로 활용한다.

자립 도시

도시가 커져 상품의 이동 거리가 늘어남에 따라 증가하는 에너지 소비를 막기 위해 1982년, 모리스가 제안한 것이다. 도시 내에서 필요한 물품과 에너지를 자체적으로 생산하고 소비해야 한다는 개념이다.

생태 도시

10

대표적인 생태 도시인 브라질 쿠리치바 시의 1인당 녹지 면적은 서울에 비해 10배가 넘는다.

외코폴리스

생태계 보호와 더불어 '인간성 회복'이라는 원칙을 포함한 도시를 뜻한다. 따라서 도시를 계획할 때 주민들의 참여를 매우 중요하게 생각한다.

지속 가능 발전

생태 도시는 인간과 자연이 조화를 이룰 수 있도록 계획된 도시로, 지속 가능 발전의 한 예이다.

'지속 가능 발전'이 궁금하다면 288쪽

인도가 영국처럼 부강해지길 원하느냐는 질문에
마하트마 간디는 이렇게 대답했다.
"그렇게 하려면 지구가 몇 개나 더 있어야 할까요?"

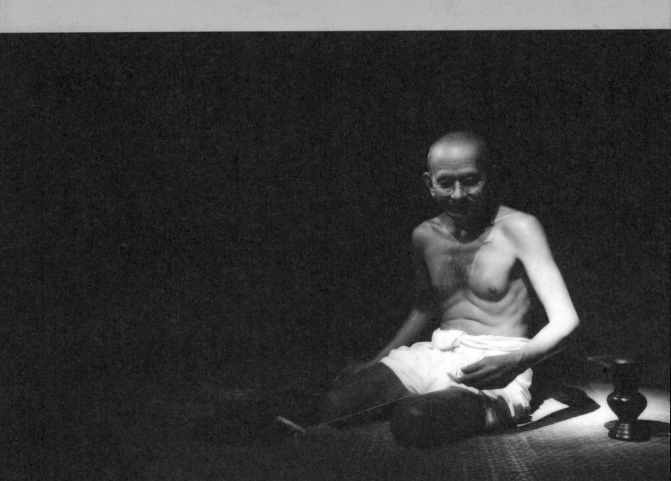

생태 발자국 Ecological Footprint

개념 사전 한마디로 인간이 자연에 남긴 영향을 발자국으로 표현한 것이다. 음식, 옷, 집, 에너지 등을 생산하거나 쓰레기를 처리하는 등 인간 생활에 필요한 자원을 생산하고 폐기하는 데 드는 비용을 땅의 면적으로 나타낸다.

한 사람이 배출한 오염 물질을 정화하는 데 필요한 땅의 면적을 토지를 측량하는 넓이 단위인 헥타르(ha)로 나타내는데, 이 수치가 높을수록 생활하는 데 많은 토지를 차지하고 있다고 보면 된다. 자연에 부담을 주기 때문에 '생태 파괴 지수'라고도 한다.

사용 예 "난 오늘부터 가까운 거리는 자전거를 타고 다닐 거야. 다이어트도 하고 생태 발자국 지수도 줄이고, 일석이조잖아!"

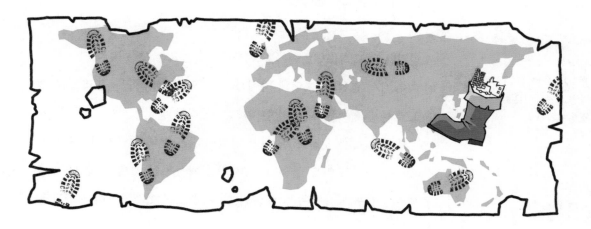

197

2002년, 190여 개 나라의 대표단을 포함해 80여 개의 국제기구 및 NGO 단체들 4만여 명이 남아프리카공화국의 요하네스버그에 모였다. 지구의 환경과 미래를 논의하기 위한 이 회의에서 세계 자연 보호 기금(WWF)이 특별한 수치를 발표했다. 그것은 바로 '생태 발자국'이었다. 국가별 생태 발자국을 측정한 결과 세계에서 생태 발자국 수치가 가장 높은 대륙은 미국과 캐나다가 속한 북아메리카였다. 북아메리카 대륙의 생태 발자국 수치는 9.2헥타르로, 지구가 감당할 수 있는 생태 발자국인 1.8헥타르에 비해 무려 다섯 배가 넘는 값이었다. 이것은 곧 전 세계인이 북아메리카 사람들처럼 산다면 지구가 다섯 개나 필요하다는 것을 뜻한다. 동시에 선진국의 과도한 소비가 지구의 미래를 어둡게 한다는 메시지도 담고 있다. 그렇다면 우리나라의 경우는 어떨까? 2004년 녹색 연합의 조사에 따르면, 우리나라 사람 1인당 생태 발자국은 4.05헥타르였다. 세계의 모든 사람들이 한국인의 방식대로 생활한다면 지구가 두 개여도 감당이 어려울 것이다.

늘어나는 인구, **유한한 지구**

19세기 이후
인구가 급격히 늘어나자 자연 자원에 대한 수요도 함께 증가하다.

인간은 먹고, 입고, 터를 잡으며 사는 데 필요한 모든 것을 지구의 자연 자원에서 얻었다. 그런데 땅에서 나는 먹을거리, 집을 짓고 길을 내고 도로를 건설하는 땅, 난방을 하고 자동차를 달리게 하는 연료 등 자연에서 얻는 모든 것은 그 양이 한정적이다. 당연히 인구가 많아질수록 소비하는 자원의 양도 늘어나고, 자원을 활용하는 기술이 발달할수록 자원은 심하게 고갈될 수밖에 없다. 그렇다 보니 오래전부터 지구가 얼마나 많은 사람의 생활을 감당할 수 있는지, 즉 지구의 수용 능력에 대하여 여러 학자들이 연구를 해 왔다. 특히 사람과 땅의 관계를 파악하려는 시도는 수천 년 전부터 있어 왔다.

일정한 서식지에서 무한히 지속할 수 있는 어떤 종의 최대 수를 수용 능력이라고 본다면, 지구의 수용 능력은 지구의 시스템을 붕괴시키지 않고 균형을 유지하면서 살아갈 수 있는 적정한 인간의 수를 뜻한다. 지구를 한정된 서식지로 본다면, 지구에서 인류가 걱정 없이 살아갈 수 있는 세계의 적정 인구는 얼마나 될까? 이에 대한 논쟁은 1860년대에 불이 붙었다. 인간의 수요를 만족시키기에는 자연의 수용 능력에 한계가 있다는 문제점이 제기된 것이다. 1798년, 영국의 경제학자인 토머스 맬서스(Thomas Robert Malthus)는 자신이 쓴 책인 《인구론》에서 인구 증가를 억제하지 않으면 인구가 기하급수적으로 증가할 것이며, 이를 방치하면 결국에는 식량 생산이 인구 증가를 따라잡지 못할 것이라고 밝혔다. 기아에 허덕이게 될 지구의 미래를 경고한 것이다. 물론 인간은 과학 기술을 발달시켜 비극적 미래를 피하는 방향으로 발전해 왔다.

하지만 1970년대에 들어와서 지구의 수용 능력에 대한 문제가 또다시 제기되었다. '공유지의 비극' 편에서 설명한 것처럼 볼딩이 사람들의 경제관념을 카우보이 경제에서 우주선 경제로 바꾸어야 한다고 주장한 것이다. 카우보이 경제관념 아래에서는 사람들이 평면의 땅 위에 살고 있다고 믿었기 때문에 지구를 무한히 펼쳐진 초원과 같은 '열린 시스템'으로 여겼지만, 문명과 과학 기술이 발달함에 따라 지구가 둥글다는 사실이 판명되었으니 지구에 대한 인간의 생각도 달라져야 한다는 주장이었다. 볼딩은 과거의 사람들이 지구를 열린 시스템으로 인식한 결과 환경 위기가 발생했으므로 이 위기를 극복하기 위해서는 지구가 '닫힌 시

사회적 배경
지구의 수용 능력과 한계를 파악하고, 연구하기 시작하다.

1970년대
볼딩이 지구를 우주선의 닫힌 시스템으로 인식해야 한다는 우주선 지구호 개념을 주장하다.

스템'이라는 사고방식으로 생각을 바꿔야 한다고 생각했다. 우리는 인간의 모든 행위가 서로 영향을 미치는 곳, 바로 우주선 지구호에 살고 있기 때문이다.

잘사는 나라는 **생태 발자국**도 크다?

◯ 1987년
세계 환경 개발 위원회가
지속 가능 발전의 개념을
발표하다.

◯ 1996년
인간의 활동에 필요한
자연 자원의 양을 땅의
면적으로 계산한 개념인
생태 발자국이 등장하다.

　사람은 누구나 자연에서 물질 및 에너지 자원을 얻어 경제 활동을 하고, 그 경제 활동에서 생겨나는 쓰레기를 다시 자연으로 배출한다. 1996년, 캐나다의 경제학자인 마티스 웨커네이걸(Mathis Wackernagel)과 윌리엄 리스(William Rees)는 이렇게 인간이 살아가면서 자연에 남기는 영향들을 발자국에 빗대어 '생태 발자국'이라는 이름을 붙였다. 생태 발자국은 한정된 인구 또는 경제 단위가 자연 자원을 소비하고 쓰레기를 처리하는 데 필요한 땅의 면적을 측정하여 나타낸다.

　생태 발자국을 계산하려면 먼저 대상 지역에 사는 평균적인 한 사람의 소비 생활을 음식, 주거, 교통, 소비재, 서비스 등으로 구분해야 한다. 그리고 이러한 소비 생활을 유지하기 위해 들어가는 공간, 즉 음식을 생산하고, 쓰레기를 흡수하고, 에너지를 만들어 내기 위해 필요한 길이나 건물 그리고 다른 기반 시설을 만드는 데 필요한 논밭과 목초지, 숲 등 모든 공간의 면적을 계산하여 더한 값이 생태 발자국이 된다.

　지구가 기본적으로 감당해 낼 수 있는 면적 기준은 1인당 1.8헥타르이다. 이 면적이 넓을수록 환경 문제가 심각하다는 의미이다. 우리나라는 1995년부터 이 기준점을 넘기 시작했고, 〈2012 살아 있는 지구 보고서〉에 따르면 2008년에는 4.6헥타르에 이르러 149개 나라 중 스물아홉 번째로 높은 수치를 보였다. 세계의 생태 발자국 평균 수치인 2.7헥타르에 비해 1.7배 정도가 높고, 2004년 녹색연합의 조사 결과보다 더 늘어났다.

　전 세계의 생태 발자국은 1966년 이래 약 두 배 정도 증가했다. 잘사는 나라들과 가난한 나라들의 평균 생태 발자국은 각각 5.6헥타르, 1.14헥타르를 기록해 그 격차가 약 다섯 배 정도인 것으로 조사되었다. 잘사는 나라일수록 생태 발자국 수치가 높은 것이다. 이것은 선진국에 살고 있는 사람들 가운데 20퍼센트가 세계 자원의 80퍼센트 이상을 소비하고 있기 때문이다. 소비량이 클수록 만들어 내는 쓰레기의 양이 많아지는 것은 당연하며, 이러한 쓰레기 배출량도 선진국의 생태 발자국을 넓히는 데 한몫을 차지한다. 생태 발자국이 가장 큰 나라는 인구가 가장 많은 중국이다. 1인당 생태 발자국은 유럽이나 북아메리카보다 훨씬 적지만, 중국도 이제 지구 수용 능력의 한도를 넘어섰다. 세계 자연 보호 기금에 따르면, 현재 인류는 이미 지구 1.5개 분량의 자원을 사용하고 있다. 지금의 추세가 지속된다면 2030년에는 지구 두 개, 2050년에는 지구 세 개가 필요해질 것이다.

사회적 배경
선진국의 과도한
소비로 생태 발자국
수치가 계속 늘어나다.

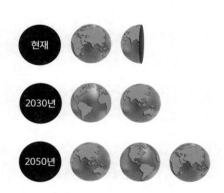

지구는 한 개뿐인데, 필요한 지구의 수는 계속 늘어만 간다.

야금야금 다음 세대의 자원을 **빼앗는** 사람들

우리의 필요 때문에 나무를 마구 베어 내는 것은 다음 세대에게 빚을 지는 일이다.

● 2001년
국제 생태 발자국 네트워크가 지구 생태 용량 초과의 날을 정하다.

1970년대 중반부터 사람들은 지구가 새로 만들어 낼 수 있는 양보다 많은 자원을 사용해 왔다. 2011년에는 지구 생산 능력의 30퍼센트를 넘어서는 자원을 사용했다. 돈이나 물품 등을 지나치게 많이 쓰는 것이 과소비라면, 이것은 '생태학적 과소비'라고 볼 수 있다. 이러한 과소비는 결국 생태 적자만을 남길 뿐이다. 공장과 가정에서 배출되는 온실가스가 대기 중에 계속해서 쌓이는 바람에 기후 변화가 일어나고, 나무가 자라는 속도가 나무를 베어 내는 속도를 따라잡지 못하기 때문에 숲이 점점 줄어드는 것처럼 말이다.

국제 생태 발자국 네트워크(GFN)는 이렇게 우리가 겪고 있는 환경 위기는 사람들이 지구가 줄 수 있는 양보다 지나치게 많은 양을 사용하는 데에서 오는 증상이라고 말한다. 그래서 2001년, '지구 생태 용량 초과의 날(Earth Overshoot Day)'을 제정했다. 인류가 한 해 동안 지구로부터 받은 생태 예산을 초과한 날로, 이날부터 연말까지 사람들이 사용하는 자원들은 미래의 후손들이 써야 할 것을 빚지는 셈이다. 지구 생태 용량 초과의 날은 해마다 사나흘씩 앞당겨지고 있다. 지구 자원의 3분의 2 정도만 사용하던 1960년대와 달리 1970년대부터 인구가 증가하면서 소비하는 자원의 양이 지구의 수용 능력을 초과했고, 지금까지 인류는 계속 다음 세대의 자원을 빼앗고 있다.

생태 발자국이 넓은 지역은 대부분 잘사는 나라들이며, 산업화와 도시화가 빠르게 진행된 곳이다. 이러한 선진국에서는 분업이 잘 이루어지기 때문에 개인이 소비하는 모든 것을 직접 생산하지 않아도 되고,

개인이 만들어 내는 쓰레기도 끝까지 책임질 필요가 없다. 다만 그런 일들에 대한 비용, 즉 돈을 내면 된다. 그렇지만 그 비용은 자연이 주는 생태적인 가치까지 충분히 계산된 것일까?

예를 들어 우리나라에서 매년 소비되는 목재를 전부 국내에서 생산한다면 우리나라의 숲은 15년 안에 모두 사라져 버린다고 한다. 그래서 우리나라 사람들은 우리의 소비 수준을 유지하기 위해 브라질과 인도네시아에서 많은 양의 목재를 수입한다. 경제적인 대가를 지불했으니 계산은 끝난 것이라고 할 수 있을까? 그렇지 않다. 사라져 가는 숲과 그 숲에서 살아가는 사람들에게 우리가 낸 돈은 완전한 보상이 될 수 없다. 결국 우리는 브라질의 아마존과 인도네시아의 자연과 숲에 의존하여 '생태적 빚'을 지고 사는 셈이다.

줄일수록 아름다운 생태 발자국

세계 자연 보호 기금은 왜 지구의 지속 가능성을 논하는 자리에서 대륙별 생태 발자국 수치를 발표한 것일까? 생태 발자국의 비교는 어떤 나라가 생태적으로 빚을 많이 지고 있는지 알려 주는 일이기도 하기 때문이다. 지구는 생태 발자국이 작을수록 여유가 있고, 크면 아파할 수밖에 없다. 지금은 그렇지 않지만 가난한 나라에 사는 사람들까지 생태 발자국의 크기를 늘린다면 지구는 결코 지속 가능하지 않게 된다.

생태 발자국을 줄이기 위해서는 가지고 있는 자원을 최대한 낭비하지 않으면서 대체 에너지를 개발하여 환경 오염을 줄이고, 자원이 고갈되는 것도 막아야 한다. 이를 위해 세계 자연 보호 기금은 2007년부터

2007년
세계 자연 보호 기금이
지구 마을 전등 끄기
캠페인을 시작하다.

매년 3월 마지막 주 토요일에 한 시간 동안 '지구 마을 전등 끄기(Earth hour)' 캠페인을 펼치고 있다.

밤에도 조명이 꺼지지 않는 호주 시드니의 오페라 하우스(왼쪽). 2007년, '지구 마을 전등 끄기' 행사가 진행되자 오페라 하우스의 불빛도 사라졌다(오른쪽).

● 현재
다음 세대에 빚지지 않기 위해 생태 발자국을 줄이기로 결심하다.

1년에 한 번, 한 시간씩 전등을 끄는 일. 물론 우리도 마음만 먹으면 이 일에 동참할 수 있다. 하지만 1년에 단 하루가 아니라 평소에 쉽게 행동으로 옮길 수 있는 방법을 찾는다면 여러분은 매일 생태 발자국을 줄일 수 있다. 음식물 쓰레기를 줄이기 위해 먹을 수 있는 양만큼만 먹기, 쓰지 않는 플러그 뽑기, 햇빛이 잘 드는 낮에는 전등 끄기, 비누칠하는 동안에는 물 잠그기, 일회용품 사용을 줄이기 등 유심히 살펴보면 실천할 수 있는 일들이 무척 많다. 우리 한 사람 한 사람이 지구에 남기는 발자국이 1.8헥타르를 넘는다면, 가난한 나라에 사는 사람들과 다음 세대에게 갚을 수 없는 큰 빚을 지게 된다는 사실을 반드시 기억하자.

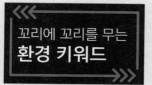

꼬리에 꼬리를 무는
환경 키워드

30,000

매일 지구에서 3만 헥타르
(서울의 절반)씩 열대 우림이
사라지고 있다.

지구 마을 전등 끄기

세계 자연 보호 기금이 주최하는 환경
운동 캠페인으로, 2007년 처음 시작되
어 매년 3월 마지막 주 토요일에 전 세
계적으로 한 시간 동안 실시한다.

생태적 빚

'생태적 부채'라고도 하는데, 자원
수탈, 온실가스 배출 등으로 선진
국이 개발 도상국 나라들에게 환경
적으로 진 빚을 이르는 말이다.

생태 발자국

국제 생태 발자국
네트워크

2003년에 설립된 국제적 비영
리 환경단체다. 인류의 지속을
위해 생태 발자국을 측정하고 분
석하는 일을 한다.

공유지의 비극

생태 발자국 수치가 높아질수록
인류에게 가장 크고 유일한 공유
지인 지구가 위태로워질 것이다.

2.7

지구의 모든 사람이 우리나라
사람처럼 산다면 지구가
2.7개 있어야 한다.

지구 생태 용량
초과의 날

지구가 매년 인류에게 가져다주
는 양을 초과하여 소비하기 시
작한 날로, 이날부터 연말까지는
생태 적자 상태라고 볼 수 있다.

'공유지의 비극'이
궁금하다면 **26쪽**

아토피 가족들의 고통을 고스란히
개인과 가정의 몫이라고만 생각하고 방기한다면
우리는 미래를 포기하는 것과 다를 바 없다.
어린이의 건강은 지속 가능한 사회,
행복한 미래를 건설하는 핵심이기 때문이다.

김인경(생태지평 공동이사장), 아토피 제로를 위한 생태지평 후원의 밤 인사말 중에서, 2007. 11. 20.

우리가 아토피 환자의 큰 적이라고?

아토피 Atopic Dermatitis

개념 사전 알레르기성 피부 질환으로, 피부가 가렵고 따가우며 딱딱하게 변하는 증상이 나타난다.

아토피의 원인은 유전, 음식, 공기, 생활 환경 등 다양한 것으로 알려져 있으나, 현대 대도시에 사는 사람들에게 많이 나타나는 것으로 보아 환경적인 문제가 가장 큰 원인으로 추측된다. 아토피로 고통받는 사람들이 점점 늘어나고 있지만, 원인이 다양하고 치료도 쉽지 않아 큰 문제가 되고 있다.

사용 예 "옆집 지영이네는 막내가 아토피가 너무 심해서 온 식구가 시골로 이사 갔대."

아토피를 앓는 사람들은 가려움 때문에 몹시 괴로워한다.

미국의 의사인 로버트 쿠크(Robert F. Cooke)와 아서 코카(Arthur F. Coca)는 이상한 알레르기 환자가 점점 늘어나는 것을 주의 깊게 살펴보고 있었다. 환자들은 피부가 가렵고 따갑다며 고통을 호소했고, 그 증상은 어떤 피부약을 사용해도 쉽게 치료되지 않았다. 많은 환자를 진찰하던 중 이들은 새로운 사실을 발견했다. 환자들의 다른 가족들도 비슷한 증상을 보이고 있다는 사실이었다.

1923년, 마침내 쿠크와 코카는 이 질환이 알레르기성이지만, 다른 알레르기와는 다르게 유전적 영향이 있다는 사실을 알아냈다. 그리고 이 병의 이름을 '아토피'라고 지었다. '아토피'란 그리스 어인 '아토포스(Atopos)'에서 따온 것으로 '이상하다'는 뜻이었다. 이 이상한 병은 그렇게 아토피라는 이름을 얻었고, 많은 사람이 이 병으로 고통받고 있다는 사실이 새롭게 주목받기 시작했다.

알레르기가 **피부**에 나타나면? 아토피!

계절이 바뀌거나 겨울의 문턱에 들어서면 버스나 지하철, 교실에는 기침하는 사람, 코를 훌쩍이는 사람 등 감기 증상을 보이는 사람들이 유독 늘어난다. 그런데 가만히 살펴보면 같은 환경에서도 어떤 사람은 감기에 걸리지 않지만, 어떤 사람은 금세 기침을 하거나 콧물을 흘린다.

이것은 사람마다 면역력이 다르기 때문이다. 우리 몸에는 외부에서 새로운 물질이 안으로 들어오면 몸 밖으로 내쫓는 힘이 있는데, 이를 면역력이라고 한다. 면역력은 사람에 따라 차이가 있을 수 있다. 면역력이 높은 사람은 밖에서 나쁜 균이 들어와도 끄떡없이 견딜 수 있고, 면역력이 약한 사람은 작은 균에도 병에 걸리는 것이다.

　면역 체계 역시 사람마다 다르다. 어떤 사람들은 면역 체계에 이상이 생겨서 밖에서 들어오는 특별한 성분에 민감한 반응을 보이는 경우가 있는데, 이것을 '알레르기(Allergy)'라고 한다. 알레르기는 1906년 오스트리아의 의사인 클레멘스 프라이허 본 피르케(Clemens Freiher Von Pirquet)가 붙인 이름으로, 그리스 어로 '변하는 능력'이라는 뜻을 가지고 있다. 알레르기 증상은 몸의 여러 부위에서 나타날 수 있다. 알레르기 증상이 기관지 점막에 나타나면 천식이 될 수 있고, 코 점막에 나타나면 알레르기성 비염이 될 수 있고, 피부에 나타나면 아토피 피부염이 될 수 있다.

　우리나라에는 500만~600만 명에 이르는 아토피 환자가 있다고 한다. 이 책을 읽고 있는 여러분도 아토피를 앓고 있을 수 있다. 아토피는 피부에 생기는 질환으로 참을 수 없이 가렵고, 가려운 부분을 긁으면 진물이 난다. 이것이 굳어지면 피부가 딱딱해지면서 진하게 변하는 증상을 보인다. 그리고 이 과정은 끊임없이 반복된다. 가려움증은 보통 체온이 높아지는 밤에 심해져서 숙면을 방해하기도 하는데, 잠을 제대로 자지 못하면 피로감뿐만 아니라 성격 장애, 성장 장애, 면역 불균형까지 발생할 수 있다.

　아토피는 아기와 어린이들에게 특히 많이 일어나는데, 쿠크와 코카가 아토피라는 이름을 붙이기 전까지 사람들은 그저 크면 낫는 병 또는 손쓸 수 없는 피부병 정도로만 생각했다. 하지만 쿠크와 코카는 그 원인을 알아내려고 노력했고, 환자들이 점점 늘어나자 다른 전문가들도 이 병에 관심을 갖기 시작했다.

1906년
오스트리아의 의사
클레멘스가 특정 증상을
일으키는 질환을 가리켜
'알레르기'라고 하다.

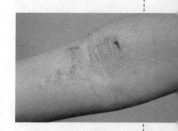

반복된 아토피 증상으로
생긴 상처들 때문에
코끼리 피부처럼
변하는 경우가 많다.

1923년
미국인 의사인 쿠크와
코카가 유전적 성향을
보이는 알레르기성
질환에 '아토피'라는
이름을 붙이다.

사회적 배경

선진국을 중심으로
아토피 환자가 늘어나다.

이들이 아토피의 원인을 찾던 중, 아토피 환자에게는 밖에서 들어오는 나쁜 화학 물질을 물리치는 항체인 '면역글로불린 E(IgE)'에 이상이 있다는 사실이 드러났다. 외부에서 해로운 화학 물질이 몸속에 들어오면 아토피 환자의 몸에서는 몸을 보호하기 위해 면역글로불린 E를 필요 이상으로 많이 만들어 낸다. 이때 면역글로불린 E는 히스타민이라는 물질을 분비시키는데, 바로 이 히스타민이 혈관과 피부에 염증을 만들어 가려움증을 일으키는 것이다.

그런데 이 면역글로불린 E 항체의 수치는 사람에 따라 다르며, 특히 유전이 영향을 미친다는 것이 밝혀졌다. 부모 중 한 명이 아토피인 경우 자녀의 50퍼센트, 부모 모두 아토피 질환이 있는 경우에는 자녀의 79퍼센트에서 아토피 피부염이 발생할 수 있다고 한다.

입고, 먹고, 사는 **모든 환경**에 아토피의 원인이 있다!

그렇다면 이렇게 특별한 면역 체계를 가진 사람들을 괴롭히는 물질에는 어떤 것들이 있을까?

먼저 밖에서 피부를 자극하는 물질을 들 수 있다. 땀이 잘 흡수되지 않거나 바람이 잘 통하지 않는 옷, 모직 소재의 옷, 나일론이나 폴리에스테르 같은 합성 섬유 등은 가려움증을 일으킬 수 있다. 뜨거운 물에서 너무 오랫동안 목욕을 하거나 때수건으로 박박 문지르는 것도 피부에 자극을 줄 수 있다. 지나치게 더운 장소에 오래 머물러 있거나 비누를 많이 사용하는 것도 좋지 않다. 직접 몸에 닿지는 않지만 공기 중에 섞여 있는 화학 물질도 원인이 될 수 있다. 페인트, 접착제, 각종 화학 약품으로 뒤덮인 집 안은 아토피의 온상이다. 자동차 매연 등의 나쁜 공기도 영향을 미친다. 집먼지진드기도 빼놓을 수 없다. 집먼지진드기는 침대, 이불, 인형, 카펫 등에 살면서 사람에게서 떨어져 나온 각질이나 비듬 등을 먹고산다. 따라서 집먼지진드기가 살지 못하도록 항상 청결을 유지하고, 이불 등은 수시로 햇볕에 말리는 것이 좋다. 결국 아토피 환자를 괴롭히는 건 건강하지 못한 환경이라는 것을 명심하자.

이불이나 빨래를 햇빛에 말리면 살균과 소독이 된다.

위에서 말한 주변 환경 말고도 아토피 환자가 무엇보다 조심해야 할 것은 바로 음식이다. 보통 아토피 환자는 쇠고기, 우유, 닭고기, 달걀, 두부 등 단백질이 많이 포함된 음식을 먹으면 증상이 더 나빠지곤 한다.

물론 이 음식들을 한두 번 먹는다고 아토피가 생기는 것은 아니다. 하지만 다른 음식들에 비해 비교적 아토피를 일으킬 가능성이 있으므로 조심해야 한다.

문제는 더 무서운 음식들이 우리 주위에 가득하다는 것이다. 그중에서 가장 대표적인 것이 즉석식품이나 가공식품에 많이 들어 있는 갖가지 식품 첨가물이다.

햄, 소시지, 베이컨 등의 포장재를 보면 한눈에 들어오지도 않을 정도로 많은 식품 첨가물이 빼곡히 적혀 있는 것을 확인할 수 있다. 적색 색소 3호·102호·104호, 황색 색소 4호, 청색 색소 1호 등은 합성 착색료로, 오랫동안 일정한 색을 내도록 식품이나 화장품 등에 첨가하는 화학적 합성 물질이다. 식품에 포함된 색소와 반응하여 식품의 색을 선명하게 해 주는 첨가물을 발색제라고 하는데, 질산염과 아질산나트륨 등이 여기에 속한다. 인산염류는 식품의 맛이나 풍미 등 품질이 떨어지지 않도록 넣는 첨가물이고, 소브산은 식품이 부패하지 않게 하는 합성 보존료, 즉 방부제이다. 소브산은 버터와 마가린 등에도 들어가는데, 여기에는 소브산뿐만 아니라 벤조산나트륨[1], 합성 산화 방지제[2]도 들어간다. 냄새만 맡아도 침이 꼴깍 넘어가는 라면에도 인산염류와 프로필렌글리콜, 감미료[3], 산화 방지제 등 수많은 식품 첨가물이 들어간다.

초콜릿과 과자류도 예외는 아니다. 대부분의 초콜릿과 과자에는 감미료, 착색제, 유화제 등이 들어 있어서 아토피 환자를 괴롭힌다. 평소에는 괜찮다가 과자를 먹은 후 다시 피부를 긁기 시작하는 아토피 환자들을 보면 이런 식품 첨가물이 얼마나 큰 영향을 미치는지 알 수 있다.

또 한 가지 절대 빼놓을 수 없는 게 주스, 탄산음료, 스포츠 드링크 등의 음료이다. 이들 중 상당수에는 감미료인 사카린과 착색료인 아스파탐, 그리고 벤조산나트륨 등이 들어간다.

지금까지 언급한 식품 첨가물들은 아토피 환자라면 먹어서는 안 되

---

1   미생물이 자라지 못하게 하는 보존료.
2   산소와 만나 변질되거나 부패하는 것을 방지해 주는 화학 물질.
3   단맛을 내는 데 쓰는 모든 물질.

고, 아토피가 없는 사람이라도 건강에 나쁜 영향을 미칠 수 있으므로 피하는 것이 좋다. 지금 당장 집에 있는 가공식품 봉지의 뒤쪽을 살펴보라. 낯선 이름의 식품 첨가물이 빼곡하게 적혀 있는 것을 확인할 수 있을 것이다.

2006년
우리나라에서 생산되는 식품에 식품 첨가물 완전 표기제를 실시하다.

이것도 안 돼, 저것도 안 돼! **무엇을** 먹어야 할까?

그렇다면 아토피 증상이 있는 사람들은 도대체 무엇을 먹어야 하는 걸까? 아토피에 좋은 음식은 상추, 배추, 오이 등의 채소와 미역, 김 등의 해조류이다. 현미나 잡곡이 섞여 있는 밥을 먹는 것도 좋다. 비타민 C가 많이 들어 있는 과일과 비타민 E가 많이 포함된 각종 씨앗, 비타민 A가 많이 함유된 토마토, 감, 시금치, 당근도 빼놓을 수 없다.

과일과 채소에 많이 들어 있는 비타민은 우리 몸의 면역력을 높여 준다.

앞에서 말한 각종 식품 첨가물을 피하는 방법은 간단하다. 라면, 냉동식품, 즉석식품, 햄버거, 과자, 청량음료 등을 먹지 말고, 집에서 엄마가 해 주시는 밥, 미역국, 김치를 맛있게 먹는 것이다.

혹시 여러분 가운데 아토피가 없으니 즉석식품이나 패스트푸드를 마음껏 먹어도 되겠다고 안심하는 친구가 있을까? 아토피는 아기와 어린이에게 많이 생기는 병으로 알려져 있지만, 요즘에는 멀쩡하던 어른에게도 갑자기 아토피가 생기는 경우가 늘고 있다. 즉석식품이나 패스트푸드는 아토피뿐만 아니라, 갖가지 성인병의 원인이기도 하다.

결론적으로 말해서 아토피는 환경병이다. 환경이 나빠질수록 아토

사회적 배경
아토피 환자는 늘고 있으나 뚜렷한 치료법이 발견되지 않다.

● 현재
몸을 해치는 가공식품을
끊고, 몸에 좋은 건강한
음식을 먹기로 다짐하다.

피는 점점 더 심해지고 더 많은 사람들을 괴롭힐 것이다. 환경을 깨끗하게 하고, 몸에 좋은 음식을 가려서 먹는 것은 아토피가 있는 사람에게도, 없는 사람에게도, 어린이에게도, 어른에게도, 서양 사람에게도, 동양 사람에게도 꼭 필요한 일이다. 행복의 첫 번째 조건은 건강이다. 건강한 몸 만들기는 건강한 음식 먹기에서부터 출발한다.

1,000,000

국민 건강 보험 공단에 따르면
우리나라에서 매년 아토피
피부염으로 진료받는 환자는
1백만 명에 이른다.

항체

항원의 자극에 의해 몸에서
만들어지고 항원과 반응해
결합하는 단백질을 뜻한다.

알레르기

생물이 특정한 외부 물질에
접하여 정상과는 다른 반응을
나타내는 증상이다.

식품 첨가물

식품을 만들고, 가공하고, 보
존할 때 식품에 넣거나, 섞는
물질을 말한다. 알레르기와
비만의 주요 원인이 된다.

아토피

유기농

아토피를 피하기 위해서는
유기농으로 생산된 음식을
먹는 것이 좋다.

640

우리나라에서 사용되는 아토피 원인
식품 첨가물의 종류는 약 640여
가지로, 그중 대부분이 화학
첨가물이다.

새집증후군

새집증후군은 아토피의
원인이기도 하다.

'유기농'이
궁금하다면 **228쪽**

'새집증후군'이
궁금하다면 **162쪽**

야생에서 복잡한 사회적 삶을 살아가는 침팬지들이
깨닫게 해 준 것은, 다른 무엇보다 우리가 경이로운 동물계의
일부이며 그들과 함께 살아가고 있다는 점이었습니다.
그러므로 침팬지들이 다른 생물들과 마찬가지로
살 곳을 잃고 있다는 것은 매우 슬픈 일입니다.

제인 구달, TED 강연 중에서, 2013

야생 동물 보호 Wildlife Conservation

개념 사전   자연에서 저절로 나고 자라는 동물인 야생 동물의 멸종을 막고, 생물의 다양성을 증진시켜 생태계의 균형을 유지하는 일이다.

사람과 야생 동물이 공존하는 건전한 자연환경을 만들기 위해 야생 동물 사냥과 야생 동물이 살아가는 서식지 파괴를 막고, 멸종 위기에 빠진 동물들을 지키는 것을 말한다.

사용 예 "나는 동물을 좋아하니까 야생 동물 보호 관련 일을 하는 단체에 가입해서 활동하려고 해."

아프리카 중부에 자리 잡은 나라 콩고. 1996년 무렵, 콩고의 카후지-비에가 국립 공원에는 280여 마리의 고릴라가 살고 있었다. 그런데 이곳에 엄청난 양의 콜탄이 묻혀 있다는 소문을 듣고 수만 명의 사람들이 몰려들어 콜탄을 채취하기 시작했다. 원래 주석보다 싼 회색 모래 정도의 취급을 받던 콜탄이 어쩌다 이렇게 귀한 몸이 되었을까?

콜탄을 정련하면 '탄탈'이라고 하는 광물질을 얻을 수 있는데, 탄탈은 고온에 잘 견디고 오랫동안 성질을 유지하면서 전기 에너지를 잘 저장한다는 특성이 있다. 이러한 특성을 이용하여 휴대 전화와 노트북, 제트 엔진 등의 원료로 널리 쓰이게 되자, 전 세계의 전자 기기 시장에서 탄탈의 수요가 급격히 늘어난 것이다.

문제는 콜탄 채취 자체가 아니었다. 이렇게 마구잡이로 콜탄을 채취하자 고릴라 서식지가 급속도로 파괴되고, 해발 2,000~5,000미터에 살고 있는 고릴라의 수도 점점 줄어들어 2001년에는 280여 마리의 절반 수준이 되었다. 우리가 매일 편리하게 쓰는 휴대 전화와 노트북이 고릴라의 희생으로 만들어진 것이었다니, 고릴라는 휴대 전화가 얼마나 미울까?

우리를 꼭 잡아야 하나요?
생존 위협에 처한 야생 동물들

사회적 배경
인류가 자연에
의존하며 야생 동식물을
본격적으로 사냥하다.

지구 상에 인류가 탄생한 이래 사람들은 먹을 것, 입을 것, 잠잘 곳을 마련하기 위해 자연에 의존해 왔다. 농사를 지어 식량을 얻기 전까지는 주로 야생 상태의 동물을 사냥하거나 식물을 채취해서 먹는 문제와 입

상아 잘린 코끼리(왼쪽)
뿔 잘린 코뿔소(오른쪽)

는 문제를 해결했다. 그런데 농업이 발달하고 가축을 길러 고기와 가죽을 얻게 된 뒤로도 상황은 달라지지 않았다. 오히려 발달된 기술을 이용하여 야생 동물을 더 많이 사냥했으며, 동식물의 서식지를 파괴하는 속도도 점점 빨라졌다. 야생 동물을 사고팔 수 있는 물건처럼 취급한 사람들은 돈을 벌기 위해 필요 이상으로 야생 동물을 많이 잡아들였다.

이처럼 인간의 편의를 위해 야생 동물들을 무분별하게 사냥하고, 서식지를 파괴한 결과 예전에는 많이 볼 수 있었던 여러 생물종이 지구 상에서 아예 사라져 버렸거나 사라질 위기에 처했고, 이제는 지구의 생물 다양성 자체가 위협받고 있다.

다소 늦은 감은 있지만, 자연의 가치를 소중하게 여기는 사람들과 생물 다양성의 중요성을 아는 사람들, 그리고 야생 동식물을 사랑하는 사람들이 야생 동물 보호를 위해 힘을 모으기 시작했다. 이들은 멸종 위기에 처한 야생 동식물의 무분별한 포획을 막거나 서식지가 파괴되는 것을 예방하기 위해 기금을 모으고, 때로는 이와 관련된 국제적인 약속을 만드는 등의 다양한 보호 활동을 펼치고 있다. 대표적인 국제단체로는

1922년 영국 런던에서 창립된 세계 조류 보호 회의(ICBP), 1948년 스위스에 본부를 두고 만들어진 국제 자연 보호 연맹, 1961년에 창립된 세계 자연 보호 기금 등이 있다.

야생 동물도 자연도 모두 보호합시다! **치치**의 외침

1960년을 전후하여 유럽의 식민지 상태에서 벗어난 아프리카 여러 나라들은 돈을 벌기 위해 야생 동물들을 대량으로 살상했다. 또한 농경지와 도시를 만들기 위해 마구잡이로 개발하는 바람에 야생 동물들의 주요 서식지가 파괴되는 일도 빈번하게 일어났다.

1960년, 영국의 생물학자이자 유네스코 초대 사무총장을 지냈던 줄리언 헉슬리(Julian Huxley)는 동아프리카 지역에서 일어나는 동물 남획[1]과 서식지 파괴 실태를 고발하는 글을 써서 〈옵서버〉라는 잡지에 기고하였다. 그의 글은 맥스 니컬슨(Max Nicholson), 피터 스코트(Peter Scott) 등 자연과 동물을 사랑하는 여러 사람들의 마음을 움직였고, 이를 계기로 1961년 11월에 스위스 글란트에서 세계 야생 생물 기금이 설립되었다.

화가였던 피터 스코트는 멸종 위기에 있으면서 아름답고 많은 사람들로부터 사랑받을 수 있는 동물을 로고로 정하고 싶었다. 그리고 당시 세계 야생 생물 기금은 빠듯한 재정으로 운영되는 민간 단체였으므로 인쇄와 홍보 비용을 아끼기 위해 이왕이면 흑백 인쇄만으로도 특징이 잘 나타나는 동물이어야 했다. 결국 고심 끝에 당시 영국 런던 동물원에

---

1   짐승이나 물고기 따위를 마구 잡음.

첫선을 보였던 판다 '치치'를 기구의 로고로 삼았다.

세계 자연 보호 기금의
상징인 판다 '치치'

　이처럼 남획과 밀거래로 고통받는 아프리카 동물들을 보호하기 위해 창립된 세계 야생 생물 기금은 초기에는 인도의 야생 나귀 보호 사업을 지원하였고, 멸종 위기에 처한 동물들의 보존을 위해 자연 보호 구역이나 해양 보호 구역 등의 설치를 추진하였다. 1981년, 영국 여왕 엘리자베스 2세의 남편인 필립 공이 총재로 취임한 뒤 세계 야생 생물 기금은 단순한 야생 동물 보호 기구의 틀에서 벗어나 생물 다양성 보전, 자원의 지속적 이용 추진, 환경 오염과 자원 및 에너지의 낭비 방지를 3대 사명으로 삼고, 활동 범위를 넓혀 갔다.

　이렇게 활동 영역이 넓어지면서 1986년, 창립 25주년을 기념하여 현재의 명칭인 '세계 자연 보호 기금'으로 이름을 바꾸고, 야생 동물뿐만 아니라 꽃, 숲, 물, 토양, 자연 자원 등을 보호하기 위해 연구하고 협력하며, 투자를 아끼지 않는 등 다양한 활동을 하고 있다. 세계적으로 성행했던 고래잡이와 코끼리를 죽여서 얻은 상아를 사고파는 국제 교역을 제한하기 위해 국제 협정을 체결하는 성과를 올리기도 했다. 현재 세계 자연 보호 기금은 90여 개의 나라에서 900만 명 이상의 회원이 가입하여 활발한 활동을 펼치고 있으며, 1985년 이래 1만 2,000개 이상의 환경 프로젝트에 10억 달러 이상을 투자한 세계 최대의 민간 자연 보호 단체로 성장했다. 세계 자연 보호 기금이 선정하여 발표하는 멸종 위기 동식물 목록은 세계 각 나라의 언론에 소개될 정도로 유명하다.

조류를 보호하기 위한 나라 사이의 약속

세계 자연 보호 기금과는 달리 특정 종에 관심을 갖고 보호 활동을 펼치는 국제기구들도 있다.

1922년 발족한 국제 조류 보호 회의는 1993년에 버드라이프 인터내셔널(BirdLife International)로 이름을 변경하였으며, 조류 보호에 관한 연구와 정보 교환뿐만 아니라, 각 나라의 조류 보호 문제에 대한 정책을 제안하거나 권고하는 등의 활동을 펼치고 있다. 버드라이프 인터내셔널은 55개 나라에 국가 지구를 두고 있으며, 두루미류·꿩류·매류 등에 대한 국제적인 그룹 활동을 펼친다. 이들 국가 지구에는 각 나라의 조류 단체뿐만 아니라 정부 기관도 참가할 수 있으며, 범아메리카 지구·유럽 지구·아시아 지구 등 지역 지구도 구성되어 있다. 버드라이프 인터내셔널은 4년마다 열리는 국제회의에서 자신들의 국제적인 활동을 발표하고 전 세계에 확산하여 세계의 조류 보호에 기여하고 있다.

한편 위협받고 있는 생물 다양성을 걱정하는 여러 국가와 국제단체들의 활동은 다양한 국제 협약을 이끌어 내기도 했다. 인간 사회에서는 국경이 매우 중요한 역할을 하지만, 동물과 식물에게는 이러한 국경이 아무런 의미가 없다. 동물과 식물에게는 그들이 살아가기에 적합한 서식지와 자연 경쟁을 통해 정해진 영역이 있을 뿐이다. 따라서 철새처럼 계절을 바꿔 이동하는 야생 동물을 보호하기 위해서는 나라들 사이의 협력이 반드시 필요했다.

그 결과 1971년에 이란에서 '물새 서식지로서 특히 국제적으로 중요한 습지에 관한 협약'인 람사르 조약이, 1973년에는 워싱턴에서 '멸종 위기에 처한 야생 동식물종의 국제 거래에 관한 협약'인 CITES 협약이, 그

● 1971년
습지 보호 협약인
람사르 협약이 체결되다.

● 1973년
멸종 위기에 처한 야생
동식물종의 국제 거래에
관한 협약인 CITES
협약이 체결되다.

리고 1983년 독일에서는 '이주성 동물 보존에 관한 조약'인 본 조약이 체결되었다. 우리나라의 경우 1960년에 국제 조류 보호 회의에 가입하였고, 1993년에는 CITES 협약, 1997년에는 람사르 협약에 가입하여 국제협약에 따라 야생 동식물을 보호하기 위한 노력을 하고 있다.

최근에 시작된 우리나라의 **야생 동물 보호**

우리나라에서 본격적으로 자연을 보호하자는 목소리를 높이기 시작한 것은 1970년대이다. 당시 산업이 발전하고, 도시가 개발되면서 자연이 심하게 파괴되었는데, 이를 막기 위해 1977년 11월 정부에 자연 보호 위원회를 둔 것이다. 1978년에는 내무부에 자연 보호 전담 기구가 설치되었고, 같은 해 10월 5일 '자연 보호 헌장'을 선포하였다. 1980년에는 각종 환경 오염을 조사하고 규제하는 업무를 담당하는 환경청이 발족되었으며, 1998년에는 자연 보호 관련 행정 업무가 환경부로 옮겨졌다. 그 밖에도 한국 자연 보호 협회, 산림청[2], 국립 공원 협회 등과 수많은 민간 환경 단체들이 활동하고 있다.

우리나라에서 야생 동식물 보호에 초점을 맞춘 국가나 단체의 행동이 시작된 것은 비교적 최근의 일이다. 2000년에는 야소모(야생 동물과 그 터전을 소중히 생각하는 사람들의 모임)와 같은 민간 동물 보호 단체들이 만들어져 생태계를 회복시키고 야생 동물의 서식지를 관리하는 노력을 기울이고 있다. 야소모는 단순히 야생 동물을 사랑하거나 보호하는 차원에서 벗어나 야생 동물이 살아가는 터전과 환경 전반에 대해 폭

2   농림 축산 식품부 소속 중앙 행정 기관의 하나. 산림과 산림 자원을 보호하는 등 산림과 관련된 모든 일을 맡아본다.

1986년
세계 야생 생물 기금이 '세계 자연 보호 기금'으로 이름을 바꾸다.

1993년
국제 조류 보호 회의가 '버드라이프 인터내셔널'로 이름을 바꾸어 활동하다.

2000년
야소모와 같은 민간 동물 보호 단체가 설립되다.

넓게 이해하고, 생태계를 회복시키는 노력을 펼치고 있다. 회원들의 관심과 참여도 또한 높아 야생 동물에 대한 지식과 이해도를 높이기 위해 탐사 및 교육 프로그램을 마련하기도 하며, 해외 야생 동물 전문가 및 단체들과도 지속적으로 교류하고 있다.

● 2008년
한국 야생 생물 관리 협회가 설립되다.

2008년에는 멸종 위기의 야생 동식물을 체계적으로 보호·관리하고, 정부 정책을 효율적으로 지원하기 위해 한국 야생 생물 관리 협회(KoWAPS)가 설립되었다. 이 협회에서는 겨울철 야생 동물 먹이 주기, 멸종 위기 동식물의 서식 분포 조사, 야생 동물 보호 캠페인 진행 등 야생 동식물 보호 관리 사업뿐만 아니라, 수렵장을 운영하고 관리하는 등의 수렵 관리 사업도 펼치고 있다. 또 야생 동물 및 멸종 위기 식물을 밀렵[3]하는 행위와 밀거래를 단속하고, 생태계를 교란시키는 야생 동식물을 관리하는 일도 맡고 있다.

그 밖에 한국 야생 동물 보호 연합은 동물 학대를 방지하고, 동물을 사랑하는 마음과 보호 의식을 길러 주기 위해 전국 각 지역이 연합하여 동물 복지와 시민 교육 및 홍보에 힘쓰고 있다.

비극을 늦추기 위한 노력

야생 동식물 보호를 위한 국제단체들의 활동과 국제 협약을 통한 노력에도 불구하고, 여전히 세계에서는 하루에 100여 종의 동식물이 사라져 가고 있다.

3   허가를 받지 않고 몰래 사냥함.

남아프리카의 검은코뿔소는 2014년 한 해 동안 1,215마리나 밀렵으로 목숨을 잃었는데, 2013년 1,004마리보다 21퍼센트나 늘어난 수치이다. 2010년에 밀렵된 330마리에 비하면 불과 4년 만에 심각한 수준에 이르렀다. 특히 서부검은코뿔소는 2006년 이후 발견되지 않아, 국제 자연 보호 연맹에서는 이미 공식적으로 멸종을 선언하기도 했다.

그뿐만 아니라 모피를 얻기 위해 사람들이 죽이는 친칠라, 밍크, 여우, 토끼, 너구리와 같은 야생 동물의 수는 매년 4천만 마리에 이른다. 품질 좋은 가죽 가방 한 개를 얻기 위해서 악어 스물다섯 마리를 죽여야 하며, 심지어 야생에서 살아가야 할 악어를 대리석으로 만든 사육장에서 기르기도 한다. 이처럼 전 세계에 유통되고 있는 가죽 제품을 만들기 위해 목숨을 잃는 동물들의 수는 이미 파악조차 불가능한 지경이다.

2014년
무분별한 밀렵 때문에 한 해 동안 남아프리카의 검은코뿔소 1,215마리가 목숨을 잃다.

이 시간에도 수많은 야생 동물이 눈물을 흘리며 사람이 걸칠 모피 코트와 가죽 제품이 되고 있다는 사실을 기억하자!

야생 동식물이 멸종 위기에 처하는 원인이 남획이나 밀렵만은 아니다. 우리는 그들이 어떤 환경에서 어떻게 살고 있는지에 대해서도 관심을 기울여야 한다.

마다가스카르는 수백만 년 전 아프리카 대륙에서 분리된 뒤 세계 어디에서도 볼 수 없는 희귀 동식물들이 살아갈 환경이 조성되었다. 하지만 이곳의 숲은 매년 20만 헥타르씩 파괴되고 있으며, 이미 숲의 80퍼센트 이상이 훼손된 것으로 추정하고 있다. 마다가스카르에는 불법 사냥과 포획, 거래를 금지하는 CITES 협약에 따라 보호받는 여우원숭이가 살고 있다. 지금 상태로 숲이 사라진다면 사냥을 당하지 않더라도 여우원숭이는 더 이상 살아갈 수 없게 된다.

마다가스카르의 여우원숭이들은 인간의 무분별한 개발로 살 곳을 잃게 될지도 모른다.

　더 늦기 전에 무분별한 개발을 멈추고, 종과 서식지를 함께 고려한 보호와 보전이 필요하다. 하다못해 옷, 신발, 가방, 허리띠, 액세서리 등 우리가 무심코 사용하는 가죽 제품들이 어디에서 왔을지 생각해 보는 시간이 늘어난다면, 멸종 위기 동물의 목록을 조금이나마 줄일 수 있을 것이다.

● 현재
멸종 위기종 목록을 줄이기 위해 생활 속에서 무엇을 실천할 수 있을지 고민하다.

꼬리에 꼬리를 무는
환경 키워드

1,000

국제 자연 보호 연맹에 따르면
지금의 생물 멸종 속도가
과거보다 1,000배 이상
빨라졌다고 한다.

국제 조류 보호 회의

1922년에 설립되어 각국의 조류 보
호와 관련된 활동을 펼치고 있다.
1993년, '버드라이프 인터내셔널'
로 이름을 바꾸었다.

CITES 협약

1973년에 맺은 국제 협약으로, 멸
종 위기 야생 동식물의 불법 사냥
과 국제 거래를 제한하는 내용이
담겨 있다.

국제 자연 보호 연맹

유엔의 지원을 받아 1948년에 설립된
국제기구로, 전 세계의 자원과 자연을
보호하기 위해 연구하고 조사한다.

야생 동물 보호

100

세계적으로 하루에 100종,
즉 15분에 한 종씩
사라지고 있다.

세계 자연 보호 기금

1961년에 설립된 세계 최대의 민간 자
연 보호 단체이다. 생물 다양성 보전,
자원의 지속적 이용, 환경 오염과 자원
및 에너지의 낭비 방지가 이 단체의 3
대 사명이다.

생물 다양성

야생 동물 보호는 생물 다양성을
유지하기 위해 꼭 필요하다.

'생물 다양성'이
궁금하다면 **172쪽**

동물들은 소독하고, 요리하고, 절이고, 말리고,
살균하고, 양념하고, 소금을 넣고, 통조림으로 만들고,
여러 방법으로 가공한 것을 먹지 않는다.
단순하고 자연스럽게 먹는다.
우리도 그 동물들을 닮아야 한다.
소박하게 살려는 이들은 소박하게 먹어야 한다.

헬렌 니어링·스코트 니어링 지음, 윤구병·이수영 옮김. 《조화로운 삶의 지속》, 보리, 1979, p. 220

로하스

패스트푸드 대 슬로푸드

환경 호르몬

유기농 Organic Farming

개념 사전 화학 비료나 농약을 쓰지 않고, 생태계 속에서 살아가는 생물들이 만들어 내는 화합물만으로 농사를 지은 작물 또는 그 농사 방법을 말한다.

과거에는 모든 농작물을 유기적인 방법으로 생산했지만, 지금은 화학 비료나 농약을 쓰는 것을 당연하게 여긴다. 하지만 화학 비료나 농약이 땅을 오염시키고 사람들의 건강에 해롭다는 것이 밝혀지면서 유기농에 대한 관심이 커지고 있다.

사용 예 "흙과 작물과 사람이 유기적으로 연결되도록 농사를 짓는 게 진짜 유기농이지."

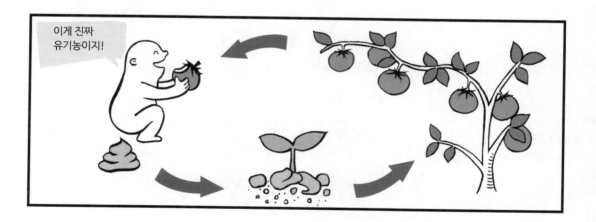

18세기 영국의 도시 풍경에 갑작스런 변화가 생겼다. 공장이 급격히 늘어나고, 사람들이 도시로 몰려들었으며, 거리는 더 복잡하고 시끄러워졌다. 산업이 이전과는 완전히 다른 모습으로 갑작스럽게 변한 결과였다. 학자들은 이러한 변화의 시기를 '산업 혁명'이라고 불렀다.

산업 혁명은 농업과 수공업이 주가 되던 경제를 공장과 기계가 주가 되는 것으로 바꿔 놓았다. 이러한 산업화는 사람들의 생활을 더 편리하게 만들었지만, 지금까지 살아온 방식을 변화시키기도 했다. 과거 마을 공동체에서 서로 밀접한 관계를 맺고 살아오던 사람들이 점점 멀어지고 관계가 끊어진 것이다. 영국의 사회 평론가들은 산업화 때문에 사회가 변화하는 상황을 안타까워했다. 그리고 산업화가 되기 전, 사람들이 서로 감정을 나누고 협력하면서 살던 사회를 '유기적(Organic) 사회'라고 부르기 시작했다.

● 18세기
영국의 사회 평론가들이 산업화 이전, 사람들이 서로 돕고 살던 사회를 '유기적 사회'라고 부르다.

● 1940년
로데일이 화학 물질을 사용하지 않고 짓는 농사에 '유기농'이라는 이름을 붙이다.

녹색 혁명, 알고 보면 **이름만** 녹색이라고?

인류는 무려 1만 년 전부터 식물을 심어 양식을 얻어 왔다. 사람들은 여러 식물 중에서도 밀이나 옥수수, 벼, 보리, 수수처럼 맛있고, 잘 자라고, 영양도 풍부한 종을 선택했다. 하지만 이런 식물들의 열매는 작았고, 거두는 양도 그리 많지 않았다.

그러자 사람들은 그중 가장 크고 많은 열매를 맺는 식물의 씨만을 골라서 심는 방법을 이용해 점점 더 먹기 좋은 열매를 생산해 냈다. 또한 땅에 거름을 줘서 식물을 튼튼하게 만들었고, 곡식을 갉아먹는 벌레를 잡았으며, 잡초를 뽑는 방법 등을 알아냈다.

이렇게 농업 기술이 발달하여 식량의 양이 늘어나기는 했지만, 문제는 그보다 훨씬 큰 폭으로 인구가 늘어났기 때문에 모두가 풍족하게 먹고 살 만큼은 아니었다는 것이다. 따라서 늘어나는 인구와 식량 부족은 지구 전체의 문제가 되었다.

1960년대에 미국을 중심으로 농업 연구소들이 작물 수확량을 획기적으로 늘리기 위해 새로운 종자를 개발하기 시작했다. 새로운 종자는 이전 종자에 비해 더 큰 열매를 더 많이 맺었고, 당연히 얻을 수 있는 식량의 양이 훨씬 더 늘어났다. 사람들은 이러한 종자 개발이 녹색의 논과 밭에서 이루어진 획기적인 변화라고 해서 '녹색 혁명'이라고 불렀다. 그리고 이제 인류는 굶주림에서 벗어나 더 행복해질 수 있을 것이라고 생각했다.

1965년 ●
새로운 벼 품종인
'기적의 벼'가
개발되다.

새로운 종자 개발은
인류에게 행복만을
가져다주었을까?

하지만 문제가 있었다. 새로운 종자는 이전 종자에 비해 병이나 벌레에 더 약했다. 사실 그것은 당연한 결과였다. 식물은 자기가 가진 에너지를 필요에 따라 적절하게 나누어 사용한다. 예를 들어 야생에서 자라는 벼는 자기 에너지의 20퍼센트를 열매에 투자하고, 나머지 80퍼센트는 자기 몸을 보호하는 데 투자한다. 이 80퍼센트의 에너지가 있기 때문에 어떤 병이나 벌레에도 잘 견디고 건강을 유지할 수 있는 것이다.

반면 녹색 혁명 기술로 탄생한 '기적의 벼'는 자기 에너지의 80퍼센트를 열매 맺는 데 사용한다. 그만큼 열매가 크고 양도 많아지지만, 대신 자신의 몸을 보호할 에너지는 20퍼센트밖에 남지 않는 것이다. 결국 약한 몸을 가진 벼는 작은 병이나 벌레에도 금방 쓰러지게 된다.

게다가 새로 도입된 농업 방식은 한 땅에 여러 작물을 골고루 심는 대신 한 가지 작물만 집중적으로 심는 방식으로 진행되었다. 즉 한 농장에 옥수수, 콩, 깨 등을 골고루 심지 않고, 옥수수면 옥수수, 콩이면 콩 한 종만을 선택하여 한꺼번에 대량으로 심는 방식을 선택한 것이다. 이런 방식은 많은 양을 동시에 생산하여 한 번에 시장에 내놓으려는 의도에서 비롯된 것이었지만, 한 가지 큰 단점이 있었다. 작물의 일부가 병이 들면 농장 전체에 걷잡을 수 없이 병이 퍼진다는 것이었다.

그렇다면 기적의 벼를 포기해야 하는 걸까? 고민에 빠진 사람들이 생각해 낸 해결책은 값싼 화학 비료로 땅에 영양분을 주고, 농약을 사용해서 벌레를 죽이는 것이었다. 이 방법은 처음에는 효과가 있는 것으로 보였다. 하지만 한 해, 두 해 화학 비료를 사용하다 보니 땅이 점점 황폐해졌고, 농약을 견디고 살아남은 몇몇 병균과 벌레들은 더 강해져서 다음 해엔 그 농약을 뿌려도 죽지 않게 되었다. 할 수 없이 농약은 점점 더 강력해졌고, 더 많은 양을 뿌려야만 했다.

한순간의 효과를 보기 위해 더 강력하고, 더 많은 양의 농약을 뿌리게 된 사람들.

● 1960년대 이후
농약과 화학 비료를 지나치게 많이 사용하여 문제가 생기자, 다시 예전 방식대로 농사짓는 방법을 고민하다.

그뿐만이 아니다. 논과 밭에 화학 비료와 농약을 지나치게 많이 사용하면서 또 다른 문제가 발생했다. 사람들의 건강에 이상이 생긴 것이다. 농약을 뿌리던 농부가 농약 중독으로 쓰러지고, 농약을 뿌린 땅에서 자란 농산물을 먹은 사람들이 병에 걸렸다. 그제야 사람들은 이런 방식으로 농사를 짓는 것이 얼마나 위험한 일인지 깨달았다. 그리고 다시 예전처럼 자연스럽게 농사짓는 방법을 고민하기 시작했다.

유기농? 땅과 사람, 사람과 사람이 **더불어 살기!**

예전처럼 자연스럽게 농사짓는 방법은 화학 비료와 농약을 사용하지 않고, 제초제도 뿌리지 않는 등 모든 화학 약품과 이별하는 것이었다. 즉 땅에 거름을 줘서 작물을 튼튼하게 하고, 오리나 우렁이 등을 풀어 벌레를 잡아먹게 하며, 여러 종류의 작물을 골고루 심어서 병균과 벌레가 퍼지지 못하게 하는 방법을 사용하는 것이다.

녹색 혁명이 일어나기 전부터 땅과 흙을 살리고 자연스럽게 농사짓는 방법을 연구하는 사람들이 있었다. 그중 제롬 어빙 로데일(Jerome Irving Rodale)은 1942년에 〈유기 원예와 유기 농법〉이라는 잡지를 펴내고 합성 화학 물질의 도움 없이 유기적인 방법으로 먹을거리를 재배하는 농업 방식을 알리고, 사람들에게 유기농의 장점을 널리 전하는 데 앞장섰다.

1971년
로데일 연구소가
유기 농업의 이로움을
알리기 위해 연구하다.

하지만 1960년대까지도 유기농을 인정하는 사람은 많지 않았다. 많은 사람이 그를 괴짜라고 생각했고 그가 하는 일이 쓸데없는 일이라고 손가락질하기도 했다. 그러자 로데일은 합성 화학 농업과 유기농 농업의 방법을 비교하는 연구를 시작했다.

로데일이 말한 유기농은 앞에서도 말했듯이 여러 부분이 서로 밀접하게 연결되어 있다는 뜻인 '유기'에서 온 말이다. 사람

로데일이 유기 농법에
관해 연구하던 농장

들이 서로 감정을 나누고 협력해서 살자는 의미에서 시작된 말을 농사에 연결시킨 것이다. 다시 말해 식물이 동물의 먹이가 되고, 동물의 똥이 다시 식물의 거름이 되면서 돌고 도는 관계, 그리고 흙, 공기, 물, 햇빛 등의 자연과 인간이 깊은 관계를 맺으면서 농사짓는 방법을 표현한 것이 바로 유기농인 셈이다.

유기농의 의미는 여기에서 그치지 않는다. 모든 것이 서로 연결되어 있다는 것은 농사를 짓는 사람과 그들이 생산한 것을 먹는 사람 사이의 관계까지 고려한다는 의미이다. 농사짓는 사람과 먹는 사람이 서로를 생각하는 관계가 되어야 더 건강한 농사가 이루어질 수 있는 것, 그것이 바로 유기농의 참뜻이다.

왜 꼭 **유기농**이어야 할까?

유기농 식품은 다른 식품보다 더 안전하다. 특히 어린이의 경우, 조직이 자라고 있기 때문에 해로운 화학 물질을 몸에서 배출하지 못할 수도 있고, 성장에 필요한 영양분의 흡수를 방해할 수도 있다. 〈환경 보건 전망〉이라는 학술지에 따르면 연구에 참여한 어린이들의 식단을 유기 농법으로 재배된 식품으로 바꾸었더니, 초반에는 어린이들의 소변에 농약이 섞여 있었으나 식단을 바꾼 지 5일째 되는 날 소변 속 농약의 농도가 탐지할 수 없는 수준으로 떨어졌다. 하지만 원래대로 식사를 하자 그 수치는 다시 높아졌다. 알레르기, 천식, 자폐증, 주의력 결핍 과잉 행동 장애(ADHD), 당뇨병, 소아 백혈병은 모두 화학 물질에 노출되는 것과 관련되어 있다고 한다. 그러한 화학 물질에는 비료와 농약도 포함된다. 하지만 유기농 식품은 이러한 위험한 화학 물질을 전혀 사용하지 않고 재배된 것이기 때문에 안전할 수밖에 없다.

그리고 유기농 식품에는 영양분이 더 많이 들어 있을 수 있다. 2007년에 캘리포니아 대학교의 연구자들이 같은 농장에서 똑같은 시간 동안, 유기 농법과 일반적인 농법으로 키위를 재배했다. 그리고 두 키위를 분석한 결과 유기농 키위에 비타민 C를 포함한, 산화 방지제가 더 많이 함유되어 있다는 것을 발견했다. 또한 2001년에 발표된 〈현대 의학 저널〉 연구에 따르면 유기 농산물은 필수 영양소[1] 스물한 개 함유 수준이 일반 농산물보다 더 높았고, 철, 마그네슘, 인, 비타민 C가 더 많이 들어 있는 한편 우리 몸에 해로운 질산염의 양은 적었다.

　또 한 가지, 유기 농업은 환경을 생각한 방식이다. 화학 비료 대신 퇴비 같은 유기질 비료를 꾸준히 사용하면 토양 속에 상당량의 탄소가 저장된다는 연구 결과가 있다. 다시 말하면 토양이 대기 중 온실가스의 농도를 낮추는 역할까지 하는 셈이다.

환경과 인간, 모두를 위한
유기 농업

유기농, **비싸서** 못 먹는다고?

　유기농으로 생산된 농작물은 일반 농작물보다 가격이 비싸다. 화학 비료와 농약을 사용할 때보다 농부의 노력이 훨씬 많이 들어가기 때문이다. 그래서 사람들은 유기농을 부자를 위한 먹을거리라고 생각하기도 한다. 하지만 이것은 유기농을 단순히 고급 먹을거리로만 받아들이기 때문에 나타난 반응일 수 있다. 사실 유기농이 비싸기는 하지만, 그것은 대량 생산되는 일반 농산물이 너무 싸기 때문에 상대적으로 비싸게 느껴지는 것일 수도 있다. 만약 유기 농업 방식이 확대되어 생산량이 늘어나면 가격은 지금보다 더 내려갈 수 있다.

　유기농 식품의 가격에는 사회와 환경에 대한 기여도 포함된다. 유기

1980년대
유기 농법으로 농사를
짓는 시도가 늘어나고,
소비자들이 관심을
기울이기 시작하다.

1　성장이나 생리적인 기능을 유지하기 위해 필요한 영양 성분으로, 몸에서 스스로 만들어 내지 못하므로 음식물로부터 섭취해야 한다.

1980년대~현재
농촌에서 재배되는 유기 농산물을 도시의 소비자에게 직접 파는 생활 협동조합이 많이 생겨나다.

현재
우리가 무엇을 먹는지에 따라 사회와 환경, 그리고 건강이 달라질 수 있다는 사실을 깨닫게 되다.

농 식품을 먹는 것은 단순히 내가 건강한 먹을거리를 먹는 일에서 그치지 않고, 화학 비료와 농약에서 벗어난 건강한 땅을 지키는 데 도움을 주는 일이기 때문이다. 농부들이 건강하게 농사짓고, 유기농을 더 늘리도록 돕는 일일 수도 있다. 사회와 환경을 위해 기부하는 마음으로 유기농 먹을거리를 산다고 생각하는 건 어떨까? 사회와 환경에 도움을 주면서, 내 몸이 건강해지는 일거양득의 선물을 받을 수 있을 것이다.

한 명의 소비자가 특정한 물건을 사는 것은 아주 작은 행동이다. 하지만 이런 사람들의 행동이 모이면, 농사짓는 방법을 바꾸고 나아가 환경을 바꾸는 큰 결과를 가져올 수 있다. 그 엄청난 일을 여러분도 할 수 있다. 먼저 부모님께 지금 읽은 내용을 정리해서 말씀드리자. 한 번만 하지 말고, 음식을 먹을 때마다 계속 이야기하자. 여러분이 조리 있게 잘 이야기할수록 부모님이 생각을 바꿀 가능성은 점점 커질 것이다.

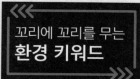
녹색 혁명

농업 부문에서 생산성이 급속히 증가하도록 하는 여러 가지 개혁을 의미한다. 우리나라의 대표적 사례로는 1970년대 개발된 벼 종자인 통일벼가 있다.

21

유기 농산물은 필수 영양소 21개 함유 수준이 일반 농산물보다 더 높다.

제초제

잡초를 없애기 위해서 사용하는 화학 약품으로, 모든 풀을 죽이는 제초제와 특정한 식물만을 죽이는 제초제가 있다.

화학 비료

화학적 처리를 통해 만들어 낸 인조 비료로, 퇴비 같은 동식물성 물질을 주원료로 하는 천연 비료와 대비되는 말이다.

유기농

제롬 어빙 로데일

미국 유기농업 운동의 선구자 (1898~1971). 펜실베이니아 주에서 유기 농법을 실천하기 시작했다. 월간지 〈유기 원예와 유기 농법〉을 창간했다.

유전자 조작 생명체

자연적인 것을 중요하게 생각하는 유기농은 인위적으로 유전자를 재배합하는 유전자 조작과 정반대의 길을 가고 있다.

3

유기 농산물이란 3년 이상 농약, 화학 비료를 사용하지 않고 재배한 농산물을 말한다.

로컬 푸드

땅을 살리고 건강을 챙기는 유기농은 가까운 지역에서 자란 싱싱한 먹을거리를 뜻하는 로컬 푸드와 연결된다.

'유전자 조작 생명체'가 궁금하다면 **238**쪽

'로컬 푸드'가 궁금하다면 **126**쪽

새로운 화학 물질이나 약품이
대단한 찬사와 함께 세상에 나오면
그것의 위험성 피해는 한참 뒤 나타나는 경우를
우리는 너무 많이 봐 왔다.

짐 메이슨, 〈서울 신문〉 인터뷰 중에서, 2008. 10. 24.

유기농

유전자 조작 생명체

Genetically Modified Organism

개념 사전 　유전자를 인위적으로 재배합하거나 돌연변이를 일으켜서 유전자의 성질을 바꾸어 놓은 생명체를 뜻한다. 유전자 조작 농산물, 유전자 조작 동물, 유전자 조작 미생물로 구분된다.

　　　　　Genetically Modified Organism을 줄여서 'GMO'라고도 한다. 해충에 잘 견디고, 생산성 높은 농작물을 만들기 위해 유전자 조작 농산물 연구가 시작되었고, 실제 재배되고 있다. 하지만 효과에 대한 의문과 사람 몸에 해로울 수 있다는 우려가 제기되면서 많은 소비자가 불안해하고 있다.

사용 예 　"혜란아, 두부 사올 때 국내산 콩인지 꼭 확인해라. 수입한 콩은 GMO일 가능성이 크거든."

○ 1953년
왓슨(위)과 크릭(아래)이
DNA의 구조를 밝혀 생명
공학 연구의 물꼬를 트다.

1953년, 생물학자인 제임스 왓슨(James Watson)과 물리학자인 프랜시스 크릭(Francis Harry Compton Crick)은 과학 학술지인 〈네이처〉에 두 쪽짜리 짧은 논문을 실었다. 〈핵산의 분자 구조: DNA[1]의 구조〉라는 제목의 이 논문에서 왓슨과 크릭은 염색체를 구성하는 DNA가 이중 나선 구조를 띠고 있다는 것을 밝혔다. 전 세계 과학자들은 이 연구가 과학사 100년을 통틀어 최고의 업적이라고 칭찬했고, 노벨상 위원회는 이들에게 노벨 생리의학상을 수여했다. DNA 구조의 발견은 생명체의 신비를 파악하는 토대가 되었으며, 생명공학 연구는 그렇게 시작됐다.

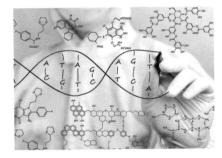

이중 나선 구조의 DNA

그런데 시간이 흐르자 유전자 연구의 한 방향이 생명체의 유전자 조작으로 가지를 뻗었다. 그리고 지금, 유전자 조작이 여러 문제를 낳고 있다. 과연 어떤 문제들일까?

유전자 조작 농산물은 정말 **꿈의 먹거리**일까?

왓슨과 크릭이 DNA의 구조를 발견한 것은 과학계에 커다란 축복이었다. 유전자 연구가 생명공학과 의학계에 큰 영향을 미치자 사람들은

---

1   유전자의 본체. 데옥시리보스를 함유하는 핵산으로 바이러스의 일부 및 모든 생물의 세포 속에 있으며, 진핵생물에서는 주로 핵 속에 있다. 그 배열 순서에 유전 정보가 들어 있어 그 정보에 해당하는 단백질을 만든다.

인류의 미래가 밝아질 것이라고 믿었다. 1970년대에는 유전자 조작에 관심을 가진 연구소가 늘어났고, 1980년대 미국 정부는 유전공학이 미래 산업을 책임질 중요한 분야가 될 것이라고 전망했다. 미래에 돈이 될 유망한 사업이라는 기대에 수많은 기업이 유전자 조작 기술 연구에 뛰어들었다.

유전자 조작이란, 생물이 원래 갖고 있던 유전자의 특성을 조작하고, 변화시키는 행위이다. 생물의 종류에 따라 유전자 조작 농산물, 유전자 조작 동물, 유전자 조작 미생물로 분류되는데, 그중 유전자 조작 농산물은 유전자 조작으로 열매의 크기를 더 키우고, 열매를 더 많이 맺게 하고, 맛과 영양을 더 좋게 하는 등 사람이 원하는 대로 농작물의 성질을 바꾼 것이다. 자라는 조건을 바꿀 수도 있으며, 작물 자체에 살충 성질을 넣어 그 작물을 먹은 벌레들을 죽일 수도 있다. 또한 특정 제초제에 살아남을 수 있는 성질을 넣으면, 밭 전체에 제초제를 뿌려도 다른 잡초들만 죽을 뿐 키우는 작물은 살아남을 수 있다.

이런 점 때문에 유전자 조작 농산물을 반기고, 더 많은 곳에서 재배해야 한다고 말하는 사람들이 있다. 그들은 유전자 조작 농산물이 늘어나면 기아에 허덕이는 가난한 나라의 사람들도 걱정 없이 잘살 수 있고, 농약을 안 뿌려도 되니 환경에도 좋고, 먹는 사람과 농부들의 건강에도 좋을 것이라고 말한다.

또한 대부분의 연구자들은 유전자 조작 농산물이 그 작물이 원래 갖고 있던 단점을 없앨 뿐만 아니라, 새로운 장점을 만들어 낼 수도 있다고 생각했다. 예를 들면 추위에 약한 딸기의 유전자 속에 차가운 물속에서 살아가는 물고기의 유전자를 집어넣는 식이다. 그러면 물고기의 유전자를 받은 딸기는 추위를 이길 수 있게 된다.

1983년
담배에 외부 유전자를
이식하는 유전자 조작
실험이 성공하다.

사회적 배경
유전자 조작 기업들이
번성하다.

1992년
미국 정부가 유전자 조작
농산물이 일반 식물과
같다고 판정하다.

1994년
유전자를 조작한 무르지
않는 토마토, 플라브르
사브르가 출시되다.

이론상으로는 그럴듯하지만 과연 가능한 일일까? 첨단 과학 기술은 이러한 의심을 이겨냈다. 1983년, 담배에 다른 유전자를 이식하는 실험이 성공을 거둔 것이다. 이것이 최초의 유전자 조작 농산물이었다. 과학의 승리, 미래 인류의 희망이라는 긍정적인 환호가 터져 나왔지만, 그 안전성에 의심의 눈초리를 보내는 사람들도 있었다.

그런데 1992년, 미국 정부는 유전자 조작 농산물이 다른 식물과 실질적으로 같다는 판정을 내렸다. 이것은 유전자 조작에 대해 구체적인 규제를 하지 않겠다는 뜻이었으며, 유전자 조작 기업들에게 날개를 달아준 조치였다. 이내 유전자 재조합 소 성장 호르몬(rBGH)이 함유된 우유가 상점 판매대에 올랐고, 수확한 뒤에도 쉽게 무르지 않는 유전자 조작 토마토,

식물생리학자인 아타나시오스 씨올로지스가 온실에서 자연적으로 재배한 토마토와 플라브르 사브르를 비교하고 있다

플라브르 사브르(Flavr Savr)가 사람들의 입안으로 들어가기 시작했다.

이제 미국을 중심으로 유전자 조작 농산물의 재배 면적이 나날이 커지고 있으며, 토마토, 감자, 유채, 콩, 해바라기, 담배 등 그 종류도 점차 늘어나고 있다.

유전자 조작 농산물은 '프랑켄 푸드'

2003년, 식량 문제로 허덕이던 에티오피아는 농산물을 원조하겠다

는 미국의 제안을 정중히 거절했다. 2010년, 지진 참사를 겪은 아이티 농민들도 미국의 옥수수 종자 지원을 거부했다. 미국이 주기로 한 농산물이 유전자 조작 농산물이었기 때문이다. 에티오피아와 아이티가 미국의 식량 지원을 거절한 것은 지금 당장은 힘들어도 자신의 밭에 유전자 조작 농산물을 재배할 수 없다는 이유였다.

이처럼 많은 사람이 기아 문제의 해결책이 될 것이라 확신했던 유전자 조작 농산물을 거부하고 있다. 왜 식량난에 허덕이는 사람들마저 유전자 조작 농산물을 거부하는 것일까?

첫째로 유전자 조작 생명체는 안전성이 충분히 검증되지 않았기 때문이다. 동물이나 사람이 유전자가 변형된 작물을 먹었을 때 어떤 결과가 나타날지 아직 확신할 수 없다. 잘 모르는 상태에서 새로운 물질을 사용했다가 큰 어려움에 빠졌던 사례는 많다. 1940년대에 농작물에 마구 뿌렸던 DDT[2]는 1970년대 후반 사용이 금지되었고, 1985년에 사람은 절대 걸리지 않는 병이라고 과학자들이 장담했던 광우병[3]은 2000년대에 전 세계를 공포로 몰아넣었다. 유전자 조작 역시 새로운 기술이다. 벌레를 죽이는 살충 성분이 유전자 속에 들어있다면, 그것이 사람 몸에 들어왔을 때도 문제를 일으키지 않을까? 유전자 조작 실험 때문에 기형으로 변한 동물이 숱하게 죽었는데 인간이 유전자 조작 농산물을 먹어도 아무 문제가 없는 것일까? 이러한 의혹들에 대한 철저한 검증이 필요하다. 만약 검증이 안 됐다면 확인될 때까지 생산도 소비도 하지 않는

---

[2] 방역용·농업용 살충제. 곤충의 신경 계통 이상을 일으켜 제2차 세계 대전 이후부터 해충을 없애는 데 널리 쓰였으나, 사람 몸에 쌓여 독성을 나타낸다는 이유로 제조와 판매, 사용이 금지되었다.

[3] 소에서 발생하는 병으로, 뇌세포에 구멍이 생겨 소가 난폭한 행동을 하거나, 잘 걷거나 서지 못하는 등의 증상을 보이다가 죽는다.

강한 제초제를 사용한
결과 거대한 슈퍼 잡초가
기승을 부리고 있다.

것이 안전하다.

두 번째는 유전자 조작이 살충제, 제초제와 같은 농약을 없애지 못할 것이라는 전망 때문이다. 유전자 조작 농산물의 가장 큰 특징 중 하나는 특정 제초제를 뿌리면 잡초는 다 죽어도 해당 작물은 살아남는다는 점과 작물 자체에 벌레를 죽이는 살충 성분을 넣을 수 있다는 점이다. 그래서 개발자들은 유전자 조작 농산물이 벌레도 안 먹고 잡초도 이길 수 있다고 말한다. 하지만 자연 생태계는 그렇게 단순하지도 만만하지도 않다. 유전자 조작의 살충 성분을 이겨낸 벌레는 더 강한 내성을 갖게 되고, 유전자 조작 농산물을 제외한 모든 잡초를 죽이는 제초제에 살아남은 잡초 역시 더 큰 적응력을 갖게 된다. 그러면 그 벌레와 잡초를 없애기 위해 더 독한 살충제와 더 강한 제초제를 뿌릴 수밖에 없다.

실제로 이런 현상은 미국 유전자 조작 농장에서 현실로 나타나고 있다. 2010년, 미국의 경제지인 〈월 스트리트 저널〉이 유전자 조작 농장에 슈퍼 잡초가 기승을 부려 농민들이 그것을 제거하기 위해 독성이 강한 구식 농약을 다시 사용하고 있다고 밝혔다. 유전자 조작 기술로도 땅을 망가뜨리고, 농민을 병들게 하며, 소비자의 건강을 위협하는 농사법을 해결할 방법을 찾지 못한 것이다. 그뿐만 아니다. 유전자 조작 종자의 가격이 비싼 데다가 농약마저 전보다 오히려 더 많이 사용해야 하니 농산물의 생산비가 더 올라갔고, 먹을거리의 가격까지 덩달아 높아졌다.

백 번 양보해서 유전자 조작 생명체가 아무 문제를 일으키지 않는다고 해도 걱정거리는 있다. 전 세계의 수많은 농지가 유전자 조작 농산물로 덮인다면 각 지역의 토종 종자들이 사라질 것이고, 잡초로 분류되는 수많은 야생 식물도 씨가 마를 것이다. 생태계는 여러 종이 어울려 살아야 건강함을 유지할 수 있다. 유전적 다양성이 파괴된 땅, 유전자 조작 종자만 왕성하게 번성하는 논과 밭, 산과 숲은 더 큰 재앙을 불러올 수 있다.

유전자 조작 농산물, **먹느냐 마느냐** 그것이 문제로다!

1998년, 영국 로웨트 연구소의 푸츠타이 박사가 유전자 조작 감자를 먹인 쥐의 면역 체계에 이상이 생겼다는 연구 결과를 발표했다. 이틀 뒤 연구소 측은 푸츠타이 박사를 해고했다. 2007년에도 비슷한 일이 벌어졌다. 푸츠타이 박사가 미국 브라운 대학교에서 출판하는 잡지에 유전자 조작과 관련된 과학자들이 비양심적인 행위를 보이고 있다는 내용의 글을 기고하려고 했다. 하지만 결국 그 글은 실리지 못했고, 잡지의 편집자는 인도로 발령받았다. 그 뒤 2012년, 프랑스의 질 에리크 세랄리니 교수 연구팀이 쥐에게 유전자 조작 옥수수와 제초제를 먹이는 연구를 진행한 결과 종양, 간과 신장 이상이 증가했으며 특히 암컷의 이상 증세가 더 심각하다는 결과를 얻었다. 그러나 이 연구 결과는 유전자 조작을 지지하는 다른 과학자들로부터 신랄한 비판을 받았다.

이처럼 유전자 조작 기술은 막대한 자본으로 무장한 기업과 연구소의 호위를 받고 있다. 하지만 많은 전문가와 소비자들은 유전자 조작의 안정성을 계속 의심하고 있으며, 유전자 조작 식품이 확산되는 것을 막기 위해 움직이고 있다.

그러한 움직임 중 하나가 유전자 조작 표시제이다. 각종 시민 단체들

1998년 ○
유전자 조작 식품이
위험할 수 있다고 밝힌
푸츠타이 박사가
연구소에서 해고당하다.

사회적 배경 ◎
유전자 조작 식품에
대한 소비자의 불안감이
갈수록 커지다.

유전자 조작 식품의
안정성을 의심하는
사람들이 유전자 조작
반대 시위를 벌이고 있다.

이 유전자 조작 농산물은 물론 그것을 가공한 식품에도 반드시 유전자 조작 표시를 해야 한다고 주장하자, 많은 식품업체가 이를 막기 위해 애썼다. 소비자들은 당연히 유전자 조작 표시가 되어 있는 식품을 꺼릴 것이라고 생각했기 때문이다. 결국 우여곡절 끝에 유전자 조작 표시제는 통과됐다. 우리나라의 경우 식약청이 수입을 허락한 모든 유전자 조작 농산물과 유전자 조작 농산물을 주요 재료로 하는 가공식품 및 건강 기능 식품에는 '유전자 재조합 식품'이라는 표시를 해야 한다.

한편 2004년 가을, 미국의 환경 단체인 '지구의 벗'은 '유전자 조작 프리존(GMO Free Zone)' 운동을 제안했다. GMO 프리존 운동은 특정 지역에서 어떠한 형태로든 유전자 조작 생명체를 들이지 않고 거부하겠다는 움직임이다. 한 농장에서 유전자 조작 농산물을 키우면 그 씨앗이 다른 지역으로도 날아가 유전자 조작 종자를 심지 않은 농장까지 오염시키는 것이 보통이다. 따라서 안전한 농사를 지으려면 일정 지역 전체에서 유전자 조작 농사를 지으면 안 된다. GMO 프리존 운동은 많은 사람들의 호응을 얻어 2006년에는 전 세계로 확대됐는데, 우리나라 강원도의 한 마을도 GMO 프리존을 선언한 바 있다.

이미 유전자 조작 식품은 우리 곁에 너무 가까이 와 버렸으며, 농촌의 생태계는 심각한 위험 수준에 이르렀다. 하지만 지금도 늦지 않았다. 유전자 조작의 확산을 조금이라도 늦추기 위한 노력은 여러분도 할 수 있다. 예를 들어 유전자 조작 식품을 사지 않도록 부모님을 설득하거나 유전자 조작을 반대하는 환경 단체에 가입해서 활동하는 것도 한 방법이 될 수 있다. 아직 모르는 기술을 섣불리 사용할 필요는 없으며, 안전성이 확인된 뒤에 사용해도 늦지 않다. 이런 생각을 주위 사람들에게 전하는 것도 바로 여러분이 할 수 있는 일이다.

2001년
우리나라에서 유전자 조작 표시제를 시행하다.

2004년
미국의 환경 단체인 '지구의 벗'이 GMO 프리존 운동을 제안하다.

사회적 배경
GMO 프리존 운동이 전 세계로 퍼지다.

현재
평소에 아무 생각 없이 먹는 음식이 유전자 조작 식품은 아닌지 꼼꼼히 따져 보기 시작하다.

슈퍼 잡초

제초제 내성으로 인해 비정상적으로 자라는 잡초를 말한다. 이는 유전자 조작 농산물에 사용하는 특정 제초제로 인해 생겼으며, 미국 농장에서 그 수가 빠르게 늘고 있다.

유전자 조작 표시제

유전자 조작 기술로 기른 농·축·수산물 등을 원료로 한 식품에 이를 표시하도록 의무화한 제도를 말한다.

66

우리나라에서는 2011년 기준으로 콩, 옥수수, 카놀라 등 66개 품목을 유전자 조작 식품으로 사용할 수 있도록 규정하고 있다.

유전자 조작

생물의 유전자를 조작하여 유전자의 성질을 바꾸어 놓는 것을 말한다.

유전자 조작 생명체 (GMO)

유기농

유전자 조작은 자연의 방식대로 자라게 하는 농업 방식인 유기농과 반대되는 개념이다.

23

우리나라의 국내 식량 자급률은 23퍼센트로, 외국으로부터 수입하지 않고는 먹고살 수가 없다. 즉, 유전자 조작 농산물로부터 안전하지 않다는 말씀!

GMO 프리존 운동

특정한 지역을 설정하고, 이곳에는 유전자 조작 생명체를 들이지 않겠다고 선언하고 실천하는 운동이다.

'유기농'이 궁금하다면 **228**쪽

우리가 자랄 때는
아무것도 가질 수 없는 때가 올 것이라는 사실을 알지 못했다.
우리는 미래 세대가 쓸 몫까지 다 써 버린 것이다.

나우루 섬의 주민

모아이 석상들은 이스터 섬의 비극을 기억하고 있을까?

이스터 섬 Easter Island

개념 사전   한때 번성한 문화를 누렸던 남아메리카 지역 작은 섬의 이름이다.

고립된 섬에서 유한한 환경 자원을 무분별하게 사용하여 고갈시키고, 미래를 위한 준비를 하지 않았기 때문에 결국 몰락했다. 지속 가능한 발전의 중요성을 일깨워 주는 대표적인 사례로 꼽힌다.

사용 예 "우리는 이스터 섬이 준 교훈을 잊지 말고, 미래 세대에게 지속 가능한 지구 환경을 물려주기 위해 노력해야 해."

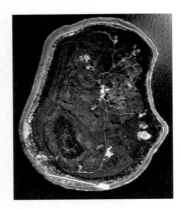

'현대판 이스터 섬'이라
불리는 나우루 공화국

오스트레일리아와 하와이의 중간에 자리 잡은 나라, 나우루 공화국. 나우루는 우리나라 울릉도 면적의 3분의 1 크기에 인구가 1만 명에 불과한 작은 나라이다. 한때 나우루는 남태평양의 지상낙원이라 불릴 정도로 지구 상에서 가장 부유한 나라였다. 섬에 지천으로 널린 바다 새들의 똥 덕분이었다. 수천 년 동안 산호초 위에 쌓인 새똥이 고급 비료의 중요한 원료인 인광석[1]으로 변했고, 섬 전체를 덮고 있던 인광석이 석유보다 비싸게 팔린 덕에 나라 전체가 돈방석에 앉은 것이다.

그러자 정부는 인광석을 채굴하고 수출하여 벌어들인 돈으로 전 국민에게 전기, 집, 식량, 교육, 유학 등에 드는 비용을 무상으로 공급했다. 심지어 가정부까지 국비로 고용할 수 있었다. 국민들에게 세금 한 푼 걷지 않았고, 미래를 준비하는 젊은 세대를 교육하는 일은 미뤄 두었다.

하지만 지금 나우루의 국민들에게 그때 그 시절의 행복은 전설로 남아 있을 뿐이다. '현대판 이스터 섬'이라 불리는 나우루 공화국. 과연 이스터 섬에서 어떤 일이 벌어졌길래 오늘날 나우루 공화국의 별명이 되었을까?

만든 것도 미스터리, 옮긴 것도 미스터리!

남아메리카 서부 해안에서 3,700킬로미터 떨어진 곳에 위치한 이스터 섬은 칠레에 속한 화산섬이다. 이스터 섬에 사람이 살기 시작한 것은

---

1   인산칼슘을 다량으로 함유하고 있는 광석. 주로 비료를 만드는 데 사용된다.

250

5세기경으로 추정된다. 맨 처음 사람들이 그곳을 발견했을 때에는 자원이 거의 없고, 식수도 구하기 힘든 환경이었다. 사람이 살고 있는 다른 섬들과 멀리 떨어져 있어 섬에는 동식물도 그리 많지 않았다. 심지어 섬 주변 바다에는 물고기도 별로 없었다.

화산 폭발로 생겨난 이스터 섬의 라노 카우 (Rano Kau) 분화구

하지만 이 섬에 처음 정착한 폴리네시아[2] 사람들은 원래 섬에서 살아가는 일에 익숙했기 때문에 자연 자원이 제한된 환경에서도 살아남을 수 있었다. 그들은 고구마와 원래 살고 있던 섬에서 가져온 닭을 주식으로 먹었다. 단조로운 식생활이었지만, 식량을 생산하는 데 드는 노동 시간이 적다는 장점이 있었다.

이스터 섬 사람들은 여가 시간에 조상을 숭배하고, 죽은 족장을 추도하기 위한 기념물을 만드는 데 몰두했다. 이들은 10톤이 넘는 돌들을 조각하여 거대 석상을 만들었는데, 이것이 바로 지금까지도 미스터리로 남아 있는 '모아이'이다.

이스터 섬 전체에는 평균 6미터 높이의 거대한 석상 600여 개가 흩어져 있다. 거대한 돌을 조각하고 옮기는 데 막대한 노동력과 기술력이 필요했으며, 이들 석상의 위치가 각 절기에 맞춰진 복잡한 천문학적인 배열을 가지고 있다는 점에서 섬 주민들의 지적 수준이 상당히 높았다는 것을 짐작할 수 있다.

그런데 과연 어떻게 이들은 섬을 가로질러 수십 톤이 넘는 석상을 운반하여 바닷가의 제단에 세울 수 있었을까?

500년경 ◯
이스터 섬에 인류가
정착하다.

---

2   오세아니아 동쪽 해역에 분포하는 수천 개에 이르는 섬들을 통틀어 이르는 말.

커다란 머리와 무뚝뚝한 표정. 수많은 모아이 석상은 이스터 섬에 불어닥친 비극의 씨앗이 되었다.

마지막 나무가 사라진 뒤에야 깨달은 **이스터 섬의 비극**

1550년경
이스터 섬의 인구가
7,000명에 이르다.

사회적 배경
거대한 석상을 세우기
위한 씨족 간의 경쟁이
치열해지고, 석상을
나르기 위해 섬의
유일한 자원인 산림을
무분별하게 벌목하다.

운반의 비밀은 바로 나무에 있었다. 당시 이스터 섬에는 수레를 끌 만한 동물이 없었기 때문에 여러 개의 통나무에 석상을 얹고 나무를 굴려 어마어마한 무게의 석상을 운반했을 것이라 추측된다.

1550년 무렵이 이 섬의 전성기로 추정되는데, 이때의 인구는 7,000명에 이른 것으로 보인다. 시간이 갈수록 씨족 집단의 수가 늘어나자 집단 사이에 석상을 만들기 위한 경쟁도 치열해졌을 것이다. 그렇다 보니 석상을 운반할 나무가 더 많이 필요해졌고, 사람들은 섬에 자라던 나무들을 베어 내기 시작했다. 결국 16세기에 600여 개의 거대한 석상들이 조각되었는데, 어느 순간 갑자기 채석장 주변에 미완성 조각상을 남겨둔 채 사회가 붕괴해 버렸다.

결국 이스터 섬의 미스터리를 푸는 열쇠는 섬 전체의 산림 벌채로 인한 환경 파괴였던 것이다. 섬의 유일한 자원이었던 환경 자원을 함부로 남용했기 때문에 이스터 섬은 갑자기 몰락할 수밖에 없었다. 눈부신 번영을 가져다주었던 환경 개발과 기술의 발달이 결국 부메랑처럼 되돌아와 섬 주민들의 생활 터전을 파괴하고, 생존조차 어렵게 만들었다.

섬에 나무가 부족해지자 사람들은 집을 지을 나무가 없어 동굴에서 생활해야 했으며, 한 세기가 지나 섬에 나무가 모두 사라져 버린 뒤에는 토양이 황폐해져 농작물의 수확량이 급격히 줄었다. 그물의 재료였던 나무를 구할 수 없어 고기잡이마저 할 수 없었다. 점점 줄어드는 섬의 자원으로는 7,000명의 인구를 부양하기 어려웠고, 결국 섬의 인구는 급격히 줄어들었다. 외딴 섬에 갇힌 원주민들은 줄어드는 식량을 차지하기 위해 끊임없이 전쟁을 했다.

이스터 섬 사람들은 자신들이 외부 세계로부터 완전히 고립되어 있다는 사실을 알고 있었을 것이다. 아니, 어쩌면 자신들의 세계 말고는 외부의 어떤 세계도 상상해 본 적이 없을지도 모른다. 어쨌든 중요한 점은 섬의 주민들이 자신들의 생존이 작은 섬의 한정된 자원에 전적으로 달려 있다는 것을 깨닫지 못했다는 사실이다. 그들은 환경 자원을 유지하면서 사회를 발전시킬 수 있는 방법을 찾는 대신 아무것도 남지 않을 때까지 유일한 자원이었던 나무를 소비하여 스스로 파멸을 자초했다.

이스터 섬과 나우루 공화국은 **닮은 꼴**

1600년 이후 이스터 섬의 사회는 더욱 원시적인 상태로 후퇴했다.

16세기 중반 이후
산림 자원의 고갈로 이스터 섬의 문명이 급격히 쇠퇴하다.

17세기
이스터 섬의 사회가 더 원시적인 상태로 후퇴하다.

1722년, 네덜란드의 아레나호 선장 야코프 로헤벤(Jacob Roggeveen) 제독이 이 섬을 처음 방문했을 때 섬에 살고 있던 원주민의 숫자는 3,000명 정도였다. 원주민들은 오두막이나 동굴에서 생활했으며, 나무가 없었기 때문에 다른 곳으로 이동할 배를 만들 수도 없었다. 부족 간에 전쟁을 일삼으면서 상대편 부족이 세웠던 석상들을 파괴했고, 부족한 식량 때문에 사람을 잡아먹는 식인 풍습까지 있었다. 1770년에는 스페인 사람들이 이스터 섬을 방문했고, 그 뒤로도 유럽과 미국에서 건너온 사람들이 원주민을 끌고 가 노예로 팔았다는 기록이 남아 있다.

로헤벤이 처음 방문한 뒤로 이 섬을 찾은 외지 사람들이 상황을 파악할 때마다 섬의 인구는 점점 줄어든 것으로 보고되었으며, 생활 환경도 갈수록 나빠지고 있었다. 끊임없는 전쟁으로 상대편 부족이 세웠던 석상들을 파괴한 결과 1830년대에는 거의 모든 석상들이 무너져 내렸다. 1862년에는 페루의 노예 상인이 원주민들의 상당수를 노예로 잡아갔다. 급기야 1877년에는 100여 명의 주민만이 남게 되었고, 그들 대부분은 어린아이와 노인이었다고 한다. 그 뒤 1888년에는 칠레가 점령하여 섬 전체를 4만 마리의 양을 기르는 목장으로 바꾸어 버렸다. 남은 원주민들은 작은 마을 하나에 갇혀 지내게 되었다.

'거대한 섬'이라는 뜻의 '라파누이(Rapa Nui)'라고 부르던 자신들의 섬이 1722년 부활절에 그 땅을 처음 밟은 외부인에 의해 '이스터(Easter, 부활절) 섬'이라고 불리게 될 줄을 원주민들은 예상이나 했을까? 한때 이스터 섬에 문명화된 사회가 있었고, 원주민들이 복잡한 기술력을 갖추고 있었음을 보여 주는 모아이가 지구 상에 존재하는 여러 미스터리 중 하나가 될 거라고 상상이나 했을까?

나우루 공화국은 이스터 섬과 여러 모로 꼭 닮아 있다. 무분별한 채굴로 2000년대에 들어서 인광석이 바닥나자 나우루 공화국은 급격히 가난해졌다. 현재 국토의 3분의 2가 황무지이며, 무분별하게 파헤쳐진 땅에서는 농사를 지을

높은 비만율을 보이는 나우루 공화국 사람들(왼쪽)
마구잡이로 파헤쳐진 채굴장 (오른쪽)

수가 없고, 전기는 하루에 세 시간밖에 쓸 수 없다. 열심히 일하지 않고 무절제한 생활을 하던 국민의 90퍼센트 이상이 비만이고, 40퍼센트가 넘는 사람들이 당뇨병에 시달리고 있다. 최근에는 나라가 실질적인 파산 상태에 직면했다고 한다.

한때 태평양의 섬나라 가운데 개인 소득이 가장 높았던 나우루 공화국은 이제 다른 나라의 지원으로 근근이 살아갈 수밖에 없는 절박한 상황으로 전락했다. 이스터 섬의 교훈을 무시한 결과이다.

2000년대 초
1990년대부터 감소하던 인광석이 결국 바닥나 나우루 공화국이 파산 상태에 이르다.

이스터 섬과 나우루 공화국은 지구의 축소판

초기에 이스터 섬을 찾았던 유럽 사람들은 모아이 석상을 보고 야만적이고 미개한 원시 부족이 그런 엄청난 일을 했을 것이라고는 믿기 어려웠을 것이다. 아직까지도 많은 사람이 거대 석상들과 원시 부족의 관계를 밝히기 위한 다양한 이론을 연구하는 상황이니 말이다.

앞으로 어떤 비밀들이 더 밝혀질지는 모르겠지만 지금까지 정설로 전해 오는 이스터 섬의 비극만으로도 우리에게는 큰 의미가 있다. 이스터 섬과 마찬가지로 지구는 인류의 요구를 충족시켜 줄 수 있는 자원이 한정되어 있다. 우리는 우주선 지구호에 살고 있으며, 아직까지는 이 우

주선을 벗어나서는 살아남기 힘들다. 그렇다고 옮겨 살 만한 새로운 지구를 발견하지도 못했다. 그럼에도 불구하고 아직도 나우루 공화국과 같은 현대판 이스터 섬이 나타나고 있다.

반면교사(反面教師). 이스터 섬과 나우루 공화국의 사례에서 우리가 반드시 떠올려야 할 교훈이다. 이스터 섬과 나우루 공화국은 오늘날 지구의 축소판이기 때문이다. 지구라는 고립된 섬에 살아가는 지구인으로서, 우리들은 앞으로 사용해야 할 자원을 고갈시키지 않아야 한다. 또한 현재와 미래 세대의 생존을 고려하여 적당한 만큼만 사용해야 한다. 이제 그 방법을 찾아냈는지 스스로에게 물어볼 때가 아닐까?

● 현재
환경 파괴로 몰락한 이스터 섬을 반면교사의 교훈으로 삼아 똑같은 잘못을 되풀이하지 않도록 노력하다.

나우루 공화국

면적 21제곱킬로미터의 작은 섬나라로, 오세아니아의 남태평양에 자리 잡은 세계에서 가장 작은 공화국 중 하나이다. 한때 부유한 나라였지만 무분별하게 인광석을 채굴하면서 2000년대에 들어 몰락하기 시작했다.

모아이

인간의 상반신을 닮은 석상으로, 얼굴이 특히 강조되어 있다. 3.5미터 크기에, 무게가 20톤가량 되는 것이 많은데, 20미터 크기에 무게가 90톤에 이르는 석상도 있다.

2003

무분별한 채굴과 개발로 나우루 공화국의 인광석이 2003년에 거의 고갈되었다.

이스터 섬

1722

네덜란드 인이 1722년 부활절에 그 땅을 처음 밟으면서 '이스터(Easter, 부활절) 섬'이라는 이름을 붙였다.

600

이스터 섬 전체에 세워져 있는 모아이의 수는 600여 개가 넘는다.

지속 가능 발전

이스터 섬과 나우루 공화국의 비극은 지속 가능 발전의 필요성을 되새기게 한다.

공유지의 비극

이스터 섬의 비극은 공동체 모두가 사용해야 할 자원을 개개인이 무분별하게 남용하면 고갈되고 만다는 공유지의 비극의 대표적인 예이다.

'지속 가능 발전'이
궁금하다면 **288**쪽

'공유지의 비극'이
궁금하다면 **26**쪽

미래 세대의 에너지 시스템에
석탄 산업이 차지할 공간은 더 이상 없다.
분명한 사실은 우리가 깨끗한 재생 가능 에너지를
이용하고, 확대해야 한다는 것이다.

크리스티아나 피게레스(유엔 기후 변화 협약 사무총장)

국제 환경 협약

핵 발전

재생 에너지 Renewable Energy

개념 사전 태양열, 수력, 풍력, 지열 등과 같이 자연계에 존재하는 에너지로, '재생 가능 에너지'라고도 한다.

석탄, 석유, 천연가스 등의 화석 연료가 고갈되고, 화석 연료를 무분별하게 사용하여 발생한 문제들을 해결하기 위해 최근 대체 에너지를 찾고 개발하려는 움직임이 활발하다. 현재 대체 에너지로 각광받는 것이 바로 재생 에너지이다.

사용 예 "어제 뉴스에 유럽의 어느 도시가 나오더라고. 그 도시는 태양열 같은 재생 에너지 이용률이 엄청 높대."

태양의 움직임을 따라
회전하며 태양광을 모으는
회전형 주택 '헬리오트롭'
(왼쪽)과 프라이부르크 상가
건물의 지붕에 설치된
집열판(오른쪽)

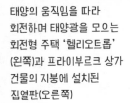

　　독일의 프라이부르크는 최근 세계 각국에서 친환경 에너지 도시로 각광을 받고 있는 독일의 환경 수도이다. 이 도시를 움직이는 에너지원은 다름 아닌 태양열이다. 그래서 프라이부르크는 '태양의 도시'라고 불린다. 하지만 원래부터 그랬던 것은 아니다.

　　1960년대에 산업화로 도시가 개발되면서 프라이부르크는 화석 연료로 인한 대기 오염이 심해졌고, 산성비가 내리기 시작했다. 그러자 도시의 젖줄인 '슈바르츠발트(검은 숲)'의 전나무들이 말라 죽는 등 환경 피해가 심각해졌다. 엎친 데 덮친 격으로 도시 인근에 원자력 발전소가 들어선다고 하자, 프라이부르크 주민들은 반대 운동을 벌여 마침내 발전소 건설 계획을 백지로 돌려놓고 열심히 원전을 대신할 대체 에너지를 찾았다. 그 결과 음식물 찌꺼기 등을 태워서 전기와 열을 얻는 '열 병합 발전소'를 열다섯 곳에 만들었으며, '태양열 개발'을 택하기도 했다. 독일 도시들 중에서 일조량[1]이 가장 많다는 점을 적극 활용한 것이다. 그

1　　하루 중 햇빛이 내리쬐는 시간.

래서 높이 60미터의 솔라 타워를 비롯하여 태양열 에너지를 이용한 공공 건물만도 60여 개에 이른다. 지금도 시내 곳곳에서는 태양열 건물로 리모델링하는 건축 공사가 한창이다.

화석 연료, 도대체 **왜 미운털**이 박힌 걸까?

화석은 지질 시대에 살던 동식물의 유해와 활동 흔적 따위가 퇴적물에 매몰되거나 지상에 그대로 보존되어 남아 있는 것을 통틀어 이르는 말이다. 화석 연료는 화석과 비슷한 과정을 거쳐 만들어져서 붙은 이름으로, 석탄, 석유, 천연가스 등이 대표적이다. 현재 전 세계 인류가 소비하는 에너지의 80퍼센트 이상이 바로 화석 연료이다.

화석 연료를 에너지원으로 사용할 때 생기는 가장 기본적인 문제는 자원의 양이 한정되어 있다는 점이다. 우리는 지금 매우 빠른 속도로 화석 연료를 소비하고 있는데, 이대로면 석탄은 230년 이후, 석유는 45년 이후, 천연가스는 60년 이후면 바닥이 날 것이라고 한다.

또한 화석 연료는 온실 효과를 일으킨다. 온실 효과란, 빛은 받아들이고 열은 내보내지 않는 온실처럼 작용하여 지표면의 온도를 높이는 것이다. 화석 연료를 태울 때 이산화탄소가 발생하는데, 이것이 대기 중에 쌓여 온실 효과를 일으킨다. 이산화탄소가 일종의 비닐하우스 역할을 하는 셈이다. 온실 효과 그 자체는 전혀 문제가 아니다. 오히려 온실 효과가 없다면 지구의 온도가 낮아져 생명체가 살아갈 수 없을 테니 말이다. 문제는 대기 중 이산화탄소의 양이 점점 늘어나고 있다는 것이다. 인간이 화석 연료를 주로 사용하기 전에는 지구의 대기 중에 이산화탄

50만년 전
불을 발견한 뒤로
화석 연료를 태워
에너지를 얻기 시작하다.

사회적 배경
산업 혁명 이후,
화석 연료 사용이
급격히 늘어나다.

소가 0.028퍼센트 정도가 존재했는데, 이후 점점 증가하여 지금은 0.037 퍼센트에 이르렀고, 2050년에는 화석 연료를 사용하기 이전보다 두 배 정도 늘어날 것으로 내다보고 있다. 이러한 추세에 따라 지구의 기온이 계속해서 올라가고 있고, 해수면 또한 상승하고 있다. 전 지구적으로 발생하는 기후 변화의 주범, 이산화탄소. 공장의 굴뚝이나 자동차의 배기통에서 뿜어져 나와 대기 중에 쌓였던 이산화탄소가 소멸하기까지 100여 년이 걸린다고 하니, 이러한 상태가 지속된다면 어떤 결과를 불러올지 예측하기 어렵다.

고갈 걱정, 오염 걱정 없는 **재생 에너지**가 있다고?

인류는 고갈되어 가는 화석 연료 대신, 남아 있는 양을 걱정하지 않고 사용할 수 있는 에너지원을 찾고 연구하는 일을 계속해 왔다. 화석 연료를 사용할수록 대기 중의 이산화탄소 양이 많아진다는 문제를 인식한 뒤로 재생 가능한 에너지에 대한 관심은 더욱 높아졌다.

사람들은 한때 이산화탄소를 발생시키지 않는 핵 발전을 화석 연료를 대신할 대체 에너지라고 믿었다. 하지만 방사능 누출이나 핵폐기물 관리 등의 안전성 문제가 불거지면서 사회적·국가적·세계적으로 핵 발전을 걱정하는 목소리가 높아지고 있다.

이러한 상황 속에서 주목받은 것이 '신재생 에너지' 즉 재생 에너지와 신에너지이다. 재생 에너지란 태양열, 수력, 바이오매스, 풍력, 지열 등과 같이 자연계에 존재하는 에너지로, 재생 에너지의 대부분은 최근에 발견된 것이 아니다. 아주 오래전부터 인간은 화석 연료가 아닌 자연의 힘을 에너지원으로 이용해 왔기 때문이다. 우리 선조들이 곡식을 찧

1950년대
핵 발전을 이용한 에너지가 생산되다.

1970년대 이후
지구 온난화에 대한 경고가 계속되고 있지만, 전 세계적으로 에너지 소비는 늘고 있다.

을 때 사용한 물레방아는 물의 힘을 이용한 것이고, 네덜란드의 상징인 풍차는 바람의 힘을 이용해 물을 퍼내고 방아를 찧는 데 이용되었다. 재생 에너지는 자연에서 왔기 때문에 환경을 오염시키지 않고 아무리 소비해도 고갈될 염려가 없다.

풍력 발전은 고갈된 염려가 없어 환경친화적이지만, 바람이 불지 않으면 전기를 만들어 내기 힘들다는 단점도 있다.

그렇다고 해서 단점이 없는 것은 아니다. 재생 에너지는 에너지 밀도[2]가 너무 낮아 많은 양의 에너지를 필요로 하는 곳에서는 아직까지 실용성이 떨어진다. 또한 태양 에너지나 풍력 에너지 등은 보조 설비를 갖추어야 하고, 기상 조건에도 많은 영향을 받는다.

국제 에너지 기구(IEA)에 따르면 2008년을 기준으로 신재생 에너지가 전 세계 에너지 공급의 19퍼센트를 차지하고 있다. 많은 전문가들은 환경 오염을 줄이고 점점 늘어나는 에너지 수요에 효과적으로 대처하려면 재생 에너지를 적극적으로 개발해야 한다고 입을 모은다.

사회적 배경
화석 연료를 대체할 재생 에너지에 대한 관심이 커지고, 꾸준히 기술 개발이 이루어지다.

태양의 힘에서 비롯된 재생 에너지들

재생 에너지의 종류는 매우 다양하며, 각 나라마다 정의와 범주에 차이가 있다. 우리나라의 경우 태양열, 태양광 발전, 바이오매스, 풍력, 수력, 지열, 해양 에너지, 폐기물 에너지 등 여덟 개 분야를 재생 에너지로

---

2   단위 부피에 저장된 에너지. 연료의 효율을 나타내는 지표로, 에너지 밀도가 높을수록 연료의 효율이 높다.

정하고 있다. 그중 몇 가지만 살펴보기로 하자.

흐르는 물의 힘을 이용하는 수력 에너지는 진정한 재생 에너지라고 할 수 있다. 수력 발전의 원리는 매우 간단하다. 강물이 흐르는 곳을 막아 댐을 만들면 많은 물이 고이고, 상류의 수위가 높아진다. 이때 수문을 열어 가두었던 물을 아래로 흘려보내면, 물이 빠른 속도로 흐르면서 회전 날개(터빈)를 돌려 전기를 만들어 내는 것이다. 수력 발전소는 값싼 전기를 대량으로 생산할 수 있으며, 발전 시설을 유지하는 비용이 적게 들고, 항상 안정적으로 에너지를 얻을 수 있다는 이점이 있다. 반면 수력을 이용하기 위해서는 물을 담는 용량이 큰 댐을 만들어야 하기 때문에 막대한 초기 비용이 드는 것은 물론이고, 생태계 파괴 등의 문제를 일으키기도 한다.

다목적 댐은 대량의 전기를 제공해 주지만, 주변의 생태계를 파괴하기도 한다.

사실 수력 발전의 원천은 태양이라고도 할 수 있다. 태양열은 바닷물을 증발시켜 대기 중에 수증기가 형성되도록 하며, 이 수증기는 높은 곳에서 찬 공기를 만나 응결하여 비가 되어 땅 위로 떨어진다. 이 빗물이 강으로 흘러들고 결국 댐에 모이는 것이다. 태양이 사라지지 않는 한 이같은 순환은 언제까지나 계속 될 수 있을 것이다.

조력 발전 역시 수력 발전처럼 물의 힘을 이용하여 에너지를 얻는 방법이다. 수력 발전이 물의 낙차를 이용한다면 조력 발전은 바닷물의 조수 간만의 차[3]를 이용하여 에너지를 만들어 낸다.

한편 태양을 통해 얻을 수 있는 또 다른 재생 에너지로 바이오매스(Biomass)를 들 수 있다. 바이오매스는 나무, 풀, 열매, 잎, 뿌리 등 광합성

---

3   달이나 태양 등의 인력에 의하여 해수면이 주기적으로 높아졌다 낮아졌다 하는 현상.

에 의해 생성되는 다양한 식물 자원과 이를 먹고 살아가는 동물 등의 생물 유기체를 말한다. 바이오매스를 발효시키거나 태워서 나오는 에너지를 바이오매스 에너지라고 한다. 바이오매스 에너지는 1차적으로 녹색 식물이 태양빛을 흡수하여 광합성 작용으로 만들어지기 때문에 그것이 생산하는 에너지 또한 '녹색 에너지'라고 부를 수 있다.

바이오매스는 크게 목재, 폐기물, 에너지 식물 등으로 나뉜다. 보통 땔감이라고 불리는 목재는 옛날부터 집 안을 따뜻하게 해 주는 난방용으로 사용되었다. 우리가 생활 속에서 만들어 내는 쓰레기도 바이오매스 에너지원이 될 수 있다. 가정, 가축, 산업 폐기물 등에서는 바이오 가스가 발생한다. 쓰레기, 퇴비[4], 구정물 등에 포함되어 있는 유기물은 썩는 과정에서 박테리아의 공격으로 천연가스인 메탄을 만들어 낸다. 또 이런 폐기물을 태울 때 발생하는 열로는 난방용 열과 전기를 생산할 수 있다.

'우드 펠릿(Wood Pellet)'은 목재를 가공할 때 나오는 톱밥을 압축하여 작은 원통 모양으로 만든 연료이다.

사탕수수에서 설탕으로 만들어지는 부분을 수확하고 남은 대를 모아 석탄과 함께 태워서 가동하는 발전소도 있다. 이렇게 씨앗이나 뿌리를 이용하여 액체 연료를 생산할 수 있는 식물을 '에너지 식물'이라고 한다. 예를 들어 유채는 바이오 디젤을, 밀과 사탕수수는 에탄올을 만드는 데 사용되며, 이러한 물질들은 주로 자동차의 연료로 사용되고 있다.

한 가지 기억해야 할 것은 바이오매스는 화석 연료와 마찬가지로 무한정 제공되는 것이 아니기 때문에 식물의 생장 속도에 맞춰 연간 생산량을 초과하지 않는 범위 내에서 이용해야 한다는 점이다.

---

4   풀, 짚 또는 가축의 배설물 따위를 썩힌 거름.

브라질에서는 1920년대부터 사탕수수에서 알코올을 추출하여 '바이오 에탄올'이라는 연료를 생산하고 있다.

● 1980년대 중반
덴마크와 미국에 첫 풍력 발전소가 세워지다.

또한 바이오매스를 재생 에너지라고 부를 수 있는지에 대해서도 아직 논의의 여지가 있다. 한 예로 브라질에서는 사탕수수에서 추출한 알코올이 연료로 많이 사용되는데, 문제는 이런 연료들은 열효율이 낮고, 재배할 때 화학 비료나 제초제, 농약 등을 사용하기 때문에 환경 오염의 위험이 있다는 것이다. 바이오매스를 태울 때 이산화탄소가 발생하기 때문에 화석 연료를 대신할 재생 에너지로서 적절하지 않다는 우려도 있다. 물론 이에 반대되는 의견도 있다. 바이오매스는 기본적으로 이산화탄소를 흡수하는 광합성 작용에 의해 생산되기 때문이다. 광합성을 할 때 흡수한 이산화탄소의 양만큼만 배출한다면 이산화탄소의 발생 비율은 0이 될 수도 있다.

인간이 오래전부터 에너지원으로 활용한 자연의 힘에는 바람의 힘도 있다. 풍력을 이용하여 바다를 항해할 수 있었고, 풍차로 기구를 작동시키기도 했다. 이러한 풍차의 원리를 활용해서 현대식 풍차를 만들어 전기를 생산하는 곳도 있다. 풍력 발전 역시 태양에 빚을 지고 있다. 바람은 태양에 의해 공기가 따뜻해지는 정도가 달라져서 생기는 현상이기 때문이다. 강한 전력을 얻기 위해서는 날개의 크기를 키우고 빠른 속도로 돌아갈 수 있도록 바람에 대한 저항력을 높여야 한다. 날개의 형태와 저항력에 관한 연구가 진전을 이루면서 풍력 발전을 통해 얻을 수 있는 전기의 양도 점점 늘고 있다.

최고의 재생 에너지는 **태양 에너지**

의식하지는 못하지만, 우리는 매일 태양열 난방을 이용하고 있다고 볼 수 있다. 매우 추운 겨울에도 햇볕이 잘 드는 집은 비교적 따뜻하다는 것을 떠올려 보면 쉽게 이해할 수 있을 것이다. 인류는 오래전부터 이런 방식으로 태양열을 이용해 왔고, 오늘날에는 고품질 친환경 건축을 통해 더 효율적으로 태양열 난방을 활용하고 있다. 이를 '수동적 태양열 난방'이라고 한다.

한편 '능동적 태양열 난방'은 커다란 집열판을 이용하여 열을 모으고, 이 열이 두꺼운 패널 안에 설치된 보일러관 속에서 순환하도록 하는 원리이다. 불과 몇십 년 전만 해도 기술적인 이유로 이용하는 데 어려움이 많았지만, 지금은 첨단 기술을 활용하여 견고한 기구를 손쉽게 설치할 수 있기 때문에 이용에 큰 문제가 없다. 물론 태양열 난방은 초기 설치 비용만 따지면 기존 난방 방식보다 비싼 편이라고 할 수 있다. 하지만 지속적으로 연료 구입 비용을 절약할 수 있기 때문에 여러모로 유리하다. 스웨덴이나 독일에서는 오래전부터 태양열을 이용하여 주택 단지에 난방과 온수에 필요한 열을 공급해 왔다. 이 지역의 주택들은 남쪽을 향한 지붕이 집열판으로 덮이도록 설계되어 있다고 한다.

최근에는 태양으로부터 열만 얻는 것이 아니라, 태양빛으로부터 직접 전기를 생산할 수 있는 기술도 개발되었으며, 이를 적극적으로 활용하기 위한 연구도 계속 이루어지고 있다.

재생 에너지만큼 중요한 것은?

2000년의 전 세계 에너지 소비량은 1950년에 비해 세 배가 증가했고, 2050년에는 지금의 두 배로 증가할 것이라고 한다. 그런데 문제는 에너

1988년
기후 변화에 대한 전문적 연구를 위해 유엔이 '기후 변화에 관한 정부 간 패널'을 기관으로 두다.

1992년
유엔 환경 개발 회의가 열리고, 정식으로 기후 변화에 관한 유엔 기본 협약이 이루어지다.

1997년
온실가스 감축 목표를 효과적으로 달성하기 위한 교토 의정서가 채택되다.

2015년
유럽 연합 소속 28개
나라가 2030년까지
온실가스 배출량을
1990년 대비 적어도
40퍼센트를 감축하기로
약속하다.

2050년
우리의 꾸준한 노력으로
에너지 사용량의 절반을
재생 에너지를 통해
얻게 되다.

지 소비량이 전 세계적으로 고르게 나타나지 않는다는 것이다. 예를 들어 미국인 한 명은 인도인 한 명보다 무려 열여섯 배 이상의 에너지를 소비하는 반면, 70억의 세계 인구 중 16억 명 정도는 아직 전기의 혜택조차 제대로 받지 못하고 있다. 이러한 불균형이 오래 지속되다 보면 결국 에너지를 둘러싼 치열한 싸움이 벌어질 것이다. 이미 세계 곳곳에서 에너지원을 차지하기 위한 심각한 분쟁이 일어나고 있다.

이제 여러분은 독일의 환경 수도 프라이부르크가 왜 기꺼이 '태양의 도시'가 되려고 했는지 알 수 있을 것이다. 무엇보다 여기서 가장 주목해야 할 것은, 오늘날의 프라이부르크가 있기까지 노력해 온 시민들의 모습이다. 환경 오염에 시달리는 도시를 살리기 위해 시민들이 환경과 에너지에 관심을 가지고, 그에 걸맞은 친환경 정책과 제도들을 마련했기 때문이다. 지금도 그곳 시민들은 적극적으로 에너지 절약에 나서고 있다.

환경을 지키기 위해서는 재생 에너지를 사용하는 것이 최선이지만, 한 사람 한 사람이 현재 우리에게 주어진 에너지를 똑똑하게 잘 이용하는 것이 우리가 지구를 위해 해야 할 의무임을 잊지 말아야 할 것이다. 전기를 아껴서 사용하고, 가까운 거리는 걷거나 자전거를 이용하는 것도 좋은 방법이다. 아울러 내가 살고 있는 지역에서 지금 이용하고 있는 재생 에너지에는 어떤 것이 있는지 알아보고, 앞으로 활용할 수 있는 재생 에너지에는 어떤 것들이 있을지 함께 생각해 보는 시간도 필요하다. 여러분의 관심이 지구의 미래를 결정할 수 있다는 것을 명심하시길.

지열 에너지

화산 분출 등에 의해 지구의 내부에서 외부로 나오는 열을 말한다. 온천이나 난방 등으로 주로 이용된다.

16

미국인 1명이 인도인 1명보다 무려 16배 이상의 에너지를 소비하고 있다.

녹색 에너지

석유, 석탄 등의 화석 연료와 달리 공해 물질을 배출하지 않는 깨끗한 에너지를 뜻한다. 태양열, 지열, 풍력, 수력 등의 재생 에너지를 흔히 녹색 에너지라고 한다.

신에너지

재생 에너지와 달리 자연 상태로는 얻을 수 없어 새로 만들어서 써야 하는 에너지를 신에너지라고 하며, 수소, 연료 전지, 석탄 액화 가스가 여기에 속한다.

재생 에너지

해양 에너지

파도를 이용하는 파력 에너지, 밀물과 썰물을 이용하는 조력 에너지, 좁은 해협의 조류를 이용한 조류 에너지 등이 있다.

생태 도시

독일의 프라이부르크는 태양열과 같은 재생 에너지를 이용하는 생태 도시이다.

기후 변화

화석 연료의 사용으로 대기 중 이산화탄소가 늘어나 기후 변화가 일어나고 있어 재생 에너지의 개발과 이용이 더욱더 중요해지고 있다.

'생태 도시'가
궁금하다면 **184쪽**

45

지금처럼 화석 연료를 소비한다면 석유는 45년 이후, 바닥이 날 것이라고 한다.

'기후 변화'가
궁금하다면 **88쪽**

소비를 조장함으로써 생산을 이어 가는 사회는
쓰레기 위에 세워진 사회이며,
그런 사회는 모래밭에 지은 집과 같다.

도로시 세이어스 지음, 《why work?》, 1942

새로운 모델이 나올 때 마다 바꾸는 스마트폰. 이전에 쓰던 스마트폰은 어떻게 처리될까?

국제 환경 협약

환경 오염

전자 폐기물 Electronic Waste

개념 사전   사용자가 쓰고 버린 낡고 수명이 다한 휴대 전화, 컴퓨터, 텔레비전, 냉장고 등 다양한 형태의 전기·전자 제품, 또는 그 전자 장비나 부품에서 나오는 쓰레기 등을 말한다.

전자 폐기물은 서구 선진국들이 주로 배출하며, 처리 비용을 절감하기 위해 중국, 아시아, 아프리카 등의 후진국에 몰래 수출해 국제적으로 문제를 불러일으키고 있다.

사용 예 "전자 폐기물은 재활용할 수 있도록 생산자에게 돌려보내는 것이 가장 좋은 방법이야!"

아무렇지 않게 전자 폐기물
더미에 앉아 부품을
분해하는 사람들

사람들이 검은 폐수와 악취 속에서 아무런 장비 없이 전자 폐기물들의 부품을 분해하고, 아이들은 그 쓰레기 더미 위에서 놀고 있다. 이미 오염으로 생활 터전이 망가져 쓰레기 처리 말고는 생계 수단이 없는 사람들이다. 그 지역에 들어온 전자 폐기물들은 대부분 태워지거나 땅에 묻혔다. 태울 때는 다이옥신 등의 발암성 유해 물질을 내뿜고, 땅에 묻으면 각종 중금속 성분이 흙과 물속으로 흘러 들어가 주민들을 병들게 했다. 병에 걸린 사람들은 돈이 없어 제대로 치료를 못 받는 형편이지만, 더 이상 갈 곳이 없어 이곳까지 왔기 때문에 달리 방법이 없다.

2010년 서울 환경 영화제[1]에서 상영된 영화 '중금속 인생'의 내용이다. 영화가 끝난 뒤 한 관객이 감독에게 물었다. 오염된 하천에서 목욕하는 사람들은 중금속 오염이 얼마나 해로운지 모르는 것이냐고. 그러자 그 지역 주민들과 적지 않은 시간을 함께 지냈던 감독이 이렇게 답했다.

"그 사람들도 이제는 중금속 오염이 얼마나 해로운지 잘 압니다. 하지만 어차피 그곳에서 흘러 나간 물을 다른 지역 사람들도 마시고 있고, 또 그 물로 농사를 지어 생산하는 채소나 곡식을 다른 동네 사람들이 먹기 때문에 결국 마찬가지라고 생각합니다. 오염된 그 지역에 사나 다른 지역에 사나 결국 모두가 오염된 물을 먹게 된다고 생각하는 거죠."

감독의 대답에 할 말을 잃은 관객들. 이런 끔찍한 일을 막을 수 있는 방법은 없을까?

1   환경 재단이 주최하는 '환경'을 화두로 삼는 테마 영화제. 2004년에 시작된 서울 환경 영화제는 환경에 대한 다양한 시각과 문제의식을 공유하는 한편 매년 세계 각국의 우수한 환경 영화를 발굴하고 소개해 왔다.

전자 폐기물이 매년 지구를 **한 바퀴** 돈다고?

전기·전자 제품이란 전류나 전자기장에 의해 작동되는 기계 또는 기구를 말한다. 텔레비전, 냉장고, 세탁기, 에어컨, 컴퓨터, 오디오, 휴대 전화, 프린터, 복사기, 팩시밀리 등 우리의 일상생활에서 자주 사용하는 것만 헤아려도 전기·전자 제품은 무척 많다. 과학 문명과 산업의 발달로 현대인들은 편리를 위해 지나치게 많은 물건들을 만들어 사용하고 있다. 잠시 우리의 일상을 한번 돌아보자. 알람 소리에 눈을 뜨면 형광등을 켜고, 냉장고에서 물을 꺼낸다. 아침 식사를 위해 전자레인지나 가스레인지 또는 오븐 등을 사용하고, 식사 후에는 커피포트로 물을 데워 차를 마시기도 한다. 아침에 일어나서 불과 30분이 채 지나기 전에 접하는 전기·전자 제품만 따져도 이 정도인 것이다.

이러한 전기·전자 제품이 쓸모가 없어져 버려진 것, 즉 사람의 생활이나 사업 활동에 더 이상 필요하지 않게 된 것과 거기서 나온 부품들을 모두 '전자 폐기물'이라 부른다.

2013년 기준 우리나라의 가구당 컴퓨터 보유율은 전체 가구의 78.2퍼센트이다. 집에서 사용하는 개인용 컴퓨터 말고도 학교나 도서관, 우체국, PC방, 기차역 등에서 사용하는 공용 컴퓨터까지 생각하면 1인당 1PC의 시대라 해도 과언이 아니다. 휴대 전화는 어떨까? 2014년 우리나라의 이동 전화 가입자는 5720만 7,957명으로 인구 100명당 113명꼴이다. 1990년 비하면 25년간 715배가 늘었고, 2000년과 비교해도 두 배가 늘었다. 통화 방식이 아날로그에서 디지털로 바뀌면서 갖가지 편리한 기능이 추가되고, 무선 인터넷이 가능한 단말기 보급이 확대되면서 가입자가 지속적으로 늘어난 것이다. 또 정보 산업이 빠른 속도로 발전하

19세기 초반
영국의 물리학자인 패러데이가 전기와 자기의 상호작용을 밝혀내다.

19세기 후반
발전기, 전동기, 전화기 등이 일상적으로 사용되다.

사회적 배경
산업이 발달하다.

1950년대
라디오, 텔레비전, 초고주파 통신, 전자 현미경, 컴퓨터 등이 보급되다.

사회적 배경
산업이 발달하여 환경 오염 문제가 심각해지다.

1980년대
반도체의 발달로 컴퓨터 산업에 혁신이 일어나다.

273

면서 MP3 플레이어나 디지털 카메라 등 새로운 전기·전자 제품들이 늘어나고 있다.

그런데 대형 냉장고가 대중화되거나, 디지털 텔레비전이 보급되거나, 첨단 컴퓨터 기종이 개발되거나, 차세대 휴대 전화 기종이 등장할 때마다 그때까지 우리 생활을 풍요롭게 해 주던 기존 전기·전자 제품들은 쓰레기, 즉 전자 폐기물로 전락하게 된다.

고장 나서 못 쓰게 된
것들일까, 최신형 기기에
밀린 것들일까?
컴퓨터 폐기물(왼쪽)과
휴대 전화 폐기물(오른쪽)

이렇게 버려진 전자 폐기물은 엄청난 양과 인체에 해로운 유독 성분 때문에 문제가 된다. 매년 지구에서 쏟아지는 전자 폐기물의 양은 약 5000만 톤에 이른다. 5000만 톤이라니, 와닿지 않는다고? 이것을 화물차에 실어 연결하면 지구를 한 바퀴 돌고도 남는 양이라고 하니 피부에 와닿지 않는 것이 당연하다. 우리 생활 속에서 가까이 접할 수 있는 각종 전기·전자 제품에는 약 1천여 종의 화학 물질이 들어있다고 한다. 그 중 절반은 유해한 화학 물질 또는 중금속이다. 컴퓨터나 텔레비전 한 대에 포함되어 있는 평균 납 함량은 2~4킬로그램 정도이고, 대부분의 전자 제품에는 납, 수은, 카드뮴, 6가 크롬 등의 중금속도 들어 있다.

환경 불평등이 만들어 낸 **이상한 마을**

그렇다면 우리 손을 떠난 전자 폐기물은 어디로 가게 될까?

약 5000만 톤에 이르는 전자 폐기물의 절반 이상은 중국이나 인도, 나이지리아와 같은 개발 도상국에 떠넘겨진다. 우리나라를 포함해서 일본이나 미국, 유럽 등의 선진국들은 배출된 전자 폐기물을 싼값에 처리하기 위해 개발 도상국에 불법으로 수출하고 있다. 선진국의 전자 폐기물은 지금도 기증이라는 이름으로, 또는 중고 전자 부품 등으로 교묘하게 위장되어 중국과 인도, 아시아 등지의 전자 폐기물 재활용 센터로 들어가고 있다. 수입 국가의 값싼 노동력과 느슨한 환경법을 악용하여 선진국에서 가난한 나라로 전자 폐기물이 떠넘겨지고 있는 것이다.

물론 폐기물을 직접 수출하는 것은 법으로 금지되어 있다. 1989년 스위스 바젤에서 이루어진 바젤 협약에서 전자 폐기물의 국가 간 이동을 금지시키고, 1995년 9월에 바젤 협약하의 '바젤 금지 조처(Basel Ban)'가 제안되었다. 하지만 20년이 지난 지금도 비준되지 않은 상태여서 공공연하게 전자 폐기물이 거래되고 있는 실정이다. 이렇게 수출된 전자 폐기물들은 영세한 재활용 업자들의 손에 들어가 열악한 처리장으로 옮겨진다. 이 폐기 과정에서 나온 중금속과 유독성 강한 화학 물질들은 그 지역뿐만 아니라 인근 지역까지 오염시키는 것은 물론이고, 그곳에서 일하는 사람들의 건강에도 심각한 영향을 미치고 있다.

각종 유해 폐기물로 인한 환경 오염을 막기 위해 활동하는 NGO 단체인 바젤 행동 네트워크(Basel Action Network)는 전자 폐기물의 국가 간 이동을 선진국이 가난한 나라 사람들에게 문제를 떠넘기는 '환경 부정의' 행위로 규정했다. 또한 전자 폐기물 문제의 심각성이 드러나면서

1989년
스위스 바젤에서
바젤 협약이 체결되다.

1990년대
개인용 컴퓨터의 가격이
떨어지고 성능이
좋아지면서 정보화
사회에 들어서다.

사회적 배경
빠른 속도로
산업이 발달하다.

1994년
우리나라가 바젤 협약에
가입하다.

2001년
바젤 행동 네트워크의
환경 운동가 짐 퍼켓이
중국 광둥성의 구이유
지역을 찾아 가난한
나라에 버려지는
전자 폐기물 실태를
확인하다.

275

구이유의 어린이가
전자 폐기물 더미에
앉아 있다.

그린피스를 비롯한 국제단체들이 현지 조사에 나섰다. 그리고 산터우 대학교 의과대학의 훠샤 교수가 중국 광동성의 구이유 지역 주민들의 건강 조사 결과를 발표했다. 구이유는 '세계 전자 폐기물의 수도'라고 불릴 정도로 서구 사회의 전자 폐기물이 대량으로 버려지는 곳이다. 건강 조사 결과에 따르면 아이들의 면역력이 많이 떨어지고, 혈액이 굳는 병인 혈전증은 일반 생활 쓰레기를 처리하는 곳보다 2배 이상 높게 나타났다.

그런데 이상하게도 현지에서 만난 주민들은 스스로 건강에 전혀 이상이 없다고 말했다. 자신들이 처리하는 쓰레기가 위험하고 건강에 해롭다는 것을 알면서도 다른 나라의 전자 폐기물이 들어오면서 땅이 심각하게 오염되어 더 이상 농사를 지을 수 없게 된 사람들에겐 그 쓰레기가 유일한 생계 수단이었기 때문이다. 주민들의 건강을 걱정하는 국제단체 사람들도 지역 주민들에게 당장 생계를 포기하고 위험한 쓰레기 처리를 그만두라고 강요할 수는 없는 일이었다.

환경은 이렇게 가난한 사람들에게는 폭력이 되기도 한다. 만들고 사용하는 사람과 쓰레기를 처리하는 사람이 다르다 보니 환경 부정의, 즉 환경 불평등이 생기는 것이다. 사용하는 사람들은 처리 문제에 대해 무책임한 태도를 보이고, 그 피해는 모두 가난한 사람들에게 간다. 대부분 가내 수공업 수준의 시설에서 원시적인 방법으로 폐기물을 처리하기 때문에 온갖 유해 물질은 강과 바다, 땅과 공기를 오염시키고 주민들의 건강에 영향을 미치면서 오랫동안 사라지지 않고 생태계 안에서 돌고 돈다. 앞으로 점점 더 많은 전자 폐기물들이 버려지게 될 테니, 우리의 공기와 땅, 물은 점점 더 오염될 것이다.

● 2010년
서울 환경 영화제에서
전자 폐기물의 폐해를
담은 '중금속 인생'이
상영되다.

276

전자 폐기물을 줄여라!

쓰레기 문제를 해결하려면 쓰레기를 줄이는 것이 상책이다. 그렇다면 전자 폐기물을 줄이기 위해서 어떻게 해야 할까? 가장 근본적인 방법은 만들 때부터 폐기물을 덜 발생시키고, 덜 해로운 제품을 만드는 것이다. 또한 생산자들이 수명이 다한 전기·전자 제품을 회수해서 재활용하면 전자 폐기물의 양을 최대한 줄일 수 있다. 재활용은 지구 전체의 자원이 순환되는 시스템을 만들어 오염을 크게 줄일 수 있기 때문에 국제단체들이 적극적으로 권유하는 방법이기도 하다. 물론 재활용이 잘 이루어지려면 제도적인 노력이 뒷받침되어야 한다.

전문가들은 재활용 산업이 전 세계적으로 발전해 많은 기업들이 투자할 것이라고 내다보고 있다. 미국 〈타임〉지가 2010년에 발표한 앞선 기업들이 이끄는 주목할 만한 녹색 기술 20선에도 전자 폐기물 재활용 산업이 포함되었을 정도로 유망한 업종이다. 그런데 전자 폐기물의 회수율이 높더라도 재활용 기술이 없으면 아무 소용이 없다. 따라서 처리 방법이 까다롭고 유해 물질이 발생하는 전자 폐기물을 재활용하기 위한 기술 개발이 매우 중요한 시점이다.

현명한 소비자라면? 덜 쓰고 덜 버리기!

폐기물을 재활용하는 것에도 한계가 있다. 종이를 재활용 할 때에도 각종 에너지와 화학 약품이 필요한 것처럼 재활용을 위해서는 또 다른 자원이 필요하고, 재활용하는 과정에서 또 다른 폐기물이 생기기 때문이다. 따라서 환경을 지키는 가장 효과적인 방법은 덜 쓰고 덜 버리는

2010년
미국 〈타임〉지가 주목할 만한 녹색 기술 20선에 전자 폐기물 재활용 산업이 포함된다고 발표하다.

277

● **2014년**
우리나라의 이동 전화
가입자 수가 5720만
7,957명에 이르다.

● **현재**
멀쩡한 휴대 전화를
놔두고 최신 스마트폰이
갖고 싶을 때, 자신에게
지금 당장 꼭 필요한
물건인지 한 번 더
▼ 생각해 보기로 하다.

것이다. 새 컴퓨터, 최신 기종의 핸드폰을 원한다면 다시 한 번 생각해 보자. 업그레이드해서 사용할 수는 없는지, 수리해서 쓸 수는 없는지, 나 말고 다른 사람이 필요로 하는 물건은 아닌지…….

꼭 필요해서 사야 하는 물건이 있다면 현명한 소비자의 눈으로 제품을 살펴보자. 새 제품을 구입할 때 오염 물질을 어느 정도 발생시키는 제품인지, 에너지 소비가 적은 제품인지, 고장 나거나 수명이 다 됐을 경우 제품의 처리 과정은 어떤지, 친환경 기업에서 만든 제품인지 등을 꼼꼼히 살펴보아야 한다.

그리고 마지막으로 정말 어쩔 수 없는 상황이라면 어떻게 버리는 게 좋을지, 회수하는 곳은 없는지도 고민해 보아야 한다. 전자 폐기물을 배출하는 방법에는 세 가지가 있다. 첫째는 구청 등 지방 자치 단체에 배출 수수료를 내고 표지를 받아 붙인 뒤 버리는 방법이다. 둘째는 새로운 제품을 구입할 때 판매 대리점에 무상으로 회수해 줄 것을 요청하는 방법이다. 셋째는 재활용 가게나 재사용 업자들에게 수리나 재판매를 요청하는 방법이다. 세 가지 방법이 다 어려울 경우에는 제품 생산자에게 연락하면 된다. 보상 회수나 수거 서비스가 제공되는 경우가 의외로 많다.

모든 환경 문제가 그렇지만, 특히 전자 폐기물의 문제는 생산자인 기업과 소비자인 시민이 함께 노력해야만 해결되는 문제임을 잊지 말자.

아무 생각 없이 제품을 바꾸기 전에 한 번 더 지구를 생각하자!

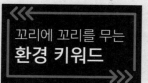

꼬리에 꼬리를 무는
환경 키워드

바젤 협약

1989년 3월, 스위스 바젤에서 세계 116개 나라의 대표가 참석한 가운데 채택되어 1992년 5월 5일에 발효된 조약으로, 유해 폐기물이 국제적 이동하는 것을 통제·규제하는 것이 주요 목적이다.

환경 부정의

소득 차이, 공간 배치, 기후 변화, 연령, 성별 등에 따라 환경 피해의 불평등이 존재한다는 개념이다.

50,000,000

매년 전 세계에서 쏟아져 나오는
전자 폐기물의 양은
약 5천만 톤에 이른다.

전자 폐기물

중금속 오염

중금속으로 인한 수질, 토양, 대기, 식품 등의 오염을 말한다. 중금속은 아주 적은 양이라도 우리 몸속의 단백질에 쌓여 오랜 시간에 걸쳐 부작용을 나타내기 때문에 매우 위험하다.

환경 정의

전자 폐기물로 인한 환경 부정의는 공평한 환경을 추구하는 환경 정의에 반대되는 개념이다.

1,190

전문가들은 2020년이면 전자 폐기물이 1,190만 톤에 이를 것이라 예상한다.

200

2017년까지 엠파이어 스테이트 빌딩 200채에 맞먹는 무게의 전자 폐기물이 버려질 것이라고 한다.

'환경 정의'가
궁금하다면 **350쪽**

"Everyday is Earth day!"
지구의 날은 4월 22일 하루가 아닙니다.
어제도 오늘도 그리고 내일도 지구의 날입니다.

지구의 날 홈페이지

그린워시

침묵의 봄

환경 오염

지구의 날 Earth Day

개념 사전 지구의 환경 오염 문제가 심각하다는 것을 알리기 위해서 자연 보호자들과 환경 운동가들이 정한 자연환경 보호 기념일이다.

매년 4월 22일이 지구의 날이다. 1970년, 미국에서 시작되었으며, 1990년에 미국 환경 보호 단체들의 제안으로 세계 150여 개 나라로 확대되었다. 우리나라에서도 1990년 이래 전국 각 지역별로 '차 없는 거리' 등 대규모 환경 캠페인과 행사를 진행해 오고 있다.

사용 예 "매년 지구의 날엔 차 없는 거리 행사가 열린대. 우리 같이 갈래?"

1969년
미국 캘리포니아 주
샌타바버라에서 기름
유출 사고가 발생하다.

1970년
넬슨과 헤이즈(아래)가
매년 4월 22일을
'지구의 날'로 정하다.

1969년 1월 28일 캘리포니아 주 샌타바버라 인근 바다가 검은 눈물을 흘렸다. 정유 회사에서 원유 시추[1] 작업을 하던 중 시설이 파열되면서 약 10만 배럴의 원유가 쏟아져 나온 것이다. 그때까지만 해도 공장의 굴뚝은 성장의 상징으로 여겨질 만큼 환경에 대한 인식이 사회적으로 크지 않았다. 우리나라만 보더라도 경제 개발 5개년 계획을 중심으로 급격한 고도성장이 진행되던 시기였다. 그런데 이 사건을 계기로 큰 변화가 생겼다. 당시 이 원유 유출 사고를 목격한 미국 상원 의원이었던 게일로드 넬슨(Gaylord Anton Nelson)과 대학생이었던 데니스 헤이즈(Denis Hayes)가 함께 다음과 같은 선언문을 발표했다.

…… 이윤 추구가 최대의 목표인 이 사회에서 환경은 보전되어야
할 궁극적 가치가 아니라 다만 기업의 이윤을 위한 소모품으로 전락
해 버렸다. 기업들은 엄청난 공해 물질을 배출하면서도 그 처리에는
무책임하고 무감각하다. …… 이제 우리는 '하나뿐인 지구'를 파멸로
부터 구하기 위해 새로운 생활 자세를 가지고 지구 상의 모든 나라,
모든 민족과 더불어 강력한 연대를 구축해야 한다. ……

그렇게 지구를 위한 '지구의 날'이 생겨났다.

모두에게 환경 문제를 일깨워 준 **지구의 날**

1970년 4월 22일, 뉴욕 센트럴 파크에 60만 명의 시민들이 모여들었다. 그리고 2000만 명의 시민들이 거리, 공원, 강당에 나가 환경 보호를

---

1   지하자원을 탐사하거나 지층의 구조나 상태를 조사하기 위하여 땅속 깊이 구멍을 파는 일.

위한 시위와 캠페인[2], 환경 집회에 참여했다. 자발적인 토론회도 열렸고, 환경을 주제로 한 연설에 참여하기도 했다. 놀라운 것은 빈민과 부유층, 도시와 농촌 사람들, 진보당원에서 보수당원에 이르기까지 전 계층이 이 지구의 날 행사에 함께했다는 사실이다. 한창 미국의 학생들이 전쟁 반대 운동에 몰두하고 있었던 데다가 기름 유출 사고 이후 시민들이 환경 문제에 관심을 가지기 시작하던 시기여서 환경 보호를 위한 행동에 참여하는 것이 하나의 흐름이 되었다.

이렇게 첫 번째 지구의 날 행사가 열린 뒤 미국 환경 보호청이 생겨나고, 청정 공기·청정 수질·멸종 위기 생물에 대한 법 제정 관련 논의가 시작되었다. 그리고 20년 뒤인 1990년에는 지구의 날이 세계적인 캠페인으로 확대되어 141개 나라, 2억 명의 사람들이 전 세계 곳곳에서 함께했다. 특히 1990년 지구의 날은 재활용 운동에 큰 힘이 되었고, 1992년에 브라질 리우데자네이루에서 열린 유엔 환경 개발 회의에도 큰 영향을 미친 것으로 평가된다. 현재 지구의 날은 전 세계 150여 개 나라가 참여하는 세계적인 시민운동으로 확산되어 많은 나라에서 매년 4월 22일을 지구의 날로 지정하고, 이를 기념하는 활동들을 벌이고 있다.

우리나라에서 지구의 날 행사가 시작된 것도 1990년이다. '이 땅을, 이 하늘을, 우리 모두를 살리기 위해'라는 구호 아래 '하나뿐인 지구, 하나뿐인 국토, 하나뿐인 생명'을 주제로 남산 백범 광장에서 첫 번째 지구의 날 행사가 열렸다. YMCA와 YWCA, 공해 추방 운동 연합(현 환경 운동 연합), 천주교 정의 평화 위원회, 한살림 등 여덟 개 단체가 공동으로 이 행사를 추진했다. 이렇게 시작된 지구의 날 캠페인은 매년 각 지

사회적 배경
환경 오염의 심각성이
전 세계적으로 확산되다.

---

2   사회·정치적 목적 등을 가지고 조직적이고, 지속적으로 행하는 운동.

역별로 '차 없는 거리' 행사와 더불어 그 해의 중요한 환경 이슈를 중심으로 시민들이 참여하는 한마당으로 이어지고 있다.

지구를 위해 꼭 기억해야 할 특별한 환경 데이!

'지구의 날' 말고도 전 세계적으로 환경 보호를 위한 다양한 환경 기념일이 지정되었다. 모두 환경의 중요성을 기억하고 실천하자는 취지에서 만들어진 날들이다.

먼저 2월 2일은 '세계 습지의 날'이다. 습지는 새들과 다양한 생물이 살아가는 생태계의 보물 창고이기 때문에 습지를 보호하는 일은 한 나라만의 일이 아니다. 1971년 2월 2일, 이란의 람사르에 모인 세계 여러 나라 대표들은 국제적으로 중요한 습지를 보호하기로 약속했다. 이것이 수자원 보호, 습지의 현명한 이용, 생물종의 다양성 보호에 관한 내용을 담고 있는 '람사르 협약'이다. 2015년을 기준으로 이 협약에 가입한 나라는 168개국이며 2,192개의 습지가 람사르 지역으로 지정되어 보호받고 있다. 우리나라에도 강원도 인제군의 대암산 용늪, 경상남도 창녕군의 우포늪, 전라남도 신안군의 장도 습지, 전라남도 순천만과 보성의 벌교 갯벌, 제주도 서귀포의 물영아리 오름 등 열아홉 곳이 람사르 협약에 따라 보호 습지로 지정되었다. 람사르 협약이 체결된 지 25년이 지난 1996년부터 세계 습지의 날을 지정하여 기념하고 있다.

3월 22일은 '세계 물의 날'이다. 아프리카의 어린이들은 물을 얻기 위해 다섯 시간 떨어진 곳까지 걸어가야 한다. 워낙 비가 적게 내리는 데다가 수도 시설도 없기 때문이다. 물이 부족한 것도 문제지만 오염된 물

2006년에 람사르 습지에
등록된 제주도 물영아리 오름

때문에 설사, 장티푸스, 이질, 콜레라 같은 전염병에 걸려 죽는 어린이들이 1년에 수백만 명이 넘는다. 지금도 8초마다 한 명의 어린이가 깨끗한 물이 없어서 죽어 가고 있으며, 다른 생물들도 물이 없어서 죽거나 병들고 있다. 세계 물의 날은 물 관리의 중요성을 일깨우기 위해 1992년 유엔 환경 개발 회의에서 건의되어 1993년부터 시작되었다.

5월 22일은 '세계 생물종 다양성 보존의 날'이다. 지구 상에는 적게는 1천만 종에서 많게는 1억 종의 생물들이 살고 있다고 한다. 이토록 많고 다양한 지구의 생물들은 하나하나가 다 소중하며, 다양하게 존재할수록 지구 전체가 건강해진다. 그런데 최근 50년 간 조류의 8분의 1, 포유류의 4분의 1, 침엽수의 3분의 1, 양서류의 3분 1 정도가 멸종 위기에 처했다. 지금도 15분마다 한 종씩 사라지고 있는 셈이다. 유엔 환경 개발 회의에서는 지구 곳곳의 환경 훼손을 막고, 다양한 생물종이 멸종되지 않도록 생물 다양성 보존 협약을 발표하고, 이를 기념하기 위해 '세계 생물종 다양성 보존의 날'을 지정했다.

6월 5일은 '세계 환경의 날'이다. 1972년 6월 5일, 스웨덴 스톡홀름에서 '하나뿐인 지구(Only One Earth)'라는 주제로 인류 최초의 세계적인 환경 회의인 '유엔 인간 환경 회의'가 열렸다. 전 세계 113개 나라와 국제기구 세 곳, 257개의 민간 단체가 참여했다. 이 회의의 결과로 '유엔 인간 환경 선언'이 채택되었고, 개막일인 6월 5일은 세계 환경의 날로 지정되었다. 우리나라도 1996년부터 매년 6월 5일을 법정 기념일로 정하고, 환경부와 지방 자치 단체, 민간 단체, 경제 단체가 공동으로 주최하여 환경 보전 의식 향상과 실천을 위한 행사를 진행한다. 세계 환경의 날은 지구를 위한 각 개인의 노력이 하나의 힘을 일으킨다는 의미로 '사람들의 날'이라고도 한다.

1972년
스웨덴 스톡홀름에서 열린 유엔 인간 환경 회의에서 '세계 환경의 날'이 제정되다.

1990년
우리나라에서 처음으로 '지구의 날' 행사를 펼치다.

6월 17일은 '사막 방지의 날'이다. 1994년 제49차 유엔 총회에서 사막화 방지 협약이 채택된 6월 17일을 기념하여 지정된 날로, 해마다 엄청난 면적의 토지가 사막으로 변하고 있다는 위기의식에서 시작되었다. 심각한 가뭄과 사막화를 겪고 있는 나라들은 사막화를 막기 위해 "땅의 힘을 살리면 생명도 강해진다!"라는 구호를 내걸었다. 우리나라도 1999년 세계에서 156번째로 이 사막화 방지 협약에 가입했다.

이 날들 말고도 특정 환경 문제가 심각해질 때마다 다양한 환경 기념일들이 생겨났다. 1994년, 해안 매립과 오염물 배출 등에 의해 바다 자원이 고갈되는 것을 막기 위해 5월 31일을 '바다의 날'로 지정하였으며, 8월 22일은 '에너지의 날'이다. 2003년 8월 22일 우리나라 전력 소비가 역대 최고치를 기록한 것을 계기로 환경 단체인 에너지 시민 연대가 지정한 날이다. 9월 16일은 1970년대 초 과학자들이 오존층이 파괴되고 있다는 사실을 발견한 것을 계기로, '세계 오존층 보호의 날'로 정했다. 또한 4월 29일은 '골프 없는 날', 9월 22일은 '세계 차 없는 날', 10월 16일은 '화학조미료 안 먹는 날', 매해 11월 마지막 주 토요일은 '아무것도 사지 않는 날', 12월 11일은 '세계 산의 날' 등으로 기념하여 지키고 있다.

여러분도 '나무젓가락 안 쓰는 날', '샴푸로 머리 감지 않는 날', '쓰레기 줍는 날', '아무것도 버리지 않는 날' 등 친구들과 함께 특별한 환경 데이를 만들어 보면 어떨까? 지구의 건강을 위해, 여러분의 의미 있는 삶을 위해 그리고 다음 세대가 환경 문제로 고통받지 않게 하기 위해!

1992년
유엔 총회에서 '세계 물의 날'이 제정되다.

1994년
유엔 사막화 방지 회의에서 '사막 방지의 날'이 제정되다.

1994년
유엔 해양법이 발효되고, '바다의 날'이 제정되다.

1996년
람사르 회의에서 '세계 습지의 날'이 제정되다.

현재
세계적으로 열리는 각종 환경의 날도 지키고, 나만의 환경 데이도 만들어 지구 사랑을 실천하기로 다짐하다.

유엔 인간 환경 선언

유엔 인간 환경 회의에서 채택된 선언문으로, 환경을 지켜야 하는 필요성과 원칙을 정해 놓았다. '스톡홀름 선언'이라고도 한다.

세계 환경의 날

1972년 6월 5일, 스웨덴 스톡홀름에서 열린 유엔 인간 환경 회의를 기념하여 정한 날이다. 전 세계적으로 환경 문제 인식과 환경 보호를 위한 움직임을 불러일으키기 위해 제정되었다.

200,000,000

1990년 지구의 날에는 2억 명의 사람들이 세계 곳곳에서 지구의 날 행사를 벌였다.

데니스 헤이즈

미국의 환경 운동가(1944~). 1970년 4월 22일, 게일로드 넬슨과 함께 현대 환경 운동의 시작이 된 지구의 날을 만들었다.

지구의 날

1990

1990년, 우리나라에서 처음으로 지구의 날 행사가 시작되다.

환경 운동 연합

유엔 환경 개발 회의 참석 이후 공해 문제 연구소를 비롯한 전국 여덟 개 환경 단체를 통합하여 1993년 4월에 설립된 환경 단체이다.

환경 NGO와 환경 운동

지구의 날을 계기로 환경 운동이 전 세계적으로 활발해졌다.

'환경 NGO와 환경 운동'이 궁금하다면 **370쪽**

생물종과 생태계를 구할 시간은 아직 있다.
그러한 작업은 지속 가능한 발전을 이루기 위한 필수 조건이다.
우리가 그렇게 하지 못한다면 후세가 용서하지 않을 것이다.

세계 환경 발전 위원회 지음, 홍성태 옮김, 《우리 공동의 미래》, 새물결출판사, 2005, p. 253

지구를 죽이는 발전?

지구를 살리는 발전?

국제 환경 협약

보존과 보전

생태 도시

지속 가능 발전 Sustainable Development

개념 사전 **미래 세대의 욕구를 충족시킬 수 있는 능력을 위태롭게 하지 않으면서 현 세대의 욕구를 충족시키는 발전을 뜻한다.**

1987년, 세계 환경 발전 위원회가 자원이 유한한 지구에서 인간이 생존하기 위해 나아가야 할 방향으로 제시한 개념이다. 지금 나만 잘살기 위해 자연자원과 환경을 마구잡이로 파괴하면서 발전할 것이 아니라, 나보다 상황이 열악한 사람들도 어려움 없이 살 수 있도록 배려하고, 더불어 아직 태어나지 않은 후손들의 삶까지 생각하면서 발전의 방향을 잡아야 한다는 뜻이다.

사용 예 "나뿐만 아니라, 다른 사람, 다른 생물을 생각하는 마음을 갖는 것이 지속 가능 발전의 시작이지."

1972년 6월, 스웨덴의 수도 스톡홀름에서 환경 문제를 해결하기 위한 '유엔 인간 환경 회의'라는 국제회의가 열렸다. 이 회의에서 영국의 경제학자이자 작가인 바버라 워드(Barbara Ward)는 환경의 제약을 고려하지 않고서는 경제 발전을 지속하는 것이 불가능하다면서 '지속 가능성'이라는 표현을 사용하였다. 그 뒤로 환경과 관련한 여러 회의에서 '지속 가능성' 또는 '지속 가능한 삶의 질'이라는 말이 등장했다.

1982년, 케냐 나이로비에서 열린 유엔 환경 계획에서는 환경 보호뿐만 아니라 선진국과 개발 도상국 사이의 경제적 발전 차이를 고려하기 시작했다. 그리고 그 차이에서 생겨나는 문제들을 해결하고, 함께 고민하기 위해 세계 환경 개발 위원회를 설치했다. 마침내 1987년, 환경과 개발을 위한 세계 위원회는 '지속 가능 발전'의 개념이 담긴 보고서, 〈우리 공동의 미래〉를 발표했다.

산업이 발전할수록 늘어 가는 **지구의 한숨**

● **18세기**
영국에서 산업 혁명이
시작되다.

◉ **사회적 배경**
  유럽과 북아메리카를
중심으로 화석 연료를
사용하는 산업이 폭발적
으로 발전하다.

과학 기술이 발전하고, 산업이 발달할수록 인간은 풍성한 먹을거리를 맛보고, 편안하고 쾌적한 집에서 살고, 더 멋진 옷을 걸칠 수 있었다. 또한 교통과 통신이 발달하면서 전 세계가 더 가깝게 연결되었고, 시장도 훨씬 넓어졌다. 인간의 능력은 끝이 없어 보였고, 사람들은 앞으로 점점 더 좋은 세상이 펼쳐질 것이라고 생각했다.

하지만 산업 발전과 동시에 공기가 나빠졌고, 물은 오염됐으며, 자원은 점점 부족해졌다. 뒤늦게 자신들에게 닥친 문제를 알아챈 사람들은 환경 문제를 어떻게 이해하고, 해결해야 하는지 의견을 내놓기 시작했다. 지구에는 한계가 있기 때문에 반드시 환경 문제를 걱정해야 한다는 주장이 있는가 하면, 인간의 능력으로 모든 문제를 해결할 수 있으니 걱정할 것 없다는 주장도 있었다. 환경 문제는 전문가들끼리 알아서 해결하라는 사람들이 있는가 하면, 모든 사람들이 참여해서 해결해야 한다는 사람도 있었다. 다른 경제 문제처럼 환경 문제 역시 시장에 맡기면 저절로 해결될 것이라는 목소리도 나왔다. 이처럼 환경 문제에 대한 의견이 하나로 모아지지는 않았지만, 선진국을 중심으로 이제 환경을 생각해서 개발을 자제해야 할 때가 됐다는 이야기가 흘러나왔다.

하지만 선진국에서 깊이 고민하지 않은 것이 있었다. 선진국이 발전하기까지 개발이 늦은 나라들로부터 수없이 자원을 빼앗아 왔으며, 결국 환경 문제를 일으킨 주범이 자신들이라는 사실이었다. 아직도 아시아나 아프리카의 여러 나라에는 굶주림과 질병, 질 낮은 생활 환경으로 고통받는 사람이 많다. 게다가 그들의 경제는 더 발전할 필요가 있다.

지속 가능 발전으로, 모두가 평등하게!

환경 문제도 해결해야 하지만, 개발 도상국의 현실도 무시할 수 없는 상황에서 〈우리 공동의 미래〉에 제시된 지속 가능 발전은 무엇을 의미하는 걸까?

지속 가능 발전은 '미래 세대의 욕구를 충족시킬 수 있는 능력을 위태롭게 하지 않으면서 현 세대의 욕구를 충족시키는 발전'을 뜻한다. 다시 말해서 현재 지구에서 함께 살아가는 사람들과 앞으로 태어날 후손들 모두가 골고루 잘살 수 있도록 자원을 사용하고, 환경을 건강하게 유지

1962년
레이첼 카슨이 자신의 책 《침묵의 봄》에서 산업 발전의 어두운 면인 환경 문제를 널리 알리다.

1972년
스웨덴 스톡홀름에서 환경 문제 해결을 위한 최초의 국제회의인 유엔 인간 환경 회의가 열리다.

1987년
세계 환경 개발 위원회가 〈우리 공동의 미래〉를 통해 지속 가능 발전의 개념을 발표하다.

해야 한다는 뜻이다.

많은 나라가 이러한 지속 가능 발전에 동의하며 구체적인 실천 계획을 세우기로 했다. 먼저 1992년 6월, 브라질에서 열린 유엔 환경 개발 회의에서는 지속 가능 발전을 시행하기 위한 구체적 규범인 '의제 21'을 만들어 발표했다. 우리나라도 이 규범을 지키겠다는 약속을 했고, 지역의 자연환경을 보전하기 위한 활동을 비롯해서 생태적인 관광을 위한 계획들, 살기 좋은 마을을 만들기 위한 주민들의 노력 등 전국 각지에서 이와 관련된 다양한 사업을 벌이고 있다. 2002년, 남아프리카공화국의 요하네스버그에서는 '지속 가능 발전을 위한 세계 정상 회의(WSSD)'가 열렸다. 이 회의에 모인 나라들은 지구 전체가 자연환경의 건강함을 추구하면서 그에 못지않게 경제도 고려하고, 사회적으로 부자와 가난한 사람의 차이를 줄여 평등하게 발전해야 한다는 데 합의했다.

● 1992년
유엔 환경 개발 회의에서 환경 문제 해결 방안인 '의제 21'이 채택되다.

● 2002년
지속 가능 발전에 관한 세계 정상 회의에서 선진국과 개발 도상국의 경제적 발전 차이를 줄이기로 합의하다.

자원도 기술도 **적정하게!**

미래 세대도 우리 세대도 모두 다 잘 살려면 미래 세대가 쓸 자원을 남겨 두고, 그들이 깨끗한 환경에서 살 수 있도록 지나친 개발을 억제해야 한다. 하지만 무조건 개발을 하지 못하게 하는 것도 문제이다. 현재 지구촌의 가장 큰 문제 중 하나가 선진국은 지나치게 잘사는 반면 남아메리카, 아프리카 등의 제3세계 국가들은 가난에 허덕이는 '부의 불균형'이다. 이렇게 현실적인 차이가 있는데도 무조건 똑같이 모두 개발을 자제하자고 한다거나, 환경을 위해서 더 이상 개발을 하지 말자고 강요하는 것은 문제가 있다. 개발은 지역의 상황에 따라서 추진되기도, 멈추기도 해야 한다. 기술 개발도 마찬가지이다. 무조건 첨단 기술을 개발하는 것이 능사는 아니다. 지구와 인류가 오랫동안 생존할 수 있는 기술, 각 지역의 필요에 딱 맞는 기술이 개발되어야 하고, 그 기술로 지구의 모든 사람이 골고루 만족스럽게 살 수 있어야 한다. 전기가 부족한 지역에서 전기 없이도 낮은 온도에서 음식물을 보관할 수 있는 항아리 냉장고를 개발한다든가, 깨끗한 물이 부족한 지역 사람들을 위해 가지고 다닐 수 있는 휴대용 정수기(Life Straw)를 개발한다든가 하는 것은 그 지역 사람들의 삶을 고려한 '적정 기술'이라고 할 수 있다.

전기 없이도 온도를 낮게
유지하는 항아리 냉장고

선진국에서는 지금까지와 같은 발전을 멈추고, 생활 속에서 환경 오염을 최소한으로 줄여야 한다. 개발하더라도 환경에 부담을 덜 주면서 편리한 삶을 살 수 있는 쪽으로 방향을 바꿔야 한다. 그리고 동시에 개발 도상국 사람들의 삶의 질은 높여야 한다. 그것이 곧 지속 가능 발전이다. 중요한 것은 전 세계가 일률적으로 산업을 발전시키느냐 멈추느냐 하는 문제가 아니라, 전 세계가 고르게 잘 살 수 있도록 자원과 기술이 분배되느냐 마느냐 하는 것이다.

황금알을 낳는 거위, 지혜롭게 이용하기

한 부부가 매일 황금알을 하나씩 낳는 거위 한 마리를 가지고 있었다. 황금알을 팔아 살림이 넉넉해지자 마을 사람들은 그들을 부러워했지만, 부부의 욕심은 더 커져 갔다. 황금알을 한 번에 많이 갖고 싶었던 것이다. 결국 부부는 거위의 배를 갈랐고 이 이야기의 결말은 여러분 모두 잘 알 것이다.

만약 부부가 황금알을 낳는 거위를 갖고 있다는 사실에 감사하고, 자신뿐만 아니라 이웃들을 위해서도 그 행운을 사용했다면 이야기가 어떻게 바뀌었을까? 부부가 거위의 배를 가르지 않고 계속 잘 키워서 자식들에게 물려줬다면 어땠을까? 우리에게 주어진 자연환경을 황금알을 낳는 거위라고 생각해 보자. 지속 가능 발전은 이렇게 황금알을 낳는 거위를 감사하게 생각하고, 나와 이웃, 그리고 내 자손들이 모두 함께 잘 살 수 있도록 하자는 것이다. 자연과 오랫동안 좋은 관계를 맺는 것이야말로 지혜로운 삶의 자세이다.

자, 지금까지 설명한 '지속 가능 발전'이란 개념이 마음에 드시는지? 일부에서는 이 개념을 비판하기도 한다. 말만 살짝 바꿨을 뿐이지, 결국은 계속 발전하자는 얘기라는 것이다. 지구는 이미 더 이상 지탱할 수 없을 정도로 심각한 상황인데 말이다. 일리 있는 비판이다. 중요한 것은 '발전'을 어떻게 해석하느냐에 달려 있다. 건물을 높이 올리고, 사람들이 더 편리하게 살도록 하는 것을 발전이라고 한다면, 비판자들의 걱정이 맞다. 하지만 지금까지와는 다르게 눈에 보이는 성장이 아니라, 소박하지만 삶의 질이 풍성해지도록 하는 것을 발전이라고 한다면, 그것은 바람직한 발전일 수 있다.

지속 가능 발전은 바람직한 발전을 추구한다. 사실 그것은 선택의 문제가 아니라, 반드시 나아가야 하는 방향이기도 하다. 그렇지 않으면 다음 세대가 우리를 용서하지 않을 테니 말이다.

● 현재
나와 우리 가족을 벗어나 이웃과 지구 마을 사람이 모두 행복할 수 있는, 환경을 지키기 위한 행동들을 실천하기로 약속하다.

꼬리에 꼬리를 무는
환경 키워드

우리 공동의 미래

환경과 개발에 관한 세계 위원회가 1987년 발표한 보고서의 이름으로, 지속 가능 발전의 개념이 담겨 있다.

적정 기술

꼭 필요한 곳에 적은 비용으로 쉽게 구할 수 있는 재료를 사용해 만든 기술을 뜻한다. 기술과 디자인의 혜택에서 소외되어 다양한 문제를 겪는 사람들에게 해결책이 된다.

20

1992년 유엔 환경 개발 회의 이후 20년 동안의 지속 가능 발전의 성과를 평가하기 위해 2012년 '리우+20'을 개최했다.

의제 21

1992년, '유엔 환경 개발 회의'에서 채택한 규정으로, 지속 가능 발전을 위한 행동 지침이다.

지속 가능 발전

60,000

2002년 8월 26일에 열린 지속 가능 발전을 위한 세계 정상 회의에 191개 나라, 6만여 명이 참석했다.

개발

지속 가능 발전은 바람직한 개발을 위해 꼭 염두에 둘 개념이다.

녹색 GNP

지속 가능 발전을 위해서 녹색 GNP를 고려해야 한다.

'녹색 GNP'가
궁금하다면 **100쪽**

'개발'이
궁금하다면 **16쪽**

'자연을 통제한다'는 말은
생물학과 철학의 네안데르탈 시대에 태어난
오만한 표현이다.

레이첼 카슨 지음, 김은령 옮김, 《침묵의 봄》, 에코리브르, 2011

침묵의 봄 Silent Spring

개념 사전 레이첼 카슨이 쓴 책의 제목으로, 환경 오염 때문에 봄이 와도 새들의 지저귐을 더 이상 들을 수 없는 상태를 뜻한다.

침묵의 봄은 환경 문제의 심각성을 대중들에게 널리 알린 책으로, 이후 환경 보호 운동이 널리 퍼지는 데 크게 기여했다.

사용 예 "환경 문제가 더 심각해지면, 우리가 사는 동네에도 진짜 침묵의 봄이 올 수 있어."

1949년 영국 브리즈번.
모기를 없애기 위해
DDT를 뿌리고 있다

1940년대에 DDT라는 화학 물질이 탄생했다. DDT는 곤충의 중추 신경 계통[1]에 이상을 일으키는 물질로, 주로 해충을 죽이는 살충제로 사용됐다. 곤충뿐만 아니라 이나 벼룩, 모기를 죽이는 데도 효과가 좋고, 가격까지 저렴하다 보니 말라리아가 기승을 부리던 개발 도상국에서도 모기를 잡기 위해 DDT를 대량으로 뿌렸다. 국제 보건 기구는 DDT를 적극적으로 권장했고, 이를 개발한 스위스의 파울 헤르만 뮐러(Paul Hermann Müller)는 노벨상을 받았다.

이 상황을 걱정스런 눈으로 지켜보던 사람이 있었다. 바로 미국의 생물학자 레이첼 카슨(Rachel L. Carson)이었다. DDT가 해충을 죽이는 데서 그치는 것이 아니라, 생태계 전체를 망가뜨릴 것이라고 예상한 카슨은 DDT를 사용하면 안 된다고 해당 기관에 요청하고 항의했다. 하지만 아무도 그녀의 말에 귀를 기울이지 않았다. 전 세계 사람들은 DDT의 뛰어난 효과에 주목할 뿐 무서운 부작용에는 관심을 기울이지 않았다.

카슨은 물러서지 않고 진실을 알려야겠다는 의지로 글을 쓰기 시작했다. 그리고 마침내 1962년 9월,《침묵의 봄》이 완성되었다.

● 1940년대
DDT라는 화학 물질이
탄생하여 살충제로
사용되다.

● 1950년대
우리나라에서는
한국 전쟁 무렵 해충을
없애기 위해 많은 양의
DDT가 사용되다.

DDT는 정말 **기적의 살충제**일까?

《침묵의 봄》은 미국의 어느 마을 이야기로 시작된다. 아름답고 건강

1   동물의 신경 계통이 집중하여 중심부를 형성하고 있는 부분. 척추동물의 뇌와 척수, 무척추동물의 신경절이 이에 해당하며, 신체 각부의 기능을 통솔하고 자극의 전달 통로를 이룬다.

한 자연환경을 자랑하던 한 마을에 어느 날 이상한 일이 벌어진다. 닭과 소, 양들이 죽기 시작하더니, 어느덧 뛰어놀던 아이들도 시름시름 앓기 시작한 것이다. 아침에 지저귀던 그 많은 새들도 자취를 감추어 버렸다. 어느 날 갑자기 찾아온 침묵. 마을은 그야말로 침묵 속에서 봄을 맞이하게 된 것이다.

카슨은 이런 마을이 실제로 존재하는 것은 아니지만 세계 곳곳에서 이와 비슷한 일이 진행되고 있으며, 앞으로도 일어날 수 있다고 염려했다. 한 사례를 보자. 1930년대에 미국은 합판을 만들기 위해 유럽에서 느릅나무 목재를 들여왔다. 이 목재에는 나무를 시들게 하여 결국 죽게 만드는 네덜란드느릅나무병을 일으키는 균이 들어 있었는데, 이 균이 느릅나무에 사는 딱정벌레를 통해 여러 나무로 옮겨 가는 바람에 네덜란드느릅나무병이 온 숲에 번졌다. 그러자 사람들은 살충제를 뿌렸다. 살충제는 딱정벌레를 죽였고, 동시에 다른 곤충과 거미들도 죽였다. 한편 나뭇잎과 가지에 묻은 살충제는 비가 내려도 좀처럼 씻기지 않았다. 가을이 오자 그 나뭇잎들이 땅에 떨어졌고, 그것을 갉아먹은 지렁이들이 죽었다. 살아남은 지렁이는 이듬해 봄에 숲으로 돌아온 울새들의 밥이 되었다. 그런데 그 지렁이들의 몸속에는 여전히 살충제 성분이 남아 있었고, 지렁이를 먹고 살충제에 중독된 울새는 비틀거리거나, 새끼를 못 낳거나, 결국 죽었다. 대략 큰 지렁이 열한 마리에 들어 있는 살충제의 양은 울새 한 마리에게 치명적인 영향을 미칠 수 있었다. 울새뿐만 아니라 지렁이를 먹고사는 너구리와 주머니쥐도, 이들을 먹고사는 올빼미와 아메리카수리부엉이, 새매도 살충제에 중독됐다. 결국 네덜란드느릅나무병을 없애기 위해 살포한 약이 그 지역의 생물 전체를 위험에 빠뜨렸다.

그 밖에도 카슨은 《침묵의 봄》에서 살충제 때문에 위험한 상황에 빠진 사례들을 소개하면서 나무와 숲, 곤충과 새뿐만 아니라 흙과 물 전체가 오염될 수 있다고 경고했다. 생태계의 다양한 생물들은 서로 관계를 맺으며 얽혀 있기 때문이다.

카슨은 인간이 자연을 통제하려고 하면 더 큰 재앙을 맞을 수 있고, 사실 통제할 수도 없다고 주장했다. 자연은 수십억 년 동안 지구에 존재하면서 서로 협력하고 또 경쟁하면서 균형을 유지해 왔다. 인간이 짧은 지식과 얕팍한 기술로 이 오래된 균형을 깨뜨리려고 하다가는 엄청난 재앙을 맞을 수도 있다는 것이다.

● 1962년
카슨(아래)이 DDT 및 화학 물질의 위험성을 알린 책 《침묵의 봄》을 출판하다.

레이첼 카슨의 용기 있는 외침

대학교에서 영문학을 전공하던 카슨은 생물학 수업을 듣다가 자연의 아름다움과 소중함에 눈을 떴다. 그래서 생물학으로 전공을 바꾸고, 대학원에서 해양생물학으로 석사 학위를 받았다. 그때가 1932년. 여성이 자연과학 분야를 공부하는 경우가 드물었고, 일자리를 얻는 것은 더더욱 힘든 시절이었다. 오랫동안 경제적으로 어려웠지만, 생물에 대한 열정을 포기할 수 없었던 카슨은 문학적 재능을 살려 물에 사는 생물에 대한 글을 쓰는 등 사람들에게 과학 이야기를 들려주려고 애썼다.

DDT가 개발되고 아무런 의심 없이 사용되자 카슨과 동료들은 이 물질이 생태계에 큰 피해를 줄 것이라고 예상하며 주의를 기울였다. 그러던 1958년 1월, 매사추세츠에 사는 친구 허킨스가 편지를 한 통 보내왔다. 정부가 매미나방과 모기 떼를 없애려고 DDT를 뿌려서 새들이 죽었다는 내용이었다. 카슨은 그 편지를 읽고 살충제의 위험성을 경고하기 위해 책을 쓰기로 마음먹었다. 그리고 마침내 1962년 《침묵의 봄》을 펴 냈지만, 돌아오는 것은 비난뿐이었다. 살충제를 만들어 파는 농약 회사 와, 이들로부터 연구 자금을 받는 과학자들에게 카슨은 눈엣가시였다.

하마터면 세상의 빛을 보기도 전에 책이 묻힐 위기에서도 카슨은 자 신의 생각을 바꾸지 않았고, 오히려 많은 사람들에게 살충제의 위험성 을 알리기 위해 노력했다. 시간이 지나면서 살충제의 위험성을 깨닫고, 카슨의 주장에 일리가 있다는 생각을 하는 사람들이 많아지자 환경 운 동이 활기를 띠었다. 사람들이 살충제를 사용하는 정부 정책에 적극 적으로 반대하자 1963년, 당시 미국 대통령이었던 케네디는 환경 문제 를 다루는 자문 위원회를 구성했다. 그리고 1972년 마침내 미국 정부는 DDT 사용을 금지했다. 그 뒤 환경 운동은 전 세계적으로 확산되었고, 마침내 1992년 환경과 개발에 관한 기본 원칙을 담은 리우 선언을 이끌 어 냈다. 정작 환경 운동의 불을 지폈던 카슨은 이런 변화를 보지 못했 다. 암을 이기지 못하고 1964년에 눈을 감았기 때문이다.

1963년
케네디 대통령이
환경 문제와 관련한 자문
위원회를 구성하다.

1964년
카슨이 세상을 떠나다.

1972년
미국 정부가 DDT 사용을
금지하다.

1979년
우리나라에서도 DDT
사용이 금지되다.

1992년
《침묵의 봄》 출간 후
시작된 환경 운동이
리우 선언의 동력이 되다.

새들이 지저귀는 봄을 맞이하기 위한 우리의 자세

사람이 건강하려면 영양을 충분히 섭취해야 하고, 모든 요소가 균형 을 이뤄야 한다. 생태계도 마찬가지이다. 다양한 생물들이 복잡하게 얽 혀 있고, 각 생물의 수가 충분히 많을수록 생태계는 건강해진다. 다양하 고 풍부해야 내부에서 뭔가가 부족하더라도 회복할 수 있고, 외부에서 해로운 것이 들어와도 막아 낼 수 있다. 지구의 자연은 오랜 시간을 거치면서 다양하고, 풍부하며, 균형 잡힌 생태계를 유지해 왔다.

하지만 카슨이 《침묵의 봄》에서 이야기한 것처럼 인간은 자신도 모르는 사이에 자연을 파괴하고 있다. 과학과 기술이 발달했다고 하지만, 아직 인간은 자연을 다 알지 못한다. 오히려 모르는 게 더 많다. 지구 상에 살고 있는 생물종이 몇 가지나 되는지도 아직 밝혀내지 못했으면서, 인간은 생태계의 균형을 파괴하는 일을 거침없이 저지르고 있다.

모르면 조심해야 한다. 어떤 영향을 미칠지, 어떤 부작용이 일어날지 확실히 알 때까지 기다려야 한다. 자연은 실험실이 아니다. 생태계가 아무리 상처를 회복하고 나쁜 것을 이겨 내는 힘이 강해도, 한쪽의 균형이 깨지면 전체가 무너질 수밖에 없다. 따라서 과학자들은 점검하고 또 점검해야 하며, 모든 문제와 가능성을 사람들에게 알려야 한다. 어떤 결과가 발생할지도 모르면서 일단 저지르거나 일어나지 않을 일이라고 무시하는 태도는, 위험하고 무책임하다. 기업들 역시 돈이 된다면 자연이 망가지는 것쯤은 별 상관 없다는 생각을 빨리 버려야 한다.

'침묵의 봄'이 아닌 '새들이 지저귀는 봄'을 맞이하기 위해서는 생태계가 어떤 원리로 유지되는지, 무엇이 생태계를 망가뜨리는지 알아야 한다. 우리가 쓰는 물품들이 과연 믿을 만한 것인지 따져 보고, 환경 문제를 경고하는 책과 기사들을 꼼꼼히 읽자. 그다음에는 생각하고, 판단하고, 행동해야 한다. 문제가 있다고 판단되면 그 물건을 만들거나 팔지 말라고 기업에 항의하거나, 그런 정책을 시행하지 말라고 정부에 요청해야 한다. 카슨은 수많은 과학자와 기업들에게 비난받으면서도 자신이 옳다고 믿는 생각을 굽히지 않았다. 비록 늦긴 했지만 결국에는 DDT 사용을 금지시켰다. 여러분도 마찬가지이다. 여러분이 옳다고 생각하여 실천한 행동이 생태계를 위험에서 벗어나게 할 수 있다.

● 현재
침묵의 봄이 오지 않도록 내가 먹고, 입고, 쓰는 모든 것이 생태계를 망가뜨리지 않는지 꼼꼼히 따져 보기로 하다.

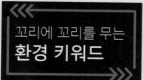
꼬리에 꼬리를 무는
환경 키워드

DDT

유기염소 계열의 화학약품으로, 살충제로 많이 사용되었다. 1950년대에 세계 보건 기구가 말라리아를 막기 위해 DDT 사용을 적극적으로 권장했으나, 위험성이 알려진 1970년대 이후 사용이 중지되었다.

레이첼 카슨

미국의 해양생물학자이자 작가(1907~1964).《침묵의 봄》을 써서 환경 운동이 활발하게 일어나는 데 영향을 미쳤다.

1972

미국에서는 1972년에 DDT 사용을 전면적으로 중지하였다.

1962

《침묵의 봄》은 1962년 레이첼 카슨이 쓴 책으로, 서양에서 환경 운동이 시작된 계기가 되었다.

침묵의 봄

리우 선언

1992년, 유엔 환경 개발 회의에서 채택된 환경과 개발에 관한 기본 원칙을 담은 선언문으로, 정식 명칭은 '환경과 개발에 관한 리우데자네이루 선언'이다.

4

레이첼 카슨은《침묵의 봄》을 쓰기 위해 4년여 동안 직접 자료 조사를 하였다.

환경 호르몬

레이첼 카슨은《침묵의 봄》에서 환경 호르몬의 위험을 알리는 초석을 닦았다.

지구의 날

《침묵의 봄》은 1970년 지구의 날 탄생의 원동력이자, 각종 환경 운동의 기폭제가 되었다.

'지구의 날'이 궁금하다면 **280**쪽

'환경 호르몬'이 궁금하다면 **360**쪽

지금의 경제 체제에서 우리는 많이, 더 많이 소비하도록 교육받는다.
이제 새로운 형태의 경제 체제를 위한 시기가 왔다.
먼저(음식물의) 소비를 줄이는 것이 중요하다.
덜 먹는다면 음식의 질을 선택할 여유를 확보할 수 있을 것이다.
덜 먹고 덜 마시는 대신 더 좋은 것을 먹고 마시라.

카를로 페트리니, 〈한겨레 매거진esc〉 커버 스토리 인터뷰 중에서, 2008. 11. 5.

동물 윤리

아토피

패스트푸드 대 슬로푸드 Fast Food vs. Slow Food

개념 사전 패스트푸드는 fast(빠른)와 food(음식)의 합성어로, 공장식 주방에서 공산품처럼 조립되어 빠른 시간 안에 입에 넣을 수 있도록 만든 음식이다. 슬로푸드는 slow(느린)와 food(음식)의 합성어로, 건강한 재료로 시간과 정성을 들여서 만드는 음식 또는 그렇게 음식을 즐기는 일을 말한다.

1986년, 이탈리아의 카를로 페트리니가 패스트푸드에 반대하며 슬로푸드를 주장했다. 고혈압이나 비만 등의 성인병에 걸릴 위험이 높은 패스트푸드와 달리 슬로푸드는 건강한 몸과 편안한 마음을 얻을 수 있다는 장점이 있다.

사용 예 "우리 엄마는 집에서 만든 밥이 최고로 건강한 슬로푸드라면서 패스트푸드는 입에도 못 대게 하셔."

1986년 로마의 어느 거리, 맥도널드 매장이 문을 열기 위해 한창 준비 중이다. 한쪽에서는 수염이 덥수룩한 한 남자가 그 모습을 걱정스러운 표정으로 바라보고 있다. 그 남자의 이름은 '카를로 페트리니(Carlo Petrini)'. 그가 생각하는 식사란, 깔끔한 식탁보가 깔린 식탁에 온 가족이 둘러앉아 신선한 채소와 과일, 담백한 파스타와 바다 내음 가득한 해산물 요리를 즐기는 것이었다. 그런데 이탈리아의 수도 로마에 햄버거, 감자튀김, 닭튀김으로 무장한 패스트푸드점이 진출하다니!

카를로 페트리니는 친구들을 불러 모아 맛있는 음식을 먹는 즐거움과 지역의 전통 음식을 지키는 활동을 시작했다. 그가 제안한 모임은 얼마 지나지 않아 '슬로푸드 국제 운동 본부'로 성장했다. 카를로 페트리니는 왜 그토록 패스트푸드를 미워한 걸까?

맥도널드의 주방은 자동차 공장과 **닮은꼴**

1885년 10월, 미국 위스콘신 주의 시모어라는 작은 마을에 축제가 열렸다. 그때 15세 소년 찰리 내그린은 축제를 찾은 사람들이 걸어 다니면서 손쉽게 먹을 수 있도록 미트볼을 짓이겨 끼운 빵을 팔기 시작했다. 이것이 바로 햄버거의 시작이다. 하지만 당시 사람들은 갈아서 짓이긴 고기를 썩 좋아하지 않았다. 고기의 품질을 확인할 수 없으니 더럽고 위험한 음식이라고 생각했기 때문이다.

그런데 제2차 세계 대전이 끝난 뒤에는 상황이 달라졌다. 1950년대에 들어서면서 미국의 산업이 급격히 발달하고 도시 노동자가 폭발적으로 늘어나자 '빠른 속도'가 미덕이 되었다. 사람들은 한 손에 음식을 든 채

● 1885년
미국에서 내그린이라는 소년이 미트볼을 짓이겨 빵 사이에 끼운 음식인 햄버거를 팔다.

◎ 사회적 배경
산업이 발달하면서 고속도로와 자동차, 도시 노동자가 증가하다.

306

로 먹으면서 일하고, 걷고, 운전하는 새로운 생활 양식을 기꺼이 받아들였고, 그와 함께 햄버거가 주목받기 시작했다. 미국 전역을 연결하는 고속도로가 건설되고, 자동차가 대량으로 생산되면서 도로 주변에 햄버거를 파는 식당이 하나둘 들어섰다. 그중 단연 돋보인 곳은 리처드 맥도널드와 모리스 맥도널드 형제가 운영한 '맥도널드'라는 식당이었다. 이 식당은 1940년에 문을 열었는데, 1948년에는 가게 이전과 동시에 같은 모양, 같은 맛의 햄버거와 감자튀김을 최대한 빨리 조리할 수 있도록, 기존의 주방 시스템과 배치를 새로운 방식으로 완전히 뜯어고쳤다. 자동차 공장에서 부품들을 조립해 차를 완성하듯 정해진 재료들로 햄버거, 감자튀김, 음료 등을 조립했다. 공장식 주방이 탄생한 것이다.

맥도널드를 인수한 레이 크록(Ray Kroc)이 다른 지역에서도 같은 분위기, 같은 맛, 같은 가격의 패스트푸드를 먹을 수 있는 프랜차이즈 시스템을 정착시킨 뒤 맥도널드는 날개를 달았다. 맥도널드의 성공에 자극을 받아 버거킹, 던킨도너츠, 도미노피자, KFC 등 패스트푸드 브랜드들이 속속 생겨났으며, 미국을 벗어나 전 세계로 뻗어나갔다. 우리 주변의 전철역, 북적이는 사거리, 버스 정류장 옆에 자리 잡은 수많은 패스트푸드점도 이와 같은 흐름 속에서 생겨난 것이다.

1948년
맥도널드 형제가
맥도널드를 공장식 주방
형태로 탈바꿈하다.

1954년
크록이 맥도널드를
인수하여 프랜차이즈
시스템을 정착시키다.

현재 맥도널드 박물관으로
운영되는 맥도널드 1호점

첫맛은 달콤하나 그 끝은 씁쓸한, **패스트푸드의 진실**

배가 고프다. 빠르고 간편하게 그리고 싼값에 든든하게 한 끼를 해결하고 싶다. 무엇을 먹을지 생각하며 걷다 보니 M 자가 선명하게 박힌 맥도널드의 간판이 눈에 들어온다. 마침 그곳은 사람들이 많이 다니는 길목 한가운데에 자리 잡고 있다.

접근성 높은 위치, 신속함과 간편함, 친근한 인테리어, 중독성 있는 맛, 매력적인 광고, 아이들을 열광하게 하는 끼워 주기 장난감 덕분에 패스트푸드는 많은 이들의 사랑을 받아 왔다. 하지만 달콤하고 부드러운 패스트푸드의 맛에는 불편한 진실이 숨어 있다.

첫째, 재료의 정체를 알기 힘들다. 고기를 짓이겨 만든 햄버거의 패티 속에는 각종 질 낮은 식재료와 정제된 소금과 설탕, 보존제 등 건강을 해치는 식품 첨가물이 한데 섞여 있다.

패티만 봐서는 어떤 재료로 만들어졌는지 확인할 수 없다.

이것이 패스트푸드를 쓰레기 음식이라는 뜻의 '정크 푸드(Junk Food)'라고 부르는 까닭이다. 2010년, 영국과 프랑스에서 성인 남녀 3,486명을 대상으로 음식과 정신 건강의 연관성을 조사했는데, 패스트푸드를 자주 먹는 사람일수록 우울증에 걸릴 확률이 높아진다는 결과를 얻었다. 패스트푸드를 자주 접한 유아일수록 청소년기에 폭력성을 보일 확률이 높다는 보고도 있다. 이쯤 되면 요즘 들어 부쩍 늘어난 엽기적인 사건, 미국에서 종종 일어나는 총기 난사 사건 등을 패스트푸드와 관련짓는 것이 지나친 비약만은 아닐 것이다.

둘째, 칼로리가 지나치게 높다. 패스트푸드를 많이, 오랫동안 먹으면 비만, 당뇨병 등 각종 성인병에 걸릴 확률이 높아진다. 미국인 중에 비만 환자가 많은 것도 패스트푸드와 관련이 있을 가능성이 높다고 한다. 2004년에 미국에서 '슈퍼 사이즈 미(Super Size Me)'라는 다큐멘터리 영화가 개봉되었다. 이 영화의 감독이자 주연인 모건 스펄록(Morgan

혀를 자극하는 맛, 몸무게와 체지방은 덤!

Spurlock)은 30일 동안 하루 세 끼를 모두 맥도널드의 메뉴로 대신하면서 몸에 생기는 변화를 기록하는 과정을 영화에 담았다. 30일 뒤, 그의 몸에는 어떠한 변화가 일어났을까? 몸무게는 11킬로그램, 체지방률은 7퍼센트나 늘었고 우울증까지 찾아왔다. 패스트푸드를 '먹는 것'만으로 이렇게 충격적인 결과를 보인 것이다.

셋째, 지역 경제를 무너뜨릴 수 있다. 패스트푸드 회사는 대부분 자본이 많은 다국적 기업이다. 이런 회사에서 자본을 무기로 세계의 구석구석, 최고의 번화가에 매장을 세우면 지역의 식당들은 타격을 받고 무너질 수밖에 없다. 패스트푸드 프랜차이즈점이 각 지역에서 벌어들인 돈은 그 지역에서 쓰이지 않고 본사로 들어가기 때문이다.

넷째, 노동자들을 더 힘들게 할 수 있다. 공장식 주방 시스템을 갖춘 패스트푸드점에는 숙련된 요리사가 필요 없다. 패티를 굽고, 냉동 감자를 튀길 수 있으면 누구라도 일할 수 있다. 따라서 대부분의 경우 젊은 노동자들이 낮은 임금을 받으며 일하고, 시간이 지나면 특별한 기술을 익히지도 못한 채 패스트푸드점을 나온다. 패스트푸드점에서 땀 흘려 일하는 '알바' 청년들의 미래가 그리 밝게 보이지만은 않는 이유이다.

다섯째, 각 지역의 고유한 음식 문화를 위협할 수 있다. 값싸고, 먹기 편하며, 자극적인 패스트푸드의 맛은 젊은이들의 입맛을 사로잡고, 결국 지역의 고유한 음식 문화를 버리게 만들 수도 있다. 이미 우리나라의 많은 어린이와 청소년이 밥보다 햄버거를, 삼계탕보다 프라이드치킨을,

해물 파전보다 시푸드 피자를 더 좋아한다. 지역의 전통 음식은 수천 년의 시간이 축적된 하나의 문화이다. 전통 음식이 사라지는 것은 곧 문화가 사라진다는 뜻과 같다.

햄버거 하나 먹었을 뿐인데, **환경이 파괴**된다고?

패스트푸드 회사의 기본 원칙은 가격이 싼 식재료를 대량으로 사들여 빨리, 많이 만들고 팔아서 최대한의 이윤을 남기는 것이다. 값싼 식재료를 대량으로 생산해 내려면 거대한 농장은 필수이다. 이 농장들은 수익을 내기 위해 끝이 보이지 않을 만큼 넓은 땅에 한 가지 작물만 대량으로 심어 재배하고, 유전자 조작 농산물, 제초제, 살충제, 농약, 화학 비료 등을 대량으로 사용한다. 그래야 패스트푸드 회사가 요구하는 똑같은 크기와 맛을 가진 규격화된 식재료를 생산해 낼 수 있기 때문이다. 고기를 납품하는 축산 농장도 비슷한 상황이다. 오로지 수익을 내기 위해 좁은 우리에 수많은 동물을 빽빽하게 가두고, 성장 호르몬제와 항생제를 투여한다. 풀을 먹고 사는 소에게 고기와 그 부산물까지 먹이는 바람에 광우병이 발생했다는 것은 이미 밝혀진 사실이다.

이렇게 수단과 방법을 가리지 않고 값싼 식재료를 생산하는 일이 얼마나 큰 부작용을 가져올지 충분히 생각해 봐야 한다. 이런 생산 방식은 토양과 가축과 농민을 병들게 하고, 생물의 종자를 단순하게 만들며, 결국 인간을 포함한 생태계 전체를 망가뜨릴 수 있다.

또 한 가지 생각해 볼 문제가 있다. 대부분의 패스트푸드 회사는 세계적인 규모이기 때문에 그만큼 먹을거리를 운반하는 거리도 길어진다.

우리가 먹는 햄버거와 닭튀김의 재료는 미국, 호주, 중국 등 세계 각지에서 온 것으로, 생산물의 운송 거리가 길면 길수록 이산화탄소가 더 많이 배출된다. 여기에 패스트푸드점에서 소비되는 어마어마한 양의 일회용품까지 더하면 패스트푸드가 환경에 주는 부담은 상상을 초월한다.

느리게, 맛있게, 즐겁게, 건강하게! **슬로푸드의 반격**

페트리니는 원래 음식 관련 잡지의 칼럼니스트였다. 그는 로마의 명소인 에스파냐 거리에 맥도널드 지점이 들어서자, 그것을 반대하며 지역에서 나는 음식 재료로 시간을 충분히 들여 요리하고, 즐겁고 여유롭게 그 음식을 즐기자는 운동을 제안했다. 그리고 이 운동의 이름을 패스트푸드와 반대되는 '슬로푸드'로 결정했다. 슬로푸드 운동은 패스트푸드에 대한 반대 운동이기도 했지만, 더 나아가 환경과 건강을 해치는 현대 사회의 신속함과 효율성에 대한 대안이기도 했다.

슬로푸드 운동에 대한 사람들의 반응은 뜨거웠다. 1989년에는 프랑스 파리에서 '슬로푸드 선언문'이 발표되었고, 순식간에 국제적인 운동으로 퍼져 나갔다. 이탈리아 브라에 본부를 둔 '슬로푸드 국제 운동 본부'에는 전 세계 100여 개 나라가 회원국으로 가입하고, 8만 3천여 명의 회원이 활동하고 있다. 미국의 유력 일간지인 〈뉴욕 타임스〉는 2001년 지구촌 유행 및 발명품으로 '슬로푸드'를 선정하기도 했다.

한편 우리나라에서도 슬로푸드가 인기를 끌면서 전통 식단의 가치가 새롭게 재조명되고 있다. 우리나라 슬로푸드의 대표 주자는 고추장, 된장, 간장 등의 장류와 젓갈, 김치 등이라고 할 수 있다. 물론 가까운 지역

1986년
페트리니(아래)가 맥도널드의 로마 진출에 반대하여 슬로푸드 운동을 펼치다.

1989년
프랑스 파리에서 슬로푸드 선언문이 발표되다.

슬로푸드 국제 운동 본부의 로고는 항상 여유롭게 먹이를 먹는 달팽이

1980년대
사회적으로 웰빙 열풍이 불다.

**어머니의 손맛이 담긴
건강한 밥상이 곧 슬로푸드!**

● **2001년**
미국의 〈뉴욕 타임스〉가
슬로푸드를 지구촌 유행
및 발명품으로 선정하다.

● **2007년**
우리나라에서 슬로푸드
문화원이 세워지다.

● **2014년**
국제 슬로푸드 한국
협회가 출범하다.

● **현재**
지구에 피해를 주지 않는,
여유롭고 건강한
먹을거리에 대한
고민을 시작하다.

에서 재배한 채소와 가까운 바다에서 잡은 생선, 바른 먹이를 먹고 자란 소와 돼지, 닭 등을 우리 고유의 조리법으로 요리한 것이면 모두 슬로푸드이다. 어머니가 정성을 기울여 직접 해 주신 음식이 바로 건강에도 좋고, 마음도 여유 있게 만들어 주는 제대로 된 슬로푸드인 것이다.

자연을 위한, 자연에 의한, 자연의 **슬로푸드!**

슬로푸드는 자연의 속도와 원칙을 중시한다. 당연히 화학 비료, 농약, 제초제 등을 사용하지 않은 농작물만 사용하고, 그런 농작물을 키울 수 있는 깨끗한 땅을 요구한다. 슬로푸드를 찾는 소비자가 많아지면 슬로푸드를 생산하는 농부가 많아지고, 그에 따라 농장의 면적도 늘어난다. 그러면 자연스럽게 자연 생태계가 건강을 되찾을 수 있다. 또한 슬로푸드는 가까운 지역에서 나는 먹을거리를 원칙으로 한다. 따라서 슬로푸드를 선택하면 식재료가 운송되는 거리가 줄어들어 결국 이산화탄소 배출도 줄일 수 있다. 게다가 슬로푸드는 각 지역 고유의 요리를 온전히 유지시키기 때문에 다양한 식재료와 종자를 보전할 수 있게 한다. 우리 콩으로 만든 된장, 우리 배추로 담근 김치를 사람들이 계속 찾아야 우리 콩, 우리 배추의 종자가 살아남을 수 있다.

환경을 생각하는 것은 어려운 것, 큰 것만은 아니다. 내가 먹는 음식이 어디서 왔는지, 어떤 과정을 거쳤는지 생각하고 선택하는 것도 매우 중요한 일임을 기억하자. 그 선택은 환경은 물론 내 몸에도 최고의 선물이 될 수 있을 것이다.

패스트푸드

맥도널드

세계적인 패스트푸드 프랜차이즈 브랜드로, 전 세계 121개 나라에 3만 개가 넘는 지점을 가지고 있다. 우리나라에는 1988년에 서울 압구정동에 첫 지점이 들어섰다.

정크 푸드

junk(쓰레기)와 food(음식)의 합성어로, 칼로리는 높지만 영양가가 낮고 질이 떨어지는 패스트푸드나 즉석식품을 뜻한다.

1,005

맥도널드 빅맥 세트의 열량은 1,005킬로칼로리로, 밥 한 공기 열량의 세 배가 넘는다.

광우병

소의 뇌에 구멍이 생겨 소가 난폭한 행동을 하거나, 잘 걷거나 서지 못하는 등의 증상을 보이다가 죽는 병이다. 1996년 영국에서는, 광우병에 걸린 소에게 열 명이 감염되면서 인간 광우병에 대해 공식 발표했다.

8

우리나라 전통 음식 8가지가 슬로푸드 국제 본부의 음식 문화유산 목록인 '맛의 방주'에 올랐다.

카를로 페트리니

슬로푸드 운동의 창시자(1949~). 슬로푸드 국제 운동 본부를 이끌고 있으며, 2004년 미국 <타임>지에서 '유럽의 영웅'으로, 2008년 영국 <가디언>지에서 '지구를 구할 50인의 영웅'으로 선정되었다.

로컬 푸드

로컬 푸드는 슬로푸드 가운데서도 특별히 지역 생산물을 가리킨다.

슬로푸드

'로컬 푸드'가
궁금하다면 **126쪽**

원자력의 평화적 이용을 지지하는 한 사람으로서,
일본 사고 이후 핵 발전소에 대한 견해가 바뀌었다.

메르켈(현 독일 총리)

일본 히로시마에

핵 폭탄이 떨어진

1945년 8월 6일 8시 15분에

멈춰 버린 시계

핵 발전 Nuclear Power

개념 사전   우라늄 핵을 쪼개 나오는 에너지로 전기를 생산하는 것으로서, 원자력 발전이라고도 불린다.

값싸고 깨끗하게 전기를 생산하는 방법이라는 의견도 있지만, 너무 위험하고 폐기물을 처리할 수 없어 문제가 많다는 의견도 있다. 2011년에 일어난 일본 후쿠시마 핵 발전소 사고 이후 핵 발전의 안전성에 대한 관심이 높아지고 있으며, 특히 미래 이 땅의 주인인 어린이와 청소년들이 꼭 관심을 가져야 할 필수 사항이다.

사용 예   "우리가 쓰는 전기의 35퍼센트는 핵 발전으로 만들어진 거야."

1938년 전쟁의 기운이 감돌던 독일의 작은 실험실. 화학자인 오토 한 (Otto Hahn)과 프리츠 슈트라스만(Fritz Strassmann)은 몇 가지 기구를 이용하여 우라늄 235[1]의 핵분열 연쇄 반응 실험에 성공했다. 우라늄 235라는 물질의 핵을 쪼개면 거기에서 나온 중성자가 다른 핵을 쪼개는데, 그 과정에서 어마어마한 양의 에너지가 나온다. 독일이 맨 먼저 그 기술을 알아낸 것이다.

이 실험의 성공 소식은 과학자들 사이에서 급속히 퍼져 나갔다. 이 기술로 히틀러가 핵무기를 만들 것이라는 소문이 돌자, 과학자들은 미국을 비롯한 서방 국가가 히틀러보다 먼저 핵무기를 만들어야 한다고 생각했다. 전쟁을 피하려는 의도로 아인슈타인은 당시 대통령이었던 루스벨트에게 핵무기 개발의 필요성을 알렸고, 영국의 수상 처칠은 루스벨트에게 새로운 핵무기의 위험성을 전했다. 1942년, 핵폭탄 개발 사업인 '맨해튼 프로젝트(Manhattan Project)'는 그렇게 시작되었다.

원자핵을 쪼개서 **핵폭탄**을 만들었다고?

핵 발전 이야기의 시작을 왜 핵폭탄으로 했을까? 용도는 다르지만, 그 원리는 같기 때문이다. 핵 발전을 이해하려면 먼저 알아야 할 기초 지식이 있다. 바로 핵에너지가 만들어지는 원리이다.

모든 물질은 원자로 이루어져 있다. 자연 속에 존재하는 원자는 모두 92가지이며, 이 원자들이 여러 모양으로 결합하여 다양한 물질을 만들

---

1   1935년 캐나다 태생의 물리학자인 뎀스터가 발견한 방사성 동위 원소. 중성자와 충돌하여 쉽게 핵분열을 일으키기 때문에 핵연료로 쓰인다.

어 낸다. 원자를 더 가까이 들여다보면 중심에 핵이 있고, 그 주위를 전자가 돈다. 핵은 또 양성자와 중성자 입자들로 구성되어 있다. 원자핵 중에서 우라늄 235는 바깥에서 들어온 중성자를 흡수할 경우 분열하는데(둘로 쪼개지는데), 이때 엄청난 에너지가 발생하면서 원자핵 속에 들어 있던 중성자가 튀어나온다. 이 중성자는 다른 원자핵을 분열시키고 에너지를 만들어 낸다. 그리고 여기서 나온 중성자는 또 다른 원자핵을 분열시키고 에너지를 만든다. 이렇게 핵분열이 계속 일어나는 것을 '핵분열 연쇄 반응'이라고 한다. 핵폭탄은 이러한 핵분열 연쇄 반응을 한꺼번에 일어나게 하는 것이고, 핵 발전은 그 속도를 조정해서 천천히 일어나게 하는 것이다.

전쟁의 소용돌이 속에 빠져 있던 사람들은 핵분열로 발생하는 어마어마한 양의 에너지를 알게 된 뒤 맨 먼저 핵폭탄이라는 무기를 떠올렸다. 그리고 나중에야 전기를 생산해 내는 핵 발전을 생각해 냈다. 이것이 핵폭탄 개발이 핵 발전보다 먼저 시작된 이유이다.

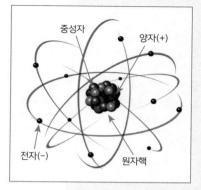

원자는 모든 물질의 기본!

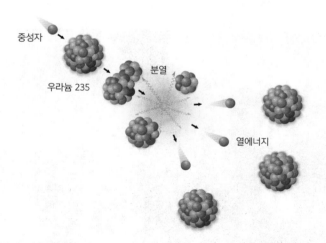

핵분열 연쇄 반응에서 생겨나는 에너지를 보고 사람들이 맨 먼저 떠올린 것은 핵폭탄이다

핵폭탄의 위력을 맛본 뒤 **핵 발전**을 생각하다

'맨해튼 프로젝트'는 미국이 주도하고, 영국과 캐나다가 도운 핵무기 개발 사업이다. 이 사업에 들어간 비용은 당시 돈으로 22억 달러에, 투입된 사람은 13만 명이었고, 가장 우수한 과학자만 3천 명이 참여한 어마어마한 규모였다. 핵연료와 핵무기를 만들기 위해 이전에는 전혀 해 본 적이 없는 수많은 연구와 실험이 이루어졌다.

사업을 시작한 지 2년 만인 1944년, 핵폭탄 개발 성공이 눈앞에 다가왔다. 제2차 세계 대전이 막바지에 이른 때였다. 그런데 독일의 핵무기 개발이 예상과는 달리 아주 초기 단계라는 사실이 밝혀졌다. 사실 핵폭탄은 처음부터 만들 필요가 없었던 것이다. 그제야 아인슈타인을 비롯한 과학자들은 핵폭탄의 위력이 두려워져 핵폭탄을 사용하면 안 된다고 반대하고 나섰다. 하지만 미국은 전쟁을 빨리 끝내야 한다는 이유로 일본 히로시마와 나가사키에 핵폭탄을 투하했다. 그리고 핵폭탄의 엄청난 위력을 확인하면서 제2차 세계 대전은 막을 내렸다.

히로시마(왼쪽)와 나가사키(오른쪽)에 핵폭탄이 떨어진 뒤 버섯 모양의 연기가 피어오르고 있다

전쟁이 끝난 뒤 핵폭탄 개발 기술을 어떻게 사용할지 고민하던 과학자들은 그 엄청난 에너지가 석탄과 석유를 대신할 새로운 에너지가 될 수 있을 것이라고 믿었다. 원자핵이 분열되는 과정에서 생기는 막대한 열로 물을 끓여 수증기를 만들고, 이 수증기로 터빈을 돌려 전기를 생산해 내는 원리였다. 우라늄이라는 원료로 핵분열을 이용하여 에너지를 만든다는 점을 빼면 화력 발전의 원리와 같았다.

우라늄 235 1그램은 석유 9드럼, 석탄 3톤과 같은 양의 에너지를 만들어 낸다. 적은 원료로도 큰 에너지를 생산해 낼 수 있으니, 인류가 사용할 수 있는 석유가 점점 줄어드는 상황에서 사람들은 핵에너지를 석유를 대신할 값싼 에너지라고 여겼다. 게다가 발전 과정에서 이산화탄소도 배출하지 않았다. 이산화탄소가 지구 온난화를 일으키는 주범이라는 사실을 생각하면, 그것 또한 적지 않은 장점이었다.

생각이 여기에까지 미치자 미국을 비롯한 프랑스, 일본 등의 나라들은 핵 발전소를 세우고, 전기를 만들기 시작했다. 마침내 1956년에 영국의 콜더 홀(Calder Hall) 핵 발전소가 가동을 시작했고, 1957년에는 미국 시핑포트(Shippingport) 핵 발전소가 전기를 만들어 냈다. 바야흐로 핵 발전 시대가 열린 것이다. 우리나라도 1978년, 부산 고리에 처음 핵 발전소를 세웠다. 2014년 기준, 23기의 핵 발전소가 가동되고 있으며 이들 발전소에서 만들어 내는 에너지는 우리나라에서 사용되는 전체 에너지의 13퍼센트, 전기 생산의 35퍼센트를 담당하고 있다.

1956년
영국 콜더 홀 핵 발전소가
전기를 생산하다.

1957년
미국 시핑포트 핵 발전소
가동이 시작되다.

1978년
우리나라의 고리 1호기가
운전을 시작하다.

부산 고리 핵 발전소

핵 발전 뒤에 감추어진 **불편한 진실**

그런데 어떤 사람들은 이런 장점을 가진 핵 발전을 두려워하고, 심지어 반대하기도 한다. 핵 발전에는 몇 가지 해결하기 어려운 문제점이 있기 때문이다.

첫째, 핵분열이 일어나면 에너지와 함께 '방사성 물질'이 나온다. 이 물질은 방사선이라는 광선을 내는데, 사람의 DNA를 파괴하여 치명적인 피해를 입힌다. 히로시마와 나가사키에 떨어진 핵폭탄 때문에 수많은 사람들이 그 자리에서 죽거나, 백혈병, 암 등 갖가지 질병으로 서서히 죽어 갔다. 방사선은 그만큼 무서운 존재이다. 그런데 방사성 물질은 핵 발전 과정에서도 나온다. 핵 발전소 측에서는 안전하게 설계했기 때문에 걱정할 필요가 없다고 말한다. 하지만 사고가 일어난다면 어떻게 될까? 역시 핵 발전소 측에서는 안전을 철저하게 관리하기 때문에 웬만해서는 사고가 나지 않고, 혹시 만에 하나 사고가 나더라도 이중 삼중의 안전장치를 해 두었기 때문에 방사성 물질이 밖으로 나갈 염려는 없다고 한다. 정말 그렇다면 얼마나 좋을까? 하지만 문제는 세계 각지의 핵 발전소에서 지금까지 크고 작은 사고가 계속 이어졌다는 것이다.

1979년, 미국 스리마일 섬(Three Mile Island) 핵 발전소 사고는 기계 고장에 직원의 실수가 겹쳐서 일어났다. 1986년에는 구소련의 체르노빌 발전소에서 핵 발전에 관련된 실험을 하다가 사고가 일어났다. 그리고 2011년, 일본 후쿠시마 핵 발전소에서도 사고가 일어났다. 강력한 지진 해일[2]이 일어나 전력 장치에 이상이 생기는 바람에 뜨거운 원자로를 식

● **1979년**
미국 스리마일 섬에서
핵 발전소 사고가
일어나다.

● **1986년**
구소련의 체르노빌
핵 발전소에서 사고가
일어나다.

● **2011년**
일본 후쿠시마의
핵 발전소에서 사고가
일어나다.

**후쿠시마 핵 발전소
3호기에서 연기가
피어오르고 있다.**

---

2   지진 때문에 바다 밑에 지각 변동이 생겨서 일어나는 해일. 해안 근처의 얕은 곳에서 파도의 높이가 급격히 높아지고, 특히 좁은 만의 깊숙한 곳에 큰 피해를 준다. '쓰나미'라고도 불린다.

히지 못한 것이 원인이었다. 이때 발생한 방사선은 전 지구를 오염시켰고, 이후 일본 국민을 포함한 전 세계인들은 핵 발전을 더욱 두려워하게 되었다.

모든 기계는 고장 날 수 있고, 어떤 사람이든 실수할 수 있다. 사람의 힘으로는 어쩔 수 없는 천재지변도 있다. 절대 사고가 일어나지 않는다면, 사고에 대비한 보험은 왜 들겠는가? 핵 발전소 사고는 실제 발생했고, 그 피해는 엄청났다. 방사성 물질은 인근 지역만 오염시킨 것이 아니라 전 지구를 오염시켰다. 한번 일어나면 걷잡을 수 없는 것이 핵 발전소 사고인 것이다.

둘째, 핵 발전을 할 때 나오는 폐기물을 처리할 방법이 없다. 핵 발전 중에 이산화탄소가 나오지 않는다는 것은 분명한 장점이다. 하지만 문제는 이산화탄소보다 더 무서운 물질인 핵폐기물이 나온다는 것이다. 핵폐기물은 핵 발전을 하는 데 쓰고 남은 '고준위 방사성 폐기물'을 비롯하여 발전소에서 작업자들이 사용했던 작업복, 장갑, 교체한 부품 등의 '중·저준위 방사성 폐기물'을 이른다. 이것들은 모두 방사성 물질을 포함하고 있으며, 쉽게 사라지

저준위 방사성 폐기물의 경우 태울 수 있는 것은 태우고, 태울 수 없는 것은 최대한 부피를 줄여 노란색 드럼통에 넣은 다음 시멘트로 굳히고, 땅속에 묻는다.

지 않는다. 방사성 물질의 방사선 세기가 반으로 줄어드는 것을 '반감기'라고 하는데, 어떤 핵폐기물은 반감기가 수 년이지만, 어떤 것들의 반감기는 수만 년이기도 하다. 물론 완전히 없어지려면 더 많은 시간이 흘러야 한다.

문제는 그 오랜 시간 동안 방사성 물질을 철저하게 보관해야 한다는 것이다. 과연 수만 년 동안 인류는 방사성 물질을 안전하게 보관할 수 있을까? 수만 년이란 시간은 엄청난 기간이다. 인류가 수렵과 채집을

하고, 동굴에 그림을 그린 것으로 추정되는 때가 3만 년 전이다. 앞으로 그 까마득한 시간을, 어쩌면 그 이상을 방사성 물질이 새어 나가지 않도록 보관해야 한다는 뜻이다. 이 일이 과연 가능할까?

우리나라의 경우 중·저준위 방사성 폐기물 처분 시설을 경주에 만들었고, 2015년부터 운영에 들어간다. 안전에 큰 문제가 없다고 주장하는 사람들이 있지만, 위험성을 우려하는 사람들도 적지 않아서 방사성 폐기물 문제는 지속적으로 논란이 되고 있다.

핵폭탄을 만들고 나서 이 기술을 어떻게 활용해야 할지 고민한 끝에 핵 발전소를 짓기는 했는데, 핵폐기물의 처리 방법은 마련되지 않았다. 그냥 쌓아만 둔다. 결국, 핵 발전 기술은 아직 완전하지 않은 기술인 것이다. 그래서 사람들은 핵 발전을 '화장실 없는 최고급 아파트'라고 말하기도 한다. 제 아무리 최신 기술로 지은 화려한 아파트라고 해도 화장실이 없으면 사람이 살 수 없다. 핵 발전 역시 사람이, 그리고 지구가 감당할 수 없는 최첨단 시설인 셈이다.

셋째, 핵 발전은 불평등한 사업이다. 우리나라의 경우를 생각해 보자. 전기를 가장 많이 쓰는 곳은 어디일까? 물론 서울 같은 대도시이다. 그렇다면 전기를 만드는 핵 발전소는 어디에 있을까? 부산 고리, 경주 월성, 전남 영광, 경북 울진, 그리고 울산이다. 강원도 삼척에도 새로운 발전소를 지으려는 움직임이 일고 있으며, 방사성 폐기물 처리장은 경주에 있다. 전기는 전선을 타고 전달되며, 전달되는 과정에서 상당한 양이 사라진다. 따라서 전기는 소비되는 지역과 최대한 가까운 곳에서 생산하는 것이 가장 효율적이다. 그런데도 우리나라에서는 대도시에서 쓰는 전기를 대부분 지방에서 만들고 있다.

물론 핵 발전소는 열을 식히는 데 많은 물이 필요하기 때문에 바다

● 2014년
우리나라에서 가동 중인 핵 발전소는 총 23기로, 핵 발전이 전체 에너지 생산의 13퍼센트를 담당하다.

옆에 짓는 것이 일반적이긴 하다. 하지만 만약 서울이 바다에 접해 있다고 해도 서울에 핵 발전소를 짓지는 않았을 것이다. 이것은 일본 도쿄의 경우만 봐도 알 수 있다. 도쿄는 바다에 접한 도시이지만, 핵 발전소는 없다. 즉, 사람이 많이 사는 지역에는 핵 발전소를 짓지 않는 것이다. 이유는 간단하다. 사고가 났을 경우 그 피해가 엄청나기 때문이다. 위험한 시설은 지방에 짓고, 거기서 생산된 에너지는 대도시에서 쓰고, 다시 위험한 폐기물은 지방에 묻는다. 뭔가 이상하지 않은가? 이러한 이유 때문에 핵 발전은 불평등한 사업이라고 하는 것이다.

그 밖에도 핵 발전은 정부 기관에서 주장하는 것처럼 비용이 적게 들지는 않는다는 점, 연료인 우라늄의 매장량이 풍부하지 않다는 점, 핵 발전소에서 나오는 열을 식히느라 인근 바닷물의 온도가 높아진다는 점 등 여러 문제를 안고 있다.

우리나라의 핵 발전소 현황 (2013년)

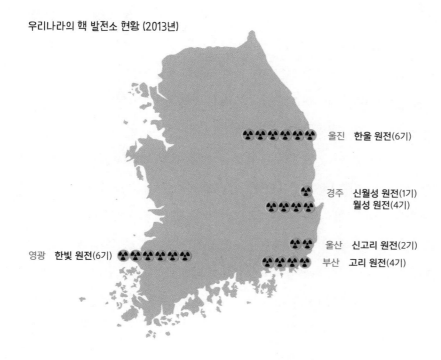

울진 **한울 원전**(6기)

경주 **신월성 원전**(1기)
　　　월성 원전(4기)

울산 **신고리 원전**(2기)
부산 **고리 원전**(4기)

영광 **한빛 원전**(6기)

이처럼 아직 해결되지 않은 문제가 많은데도 불구하고, 계속 핵 발전을 통해 전기를 생산하는 것이 과연 옳은 일일까?

미래를 위한 우리의 선택은?

앞에서 살펴본 것처럼 핵 발전은 장점도 있고 단점도 있는 기술이다. 물론 장점을 살리고, 단점을 없애는 것은 과학자들이 해야 할 몫이다. 하지만 현재 이 기술을 사용할 것인지 말 것인지, 사용한다면 어느 정도로 할 것인지, 사용을 하지 않는다면 대안은 무엇인지. 이것을 고민하는 것은 우리 모두의 몫이다.

핵 발전소는 전기를 만들어 내는 장치이다. 지금까지 우리는 핵 발전 덕분에 비교적 싼 가격에 컴퓨터도 쓰고, 에어컨도 틀고 살았다. 만약 우리나라 전기의 35퍼센트를 만들어 내는 핵 발전을 포기한다면 그만큼 생활은 불편해질 것이다. 위험하고 불평등하지만 마음껏 쓰는 전기, 아껴 써야 하지만 안전하고 양심에 거리낌 없는 전기. 여러분이라면 이 둘 중에 어느 쪽을 선택하겠는가?

지금까지는 핵을 반대하는 입장을 '반핵(反核)'이라고 표현해 왔다. 그러나 최근에는 핵을 반대하는 것을 넘어서, 대안을 제시하면서 핵에서 벗어나자는 움직임이 일어나고 있다. 이를 '탈핵(脫核)'이라고 한다. 탈핵을 주장하는 사람들은 핵 발전을 멈추면 전기를 못 쓰게 될까 봐 두려워하는 사람들에게 당장 핵 발전소를 없애자고 하지 않는다. 그 대신 핵 발전을 대체할 대안은 반드시 존재하며, 시간을 갖고 차근차근 계획을 세우면 핵 발전소를 점차 줄일 수 있고, 핵 에너지를 대신할 다른 에

수명이 다한 고리 1호기
재가동을 반대하는 사람들

너지원도 만들어 나갈 수 있다고 주장한다.

궁극적으로 탈핵을 이루기 위해서는 두 가지 방향으로 동시에 나가야 한다. 첫 번째 방향은 우리 사회가 전기 사용을 줄이는 것이다. 개인과 기업이 전기를 아끼는 것은 기본이다. 그와 더불어 전기를 많이 사용하는 사람들에게 높은 사용료를 물게 한다든지, 전기를 절약하는 기구를 구입하는 사람들에게 비용을 지원해 주는 등 정책적으로도 전기 사용을 줄일 수 있는 방법을 찾아야 한다.

둘째는 재생 에너지를 개발하는 데 노력을 기울이는 것이다. 재생 에너지는 태양, 물, 바람, 지열과 같이 자연에 존재하는 것을 이용해서 영원히 생산할 수 있는 에너지를 말한다. 태양광 발전, 수력 발전, 풍력 발전 등이 이에 해당된다. 재생 에너지는 아직 기술적으로 해결해야 할 문제들이 남아 있지만, 새로운 기술이 개발되면서 미래의 산업으로 각광받고 있다. 핵 발전에 들어가는 비용을 줄이고 이를 재생 에너지 기술 개발에 투자한다면, 훨씬 빨리 재생 에너지 시대로 들어설 수 있을 것이라는 주장도 나온다. 중요한 것은 어떤 방향이 현 세대와 미래 세대의 인간, 그리고 자연을 포함한 전 지구를 위해서 옳은지를 고민하는 것이다. 그리고 선택한 방향으로 투자하고 그 길로 나아가기 위해서 노력하는 것이다.

물론 이런 정책 결정은 많은 고민이 필요하고, 여러분 혼자 결정할 수 있는 일도 아니다. 하지만 여러분이 당장 실천할 수 있는 일도 있다. 바로, 자신의 전기 사용 습관에 대해 다시 한 번 생각해 보는 것이다. 핵 발전을 통해 전기를 만드는 이유는 그만큼 사람들이 전기를 많이 소비하기 때문이다. 많이 쓰는 만큼 많이 생산하는 것은 당연한 이치이다. 바꿔 말하면, 적게 쓰면 적게 생산해도 된다.

핵 발전의 문제점을 알고 있으면서도 남의 일 보듯 팔짱만 끼고 있는 것은 옳지 않다. 여러분이 아무 생각 없이 사용하고, 흘려보내는 전기를 생산하기 위해 핵분열을 하고, 방사성 물질을 만들어 내는 것은 환경을 위험에 빠뜨리는 일이다. 귀찮겠지만 쓰지 않는 전등을 끄고, 플러그를 뽑자. 조금 덥고 불편하겠지만 에어컨을 끄고, 추운 날에는 전기장판과 보일러의 온도를 낮추고 내복을 입자. 여러분이 얼마나 불편을 감수하는지에 따라 핵 발전소는 멈출 수도 있고, 계속 돌아갈 수도 있다.

● 현재
생활 속에서 에너지를 절약하는 작은 실천 하나하나가 모여 탈핵을 이룰 수 있다는 사실을 깨닫다.

우라늄 235

우라늄의 방사성 동위원소로, 핵 발전의 원료로 사용된다.

핵폭탄

핵분열 연쇄 반응을 한 꺼번에 일어나게 하여 만든 폭탄을 말한다.

탈핵

핵을 반대하는 것을 넘어서, 대안을 제시하면서 핵에서 벗어나자는 움직임이다.

23

현재 우리나라에는 23기의 핵 발전소가 가동 중이다.

핵 발전소 사고

다량의 방사성 물질이 누출되는 사고로, 1979년 미국 스리마일 섬 핵 발전소 사고, 1986년 구소련 체르노빌 핵 발전소 사고, 2011년 후쿠시마 핵 발전소 사고 등이 있다.

핵 발전

재생 에너지

핵 발전의 문제점들이 드러남에 따라 재생 에너지가 대안으로 주목받고 있다.

핵폐기물

핵 발전 과정에서 나오는 폐기물로, 방사성 물질을 포함하고 있다.

2,500

2011년 3월 11일 일본 후쿠시마에서 일어난 원전 사고 이후 후쿠시마 앞바다에서 잡은 어류에서 허용 기준치의 2,500배가 넘는 세슘이 검출되었다.

'재생 에너지'가 궁금하다면 **258쪽**

"내 빛을 가리지 마시오."

미래 세대가 누려야 할 환경권을 지켜야 하는 것은 바로 우리.

님비

지속 가능 발전

환경권 Environmental Rights

개념 사전 　모든 사람이 건강하고 쾌적한 환경 속에서 생활할 권리를 말한다.

사람이 사람답게 살아갈 수 있는 권리를 '인권'이라고 하는데, 인권과 마찬가지로 환경권도 사람들에게 꼭 필요한 기본적인 권리이기 때문에 대한민국 헌법에도 명시되어 있다. 여기서 '환경'은 자연적 환경과 인공적 환경, 사람이 생활하는 주변 도로나 공원, 종교, 교육 등을 모두 포함한다.

사용 예 "집 앞에 큰 건물이 들어서니 하루 종일 햇빛을 볼 수가 없어요. 우리 가족의 환경권을 지켜 주세요!"

2000년 5월 4일, '미래 세대 환경권 찾기, 새만금 갯벌 지킴이 소송' 기자 회견이 열렸다. 만 18세 미만의 어린이와 청소년 200명이 국가를 상대로 소송을 제기한 것이다. 기자 회견이 끝난 뒤 미래 세대 소송인단 대표 어린이 세 명은 법원에 소장을 직접 제출했다.

　　　지구 상에 존재하는 자연 자원은 현 세대만의 소유물이 아니며, 어느 한 지역의 전유물도 아닙니다. 국민이라면 누구나 그리고 후손들 역시 자연 자원의 혜택을 누리고, 더불어 살 자격과 권리를 가지고 있습니다. …… 현 세대가 향유하고 있는 자연 자원은 조상으로부터 물려받은 것이 아니라, 미래 세대로부터 신탁받은 재산이라는 이념의 실현을 위하여 새만금 갯벌의 운명에 대해 미래 세대들의 의사를 묻고자, 세계 최대의 갯벌 파괴 사업인 새만금 갯벌을 대상으로 미래 세대의 환경권을 지키기 위한 소송을 진행하고자 합니다.

　　　　　　　　　– 녹색 연합과 생명 회의의 '미래 세대 소송 취지문' 중에서(2000. 5. 4.)

　　미래 세대인 어린이와 청소년들은 왜 이런 소송을 제기해야 했을까? 그들은 도대체 어른들에게, 이 나라에 무슨 말이 하고 싶었던 것일까?

환경에도 **권리가** 필요해!

　　이 소송의 목적은 세계 최고 규모의 갯벌 파괴가 이루어지고 있는 새만금 간척 사업[1]을 중단해 달라는 것이었다.

1　　부안과 군산을 연결하는 세계 최장의 방조제(길이 33.9킬로미터)를 건설하는 국책 사업.

대규모 국토 개발 사업이 급격하게 늘어나면서 사람들은 뒤늦게야 환경의 가치에 대해 깨닫기 시작했다. 어떤 사람들에게는 개발이 가져다주는 이익이 우선이었고, 어떤 사람들에게는 환경 보전이 우선이었다. 이러한 논의가 계속되었지만, 정작 놓치고 있는 것이 있었다. 바로 미래 세대가 누릴 환경에 대한 권리, 즉 미래 세대의 '환경권'이었다. 자연환경은 우리 세대의 전유물이 아니다. 현 세대인 우리가 미래 세대에게서 빌려 쓰고 있는 것이기 때문에 우리 마음대로 자연을 훼손하는 것은 미래 세대의 환경권을 무시하는 행위이다. 따라서 미래 세대 소송을 통해 어린이와 청소년들이 주장하는 환경권은 특별한 권리가 아니라 대한민국 헌법에 '사람은 건강하고 쾌적한 환경 속에서 살 권리'라고 명시된 '기본적인' 권리이다.

세계적으로 환경에 대한 권리 개념이 처음 등장한 것은 1972년, 스웨덴 스톡홀름에서 열린 유엔 인간 환경 회의의 '유엔 인간 환경 선언'에서였다. 세계 각 나라의 대표들이 모여 "인간 환경을 보호하고 개선하는 것은 인간의 복지와 경제 발전에 영향을 미치는 주요 문제이고, 전 세계 인간의 절박한 염원이며, 모든 정부의 책임이다."라는 결의문을 발표한 것이다. 이후 전 세계로 환경권에 대한 인식이 번져 나갔다.

아래 사진을 보면 새만금에 방조제가 건설되었다. 방조제 안쪽으로 농업·산업·주거 용지를 위해 간척지를 만들고 있다.

환경 문제가 다양해질수록 환경법도 **다양해**진다고?

환경권은 생존을 위해 모든 사람들이 반드시 보장받아야 할 기본권이기 때문에 무엇보다도 제도적인 뒷받침이 중요하다. 우리나라에서도

사회적 배경
산업화와 도시화가
가속화되다.

1963년
우리나라 최초의 환경
관련법인 공해 방지법이
만들어지다.

1972년
스웨덴 스톡홀름에서
열린 유엔 인간 환경
회의에서 '유엔 인간 환경
선언'을 발표하면서
환경권의 개념이 생기다.

사회적 배경
환경 오염 문제가
심각해지다.

1977년
우리나라에서
환경 보전법이 제정되다.

1980년
우리나라에 환경청이
설립되고, '환경권'이
헌법에 포함되다.

환경 문제를 깨닫기 시작하면서 환경권을 보장하는 법이 만들어졌고, 환경 문제가 심각해지고 다양해지면서 환경법도 발전했다.

우리나라 최초의 환경 관련법은 1963년에 만들어진 '공해 방지법'이다. 당시 사람들이 공해 문제에 관심을 갖기 시작하자 일본의 공해법을 따라서 만든 법이다. 하지만 그때까지만 해도 우리나라는 환경 오염으로 인한 피해가 크지 않았기 때문에 법이 만들어졌어도 제대로 시행되지는 않았다.

그러다 1970년대에 들어서 산업화와 도시화가 급속하게 이루어지자 그동안 꿈틀대던 환경 문제가 곳곳에서 고개를 들기 시작했다. 공장이나 공단 등 일부 지역에서나 논의의 대상이 되었던 공해 문제가 전국적인 환경 문제로 바뀌기 시작한 것이다. 결국 공해 방지법은 1977년 말 '환경 보전법'으로 대체되었다. 환경 보전법은 환경 오염이 발생하기 전에 미리 예방할 수 있는 내용이 포함되는 등 공해 방지법보다 능동적인 법으로 한 걸음 더 나아갔다.

1980년에는 중앙 부처에 환경청이 생겼고, 대한민국 헌법에 '환경권'이 포함되었다. 드디어 환경권이 국민의 기본권으로 인정받은 것이다. 대한민국 헌법 35조 1항에는 '모든 국민은 건강하고 쾌적한 환경에서 생활할 권리를 가지며, 국가와 국민은 환경 보전을 위하여 노력하여야 한다'고 명시되어 있다.

그 뒤로도 환경법은 몇 차례 보완되어 1987년에는 헌법 35조 1항 다음에 2항과 3항이 추가되었다. 2항은 '환경권의 내용과 행사에 관하여는 법률로 정한다'이고, 3항은 '국가는 주택 개발 정책 등을 통하여 모든 국민이 쾌적한 주거 생활을 할 수 있도록 노력하여야 한다'는 내용이다. 국민의 권리와 함께 국가의 의무가 더욱 강조된 것이다.

시간이 흐르면서 환경 문제는 더 복잡해지고 다양해졌으며, 그에 따라 법도 점차 세분화되었다. 1990년대에는 환경 오염과 훼손을 예방하고, 환경을 지속 가능하게 보전하기 위해 환경법이 분야별로 구체화되어 환경 정책 기본법, 대기 환경 보전법, 수질 환경 보전법, 폐기물 관리법, 자연환경 보전법, 환경 영향 평가법을 포함하여 스무 개가 넘는 법이 마련되었다.

사회적 배경
환경 문제가 이전보다
복잡해지고, 다양해지다.

1990년대
환경과 관련하여
스무 개가 넘는 법이
만들어지다

환경법! 우리의 **환경권**을 제대로 지키고 있는 거야?

그렇다면 이런 다양한 환경법들은 과연 얼마나 영향력을 발휘하고 있을까? 앞에서 설명한 것처럼 헌법에 환경권이 포함되어 있다는 것은 환경권을 국민의 기본권으로 인정했다는 점에서 중요하다. 하지만 안타깝게도 현실에서는 환경권 소송에서 이기는 경우가 매우 드물다. 환경법이 있어도 환경권을 제대로 보장받지 못하고 있는 것이다.

물론 환경권을 보장받은 사례가 없는 것은 아니다. 1990년, 필리핀의 변호사인 안토니오 오포사(Antonio A. Oposa Jr.)는 필리핀의 어린이 43명을 대표해 미래 세대 소송을 제기했다. 소송의 내용은 국가의 모든 벌목 허가 행위를 중지해 달라는 것이었다. 필리핀 대법원은 미래 세대가 아직 태어나지 않았지만 소송 당사자로서 권리가 있다고 인정하여 오포사 변호사와 어린이들의 손을 들어 주었고, 필리핀에서 실행하고 있거나 계획 중인 70여 건의 벌목 허가를 취소시켰다. 이 판결은 미래 세대가 현 세대를 이긴 판례로 기록됐다.

환경권이 제대로 보장되는 환경법이 만들어지려면, 여러 가치 중에

1993년
필리핀에서 벌목 허가
중지에 관한 미래 세대
환경 소송이 승소
판결을 받다.

서 환경 보전이 최우선이 되어야 한다. 개발권과 환경권이 충돌할 때도 환경권의 손을 들어 주어야 하는 것이다. 헌법에 환경권이 기본권으로 명시되어 있더라도 법을 해석하는 사람들이 환경 보전의 가치를 우선순위에 두지 않으면, 아무 소용이 없다.

환경권과 관련된 소송은 2000년에 있었던 미래 세대 환경권 소송 이후에도 끊임없이 계속되었다. 대표적인 소송으로 몇 해 전 온 국민이 관심을 가지고 지켜본 4대강 소송이 있었다. 그런데 이 4대강 소송에서 과연 헌법에 명시된 환경권을 보장받았을까?

이 소송에서 환경권을 주장한 사람들은 4대강 사업이 환경권을 무시했다고 주장했다. 왜냐하면 사계절이 있는 우리나라에서 단 4개월 만에 환경 영향 평가[2]를 마무리하더니 전 국토에 영향을 줄 수 있는 대규모 공사를 곧바로 강행했기 때문이다. 4대강 사업이 환경권을 침해할 가능성이 있는지 철저히 조사하고 평가하고, 대화하면서 국민들을 충분히 이해시킨 뒤에 사업을 진행해야 했는데, 그런 과정이 없었기 때문에 많은 국민이 4대강 사업을 환경권의 침해로 느끼게 된 것이다.

결국 4대강 개발 사업에 반대하는 사람들은 환경권을 보장받기 위해 국민 소송단을 만들고, 소송을 제기했다. '일명 낙동강 소송'이다. 하지만 결과는 역시 패소였다. 재판부는 '사업 시행 과정에서 나타난 문제점이 인정된다고 하더라도 사업을 계속 시행할 수 있을지 없을지는 사법부가 감당하기 버거운 주제'라며 책임을 회피했다. 이 소송의 마지막 심리에서 국민 소송단의 변호인단은 다음과 같은 최종 변론을 했다.

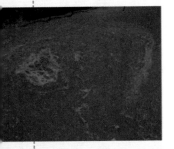

2000년
우리나라에서 어린이와 청소년 200명이 새만금 간척 사업과 관련하여 미래 세대 환경 소송을 제기하다.

2008년
대하천 정비 사업인 4대강 사업이 시작되다.

낙동강 창녕 합천보의 상류 쪽에 나타난 녹조 현상

2010년
4대강 개발 사업에 반대하는 국민 소송에서 패소하다.

---

2   사업 계획을 세울 때 그 사업이 환경에 미치는 영향을 미리 조사·예측·평가하여 환경 보전 방안을 마련하는 것. 대부분의 국책 사업을 진행할 때 반드시 환경 영향 평가가 뒤따른다.

······강의 생명들이 죽고 신음해도, 물이 썩어도, 홍수 피해가 나도, 법적 절차를 무시해서라도 우리가 행복해질 수 있다면 용인할 수 있다는 현재의 우리들에게, 큰 의문 하나를 던진 것은 분명합니다. 4대강 사업이 과연 우리의 삶을 풍요롭게 하는가? 우리의 삶을 풍요롭게 하는 것은 무엇인가? 한 인디언은 말합니다. '마지막 나무가 사라진 뒤에야, 마지막 강이 더럽혀진 뒤에야, 마지막 물고기가 잡힌 뒤에야 그들은 깨닫게 되리라. 인간이 돈을 먹고살 수는 없다는 것을······.'

- 낙동강 소송 원고 측 최종 변론서 중에서(2010. 11.)

그 뒤 2012년에 열린 2심에서 '국가 재정법을 위반했다는 판결이 났으나, 공사가 마무리 단계라 취소는 할 수 없다'는 재판부의 사정 판결[3]이 났다.

2012년
낙동강 소송 2심에서
재판부가 사정 판결을
내리다.

태어나지도 않은 미래 세대에게 **폭력을** 휘두르다

국민 소송단의 변호인단이 언급한 한 인디언의 질문은 인간의 무한한 욕망을 되돌아보게 한다. 과연 우리의 삶을 풍요롭게 하는 것은 무엇일까? 안타깝게도 이 질문에 대한 답은 사람들의 가치관에 따라 그 모습이 달라진다. 어떤 사람들은 자연스럽게 굽이굽이 흐르는 강의 모습에서 아름다움과 삶의 풍요를 느끼지만, 어떤 사람들은 직선으로 강줄기를 바꾸고 양옆으로 도로를 만들어 차를 타고 그 옆을 지날 수 있어야

---

3   원고의 청구가 아무리 타당하다고 해도 이미 내려진 처분 등을 취소하는 것이 공공복지에 적합하지 않다고 판단될 때 내리는 판결.

삶이 풍요롭다고 생각한다.

환경권에 관련된 소송도 마찬가지이다. 환경권 소송은 대부분 개발과 보전 사이의 가치 충돌에서 비롯된다. 개발이 가져다주는 이익이 삶을 풍요롭게 만든다고 생각하는 사람도 있고, 환경 보전이 훨씬 가치 있는 풍요로운 삶을 가져온다고 생각하는 사람도 있기 때문이다. 그런데 문제는 인간의 욕망이 무한하기 때문에 한번 개발 이익을 얻으면 절대 거기서 그치지 않는다는 사실이다. 조금 더, 조금만 더, 계속 더…… 사람들은 한번 맛들인 개발에 대한 욕망을 좀처럼 멈추지 못한다.

개발을 풍요로 받아들이는 사람들이 절대 잊지 말아야 할 것은 미래 세대가 누려야 할 환경권이다. 지금 당장은 편하고 경제적인 이익이 있다 하더라도 그 과정에서 환경이 훼손된다면, 시간이 흐른 뒤 다음 세대에게 오염된 환경을 물려줄 수밖에 없다. 따라서 다음 세대까지 생각한다면 우리가 생각하는 풍요로운 삶의 모습은 개발보다는 환경 보전에 무게를 둔 것이어야 한다. 앞서 미래 세대 소송에서 승소한 필리핀의 오포사 변호사는 환경 파괴를 '미래에 대한 일방적 폭력'이라고 말했다. 미래 세대의 자원을 허락도 없이 마구 써서 미래 세대를 빚쟁이로 만들었기 때문이다. 게다가 아직 태어나지 않은 미래 세대는 어떤 억울한 일을 당해도 우리에게 항변조차 할 수 없다.

법은 사회를 반영한다. 어떤 가치를 선택하느냐는 우리가 살고 있는 터전과 사회뿐만 아니라 미래 세대가 살아갈 세상에 큰 영향을 끼칠 수 있다. 국민 한 사람 한 사람이 환경 보전을 중요하게 생각한다면, 환경법도 제 효력을 발휘하게 될 것이다. 그리고 그렇게 되었을 때 당신을 포함한 한 사람 한 사람의 환경권도 보장받을 수 있게 될 것이다.

현재
당장 내가 편하자고 하는 행동 때문에 미래 세대가 폭력을 당하는 것은 아닌지 반성하다.

336

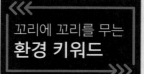
꼬리에 꼬리를 무는
환경 키워드

유엔 인간 환경 회의

1972년 6월 5일, 스웨덴의 스톡홀름에서 열린 이 회의에서 유엔은 '인간 환경 선언'을 발표하고 환경권을 인간의 기본권으로 채택했다.

35

대한민국 헌법 제35조에 환경권이 정의되어 있다.

기본권

헌법이 보장하는 국민의 기본적인 권리를 말한다. 우리나라에서는 1980년에 환경권이 기본권에 포함되었다.

환경권

환경 정의

환경권은 사회적 약자나 환경적 약자에게도 공평하게 적용되는 환경 정의의 차원에서 보장되어야 한다.

4

4대강 개발 사업에 반대하는 사람들이 환경권을 보장받기 위해 국민 소송단을 만들고, 소송을 제기했다.

'환경 정의'가
궁금하다면 **350**쪽

4대강 사업

2008년 12월 29일 낙동강 지구 착공식을 시작으로, 3년간 22조 원의 예산을 들여 추진한 대하천 정비 사업이다. 16개의 보 건설과 수변을 따라 체육 시설, 산책로와 자전거 길을 만드는 것이 주요 목적이다. 예산 낭비와 부실 공사 우려로 대대적인 반대와 함께 정치적 논란이 있었다. 2013년 1월 감사원은 4대강 사업은 총체적 부실을 안고 있다고 발표했으며, 2014년 6월에는 금강과 낙동강에 큰빗이끼벌레가 들끓어 환경부에서 조사 중이다.

땅은 숨을 쉬는 생명체이다.
땅의 들숨과 날숨은 늘 인류의 호흡과 같이 한다.
땅이 건강해야 사람도 건강하다는 것을 잊지 말아야 한다.

기름 유출 사고

전자 폐기물

황사

환경 오염  Environmental Pollution

개념 사전   오염은 원래의 상태가 더럽게 물드는 것을 의미하는데, 특히 환경 오염은 인간의 활동에 의해 발생하는 대기·수질·토양 오염 및 소음·진동 따위로 자연환경이나 생활 환경이 더럽혀지거나 못쓰게 되는 것을 말한다.

자연은 저절로 깨끗해지는 자정 능력을 가지고 있다. 하지만 환경의 손상이 자연 고유의 자정 능력을 초과할 경우에 환경 오염이 발생한다.

사용 예   "농약을 지나치게 많이 뿌려서 토양과 수질이 함께 오염되었다는군. 환경 오염이 점점 심각해지고 있어."

미국 나이아가라 폭포에서 13킬로미터밖에 떨어지지 않은 조용한 마을 러브 커낼. 1958년, 마을에 이상한 일이 벌어졌다. 마을에 악취가 진동하는가 하면, 마당에 화학 물질이 스며 나오기도 했다. 이상한 일은 계속되었다. 1976년 큰 홍수가 난 뒤 가로수와 정원의 꽃이 죽어 갔고, 마을 사람들 대다수가 원인을 알 수 없는 크고 작은 병에 시달리기 시작했다. 특히 호흡기 질환을 앓는 어린이들이 많았고, 장애를 가지고 태어나는 신생아의 비율도 높았다. 백혈병이나 암에 걸리는 환자도 다른 지역에 비해 많이 발생했다. 러브 커낼에 살던 가정주부 로이스 깁스(Lois Gibbs)는 일곱 살 난 아들 역시 호흡기 질환으로 고생하자 마을에서 일어나는 문제에 대해 조사하기 시작했다. 도대체 이 마을에선 무슨일이 일어났던 것일까?

사랑 대신 고통이 찾아온 도시, 러브 커낼

사건 해결의 실마리는 과거에 있었다. 1890년대 초, 윌리엄 러브라는 사업가가 나이아가라 강과 대서양을 연결하기 위해 나이아가라 폭포 근처에 폭 30미터, 길이 1,000미터에 이르는 운하를 건설하기로 했다. 그 운하가 바로 '러브 커낼'이었다. 하지만 재정 위기 때문에 운하 건설이 중단되었고, 그 자리에는 커다란 웅덩이만 남았다.

물길이 되지 못한 채 흉물스럽게 방치되던 지역에 1938년부터 화학 약품을 만드는 공장들이 들어섰다. 나이아가라 지역의 전기 사용료가 낮았기 때문이다. 그 공장들 중에는 특히 전기 소모량이 큰 염소[1] 공장이 많았다. 그러던 1942년, 그 공장들 가운데 '후커 화학(Hooker Chemical)'이라는 업체가 염소를 만들면서 나오는 액체 및 고체 폐기물을 러브 커낼에 버리기 시작했고, 약 5년 동안 2만여 톤에 이르는 독성 폐기물을 운하 근처에 묻었다.

그즈음 인구가 늘어나 시설을 지을 땅이 부족했던 나이아가라 시는 그 매립지를 사들이기로 했다. 폐기물을 매립한 땅이라는 후커 화학 회사의 경고에도 불구하고 나이아가라 시는 그 땅을 구입했다. 단돈 1달러에 이루어진 계약이었다. 이윽고 러브 커낼 매립지에는 초등학교, 운동장, 900여 가구에 이르는 주택 단지가 들어섰다. 그러던 어느 날, 하수도를 건설하던 중 매립지에 쌓인 점토층을 파괴하면서 러브 커낼에 씻을 수 없는 문제들이 생겨났다.

주민들은 악취와 화학 물질이 스며든 땅, 죽어 가는 식물들 그리고 늘어만 가는 원인 모를 질병 등, 마을에서 일어나는 모든 문제가 폐기물 때문이라고 주장하기 시작했다. 투쟁도 하고, 민원도 넣었지만 번번이 묵살당했다. 그러던 1978년, 러브 커낼 거주민 연합 회장이었던 로이스 깁스를 중심으로 조사가 이루어지자 마침내 정부에서도 조사를 실시했고, 조사 결과 주민들의 주장이 입증되었다. 모든 것이 폐기물 때문이었다.

러브 커낼 사건 이후 환경 운동가로 활동하고 있는 로이스 깁스

학교는 문을 닫았고, 일부 주민들은 다른 지역으로 옮겨 갔다. 그리고 1980년 5월 28일, 지미 카터 대통령은 이 지역에 국가 비상 사태를 선포했다. 이것이 바로 대표적인 환경 오염 사건인 '러브 커낼 사건'이다.

---

1   자극성 냄새가 나는 황록색 기체. 산화제, 표백제, 소독제 등으로 쓰이며, 물감, 의약품, 폭발물, 표백분 등을 만들 때 쓰인다.

폐쇄 표지판이 붙어 있는
러브 커낼 지역

정부는 러브 커낼 지역의 매립지에 다시 진흙을 덮고, 새로운 배수 설비를 설치하는 등 세 차례에 걸쳐 총 2억 5천만 달러를 들여 복구를 시도했다. 그럼에도 러브 커낼은 결국 폐쇄되어 지금은 아무도 살 수 없는 죽음의 도시가 되었다. 러브 커낼 사건은 미국의 유해 산업 폐기물 처리 기금과 관련된 '슈퍼 펀드법(Superfund)' 제정의 결정적인 계기가 된 것으로 유명하다.

환경 오염도 **먼저** 경험해서 '**선**'진국인가?

1930년 벨기에의 뫼즈, 1948년 미국의 도노라, 1952년 영국의 런던에서 엄청난 인명 피해가 발생했다. 어린이와 노인 그리고 원래 질병을 앓고 있던 약한 사람들이 심각한 호흡기 질환에 걸려 목숨을 잃은 것이다.

1980년대에는 중부 유럽 삼림의 나무들이 대규모로 말라 죽으면서 수많은 숲이 벌거숭이가 되었다. 도시의 다리(교량)와 건축물들이 군데군데 부식되어 흉하게 변하기도 했다.

많은 것을 잃은 뒤에야 사람들은 그 이유를 알아냈다. 화력 발전소, 가정용 난방 시설, 산업용 보일러, 자동차 등에서 석탄, 석유, 천연가스 등을 태울 때 나

오는 연기가 범인이었다. 다시 말해 사람들이 화석 연료를 연소시켜 에너지를 얻는 과정에서 발생하는 해로운 기체가 공기 중에 섞여 사람과 식물, 돌이나 금속 등에 큰 피해를 입힌 것이다.

이처럼 1930년대부터 20세기 후반에 이르기까지 많은 나라들이 악명 높은 환경 오염 문제를 겪었다. 그런데 이 나라들 사이에는 몇 가지 공통점이 있었다. 바로 높은 경제 성장을 이루고, 대다수의 국민들이 대도시에서 편리한 생활을 누리는 선진국이라는 점이었다. 18세기 유럽에서 시작된 산업 혁명 이후 사람들은 경제적으로 풍요로워졌고, 세계 곳곳에는 규모가 큰 공업 단지가 건설되었다. 그러자 공장에서 일할 노동자들과 이들이 모여서 생활할 공간도 필요해졌다. 이러한 필요에 따라 대도시들이 만들어졌다. 일자리를 찾아 우후죽순 도시로 모여든 많은 사람들은 공장의 노동자인 동시에 그들이 대량으로 생산해 낸 제품을 사서 쓰는 소비자이기도 했다.

18세기 이후
기술과 산업의 발전으로 에너지 소비가 늘어나고 그 결과 산업 폐기물이 대량으로 발생하다.

1930년대
유럽과 북아메리카에 심각한 대기 오염 문제가 일어나다.

산업화와 도시화는 환경 오염의 주범

도시에 집중되어 급격히 늘어난 인구는 환경 오염의 근본적인 원인이 되었다. 인구가 늘어나자 생활필수품에 대한 수요 역시 늘어났고, 수요가 증가하자 기업들은 공급을 늘리기 위해 제품을 대량으로 생산하기 시작했다. 결국 생활 쓰레기와 산업 쓰레기가 감당할 수 없을 정도로 불어났고, 이에 따라 쓰레기를 처리할 매립지와 소각 시설, 정화 시설도 부족해졌다. 경제가 빠르게 성장하고 생활 수준이 높아지면서 다양한 합성 물질을 만들어 내기 위한 에너지는 더 많이 필요해졌다.

대도시와 공업 단지에서는 석유, 석탄, 천연가스 등 화석 연료 사용이 급증하고, 길 위에 자동차가 늘어나면서 공기 중에 해로운 물질이 가득해졌다. 또한 빈병과 쓰고 버린 비닐, 각종 포장재 등 썩지 않는 쓰레기가 대량으로 배출됐다. 예전에는 볼 수 없었던 화학 물질을 만들어 내는 일은 점점 쉬워졌다. 결국 자연의 힘으로 분해하기 어려운 유해 물질, 프레온 가스, 냉각수, 핵폐기물 등이 지구 곳곳의 자연환경을 되돌리기 어려울 만큼 악화시켰고, 러브 커낼 사건과 같은 심각한 문제들이 지구 곳곳에서 벌어지기 시작했다.

이처럼 오늘날 산업화와 도시화의 특징은 대량 생산과 대량 소비이다. 이 둘은 끊임없이 순환하면서 자원을 고갈시키고, 환경 오염 문제를 불러일으키고 있다. 화석 연료를 태울 때 배출되는 이산화 황, 질소 산화물, 이산화탄소 등의 해로운 기체는 주로 산업이 발전한 지구 북반구의 대기에 쌓여 좁게는 한 지역에서 넓게는 지구 전체에 이르기까지 심각한 대기 오염 현상을 일으키고 있다.

1950년대 이후
유해 화학 폐기물로 인한
수질 오염과 토양 오염
사고가 빈번히 발생하다.

1958년
러브 커낼 지역에 악취가
풍기기 시작하다.

1976년
러브 커낼 지역 식물들이
죽어 가고, 주민들이
질병으로 고통받다.

1980년
카터 대통령이 러브 커낼
지역에 국가 비상 사태를
선포하다.

전 세계적으로 인간이 일상생활에서 접촉하는 화학 물질의 수는 약 6만여 종이나 된다고 한다. 공장에서 제품을 만드는 원료나 생산 과정에서 나오는 폐기물, 농약과 비료, 가정에서 쓰는 세제 등이 여기 포함된다.

심지어 이런 화학 물질은 합성하기도 무척 쉬워서 매년 1,000종이 넘게 증가하고 있다. 특히 최근 수십 년 사이에 사람을 비롯

한 생물체에 해를 끼치는 화학 물질을 이전보다 더 많이 사용하고 있어 공기와 물, 토양은 점점 더 빠른 속도로 오염되고 있다.

물, 공기, 흙은 오염 공동체!

환경 오염은 크게 수질 오염, 대기 오염, 토양 오염으로 구분된다. 안타깝게도 하나의 오염 물질이 물, 공기, 흙 중 어느 하나만 오염시키는 것은 아니다. 한 가지가 오염되면 다른 하나도 오염될 수밖에 없다. 특히 공기 중에 해로운 기체가 쌓이는 대기 오염은 수질과 토양에도 영향을 미친다.

1970년대 초까지 사람들은 대기 오염은 주로 오염 물질이 있는 곳, 즉 난방 시설이 밀집되어 있고, 자동차가 많이 다니는 도시와 일부 공장 주변에서만 집중적으로 발생한다고 생각했다. 따라서 공장 굴뚝의 높이를 올리거나 굴뚝에서 나오는 배기가스가 천천히 나오도록 조절하여 공기 중에 조금씩 퍼지도록 하는 것이 대기 오염을 막는 효과적인 방법처럼 여겨졌다.

하지만 한 곳에서 발생한 대기 오염이 수천 킬로미터 떨어진 곳까지 영향을 미친다는 사실이 1970~80년대에 밝혀졌다. 영국 대도시의 대기 오염 물질이 멀리 떨어진 노르웨이의 토양과 호수를 산성화시켰으며, 미국 서부의 공업 단지에서 배출된 오염 물질 때문에 캐나다에 있는 호수가 산성화로 죽어 간 것이다.

1980년대에 울창했던 중부 유럽의 삼림이 고사한 이유도 공기 중에 포함된 산성 물질이 빗물에 녹아 땅에 내리는 '산성비' 때문이었다. 도시의 철골 구조물과 건물이 부식된 이유 역시 마찬가지였다. 이처럼 공기 중의 오염 물질은 넓은 지역을 이동하면서 강과 호수, 토양을 망가뜨렸다. 오염된 물과 흙은 곧바로 식물의 생육에 영향을 미쳤고, 결국은 인간의 먹을거리까지 위협하기에 이르렀다.

산성비는 오래된 유물을
부식시키기도 한다.

한편 1983년, 그린피스가 프랑스의 한 마을에서 유해 물질인 다이옥신이 포함된 폐기물 41배럴을 발견했다. 그 마을과 전혀 상관이 없는 유해 폐기물이 어디에서 왔는지 조사해 보니, 놀랍게도 1976년에 이탈리아 소베소에서 발생한 다이옥신 유출 사고 때 증발한 것들이었다.

그 뒤로도 비슷한 사건이 여럿 발생하면서 해로운 폐기물의 처리는 국제적인 문제가 되었고, 1987년 6월, '유해 폐기물의 환경적으로 건전한 관리를 위한 카이로 지침과 원칙'이 채택되었다. 1989년 3월에는 이 카이로 지침을 바탕으로 스위스 바젤에서 세계 116개 나라의 대표가 참석한 가운데 바젤 협약이 채택되었으며, 1992년 5월 5일 협약이 발효되었다. 이 협약은 유해 폐기물의 국제적 이동을 통제하고 규제하기 위한 것으로, '유해 폐기물과 기타 폐기물의 처리에 있어서 건전한 관리를 보장하고, 유해 폐기물을 수출하거나 수입할 때 경유국 및 수입국에 사전 통보를 의무화하기로 약속한다'는 내용이 담겨 있다.

한편 어떤 오염 물질은 지구의 성층권에까지 영향을 미친다. 1974년에 셔우드 롤런드(Sherwood Rowland)와 마리오 몰리나(Mario Molina), 파울 크루첸(Paul Crutzen), 이 세 명의 과학자는 염소 첨가 화학 물질인 CFC 계열의 기체인 프레온 가스가 성층권의 오존층을 파괴한다는 사실을 밝혀내고, 전 세계적으로 이 물질에 대한 규제가 필요하다고 주장하였다. 이에 따라 1985년 오존층 보호에 관한 빈 협약이 체결되었고, 오존층 파괴 물질의 생산 및 사용 규제를 목적으로 하는 국제 협약이

1987년 몬트리올에서 정식으로 체결되었다. 이 몬트리올 의정서에 따라 프레온 가스는 더 이상 사용되지 않는다.

미리미리 **예방하는** 것이 곧 지구를 사랑하는 법

후커 화학 회사가 러브 커낼에 아무런 처리 없이 폐기물을 묻었을 때, 40년 뒤에 끔찍한 환경 오염 사고가 날 것이라고 그 누가 예측했을까? 환경 오염 문제는 이렇게 예측도 어렵고, 대처도 쉽지 않다. 또한 환경 오염 사고가 일어난 뒤 이전의 환경으로 되돌리는 것은 아예 불가능하거나 아주 긴 시간이 필요하다.

러브 커낼 사건에서 보았듯이 오염된 환경을 되돌리려는 노력보다 환경 오염을 예방하는 것이 훨씬 경제적이고, 안전하며, 지구를 위하는 길이다. 지금부터라도 우리 생활 속에서 오염 물질, 즉 쓰레기의 발생량을 줄여 보자. 자연 자원을 활용해서 인간 생활에 필요한 제품을 만들거나 에너지를 소비할 때 쓰레기가 발생하는 것은 당연한 일이다. 하지만 모든 물건을 아껴 쓰고, 다시 쓸 수 있는 물건은 반드시 재활용하는 것만으로도 환경 오염을 크게 줄일 수 있다. 꼭 필요한 물건만 사고, 일회용품은 되도록 사용하지 않는 것, 쓰레기를 함부로 버리지 않고 재활용이 가능한지 꼭 점검하는 것도 환경 오염을 막는 데 도움이 된다.

물론 에너지도 아껴야 한다. 필요 없는 냉난방에 에너지가 함부로 쓰이고 있지는 않은지 항상 살펴보고, 가까운 거리는 걷거나 대중교통을 이용한다면, 에너지도 절약하고 폐기물 발생도 줄일 수 있을 것이다.

되도록 환경에 피해가 적게 가도록 자신의 생활 습관을 점검하고 고

현재

뭔가를 버리기 전,
단 몇 초라도 그 물건을
재활용할 방법은 없는지,
제대로 버리고 있는지
확인하고 점검하기로
다짐하다.

치는 것, 그리고 친환경적인 방식으로 물건을 생산하는 회사에 대해 알아보고, 그렇지 않은 기업들을 감시하는 것, 이 모든 것은 여러분이 얼마든지 실천할 수 있는 일이다.

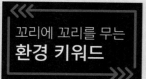

꼬리에 꼬리를 무는
환경 키워드

프레온 가스

냉장고, 에어컨 등의 냉매, 스프레이나 소화기의 분무제 등으로 폭넓게 사용되는 화학 물질이다.

오존층

지상 40킬로미터 상공의 성층권에 형성되어 있는 층으로, 태양에서 오는 자외선을 차단시켜 준다.

1,000

제품의 원료나 제품 생산 과정에서 나오는 폐기물과 화학 물질은 매년 1,000종 이상 증가하고 있다.

러브 커낼

미국 나이아가라 폭포 근처 마을로, 화학 약품 공장들이 독성 폐기물을 매립한 땅에 마을이 들어서면서 사건이 발생했다. 폐기물로 인해 토양 오염과 각종 질병이 유발됐으며, 지역 주민이 집단 이주하기도 했다. 1980년, 지미 카터 대통령은 이 지역에 국가 비상 사태를 선포했다.

환경 오염

개발

개발로 인한 산업화와 도시화가 환경 오염의 주원인이다.

20,000

후커 화학이 약 5년 동안 러브 커낼에 묻은 염소 폐기물은 2만여 톤에 이른다.

슈퍼 펀드 법

러브 커낼 사건 이후 미국에서 정한, 유해 산업 폐기물 처리 기금 관련 법이다. 이 법의 제정으로 과거의 오염에 대해서도 책임을 추궁할 수 있게 되었다.

'개발'이
궁금하다면 **16쪽**

정의는 느릴지라도 확실하다.

솔론, 《플루타르코스 영웅전》

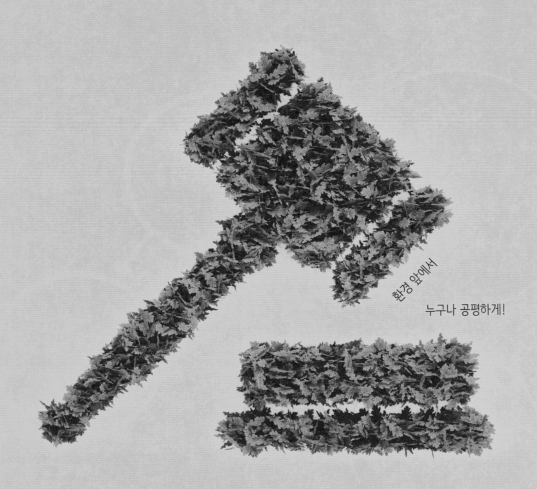

환경 앞에서

누구나 공평하게!

환경 정의 Environmental Justice

개념 사전 환경 오염의 영향이 가난한 사람, 힘없는 사람 등 사회적 약자나 환경적 약자에게 집중되어서는 안 된다는 생각을 바탕으로 '공평한 환경'을 추구하는 개념이다.

공단의 환경 오염 때문에 노동자나 주변 마을 주민들이 피해를 입는 일, 대규모 개발 사업으로 인한 피해, 도시 저소득층의 열악한 주거 환경 문제 등은 환경 정의의 반대 개념인 환경 부정의의 대표적인 사례다.

사용 예 "환경 정의는 환경도 생각하고, 인권도 생각하는 말이야!"

대지산을 지키기 위해
나무 위에 오른
환경 운동가

2001년 봄 경기도 용인시 수지읍 죽전 택지 지구 내 대지산에서 희한한 광경이 벌어졌다. 한 남자가 나무 위에 텐트를 치고 생활하기 시작한 것이다. 당시 그 지역은 난개발[1]로 몸살을 앓고 있었다. 그것을 보다 못한 한 환경 운동가가 개발을 막기 위해 나무를 자를 수 없도록 혼자 시위에 나선 것이었다.

그러자 대지산의 숲을 지키고 싶었던 주민들도 무분별한 개발에 반대하며 나섰다. 그들은 대지산 일대의 땅을 한 평씩 사기 시작했고, 그 일이 알려지자 더 많은 사람이 대지산을 지키기 위해 자발적으로 땅을 샀다. 나무 위 시위를 응원하기 위해 찾아오는 사람들도 늘어났다. 또 주민들은 자연환경과 문화유산이 보존될 수 있도록 대지산을 개발 제한 구역[2]으로 지정해 달라고 요구했다. 결국 완강하던 정부는 두 손을 들고, 시민들의 요구를 받아들여 대지산 일대를 녹지 또는 공원으로 영구 보전하겠다고 발표했다.

나무 위에서 벌인 한 남자의 시위는 우리에게 많은 것을 생각하게 해 준다. 그는 왜 나무 위에 올라가 생활을 해야만 했을까?

환경에도 **정의**가 필요해!

환경이 오염되었을 때 일어나는 피해나, 환경을 보호했을 때 생겨나

1 　도시, 삼림 따위를 어지럽고 무분별하게 개발하는 일.
2 　도시의 무질서한 확산 방지와 자연환경 보전 등을 위해 국토 해양부 장관이 도시 개발을 제한하도록 지정한 구역. '그린벨트(Greenbelt)'라고도 한다.

는 이익이 누구에게나 똑같이 돌아갈까? 물론 아니다. 심지어 환경 오염의 피해는 오히려 가난한 사람이나 힘없는 사회적 약자에게 유독 많이 돌아간다.

나무 위 시위가 있었던 2001년 당시, 용인시의 난개발 문제는 주택 건설업자와 토지 소유자가 과도한 이익을 내기 위해 마구잡이식 개발을 하면서 불거졌다. 이 지역을 개발하여 이익을 얻는 사람은 건설업자와 토지 소유자를 포함한 몇몇 소수에 불과했다. 그 소수의 이익을 위해 다수의 사람들의 환경권은 희생당했다. 심지어 건설업자와 토지 소유자는 개발이 끝나 충분한 이익을 얻고 나면 아무 미련 없이 이 지역을 떠날 것이 불 보듯 뻔했다.

원래부터 그곳에서 농사를 지으며 살던 대부분의 주민들은 그 개발 때문에 환경적 피해뿐만 아니라 경제적 피해도 만만치 않게 입었다. 어디 주민들뿐일까? 미래 세대가 이 지역에 살면서 자연 생태계를 누릴 권리도, 동식물이 자신들의 터전에서 뿌리내리고 살아갈 권리도 빼앗겼다. 개발된 지역에 남겨지는 뒷일을 수습하는 것도 문제였다. 개발 뒤에 일어나는 여러 골치 아픈 문제, 가령 난개발로 인한 자연 생태계 훼손, 생계 수단 파괴, 공기 오염이나 수질 오염, 교통 문제 등을 책임져야 하는 것은 결국 남아 있는 주민들과 정부의 몫이었으니까.

결국 그곳을 개발했을 때 누군가는 이익을 얻고, 누군가는 피해를 입었다. 이것은 환경 비용 부담의 차원에서도 공평하지 않다. 환경 정의는 이런 불평등을 극복하고, 환경 앞에서 누구나 공평해야 한다는 주장이다.

대지산 사건에서 원래 주민들은 개발업자나 토지 소유자에 비해 사회적 약자이고, 대지산에 살고 있는 동식물들은 환경적 약자이다. '환경에 대한 평등' 즉 사회적 약자도 환경적 약자도 공평한 환경권을 가질 수 있어야 한다는 게 바로 '환경 정의'의 핵심 개념이다.

환경 정의의 시작은 **인종 차별**!

환경 정의 운동은 미국에서 시작되었다. 미국에서 환경 운동은 크게 세 가지로 분류된다. 첫 번째는 인간의 활동 때문에 자연이 훼손되자 1890년에 시작된 자연 보호 운동이고, 두 번째는 1962년, 레이첼 카슨이 《침묵의 봄》을 출간하면서 활발해진 환경 오염 반대 운동이다. 이 책이 출간된 이후 환경 오염이 인간에게 미치는 영향이 알려지면서 전 세계적인 환경 운동으로 번져 나갔다. 그리고 세 번째로 1980년대에 시작된 것이 환경 정의 운동이다. 사회적 약자인 저소득층이나 유색 인종, 노동자들이 환경 오염의 피해가 자신들에게 집중되고 있다는 사실을 깨닫고 환경 정의 운동의 주체가 되었다. 그래서 사람들은 환경 정의 운동을 환경 운동과 인권 운동의 결합이라고 말하기도 한다.

이러한 환경 정의 운동의 시초는 한 보고서에서 비롯되었다. 1971년, 미국 환경 심의 위원회가 의미심장한 보고서를 발표했다. 환경 오염의 위험과 소득과의 관계를 밝힌 것이다. 이 보고서에 따르면 19세기에 시작된 미국의 전통적인 자연 보호 운동을 이끈 것은 고학력의 백인 중산층이었다. 또한 1960년대 미국에서는 백인과 중산층을 중심으로 농약 등에 의한 환경 오염에 관심이 높아졌다. 그렇다 보니 저소득층 사람들이나 흑인들이 생활하는 지역에 유해 폐기물 처리장이 많이 설치되었다. 이처럼 당시 환경 운동의 대부분은 환경에 대한 중상류층의 관심이

1890년
미국에서 자연 보호 운동이 시작되다.

1962년
레이첼 카슨이 쓴 《침묵의 봄》이 출간되어 환경 운동에 불을 지피다.

1971년
미국 환경 심의 위원회가 환경 위험과 소득의 관계를 밝힌 보고서를 발표하다.

반영된 것이었다. 이 보고서는 발표 당시에는 그다지 주목받지 못했지만, 이후 환경 문제를 사회 문제로 인식하게 되면서 갑자기 주목받기 시작했다.

1982년 10월, 벤저민 체이비스(Benjamin Chavis) 목사는 저소득층이나 소수 민족이 국가의 환경 오염 피해를 집중적으로 받고 있다고 주장했다. 또 이러한 불평등은 기존의 불평등한 사회 구조에서 비롯되었으며, 그것은 곧 '환경 인종 차별주의(Environmental Racism)'라고 비판했다. 그러자 노동자들과 유색 인종을 중심으로 환경 불평등을 해결하기 위한 방안을 마련하고, 실행하려는 움직임이 활발해졌다. 이것이 환경 정의 운동의 시작이었다.

1987년, 기독교 연합 인종 정의 위원회는 소수 인종과 빈민층 주거 지역에 폐기물 처리장이 상대적으로 많이 자리 잡고 있다는 사실을 밝혀낸 보고서를 발표했다. 이 보고서는 환경 피해의 불평등 문제가 쟁점이었던 환경 정의 운동에 박차를 가했다.

한편 우리나라 환경 정의 운동의 시작은 1998년으로 거슬러 올라간다. 1992년에 열린 유엔 환경 개발 회의의 영향을 받아 경실련[3]의 부설 기구로 만들어진 환경 개발 센터가 1998년에 독립하면서 '환경 정의 시민 연대'로 이름을 바꾸고, 본격적인 환경 정의 운동을 시작했다. 환경 정의 시민 연대는 토지, 대기, 물, 먹을거리와 유해 물질 등 다양한 분야에서 환경 정의의 관점으로 정책을 감시했다. 앞서 이야기한 대지산을 살리기 위한 나무 위 시위는 이 단체에서 주도한 환경 정의 운동의 대표적인 성공 사례이다. 대지산 살리기 운동은 아름다운 자연이나 문화유

---

3   경제 정의 실천 시민 연합의 약칭. 공정한 시장 경제 질서와 경제 정의의 안정적 유지를 목적으로 1989년 7월에 결성된 시민운동 단체.

1982년
체이비스 목사가
'환경 인종 차별'이라는
말을 사용하다.

사회적 배경
환경 인종 차별에 대해
인식하기 시작하다.

1987년
미국 기독교 연합
인종 정의 위원회가
소수 인종과 빈민층의
주거 지역에 폐기물
처리장이 상대적으로
많이 자리 잡고 있다는
사실을 밝혀내다.

1998년
우리나라에 환경 정의
시민 연대가 세워져,
본격적으로 환경 정의
운동을 펼치다.

● 2001년
대지산 개발을 막기 위해
환경 정의 시민 연대의
환경 운동가가 나무 위에
올라 시위를 벌이다.

● 2004년
환경 정의 시민 연대가
'환경 정의'로 이름을
바꾸다.

◉ 사회적 배경
환경 정의 운동이
에너지 정의 운동,
기후 정의 운동 등으로
분화되다.

산이 풍부한 지역의 땅을 지키기 위해 시민들이 자발적으로 땅을 사들여 영구 보존하는 형태의 문화 환경 운동인 '내셔널 트러스트(National Trust)'의 국내 첫 사례가 되었다. 이후 이 단체는 2004년에 다시 '환경 정의'로 이름을 바꿔 지금에 이르고 있다.

더불어 살며 지속 가능한 사회로!

최근에는 기후 변화와 지구 온난화 문제가 심각해지면서 국제적으로 '기후 정의', '에너지 정의'와 같은 용어도 생겨나고 있다. 역시 환경 정의와 같은 차원에서 만들어진 말이다. 지속 가능한 사회로 발전하려면 기후 변화나 에너지 사용이 미치는 영향과 피해도 사회적 약자나 환경적 약자에게만 떠넘겨서는 안 된다.

하루하루 사라져 가고 있는 섬나라 투발루는 우리에게 더 이상 낯선 이름이 아니다. 투발루는 앞으로 국토를 포기하고 온 국민을 다른 나라로 이주해야 할 상황에 처할지도 모른다. 지구의 기온이 올라가면서 해수면이 높아져 국토가 가라앉고 있기 때문이다.

정작 에너지를 많이 쓰는 나라는 미국, 일본, 한국 등 산업화가 이미 많이 진행된 나라들이다. 그런데 맨 먼저 피해를 보는 것은 투발루나 몰디브와 같은 작은 나라이다.

지금 지구 곳곳에서 이산화탄소 때문에 지구의 기온이 자꾸 올라가고 있다고 난리이다. 지구에 이미 배출된 이산화탄소의 양만으로도 향후 50년 동안은 계속 온도가 올라갈 수밖에 없다고 한다. 그동안 이산화탄소를 배출해 온 나라들은 이미 많은

지금 이 시간에도 가라앉고 있는 투발루

것을 갖춘 선진국들이다. 세계 인구의 20퍼센트밖에 되지 않는 선진국 사람들이 전 세계 자원의 80퍼센트를 소비하고 있다.

반면 개발 도상국들은 이제 막 발전이 시작되면서 이산화탄소를 좀 더 배출하고 싶어 한다. 그런데 지구 온난화 문제가 심각하게 대두되면서 선진국이든 개발 도상국이든 모두 의무적으로 이산화탄소를 줄여야만 하는 상황이 되어 버렸다. 결국 선진국이 지금껏 배출한 이산화탄소의 책임을 나머지 나라들이 함께 지게 된 것이다. 게다가 대부분의 국제 회의에서 선진국들이 상대적으로 큰 권한을 행사하기 때문에 개발 도상국은 절차적으로도 불공평한 위치에 있을 수밖에 없다.

환경 정의는 세대 간에도 적용된다. 우리는 그나마 개발의 이익을 누리며 큰 불편함 없이 살고 있지만, 우리의 자손들은 더워진 지구에서 갖은 위험을 감수하며 살아가야 한다. 편리한 생활을 위해 이산화탄소를 마음껏 배출하는 일도 갈수록 어려워질 것이다.

그나마 사람들은 그럭저럭 살아갈 수 있을지 몰라도 동물들은 그렇지 않다. 환경 오염이 심해지면서 생물 다양성이 위협받고 있다. 지구의 기온이 올라가 빙산이 녹아 버리면 살 곳을 잃은 북극곰은 누구를 원망해야 할까? 기후 변화에 적응하지 못해 멸종되어 가는 다양한 생물들은 도대체 무슨 잘못을 했기에 이런 끔찍한 일을 당하게 된 걸까? 이는 생태적으로 공평하지 않은 일이다.

지금까지 살펴본 것처럼 지속 가능한 사회를 위해서는 한 세대 안에서의

2010년
에너지 정의 운동이
'에너지 정의 행동'으로
이름을 바꾸고 활동에
박차를 가하다.

현재
이미 너무 많은 사회적
약자, 환경적 약자들이
생겨났다는 사실을
깨닫고, 그들이 더 이상
환경 피해를 입지 않도록
고민을 시작하다.

형평성, 현 세대와 미래 세대 사이의 형평성, 지리적인 형평성, 절차적인 형평성, 생태적인 형평성 등이 마땅히 고려되고, 그에 따라 환경 문제에 접근해야 한다. 이것이 사회적 약자와 환경적 약자가 존중받을 수 있는 환경 정의이다.

에너지 정의

생태계의 수용 범위 안에서 현 세대와 세대 간 에너지 자원을 공평하게 배분하고 사용하여 건전하고 지속 가능한 사회를 만들어 가는 것을 뜻한다.

내셔널 트러스트 운동

아름다운 자연이나 문화유산이 풍부한 지역의 땅을 지키기 위해 시민들이 자발적으로 땅을 사들여 영구 보존하는 형태의 문화 환경 운동이다. 1895년, 영국에서 처음으로 시작되었다.

20

세계 인구의 20퍼센트밖에 안 되는 선진국들이 세계 자원 소비의 80퍼센트를 차지하고 있다.

환경 정의

625

한국인 1인당 한 해 이산화탄소 배출량은 부룬디 국민 625명의 몫과 맞먹는다.

기후 정의

기후 변화 현상은 지역과 계층에 따라, 미치는 영향과 대처 역량이 다르므로 기후 변화에 취약한 사회·경제적 약자들을 위한 제도를 마련해야 한다는 개념이다.

8

서울에서 사회적·경제적 지위가 낮은 8개 구는 사회적·경제적 지위가 높은 8개 구보다 천식 발작이 일어날 위험이 높다.

지속 가능 발전

환경 정의가 이루어져야 지속 가능한 발전을 할 수 있다.

'지속 가능 발전'이 궁금하다면 **288쪽**

우리는 놀라운 속도로 새 기술을 고안해 내고
전 지구적인 엄청난 규모로 그것을 받아들이나
한참 뒤에야 지구 생태계나 우리에게 미치는 영향을
측량하기 시작한다.

테오 콜본·다이앤 듀미노스키·존 피터슨 마이어 지음, 권복규 옮김, 《도둑맞은 미래》, 사이언스북스, 1997, p. 292

보송보송하게 마른 빨래에 환경 호르몬이 들어 있는 합성 세제 찌꺼기가 남아 있다면?

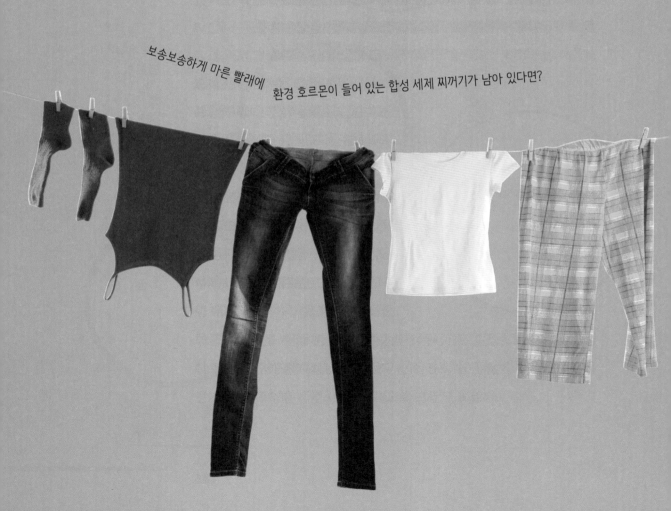

침묵의 봄

패스트푸드 대 슬로푸드

환경 호르몬 Endocrine Disruptor

개념 사전 원래 이름은 내분비 교란 물질이다. 우리 몸에서 여러 기능을 하는 호르몬과 비슷한 성질을 가지고 있으며, 몸 밖에서 들어와 인간이나 동물의 건강에 문제를 일으킨다.

호르몬은 특히 성(性)과 관련된 활동을 하는데, 외부에서 들어온 환경 호르몬 역시 자연적인 성 기능에 문제를 일으키는 경우가 많다. 환경 호르몬의 주요 원인은 석유를 원료로 만들어진 합성 화학 물질로 알려져 있다.

사용 예 "최근 발견된 기형 물고기가 생겨난 원인은 환경 호르몬 때문일 가능성이 크대."

1962년 레이첼 카슨은 《침묵의 봄》이라는 책에서 봄이 와도 새의 지저귐 소리를 들을 수 없는 날들을 이야기했다. 사람들이 DDT나 PCB와 같은 화학 약품을 무분별하게 사용한 결과, 새가 알을 낳고 부화시킬 수 없게 되었다는 이야기였다. 사람들은 그제야 환경 문제가 우리의 삶에 얼마나 큰 영향을 미치는지 깨닫고 두려워하기 시작했다. 그리고 그 뒤로 보다 자세하고 구체적인 환경 문제들이 하나둘 드러나기 시작했다. 그중에 하나가 '환경 호르몬'이었다.

1996년 3월, 미국에서 《도둑맞은 미래》라는 책이 출판됐다. 이 책에서 테오 콜본(Theo Colborn) 박사는 자연에서 벌어지고 있는 이상한 일들을 소개했다. 그것은 암수가 한 몸인 잉어, 암컷 모양을 한 수컷 숭어, 생식기가 비정상적으로 작은 수컷 악어, 그리고 새끼의 수가 크게 줄어든 새 등이었다. 환경 호르몬은 우리 가까이에서 구체적으로 모습을 드러내고 있었다.

환경 호르몬은 **가짜 호르몬**이라고?

호르몬이란 동물의 몸속에 있는 기관에서 만들어져 피를 타고 흐르면서 특정 기능을 하는 화학 물질을 말한다. 호르몬이 하는 일은 매우 다양하고 중요하다. 그중 대표적으로 성장 호르몬은 키를 자라게 하며, 성호르몬은 남자와 여자의 특징을 만드는 역할을 한다. 남자가 수염이 나고, 여자가 가슴이 봉긋해지는 것은 모두 성호르몬 때문이다. 호르몬은 바깥 환경이 변해도 우리 몸을 항상 일정하게 유지시켜 주는 역할을 할 뿐만 아니라, 먹고 싶은 욕구를 느끼게 하여 음식을 먹게 하고 에너지가 근육과 지방에 쌓이도록 해 준다. 이런 호르몬은 보통 백만 분의 1에서 수십억 분의 1밀리그램이라는 아주 작은 단위로 활동하기 때문에 그 양이 조금만 달라지거나 바깥에서 방해하는 물질이 들어오면 쉽게 균형이 깨져 버리고 만다.

그런데 최근 들어 이 호르몬에 영향을 미치는 물질들이 사람과 동물의 몸을 공격하기 시작했다. 사람들은 이러한 물질을 '내분비 교란 물질(Endocrine Disruptor)'이라고 부른다. 이것이 우리가 흔히 말하는 '환경 호르몬'이다. 환경 호르몬은 몸속이 아닌 바깥 환경에서 만들어진 화학 물질로, 몸속에 들어와 마치 호르몬처럼 작용하면서 정상적인 몸 상태를 바꿔 버리는 기능을 한다. 한마디로 가짜 호르몬인 셈이다.

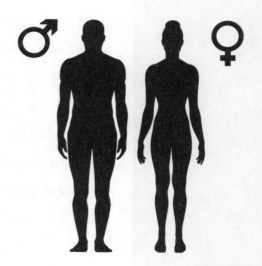

성호르몬은 건강한 남자와 여자를 만드는 데 필수적인 요소이다.

곳곳에 숨어 있다가 **내 몸속**에 들어오는 환경 호르몬

1949년 미국, 제초제를 만드는 회사인 몬산토사에서 사고가 발생했다. 일을 하던 100여 명의 작업자들이 온통 제초제를 뒤집어쓴 것이다. 그 뒤로 그들은 피부병을 심하게 앓았다. 1953년에 독일의 화학 공장에서도 비슷한 사고가 일어났다. '트리클로로페놀'이라는 화학 약품을 덮어 쓴 250여 명의 작업자들 가운데 절반이 심각한 피부병에 걸린 것이다. 이 두 사고의 후유증은 여기에서 끝나지 않았다. 수십 년이 지난 뒤 피해자들에게 유난히 암이 많이 발생한 것이다. 이 두 사고의 공통점은

1949년
미국 몬산토사에서 일어난 사고로, 작업자 100여 명이 제초제를 뒤집어써서 피부병에 걸리다.

1953년
독일 화학 공장에서 트리클로로페놀이라는 화학 약품을 덮어쓴 작업자 250여 명이 피부병에 걸리다.

작업자들이 화학 약품을 뒤집어썼다는 것이고, 그 화학 약품의 주요 성분이 '다이옥신'이라는 사실이었다.

다이옥신은 환경 호르몬을 만들어 내는 대표적인 화학 물질이다. 제초제 등의 화학 약품에 들어 있기도 하지만, 우리가 먹는 어패류나 육류, 계란, 우유와 유제품 등에도 들어 있다. 바다, 땅, 공기 등의 환경이 오염됐기 때문에 가축들의 몸도 오염되고, 결국 그 오염 물질이 우리의 입을 통해 몸속으로 들어오는 것이다.

그뿐만 아니다. 벌레를 죽이는 데 강한 효과를 발휘했던 DDT도 환경 호르몬을 유발하는 화학 약품이다. 지금은 DDT의 유해성이 알려지면서 사용을 줄이고 있지만, 1950년대에 대대적으로 뿌려졌던 DDT 성분은 아직까지도 땅과 물, 그리고 동물과 사람의 몸에 쌓여 있다. PCB도 문제이다. '폴리염화바이페닐'이라 불리는 이 화학 물질은 18세기 후반에 개발된 것으로, 변압기나 스위치 등 전기 제품을 만들 때 들어가는 물질이다. 처음에는 전혀 해가 없는 것으로 알려졌으나, 사람에게 피부염을 일으키고 새의 생식 기능에 문제를 일으킨다는 사실이 밝혀졌다. 여기에도 역시 환경 호르몬이 포함되어 있었던 것이다.

1966년, 미국 매사추세츠 주의 한 의사가 10대 소녀가 질암에 걸린 것을 발견하고 그 원인을 찾기 시작했다. 당시에 질암은 50대 이상의 여성에게서 흔히 볼 수 있는 병이었기 때문이다. 조사 결과 그 소녀의 어머니가 임신 중에 유산 방지제인 합성 호르몬제(DES)를 먹은 사실이 밝혀졌다. 이 사건을 계기로 환경 호르몬에 대한 연구가 시작되었다. 그 뒤로 베트남 전쟁에서 고엽제[1]에 노출되었던 사람들이 불임이나 성 기능

● 1962년
레이첼 카슨이
《침묵의 봄》을 통해
화학 약품의 위험성을
경고하다.

● 1966년
미국의 10대 소녀에게서
질암이 발견되면서
환경 호르몬 관련
연구가 시작되다.

● 1970년대
베트남 전쟁의 고엽제
피해자 중 일부가 불임
또는 성 기능 장애 증상을
보이다.

1 　강력한 제초제로, 다이옥신이 함유되어 사람이나 동물에 큰 피해를 입힌다는 실험 결과 때문에 미국에서는 1972년에 사용을 금지하였다.

364

장애를 겪고 있으며, 야생 조류나 포유류 등도 생식 및 행동 장애를 겪고 있다는 사실이 알려졌다.

환경 호르몬을 일으키는 물질은 우리가 매일 사용하는 생활용품에도 들어있다. 과거 세제, 보습제, 공업 용품 등으로 사용되던 노닐페놀, 그릇이나 아기 젖병, 음료수 캔 등에 사용되는 비스페놀 A(BPA), 갖가지 플라스틱 제품에 사용되는 프탈산 에스테르, 컵라면 용기의 재료인 스타이렌 수지 등이 그것이다. 결국 천연 재료가 아닌 석유를 원료로 해서 만든 대부분의 화학 제품은 환경 호르몬을 내뿜을 가능성이 있다.

아기 젖병에는 비스페놀 A가
사용되기도 하고,
스타이렌 수지는 컵라면
용기의 재료가 된다.

환경 호르몬이 진짜 호르몬을 **공격**한다!

그렇다면 환경 호르몬은 인간을 포함한 동물의 몸에 어떤 영향을 미칠까?

무엇보다도 가장 위험한 것은 어린이들이다. 연구 결과에 따르면 비스페놀 A는 불임 확률을 높이며 치아 손상과 천식 위험도 크다. 플라스틱 제품을 부드럽게 만드는 데 쓰이는 원료인 프탈레이트는 어린이 고혈압의 원인이 된다고 발표된 바 있다. 게다가 너무 빨리 사춘기의 특징이 나타나기도 하는데, 이를 '성조숙증(조기 성숙)'이라고 한다. 면역력이 약한 어린이의 경우 환경 호르몬이 성조숙증을 일으킬 수 있으며, 성조숙증 때문에 성장판이 일찍 닫혀 최종 키 성장에 영향을 미치기도 한다. 또한 집중을 하지 못하고 주의가 산만하여 공부에 지장이 있거나, 행동을 과격하게 하며 남을 때리고 공격하는 것도 환경 호르몬의 영향일 수 있다.

1995년
양산의 LG전자 부품
생산 공장에서 일하던
직원 수십 명에게서
불임이 발생하다.

1996년
콜본이 자신의 책
《도둑맞은 미래》에서
미국 야생 조류 중 일부가
생식 및 행동에 장애를
겪고 있음을 보고하다.

1997년
일본 학자들이 내분비
교란 물질을 '환경
호르몬'이라 부르다.

1998년
한국 해양 연구소에서
암컷 고둥이 수컷화된
사실을 확인하다.
한편, 경제 협력 개발
기구는 환경 호르몬에
대한 회의를 열고,
검사 방법 개발에 나서다.

여자의 몸에도 적지 않은 영향을 끼친다. 자궁암이나 유방암 발병을 높일 뿐 아니라, 불임에도 영향을 미친다. 만약 임신한 상태에서 환경 호르몬의 영향을 계속 받으면 배 속에 있는 아기도 위험해진다. 기형으로 태어날 수도 있고, 정상으로 태어나더라도 몇십 년이 지나 어른이 된 후 뒤늦게 이상이 나타날 수도 있다.

환경 호르몬은 남자에게도 영향을 끼친다. 남자가 점점 여자의 몸으로 변하기도 하고, 생식기가 작아지거나 정자의 숫자가 크게 줄어들기도 한다. 그 밖에도 면역 기능을 떨어뜨려 갖가지 질병의 원인이 되고, 당뇨병이나 알레르기를 일으키기도 한다. 연령이 높을수록 많이 발생하는 파킨슨병[2]의 원인 중 하나가 환경 호르몬이라는 주장도 제기되고 있다.

사람뿐만 아니다. 환경 호르몬이 동물에게 미치는 영향도 무시할 수 없다. 1998년, 우리나라 해안에서는 수컷의 생식 기관이 발달한 암컷 고둥이 발견되어 세상을 떠들썩하게 했다. 그 결과 암컷 고둥의 개체 수가 급속히 줄어들었다. 환경 호르몬의 한 종류인 '유기 주석 화합물(TBT)'이 원인이었다. 따개비나 털격판담치 등의 생물이 들러붙는 것을 막기 위해 선박 표면에 페인트를 바르는데, 그 속에 유기 주석 화합물이 함유되어 있었던 것이다.

환경 호르몬은 지금도 살충제, 농약, 중금속, 의약품 속에 모습을 감춘 채 음식과 호흡기, 피부 점막 등을 통해 우리 몸 깊숙이 파고들고 있다. 그로 인한 호르몬 변화로 사람과 동물에 각종 악영향을 끼친다는 연구 결과가 꾸준히 나오고 있다.

2   사지와 몸이 떨리고 경직되는 중추 신경 계통의 퇴행병. 머리를 앞으로 내밀고 몸통과 무릎이 굽은 자세와 작은 보폭의 독특한 보행을 보이며 얼굴이 가면 같은 표정으로 바뀐다.

환경 호르몬으로 뒤덮인 세상에서 **살아남기**

플라스틱이나 비닐에 담긴 음식을 피하는
것이 곧 환경 호르몬을 피하는 법!

최근에는 환경 호르몬을 방지하기 위해 유기농 및 친환경 제품이 다양하게 출시되고 있지만 환경 호르몬을 완전히 없애기란 쉬운 일이 아니다. 여러분의 모습을 한번 돌아보면 알 수 있을 것이다. 학교에 가기 전 머리를 감을 때 무심코 집어 드는 샴푸의 풍성한 거품에는 합성 계면 활성제가 가득하고, 친구들과 편의점에서 가볍고 맛있게 한 끼를 해결할 수 있는 컵라면 속에는 용기에서 뿜어져 나오는 환경 호르몬이 섞여 있다. 보송보송하게 마른 티셔츠에는 환경 호르몬이 들어 있는 합성 세제 찌꺼기가 스며들어 있을지도 모른다. 따라서 일상생활에서 아주 작은 부분부터라도 환경 호르몬을 피해 가는 노력이 필요하다.

맨 먼저 신경을 써야 하는 것은 플라스틱과 비닐이다. 플라스틱으로 만든 그릇이나 숟가락, 젓가락, 컵, 그리고 비닐 팩이나 랩으로 싸인 음식도 위험할 수 있다. 플라스틱이나 비닐을 사용할 때도 문제지만, 버려진 것을 태울 때는 더 심각한 문제를 일으킨다. 이러한 물질들은 탈 때 공기 중에 다이옥신을 내뿜기 때문이다. 음료수도 캔으로 된 것은 피하고, 살충제 성분이 든 모기향도 사용하지 않는 것이 좋다. 설거지를 하거나 빨래를 할 때 사용하는 세제는 강으로 흘러들어가 물고기 몸에 환경 호르몬이 쌓이게 할 수 있으므로 사용량을 줄이는 것이 좋다.

아이들이 가지고 노는 장난감도 잘 골라야 한다. 환경 호르몬이 포함된 플라스틱 장난감은 위험할 수 있다. 최근에 'BPA-Free'를 내세운 플라스틱 물통이나 젖병, 식기 등이 많이 나오고 있지만, 전문가들은 아무리 비스페놀 A가 들어 있지 않다 하더라고 플라스틱 제품이 환경 호르몬에서 자유롭지는 못하다고 말한다. 따라서 될 수 있으면 천연 재료로 만든 제품을 선택하는 것이 바람직하다.

음식은 어떻게 골라야 할까? 채소 등은 농약을 뿌리지 않은 국내산을, 우유나 유제품도 유기농 방식으로 생산된 것을 선택하는 것이 좋다. 즉석식품은 가급적 피하는 것이 좋다는 것도 잊지 말 것! 결국 음식은 유기농이나 로컬 푸드를 선택하면, 그나마 안심할 수 있다는 말이다.

마지막으로 꼭 알아 두어야 할 중요한 정보가 있다. 고구마나 콩류, 우엉이나 다시마, 미역 등은 몸에 들어온 다이옥신 등의 화학 물질을 몸 밖으로 내보내는 효과가 있다고 한다. 엄마가 만들어 주시는 콩밥, 미역국, 찐 고구마는 영양도 좋고, 환경 호르몬도 없애 주는 최고의 보약이다.

현재
환경 호르몬을 피하기 위해 우리 땅에서 난 건강한 농산물을 먹고, 제품을 살 때는 합성 화학 물질이 들어 있는지 아닌지 지혜롭게 따지기 시작하다.

합성 계면 활성제

물과 기름을 혼합하고 거품을 내기 위해 사용하는 물질로, 거의 모든 합성 세제에 들어 있다. 장기간 사용할 경우 아토피, 천식, 백내장 등을 유발할 수 있다.

다이옥신

무색, 무취의 맹독성 화학 물질로, 주로 쓰레기를 태우거나 농약 등 화학 물질을 만드는 공장에서 발생한다. 기형아 출산, 암 등의 원인이 된다.

내분비 교란 물질

환경 호르몬의 정식 명칭으로, 몸 안에 들어와서 호르몬의 생리 작용에 이상을 일으키는 화학 물질을 말한다.

환경 호르몬

1.6

국립 환경 과학원의 조사 결과, 몸속에 쌓인 비스페놀 A의 농도는 만 6~11세가 만 19세 이상의 1.6배에 이르렀다.

10

1966년, 미국의 한 10대 소녀가 어머니가 임신 중에 복용한 합성 호르몬제 때문에 질암에 걸렸다.

새집증후군

새집증후군의 원인 중 하나는 환경 호르몬을 내뿜는 재료들을 사용했다는 것이다.

아토피

환경 호르몬은 아토피를 유발시키기도 한다.

'아토피'가 궁금하다면 **206**쪽

'새집증후군'이 궁금하다면 **162**쪽

인간은 그 생활의 존엄과 복지를 보유할 수 있는 환경에서
자유, 평등, 적절한 수준의 생활을 영위할 기본적 권리를 갖는다.

유엔 인간 환경 회의에서 채택된 '인간 환경 선언' 중에서, 1972. 6.

"지구의 온도를 낮춰요!"
환경 교육 센터 기후 캠프에 모인 청소년들의 외침

환경 NGO와 환경 운동 Environmental NGO & Environmental Movement

개념 사전 NGO는 비정부 기구(Non Governmental Organization)의 약자로, '민간단체' 또는 '시민 사회 단체'라고도 한다. 정부(Governmental Organization, GO)에 반대되는 개념으로 탄생했다. 특히 환경 NGO는 자연환경 보호, 유해 물질 사용 금지, 생태계 보전, 생태주의 및 환경 정의 실현 등을 목표로 '환경 운동'을 하는 NGO를 말한다.

국제적인 환경 NGO에는 그린피스, 지구의 벗, 시에라 클럽 등이 있고, 우리 나라에는 환경 운동 연합, 녹색 연합, 환경 정의, 환경 교육 센터 등이 있다.

사용 예 "이번 방학에는 가까운 환경 NGO를 찾아 어떤 환경 운동을 펼치는지 살펴보고 자원봉사도 하려고 해."

구리, 아연, 알루미늄과 같은 비철 금속 공업 기지였다가 1980년대에 화학, 제지, 자동차 부품 등을 생산하는 공장들이 입주하면서 종합 단지로 탈바꿈한 울산시 울주군에 자리 잡은 온산 공업 단지. 이곳은 대규모 공업 단지 개발을 위한 종합 계획도 없이 공장들이 마구잡이로 들어서는 바람에 환경이 빠르게 오염되고, 그 결과 1983년에는 농경지와 양식장에 심각한 피해가 발생했다.

그런데 어느 날부터인가 이곳 주변 어민들이 원인 모를 통증을 호소했다. 팔다리 관절과 허리, 심지어 온몸이 쑤시고 아프다는 것이었다. 어민들이 보이는 증상은 1910년경 일본에서 발생한 카드뮴 중독증인 이타이이타이병[1]과 꼭 닮아 있었다. 그러자 온산 공업 단지에서 흘러나온 폐수가 원인일 것이라고 생각하는 사람들이 생겨났다. 과연 그곳에 무슨 일이 일어났던 걸까?

환경이 오염될수록 강해져라, **환경 NGO와 환경 운동!**

온산 공업 단지에서 어민들이 고통을 호소하자 한국 공해 문제 연구소[2]가 나서서 지역 주민들을 조사하기 시작했고, 조사 결과 자그마치 주민 1천여 명이 전신 마비 증상을 보였다. 1985년 1월 7일, 한국 공해 문제 연구소는 기자 회견을 열어 그곳의 주민들이 앓고 있는 병이 일본의 이타이이타이병과 같은 중금속 공해병이라고 발표했다. 그리고 온산 어

---

1   등뼈, 손발, 관절이 아프고 뼈가 약해져 잘 부러지는 공해병. 카드뮴이 몸속에 쌓여 일어난다. 이병에 걸린 사람들이 '이타이 이타이(아프다 아프다)' 하고 고통을 호소해 붙은 이름이다.
2   1982년에 우리나라 최초로 설립된 환경 단체.

민들이 겪은 공해병은 '온산병'이라는 이름으로 세상에 알려졌다.

1985년 12월, 온산 지역 주민들은 공해 배출 업체를 대상으로 소송을 제기했고, 법원은 인체와 농작물이 입은 피해에 대해 업체가 위자료 및 보상금을 지급해야 한다는 판결을 내렸다. 우리나라 최초로 공해병을 법으로 인정받고, 그 피해를 보상받은 사건이었다. 하지만 이 사건으로 절반이 넘는 주민이 공단에서 2킬로미터 떨어진 산간 분지로 이사가야 했고, 온산병은 심각한 환경 문제이자 사회 문제로 사람들에게 각인되었다.

온산병 사건처럼 잘못된 환경 정책이나 기업의 부주의 또는 부도덕 때문에 환경 사고가 발생하면 많은 사람이 뜻하지 않은 고통을 겪는다. 산업과 과학 기술이 빠르게 발달하면서 사람들의 생활은 점점 편리하고 화려해졌지만, 그와 함께 새로운 환경 오염 문제도 발생했다. 게다가 환경 오염 관련 사건들은 날이 갈수록 규모가 커지고, 그 피해도 심각해지고 있다.

걱정스러운 눈으로 이를 지켜보던 몇몇 사람들이 자연을 보호하고, 환경 문제를 해결하기 위해 본격적으로 나섰다. 이들은 권력이나 이윤을 추구하는 대신 인간됨의 가치와 사회적인 공공선[3]을 중시했다. 그래서 뜻이 맞는 사람끼리 단체를 만들어 더 많은 시민에게 환경의 가치를 알리고, 정부와 기업을 감시하거나 견제하는 사회적인 활동을 해 나갔다. 환경 문제의 심각성을 알리기 위해 거리에 직접 나가 캠페인을 전개하거나, 언론을 통해 홍보하고, 시민들을 대상으로 교육 활동을 벌이기도 했다. 또한 정부의 정책을 모니터링하고 비판하거나 대안을 제시

---

3   개인이 아닌 국가나 사회, 또는 온 인류를 위한 선을 말한다.

하는 토론회를 열기도 했다. 사람들은 이런 활동을 '환경 운동'이라고 하고, 환경 운동을 펼치는 단체들을 '환경 NGO' 또는 '환경 단체'라고 불렀다.

우리나라에 온산병이 처음 발생했던 시기만 하더라도 대부분의 사람들은 환경이나 공해 문제에 큰 관심을 보이지 않았다. 하지만 이 사건을 계기로 다양한 환경 단체가 보다 많은 사람에게 환경 문제의 심각성을 알리고, 환경을 보호하기 위해 사회적인 변화가 필요하다며 목소리를 높이기 시작했다. 환경 NGO들은 잘못된 인간 활동 때문에 얼마나 많은 무고한 사람들이 고통을 받았고 어디서부터 문제가 시작되었는지 조사하고 분석해서 세상에 알렸으며, 정부의 환경 정책을 감시하거나 문제를 제기하고, 기업의 사회적 책임과 환경 윤리를 일깨워 주기도 했다. 환경을 보호하는 일이 결국 사람을 살리는 길이라는 사실을 믿기 때문이었다. 이들의 적극적인 활동을 통해 점점 더 많은 사람이 환경 문제에 관심을 갖기 시작했다.

세계의 환경 운동은 어떻게 발전해 왔을까?

환경 운동의 역사는 환경 파괴의 역사와 함께 시작되었다. 그렇다면 세계의 환경 운동은 어떤 흐름으로 발전해 왔을까?

초기의 환경 운동은 '자연 보호 운동'에 초점이 맞춰져 있었다. 인간이 땅을 정복하고 개척하는 과정에서 자연을 파괴하자 그에 대한 반작용으로 자연 보호에 관심을 갖게 된 것이다. 식물에 관심이 많았던 존 뮤어는 여행하는 동안 자연의 엄청난 가치를 깨닫게 되었다. 그래서

사회적 배경
무분별한 개발로 자연이 훼손되다.

1892년
존 뮤어를 중심으로 가장 오래된 환경 보호 단체 중 하나인 '시에라 클럽'이 탄생하다.

사회적 배경
과학 기술이 발달하여 그로 인한 환경 오염 문제가 심각해지다.

1962년
레이첼 카슨의 《침묵의 봄》이 출간되고 환경 문제 전반에 대한 관심과 활동이 크게 늘다.

1892년, 미국 서부 지역에 금광 개발의 붐이 일면서 산림 지대가 훼손되었을 때 도저히 그냥 지켜볼 수가 없었다. 결국 그는 세계에서 가장 오래된 환경 단체 중 하나인 미국의 시에라 클럽을 세우고, 자연의 경이로움과 아름다움을 알리는 활동을 시작했다. 특히 국립 공원을 설립하는 데 온 힘을 기울여, 후세 사람들은 그를 '국립 공원의 아버지'라 부른다. 그리고 뮤어의 모든 활동은 자연 보호 운동의 귀감이 되었다.

요시미티를 국립 공원으로 지정해 보호하고 싶었던 뮤어(오른쪽)가 대통령인 루스벨트(왼쪽)를 설득했다.

한편 인간의 활동은 단순히 땅을 개척하는 수준에서 그치지 않았다. 문명이 발전하고 과학 기술과 산업이 발달하면서 단순한 자연 훼손을 넘어선, 다른 차원의 환경 오염 문제를 일으킨 것이다. 그러자 1962년, 레이첼 카슨의 저서 《침묵의 봄》이 세상을 흔들었다. 환경 오염이 심각해지면 봄이 와도 더 이상 새의 지저귐을 들을 수 없게 될 것이라는 카슨의 경고는 지구촌 사람들에게 '생태계 파괴'와 '환경 재앙'이라는 경종을 울렸고, 미국 전역에 환경 운동의 바람을 일으켰다.

1969년 9월, 미국 샌프란시스코에 국제 환경 단체인 '지구의 벗(Friends of Earth)'이 세워졌다. 지구의 벗은 '지속 가능한 사회와 환경 보호'를 목표로 지구 온난화 방지, 삼림 보존, 오존층 보호, 생물 다양성 보존 등 다양한 환경 문제에 대처하기 위해 환경 운동을 벌이고 있다. 1971년에는 프랑스, 스웨덴, 영국, 미국에 지구의 벗이 조직되면서 국제단체로 성장했고, 그 뒤 세계 각 나라에 확산되어 지부가 생겨났다.

'그린피스(Greenpeace)'는 1971년에 탈핵 운동을 목표로 캐나다에 세

1969년
국제 환경 단체인
지구의 벗이 세워지다.

1971년
탈핵 운동을 목표로
그린피스가 세워지다.

그린피스는 지금도 끊임없이
탈핵 운동을 펼치고 있다.

워진 국제 환경 보호 단체로, 핵 실험 반대 시위를 할 때 사용한 돛에 새겼던 용어가 단체의 이름으로 굳어진 것이다. 그린피스는 세계 각지에서 에너지 혁명, 해양 보호, 삼림 보호, 평화, 유해 물질 없는 사회, 지속 가능한 농업 등 이름 그대로 지구의 환경과 평화를 지키기 위한 다양한 활동을 펼치고 있다.

환경 문제가 다양해질수록 환경 운동의 내용과 방식도 다양해졌다. 1982년에는 환경 오염의 피해가 유색 인종과 저소득층 같은 사회적 약자에게만 집중되는 것은 공평하지 않다고 주장하는 '환경 정의' 운동도 생겨났다. 환경 운동은 독일의 '녹색당' 활동처럼 녹색 정치 운동으로 발전하기도 했다. 녹색당은 이후 2011년, 독일의 원전 폐기 결정에 큰 역할을 하기도 했다.

1972년
스웨덴 스톡홀름에서 개최된 유엔 인간 환경 회의 이후 환경 단체들의 국제적 교류와 협력이 활발해지다.

사회적 배경
환경 오염 피해가 유색 인종과 저소득층에 집중되는 환경 불평등 현상이 나타나다.

1982년
미국에서 환경 정의 운동이 탄생하다. 한편 우리나라에서는 최초의 환경 단체인 한국 공해 문제 연구소가 설립되다.

우리나라의 환경 운동은 어떻게 발전해 왔을까?

'온산병' 사건이나 '낙동강 페놀 오염[4]' 사건을 계기로 우리나라에서도 환경 문제의 심각성이 세상에 알려지기 시작했다. 그와 더불어 환경 NGO와 환경 운동에 관심을 가지고, 그들의 활동을 지지하는 사람도 많이 생겼다.

한편 1980년대의 민주화 운동에 참여했던 사람들은 1990년대에 들어서면서 사회를 변화시키기 위한 새로운 움직임이 필요하다고 느꼈다. 그러던 중 1992년, 전 세계 185개 나라가 모여 지구 온난화 방지 협약과

4 1991년 3월 14일과 4월 22일 두 차례에 걸쳐 두산 전자 공장의 파손된 파이프를 통해 페놀 원액이 유출된 사건이다.

생물 다양성 보존 협약 등을 맺은 유엔 환경 개발 회의가 브라질에서 열렸다. 우리나라의 환경 NGO들도 이 회의에 참여하여 국제적인 흐름에 눈을 뜨게 되었고, 환경 운동 수준도 한 단계 높아졌다. 이전까지는 강력한 환경 오염 반대 운동이 중심이었지만, 1990년대 후반부터는 시민들이 참여하면서 생활 중심의 환경 운동이 활발해졌다. 생활 속에서 친환경적인 생활 습관을 실천하기 위한 움직임이 퍼져 나갔고, 마을에서부터 지속 가능한 대안 사회의 모습을 만들어 가는 운동도 확산되고 있다. 또한 자연 속에서 잠재되어 있던 생태적 감수성을 일깨우고, 환경의 소중함을 체험하는 활동이나, 기후 변화와 같은 환경 위기에 대처하는 방법을 함께 찾아보는 환경 교육 운동도 활발해졌다.

　유엔 환경 개발 회의에 참석했던 환경 NGO들은 보다 전문적이고 조직적으로 환경 운동을 펼치기 위하여 1993년 4월, 한국 공해 문제 연구소를 비롯한 전국 여덟 개 환경 단체를 통합하여 '환경 운동 연합(KFEM)'을 결성했다. 세계 3대 환경 NGO 중 하나인 지구의 벗 한국 지부이기도 한 이 단체는 동강[5] 댐 백지화 운동, 새만금 간척 사업 반대 운동, 4대강 사업 반대 운동 등 대규모 국책 사업 반대 운동을 비롯해서 핵 폐기장 반대 및 에너지 정책 전환, 재생 가능 에너지 보급, 바다 살리기, 멸종 위기 동물 보호, 사막화 방지, 하천 살리기 등 지구를 살리기 위한 다양한 활동을 펼치고 있다. 현재 환경 운동 연합은 전국 52개 지역 조직과 전문 기관, 협력 기관을 둔 아시아 최대의 환경 단체로 성장하였다.

　1994년 4월에 창립된 '녹색 연합(Green Korea)'은 백두대간 복원 활동, 멸종 위기 동물 보호, 소박한 녹색 삶 실천 운동, 재생 가능 에너지 보급,

1993년
1992년 유엔 환경 개발 회의에 참석했던 환경 NGO들을 중심으로 환경 운동 연합이 결성되다.

1994년
녹색 연합이 창립되다.

사회적 배경
민주화 운동에서 시민운동으로 우리나라의 환경 운동 성격이 바뀌다.

5　　강원도 정선군과 영월군 영월읍 일대를 흐르는 강.

● 2015년
한살림의 소비자 회원
수가 50만 세대를
넘어서다.

한반도 평화 운동, 생태 순환형 사회 만들기 운동 등 다양한 활동을 전개해 오고 있다.

1986년 '한살림 농산'이라는 작은 쌀가게에서 시작된 '한살림'은 2015년 3월, 50만 세대의 소비자 회원들과 2,110여 세대의 농촌 회원들이 공동체를 이루는 큰 단체로 성장했다. 한살림은 사람과 자연, 도시와 농촌이 더불어 살아가는 세상을 만들기 위해 자연 생태계와 조화를 이루며 이웃과 소중히 나누는 '밥상 살림', 농업의 가치를 인정하고 생명이 살아 숨 쉬는 땅으로 되살리는 '농업 살림', 이를 통해 모든 생명이 더불어 살아가는 '생명 살림'을 중심으로 활동하고 있다.

환경 운동은 **특별한 사람들**만 하는 거라고?

앞에서 설명한 환경 NGO 말고도 경제 정의 실천 시민 연합, 참여 연대, 여성 단체 연합, 흥사단, YMCA, YWCA 등 주요 사회 NGO 단체들이 다양한 영역에서 활동하고 있으며, 수많은 환경 NGO들이 지구촌 곳곳에서 환경과 생명을 지키기 위한 환경 운동을 활발하게 펼치고 있다.

그런데 이들이 지속 가능한 사회를 만들기 위해 더 많은 활동을 이어 나가려면 시민들이 자발적으로 마음을 모으고, 참여해야 한다. 지구를 살리는 일과 함께 사는 사회의 즐거움을 직접 몸으로 체험하고 싶다면, 지금 바로 나에게 맞는 NGO를 검색해 보고 회원이 되어 환경 보호 활동이나 환경 교육 프로그램에 참여해 보자. 지금까지와는 다른 더 넓은 세상, 살맛 나는 세상을 경험할 수 있을 것이다.

● 현재
환경 운동은 특별한
사람들만 하는 것이
아니라는 것을 알고,
환경 NGO에 참여해
내가 실천할 수 있는 일을
찾기로 하다.

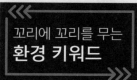

꼬리에 꼬리를 무는
환경 키워드

지구의 벗

시에라 클럽의 데이비드 블로워가 지속 가능한 사회를 지향하고, 환경 문제에 대응하기 위해 1969년, 설립한 단체이다.

공해병

공해 때문에 생기는 질병이다. 일본의 이타이이타이병이나 미나마타병, 우리나라의 온산병은 공해병의 한 종류이다.

그린피스

1971년에 설립되어 지구 환경 보존과 평화를 위한 활동을 펼치고 있다.

3

WWF

그린피스, 세계 자연 보호 기금, 지구의 벗은 세계 3대 환경 NGO이다.

**환경 NGO와
환경 운동**

1993

eco

1993년, 우리나라의 대표적인 환경 단체인 '환경 운동 연합'이 설립되었다.

지구의 날

'지구의 날'은 환경 운동의 역사에서 중요한 기점이 되었다.

침묵의 봄

레이첼 카슨의 《침묵의 봄》은 환경 운동의 초석이 되었다.

'지구의 날'이 궁금하다면 **280쪽**

'침묵의 봄'이 궁금하다면 **296쪽**

우리가 겪는 황사 발생의 증가와 강도의 증가도
지구 온난화 문제와 마찬가지로 인간 활동에 의한
자연환경 파괴의 대가임을 잊지 말아야 할 것이다.

손병주(서울대 교수)

황사 마스크 없이는 외출할 수 없는 미래를 상상해 보라.

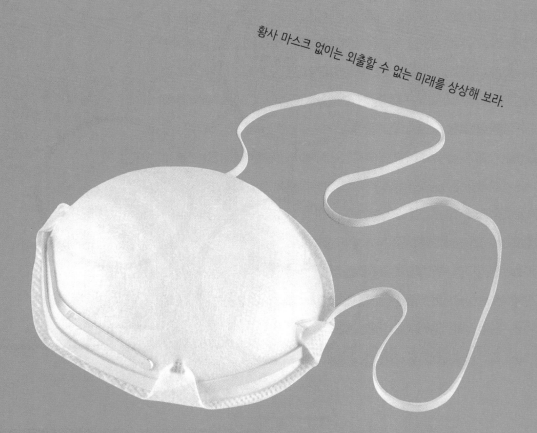

황사 Yellow Sand

개념 사전 중국 대륙의 사막이나 황토 지대에 있는 미세한 모래 먼지가 강한 바람 때문에 대기 중에 퍼져 하늘을 덮었다가 서서히 떨어지는 현상 또는 떨어지는 모래흙을 말한다.

그대로 풀이하면 '누런 모래'를 뜻하는 황사는 1954년부터 사용되었다. 황사의 발원지인 중국과 몽골의 사막 지역에서는 모래 폭풍이라고도 하고, 그 정도가 심해 손이 안 보일 정도가 되면 흑풍(검은 폭풍)이라고 부르기도 한다. 봄과 초여름에 우리나라에 찾아와 각종 피해를 입힌다.

사용 예 "오늘의 축구 경기는 극심한 황사로 인해 연기되었습니다!"

　어제 수천 피트 높이의 먼지 폭풍이 몬태나 주에서 서쪽으로 1,500마일이나 떨어진 여러 주에 밀어닥쳐 다섯 시간이나 햇빛을 볼 수 없었습니다. 마치 부분 일식[1]이 일어난 것처럼 뉴욕에 어둠이 깃들었습니다. 대기 중 미세 먼지[2]는 평소의 2.7배였고, 뉴욕 시민들은 눈물과 기침에 시달려야 했습니다.

　1934년 5월 12일자 〈뉴욕 타임스〉 기사의 일부이다. 19세기 서부 개척 시대에 미국은 초원에서 풀과 나무를 베어 내고 방대한 농경지를 만들었다. 그러나 1931년에 찾아온 가뭄으로 더 이상 농사를 지을 수 없게 되자 수많은 사람이 기아와 질병으로 그곳을 떠나야 했다. 이렇게 미국 남서부 오클라호마, 캔자스, 콜로라도, 뉴멕시코, 텍사스 주에 걸친 대평원이 사막으로 변하면서 일명 '먼지 지대(Dust Bowl)' 사건이 발생했다. 황사는 모래 폭풍을 몰고 멀리 동부 뉴욕까지 미국 전역을 뒤덮었다.

1　　달의 그림자에 의해 태양의 일부분이 가려져 보이는 현상.

2　　눈에 보이지 않는 아주 작은 물질(직경 10마이크로미터 이하)로, 대기 중에 떠다니거나 흩날려 내려온다. 황사는 중국 몽골 등의 건조 혹은 황토 지대에서 불어 올라간 모래 먼지가 원인인 자연적인 현상인 데 반해, 미세 먼지는 화석 연료를 사용하면서 배출되는 인위적 오염 물질이 주요 원인이 된다.

봄을 알리는 안 반가운 손님, **황사**

언제부턴가 황사는 봄철마다 찾아오는 불청객이 되었다. 황사는 어디에서 시작되어 불어오는 것일까? 우리나라로 불어오는 황사는 중국 내륙의 건조 지대와 몽골의 고비 사막으로부터 시작된다. 중국의 모래폭풍은 주로 겨울과 봄철에 발생하는데 그 가운데 3분의 1은 4월에 집중적으로 발생한다. 겨울에 얼었던 땅이 봄철에 녹으면서, 흙에 빈 공간이 생겨 바람에 쉽게 침식되기 때문이다. 이때 발생한 먼지는 중국 동해안을 지나 우리나라와 일본까지 날아온다. 최근 몇 년 사이에 황사가 극심해진 것은 발원지인 중국 내륙 지방에서 빠른 속도로 산림이 파괴되어 사막화가 진행된 데다가 고온 건조한 기후가 이어졌기 때문이다. 상승하는 공기에 실린 모래와 먼지가 지상 4~5킬로미터 상공까지 올라갔다가 강한 고층 기류(제트 기류)를 만나면 상당히 먼 지역까지 날아가 떨어지는데, 심지어 중국의 황사가 미국과 캐나다에서 관측된 적도 있다.

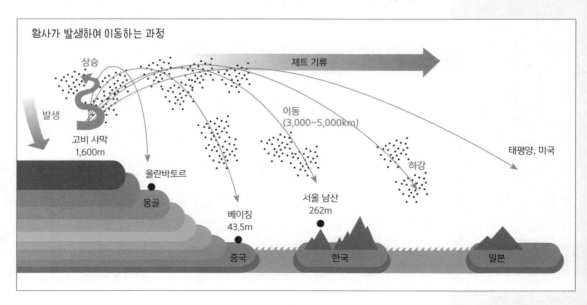

이러한 이유로 트럭에나 어울릴 것 같은 '모래 먼지의 장거리 수송(Long range transport of dust particles)'이라는 말이 등장하기도 했다. 국제적으로는 외교적 책임 소재를 명확하게 하기 위해 '아시아 먼지(Asian dust)'라고 불린 적도 있다.

사실 황사는 어제오늘 일이 아니다. 중국에는 3,000년 전 기록에도 황사와 관련된 내용이 남아 있을 정도이다. 우리나라의 경우 신라 아사달 왕 때의 기록이 시초이지만, 그 전에도 발생했을 것으로 추측된다. 삼국 시대의 기록을 보면, '사방이 어둡고 혼몽하고 티끌이 내리는 것 같다'고 묘사되어 있어 당시에도 황사가 심했을 것으로 추측할 수 있다. 우리나라에서는 예전부터 흙비라고 불리다가 황사라는 말은 일제 강점기부터 쓰이기 시작했다. 그나마 우리나라에서는 누런 먼지나 흙비 정도로 표현되었지만, 중국에서는 모래 폭풍, 검은 폭풍, 먼지 폭풍이라는 이름으로 불릴 정도로 심각한 현상이었다.

● 삼국 시대
황사로 추측되는
묘사가 기록되다.

● 조선 시대
1406년과 1784년
사이에 강수를 동반한
황사 현상 105건이
기록되다.

누런 먼지에 불과한 황사가 **무서운** 이유

중국에서 발생한 황사는 우리나라에 도착하기까지 보통 2~3일 정도가 걸린다. 그런데 문제는 이 기간 동안 황사가 다양한 오염 물질과 미세 먼지를 만나 함께 날아온다는 것이다. 중국은 빠르게 공업화가 진행되고 있는 나라로, 화석 연료를 사용하는 공장 지대에서 각종 중금속과 오염 물질이 뿜어져 나온다. 이러한 화학 물질이 대기 중에 퍼져 있다가 황사와 함께 실려 오면서 더 심각한 피해를 낳고 있다. 실제로 1988년에 사망한 중국인 네 명 중 한 명이 대기 오염에서 비롯된 질병으로 사망했다는 세계은행의 보고서는 매우 충격적이었다. 국내 연구에서도 호흡기 질환을 앓고 있는 환자의 비율이 황사 전 11.6퍼센트에서 황사 후 19.8퍼센트로 대폭 증가했고, 특히 9세 이하의 어린이와 50세 이상의 연령층에 큰 영향을 미치는 것으로 보고되었다.

중국의 공장에서 나오는 오염 물질이 황사와 만나 피해를 일으킨다.

황사는 단지 인간의 건강에만 영향을 미치는 것이 아니다. 식물이나 농작물이 자라는 것을 방해할 뿐 아니라, 식물에 쌓인 중금속은 도로 인간에게 돌아온다. 비행기 같은 정밀 기기에 들어가 오작동을 일으키기도 하는데, 2002년에 우리나라에 극심한 황사가 발생한 뒤 반도체나 전자 등 초정밀 기계 산업에서 불량률이 네 배나 증가했다. 액체나 기체 속의 이물질을 걸러 내는 장치의 교체 주기는 두 배나 빨라졌다. 또한 황사가 시작되면 실내 활동이 늘어나 PC방이나 오락실 등의 이용이 늘고, 항공이나 백화점 등 유통 업체의 매출은 감소했다는 보고도 있었다.

반면 황사 방지 마스크, 황사 방지 크림, 안경 등의 수요가 늘어나면서 홈쇼핑 소비가 느는 등 때 아닌 특수를 누리게 된 산업도 있다. 하지만 이것을 인간과 산업이 입은 피해에 비할 수는 없을 것이다.

황사 때문에 지구 마을 곳곳이 **앓고 있다**

앞서 이야기한 미국 남서부 대평원의 먼지 지대 사건은 미국 역사상 가장 암울했던 사건 중 하나로 기록되었다. 1935년에는 미국 정부가 이 지역을 국가 재난 지역으로 선포하고 구제에 나설 정도였다. 다행히

1931년
미국 대평원이 먼지
폭풍에 덮이다.

1960년
아프리카 사하라 사막의
남쪽 사헬 지역이 가뭄과
사막화를 겪으면서
생물이 살 수 없는 땅으로
변하다.

1990년대
중국에 심각한 황사가
수차례 발생하여 막대한
인명·재산 피해가
발생하다.

사회적 배경
황사가 자연 재난이
아닌 인위적 재난으로
인식되다.

1937년, 루스벨트 대통령은 '셸터벨트(Shelterbelt) 프로젝트'라는 대평원 살리기 사업을 시작했고, 이후 서서히 회복되었다.

하지만 그 뒤로도 황사는 세계 곳곳에서 악명을 떨치고 있다. 그야말로 '황사의 세계화' 수준이다. 1984년 11월 9일, 영국 옥스퍼드에서 지독한 흙먼지가 자동차에 내려앉는가 하면 비가 내리는 중에도 공중에 먼지가 떠 있는 등 이상한 현상이 나타났다. 알고 보니 지구 상에서 가장 큰 건조 지역인 사하라 사막에서 날아온 먼지 폭풍이 아프리카 지중해를 따라 아틀라스 산맥을 넘어 영국까지 이동했던 것이다. 1960년대에 시작된 사헬 지방의 사막화는 1980년대에 들어서면서 더 넓은 지역으로 확산되어 심각한 피해를 입혔다.

뭐니 뭐니 해도 가장 피해가 큰 곳은 바로 중국이다. 1993년 5월 5일, 중국 간쑤 성 진창 시에서는 황사가 발생하여 50명이 사망하고, 153명이 중상을 입었다. 1994년 4월에는 몽골과 중국 내몽골 서부 지역에 강풍이 이는가 하면, 북부 고비 사막에서 모래 먼지가 날아와 하늘을 뒤덮는 황사 현상이 며칠 동안 이어졌다. 1995년 11월 7일에는 폭풍이 산둥 성을 강타하여 470여 명의 사상자가 생겨났으며, 이때 입은 직접적인 경제 손실만 해도 10억 위안(약 1770억 원)이나 되었다. 이듬해인 1996년에는 1965년 이후 가장 큰 규모의 황사, 아니 흑풍이 불어와 나무가 뿌리 채 뽑히고 주민들은 호흡 곤란을 겪었다. 1998년 4월 5일에는 강한 황사가 베이징까지 확산되어 300여 명의 사상자와 함께 대규모의 재산 피해를 입혔다. 1999년 4월 3~4일에도 강풍과 황사가 발생했으며, 2000년 3월 22~23일에는 내몽골에서 발생한 큰 황사가 북경까지 이동해 왔다. 같은 해 3월 27일에 또다시 발생한 황사로 현장 노동자가 사망하거나 부상을 당하고, 간판이 떨어져 지나가던 행인이 부상을 입는가 하면 차량들이 파손되기도 했다.

지구 온난화의 영향으로 황사의 시기가 빨라지고, 그 횟수도 매년 잦아지면서 우리나라에서는 2002년 4월부터 황사 특보제가 시행되었다. 황사가 발생하여 한 시간 평균 미세 먼지 농도가 세제곱미터당 400마이크로미터 이상인 상태로 두 시간 이상 지속될 것으로 예상될 때에는 황사 주의보가, 세제곱미터당 800마이크로미터 이상인 상태로 두 시간 이상 지속될 것으로 예상될 때에는 황사 경보가 발령된다. 황사 특보가 발령되면 외출을 자제하고, 손발을 깨끗이 씻어야 하며, 과일과 채소는 반드시 씻어서 먹어야 한다. 학교나 기관에서는 단축 수업이나 휴업 등을 검토할 수도 있다. 축사나 원예 시설에서도 가축을 대피시키거나 출입문, 사료를 덮어 두고, 환기창을 점검하는 등 피해를 줄이기 위한 철저한 준비를 해야 한다.

1994년
유엔 사막화 방지 회의에서 유엔 사막화 방지 협약이 채택되고, 이날을 기념하여 6월 17일을 '세계 사막화 방지의 날'로 정하다.

2001년
도쿄에서 열린 한·중·일 3개국 환경 장관 회의에서 황사 문제를 해결하기 위해 협력하다. 이후 몽골도 참가하여 4개국 환경 장관 회의로 확대되다.

2002년
우리나라에서 황사 특보제가 실시되다.

내가 쓴 **나무젓가락**이 황사를 일으킨다면?

이미 발생한 황사의 피해를 최소화하기 위한 노력도 필요하지만, 근본적으로 중요한 것은 황사를 예방하려는 노력이다. 이제 사람들은 황사를 자연 재난이 아닌 인간 활동에 의한 재난으로 인식하게 되었다. 사막화의 속도가 빨라지면서 황사가 사람들에게 끼치는 피해가 점점 심해지고 있다는 사실을 깨달았기 때문이다.

서울 시내가 황사 때문에 뿌옇게 보인다.

그렇다면 황사는 누구의 책임이라고 할 수 있을까? 단도직입적으로 말해서 황사 문제의 책임은 지구 상의 모든 인간에게 있다. 우리나라가 황사의 발원지가 아니라고 해서 우리에게 책임이 없는 것은 아니다. 여러분이 무심코 사용한 나무젓가락 하나가 황사를 일으킬 수도 있기 때문이다. 최근 사용되는 대부분의 나무젓가락은 중국산 백양목이나 자작나무로 만들어진다. 한 해 450억 벌의 나무젓가락을 만들기 위해 중국은 2500만 그루의 나무를 베어 내야 한다. 이렇게 나무젓가락 사용량이 많아지다 보니 중국 정부는 일회용 나무젓가락에 5퍼센트의 소비세를 매기기 시작했다. 급속한 사막화를 막기 위해 만들어 낸 궁여지책이었다. 이렇게 우리가 아무 생각 없이 사용하는 나무젓가락이 황사의 발원지인 초원을 파괴하고, 이것이 황사와 지구 온난화를 발생시키고 있다. 우리의 작은 행동이 결과적으로는 큰 재난을 불러오는 '나비 효과(Butterfly Effect) [3]'로 나타나는 것이다.

비단 나무젓가락만 문제가 되는 것은 아니다. 우리가 생활하면서 배출하는 이산화탄소는 지구 온난화를 가속화시키고, 지구 온난화는 사막화를 불러오며, 이것은 다시 황사가 되어 우리에게 돌아온다. 따라서 황사의 피해를 줄이기 위해 우리가 할 수 있는 가장 쉽고도 중요한 일은 친환경적인 생활 방식을 실천하는 것이다. 당신이 편리한 생활과 소비를 즐기는 동안 지구는 소리 없이 병들어 가고 있다. 당신이 무심코 사용하는 물건들이 황사처럼 국제적인 환경 문제의 원인이 될 수 있다는 사실을 항상 기억하자!

● 2006년
중국에서 일회용 나무젓가락에 소비세를 부과하다.

● 현재
우리가 생활 속에서 무심코 사용하는 물건이 지구 반대편 어딘가에서 벌어지는 환경 문제의 원인이 될 수도 있다는 사실을 기억하다.

---

3   브라질에 있는 나비의 날갯짓이 텍사스에 태풍을 일으킬 수 있다는 이론. 미국의 기상학자 에드워드 로렌즈(Edward Lorenz)가 1961년 처음 사용한 용어로, 초기의 사소한 변화가 전체에 막대한 영향을 미칠 수 있음을 이르는 말로 쓰인다.

미세 먼지

지름이 10마이크로미터(1마이크로미터=1000분의 1밀리미터) 이하인, 우리 눈에 보이지 않을 정도로 작은 먼지이다. 자동차 배기가스나 공장 굴뚝 등에서 주로 배출되며 중국의 황사나 심한 스모그와 함께 날아온다.

고비 사막

몽골 고원의 중부에 있는 사막이다. 서쪽은 타림 분지, 동쪽은 싱안링 산맥에 닿아 있어 내외 몽골의 경계를 이룬다. 중국 내륙 지방과 함께 황사가 시작되는 곳이다.

8.6

1990년대에는 연평균 황사 발생 빈도가 3.3회 정도였으나, 2000년 이후 평균 8.6회로 급격히 늘어났다.

40

2014년 1월 초 베이징의 미세 먼지 농도는 세계 보건 기구 권고 기준의 약 40배에 이르렀다.

황사

황사 특보제

황사로 인한 피해를 줄이기 위해 2002년부터 실시한 제도로, 현재 기상청은 황사 농도에 따라 황사 주의보와 황사 경보로 나눈다.

800

한 시간 평균 미세 먼지 농도가 세제곱미터당 800마이크로미터 이상인 상태로 2시간 이상 지속될 경우, 황사 경보가 발령된다.

사막화

사막화는 황사의 대표적 원인이다.

'사막화'가 궁금하다면 **152**쪽

환경 키워드 175

가이아 여신(Gaia)　그리스 신화에 나오는 대지의 여신. 카오스에서 태어나 자신이 만든 천신 우라노스의 아내가 되어 티탄을 낳는다. 로마 신화에서는 텔루스라는 이름으로 등장한다. 하늘, 땅, 바다, 신, 인간을 낳은 모든 것의 원초이자 지구를 상징한다.

가이아 이론　1972년, 제임스 러브록이 '지구가 스스로 온도나 대기의 구성 요소를 조절한다'고 주장하면서 그 이론에 대지의 여신인 '가이아'라는 이름을 붙였다. 가이아 이론은 지구를 하나의 살아 있는 생명체로 보는 것으로, 이전까지 지구를 이해하던 방식을 획기적으로 변화시켰다. 이 이론에 따르면 지구는 가장 큰 생명체이고, 우리도 그 생명체의 일부가 된다.

개릿 하딘(Garrett Hardin)　미국의 생태학자(1915~2003). 개인이 자기 자신만의 이익을 위해 지하자원, 물, 공기, 해양 자원 등 모두가 함께 사용해야 할 자연을 함부로 사용하여, 결국 자원이 고갈되거나 환경이 파괴되는 '공유지의 비극'을 초래할 것이라고 주장하였다.

개발　토지나 자연 자원 따위를 사람의 필요에 따라 더 나은 상태로 바꾸어 놓는 것을 말한다. 산업이나 경제를 발달하게 하는 것 또한 개발이다. 세계적으로 산업화와 도시화를 겪으면서 대규모 개발이 끝없이 이루어지고 있다.

고비 사막　몽골 고원의 중부에 있는 사막이다. 서쪽은 타림 분지, 동쪽은 싱안링 산맥에 닿아 있어 내외 몽골의 경계를 이룬다. 중국 내륙 지방과 함께 황사가 시작되는 곳이다.

공유 자원　사회 전체에 속한 자원으로, 누구나 비용을 지불하지 않고 사용할 수 있으나 한 사람이 사용하면 다른 사람은 그것을 사용하는 데 제한을 받는다.

공유지의 비극 사회 구성원이 모두 함께 사용하는 공공 자원을 사적 이익을 추구하는 시장이나 구성원들의 자율에 맡겨 두면, 자원이 고갈될 위험이 있다는 심각성을 설명하는 용어이다. 지하자원, 초원, 공기, 어장 등 자연환경 자원 대부분이 이 공유지, 즉 공공 자원에 해당한다. 공공 자원의 사유화, 국가와 제도의 개입, 대화와 소통을 통한 공동체 구성원들의 자발적 공공 자원 관리 등이 공유지의 비극 문제에 대한 해법으로 제시된다.

공정 무역 경제 선진국과 개발 도상국 사이의 불공정한 무역 때문에 일어나는 개발 도상국의 빈곤 문제를 해결하기 위한, 세계적인 시민운동이자 사업이다. 공정 무역의 목적은 물건을 만드는 사람들의 노동과 비용에 대한 '정당한' 대가를 지불하는 것이다. 물건을 고를 때 만든 사람들의 입장에서 한 번 더 생각하는 것이 곧 공정 무역을 실천하는 것으로, 함께 사용되는 말로는 무역 정의, 대안 무역, 희망 무역, 얼굴 있는 거래, 윤리적 소비 등이 있다.

공정 여행 여행지의 제대로 된 문화를 소비하고, 그 이익은 현지 주민들에게 돌아가도록 하는 여행을 말한다. 공정 무역이 생산자와 소비자가 공정한 관계를 맺는 것처럼, 공정 여행은 여행객과 여행지의 현지민이 공평한 관계를 맺는 여행이다. 유사한 의미로 착한 여행, 책임 여행, 윤리적 여행, 생태 관광, 지속 가능한 여행 등이 있다.

공해병 공장에서 나오는 폐수로 인한 오염, 농약으로 인한 농산물·토지·수질 등의 오염, 자동차의 배기가스나 연탄가스로 인한 대기 오염 등 각종 공해 때문에 생기는 질병이다. 일본의 이타이이타이병이나 미나마타병, 우리나라의 온산병이 여기에 속한다.

관광 산업 일상생활에서 벗어나 다른 지역을 여행하며 여가를 즐기는 것을 '관광'이라고 한다. 이때 관광객이 누리는 각종 서비스를 제공하는 것이 바로 관광 산업이다. 무분별한 관광지 개발, 현지민의 빈곤 등 관광 산업의 폐해가 늘자, 그 대안으로 '공정 여행'의 개념이 생겨났다.

광우병 소의 뇌에 구멍이 생겨 소가 난폭한 행동을 하거나, 잘 걷거나 서지 못하는 등의 증상을 보이다가 죽는 병이다. 1996년, 영국에서는 광우병에 걸린 소에게 열명이 감염되면서 인간 광우병에 대한 공식 발표를 했다.

국민 총생산(GNP) 우리나라 국민이 국내와 국외에서 한 해 동안 생산한 재화와 서비스의 가격을 모두 더한 총액이다. 1995년 이전에는 경제 성장 지표로 사용되었으나, 경제가 국제화되고 노동과 자본의 국가 간 이동이 늘어 지금은 국내 총생산(GDP) 또는 국민 총소득(GNI)를 경제 성장 지표로 활용한다.

국제 생태 발자국 네트워크(GFN) 2003년에 설립된 국제적 비영리 환경 단체이다. 지구에서 살아가는 인류의 지속 가능한 미래를 위해 생태 발자국을 측정하고 분석하는 일을 한다.

국제 자연 보호 연맹(IUCN) 유엔의 지원을 받아 1948년에 설립되었다. 국제적으로 자원과 자연을 보호하고, 동식물 멸종을 방지하기 위한 전략을 세우고 있다.

국제 조류 보호 회의(ICBP) 1922년에 설립되어

1993년, '버드라이프 인터내셔널(BirdLife International)'로 이름을 변경했다. 각국의 조류 보호와 관련된 활동을 펼치고 있다.

국제 환경 협약　지구적 차원에서 환경을 보전하기 위해 국가들이 함께 지켜야 할 의무 또는 노력에 대하여 정한 약속이다. 현재 200여 개의 국제 환경 협약이 체결되어 있으며, 주요 협약으로는 기후 변화 협약, 멸종 위기에 처한 동식물 보호 협약(CITES), 바젤 협약, 몬트리올 의정서, 생물 다양성 협약 등이 있다.

그린워시(Greenwash)　Green(녹색)과 White wash(분칠)의 합성어로, 기업이 실제로는 친환경적이지 않으면서 친환경을 내세워 제품이나 서비스를 제공하며 소비자를 속이는 행동을 가리킨다. '녹색 분칠'이라고도 한다. 그린워시의 7가지 유형으로는 숨겨진 모순, 증거 부족, 모호성, 부적절, 유해성의 축소, 사소한 거짓말, 잘못된 인증 마크 등이 있다.

그린피스(Greenpeace)　1971년에 설립되어 지구 환경 보존과 평화를 위한 활동을 펼치고 있다. 현재 본부는 네덜란드 암스테르담에 있고, 세계 40여 개 나라에 지부를 두고 있으며, 전 세계 280만 명이 후원하고 있다. 2011년에는 우리나라에도 지부가 설립되었다.

글로벌 푸드(Global Food)　로컬 푸드와 반대되는 개념으로, 시간과 공간을 초월하여 전 지구적으로 상품화된 식품을 말한다.

기름 유출 사고　선박 사고 등으로 인해 주변 환경에 액체 상태의 석유가 유출되어 환경이 파괴되는 사고이다. 유출된 기름을 정화하려면 매우 오랜 시간이 걸리는데, 이 기간 동안 환경 피해는 물론이고, 지역 주민들에게 심각한 경제적·정신적·사회적 피해를 입힌다. 석유 사용이 늘어나면서 크고 작은 기름 유출 사고가 발생하여 전 세계적으로 우려의 목소리가 높아지고 있다. 2007년, 충청남도 태안에서 일어난 '삼성-허베이 스피릿호' 기름 유출 사고로 원유 1만 233킬로리터가 바다에 쏟아져 그 피해가 심각했다.

기본권　헌법이 보장하는 국민의 기본적인 권리를 말한다. 기본권에는 인간의 존엄성, 행복 추구권, 평등권, 자유권적 기본권, 청구권적 기본권, 그리고 참정권 등이 있다. 우리나라에서는 1980년에 환경권이 기본권에 포함되었다.

기포드 핀쇼(Gifford Pinchot)　미국의 산림학자이자 정치가(1865 ~1946). 미국 산림청장을 지냈으며, 산림청의 모든 체계와 행정을 확립했다. 그로 인해 미국에서 산림 보호 운동이 널리 확산되었다. 대표적인 자연 보존주의자이다.

기후 변화　원래 의미는 '일정한 지역에서 장기간에 걸쳐 기후가 바뀌는 일이 진행되는 것'이었으나, 최근에는 '지구의 평균 기온이 상승하는 지구 온난화 때문에 전 지구적으로 기후 체계가 바뀌는 현상'을 뜻한다. 석탄, 석유 등 화석 연료를 태울 때 주로 발생하는 온실가스를 대기 중에 너무 많이 방출한 결과, 지구의 평균 기온은 가파르게 올라가고 있다. 이에 따른 영향으로 세계 곳곳에서 전에 없던 기상 이변을 겪고 있다. 자연적인 범위를 벗어난 기후 체계의 변화가 일어나고 있다.

기후 정의　　기후 변화 현상은 지역에 따라 미치는 영향이 다르고, 그 나라의 경제력에 따라 대처할 수 있는 역량도 다르다. 한 나라 안에서도 사회적 취약 계층이 더 큰 영향을 받게 되므로 기후 변화에 취약한 사회·경제적 약자들을 위한 제도를 마련해야 한다는 개념이다.

나우루 공화국　　21제곱킬로미터 면적의 작은 섬나라로 오세아니아의 남태평양에 자리 잡은, 세계에서 가장 작은 공화국 중 하나이다. 1980년 1인당 국민 소득이 2만 달러로, 미국의 국민 소득 두 배 가까이 될 정도로 부유한 나라였다. 무분별하게 인광석을 채굴하면서 몰락하기 시작했으며, 2007년 기준 1인당 국민 소득이 2,500달러 수준으로 곤두박질쳤다. 인광석 채굴로 섬 높이가 크게 낮아진 데다가 지구 온난화로 해수면이 점점 높아져 물에 잠길 위험에 처해 있기도 하다.

내분비 교란 물질　　환경 호르몬의 정식 명칭으로, 몸 안에 들어와서 호르몬의 생리 작용에 이상을 일으키는 화학 물질을 말한다. 다이옥신, PCB, 페놀, DDT 등이 해당된다.

내셔널 트러스트 운동(National Trust)　　아름다운 자연이나 문화유산이 풍부한 지역의 땅을 지키기 위해, 시민들이 자발적으로 땅을 사들여 영구 보존하는 형태의 문화 환경 운동이다. 1895년, 영국에서 처음 시작되었다.

녹색 GNP　　기존의 국민 총생산(GNP)에 환경 서비스에 따른 편익을 더하고 환경 파괴의 총액을 뺀 것을 말한다. 기존의 국민 총생산은 환경 오염 및 천연자원 고갈로 인해 발생하는 사회적 비용을 반영하지 못하고, 오히려 파괴된 환경의 원상 회복에 소요되는 비용까지 포함시키는 문제점이 있었다. 녹색 GNP는 이를 수정하여 경제와 환경을 통합한 새로운 지표이다.

녹색 건축　　에너지 절약, 자원 절약 및 재활용, 자연환경의 보전, 쾌적한 실내 환경 조성을 목적으로 설계, 시공, 유지, 폐기하는 건축물을 가리킨다. 현재 정부에서는 건축물의 친환경성을 평가하여 '녹색 건축 인증 제도'를 실시하고 있다.

녹색 소비　　좋은 것을 필요한 만큼만 착하게 쓰는, 환경에 이로운 소비를 뜻한다. 로하스 족, 에코맘, 에코파파, 에코걸 등 의미는 조금씩 다르지만 모두 녹색 소비를 실천하는 사람들을 가리킨다.

녹색 에너지　　환경을 오염시키는 석유, 석탄 등의 화석 연료와 달리 공해 물질을 배출하지 않는 깨끗한 에너지를 뜻한다. 태양열, 지열, 풍력, 수력, 조력, 바이오매스 등의 재생 에너지를 흔히 녹색 에너지라고 한다.

녹색 혁명　　농업 부문에서 생산성이 급속히 증가하도록 하는 여러 가지 개혁을 의미한다. 우리나라의 대표적 사례로는 1970년대 개발된 벼 종자인 통일벼가 있다.

님비(NIMBY)　　'Not in My Back Yard'의 줄임말로, 지역 주민들이 위험 시설이나 공해 배출 시설 또는 이미지가 나쁜 공공시설 등 비선호 시설이 주거지 인근에 들어서는 것을 반대하는 현상을 뜻한다. 환경 갈등의 한 종류로, 특히 핵 발전이나 방사성 폐기물 처리장 등과 같은 핵 처리 시설의 입지에 대한 반대가 매우 강력히 나타난다.

다국적 기업　　국적을 초월한 범세계적인 기업 형태이다. '세계 기업(world enterprise)'이라고도 한다.

다국적 농업 기업   다양한 농산물에 대한 수요가 증가하면서 전 세계를 대상으로 대규모 기업적 농업을 주도하는 기업을 말한다.

다이옥신   무색무취의 맹독성 화학 물질로, 주로 쓰레기를 태우거나 농약 등 화학 물질을 만드는 공장에서 발생한다. 인체에 들어오면 지방 조직에 축적되며, 기형아 출산, 암 등의 원인이 된다고 알려져 있다.

대규모 농업   산업화와 도시화로 인한 개발의 한 예로, 다국적 기업이 자본과 기술력을 갖추어 대량 생산하는 대규모 기업적 농업 형태이다.

대니 서(Danny Seo)   에코 스타일리스트이자 업사이클러로 활동하고 있는 환경 운동가(1977~   ). 12세에 '지구 2000'이라는 환경 단체를 결성하는가 하면 모피 제조 및 판매 반대 운동, 동물 해부 실험 반대 운동 등을 펼쳐 왔다. 1998년에는 슈바이처 인간존엄상을 받았다.

데니스 헤이즈(Denis Hayes)   미국의 환경 운동가 (1944~   ). 1970년 4월 22일, 현대 환경 운동의 시작이 된 지구의 날을 만들었으며, 시에라 클럽, 미국 야생 동물 연합 등의 상을 받기도 했다.

도시 환경 협약(UEA)   2005년 환경의 날, 미국 샌프란시스코에서 열린 행사에서 전 지구적인 환경 문제를 해결하자는 취지로 세계 52개 도시들이 모여 만든 협약이다.

동물 권리   동물과 인간은 수평적이고 동등한 관계이기 때문에 동물을 사고팔거나 실험 도구, 오락물(동물원 또는 서커스), 음식물 등으로 이용해서는 안 된다는 주장이다.

동물 복지   인간의 필요를 위해 동물을 이용할 수는 있지만 동물에게 불필요한 고통을 최소화하고, 적절한 환경과 영양 제공, 질병 예방과 치료를 하여, 동물의 복지와 관련된 모든 의무와 책임을 다해야 한다는 주장이다.

동물 윤리   윤리는 사람으로서 마땅히 지키거나 행해야 할 도리를 뜻한다. 동물 윤리란, 동물도 인간과 마찬가지로 고통을 느끼고 의식을 가지고 있으므로 윤리적으로 대우해야 한다는 의미로 사용되는 용어이다. 동물 윤리를 주장하는 사람들은 강아지나 고양이와 같은 반려동물뿐만 아니라 소, 돼지, 닭 등의 가축도 함부로 괴롭히거나 죽이지 말아야 한다고 한다. 이는 동물 권리 주장이나 동물 학대 반대, 동물 실험 반대, 육식 반대와 같은 주장의 기반이 된다.

딥그린워시(Deep Greenwash)   친환경으로 포장한 광고 뒤에 숨어 국가의 간섭이나 국제 협약들을 피하기 위한 기업들의 정치적 의도를 이른다. 공공 정책의 성격을 띠기도 한다.

람사르 협약(RAMSAR)   간척과 매립으로 사라지고 있는 습지를 보존하기 위해 1971년 2월, 이란의 람사르에서 맺은 국제적 협약이다. 우리나라는 1997년 7월에 101번째로 가입했으며, 강원도 대암산 용늪, 경남 창녕군 우포늪 등 19개 소가 람사르 습지로 등록되어 있다.

러브 커낼(Love Canal)   미국 나이아가라 폭포 근처 마을로, 화학 약품 공장들이 독성 폐기물을 매립한 땅에 마을이 들어서면서 사건이 발생했다. 폐기물로 인해 토양 오염과 각종 질병이 유발됐으며, 지역 주민이 집단 이주하기도 했다. 1980년, 지미 카터 대통령은 이 지역에 국가 비상 사태를 선포했다.

레이첼 카슨(Rachel L. Carson)　미국의 해양생물학자이자 작가(1907~1964). 열성적인 환경 보호 주의자로, 오랫동안 자연을 연구하며 환경의 중요성을 일깨워 주었으며, 《침묵의 봄》을 써서 환경 운동이 활발하게 일어나는 데 영향을 미쳤다. '생태학 시대의 어머니'로 불리며, 미국 <타임>지는 20세기를 변화시킨 100인 가운데 한 사람으로 레이첼 카슨을 뽑았다.

로컬 푸드(Local Food)　local(지역)과 food(음식)의 합성어로, 사는 곳에서 가까운 국내 지역에서 키운 쌀, 채소, 과일, 육류 등의 지역 먹을거리를 뜻한다. 이런 먹을거리를 먹자는 사람들의 주장과 움직임을 '로컬 푸드 운동'이라고 부른다. 국경을 넘어야 하는 농산물 거래가 환경에 부담을 줄 뿐 아니라, 먹을거리의 질을 떨어뜨리고, 지역의 농업 기반을 무너뜨릴 수 있다는 위기감에서 등장한 개념이다. 로컬 푸드 선택을 실천하면, 필리핀산 바나나, 칠레산 포도, 호주산 쇠고기 등 다양한 수입 농산물을 즐길 수 없어 아쉬울 수 있으나, 신선한 먹을거리를 먹고 지역 농촌을 살린다는 자부심을 느낄 수 있다.

로하스(Lohas)　건강하고 지속 가능한 지구를 생각하는 생활 방식을 뜻하는 'Lifestyles of Health and Sustainability'의 줄임말이다. '웰빙(Well-being)'이 당장이나 자신의 건강을 위해 좋은 음식과 물건을 소비하는 생활 방식인 데 비해, 로하스는 개인뿐만 아니라 다음 세대와 미래의 환경까지 생각한다는 점에서 차이가 있다. 이렇게 친환경적인 생활 방식으로 살아가는 사람들을 '로하스 족'이라고 부른다.

리우 선언　정식 명칭은 '환경과 개발에 관한 리우데자네이루 선언'으로, 1992년 유엔 환경 개발 회의에서 채택되었다.

린 마굴리스(Lynn Margulis)　미국의 생물학자(1935~2011). 세포생물학과 미생물 진화에 대한 연구, 지구 시스템 과학의 발전에 많은 기여를 했다. 1970년대 중반 이후 마굴리스는 가이아 이론을 증명하려는 제임스 러브록을 도왔으며, 2011년에 뇌출혈로 세상을 떠났다.

맥도널드(McDonald's)　세계적인 패스트푸드 프랜차이즈 브랜드로, 전 세계 121개 나라에 3만 개가 넘는 지점을 가지고 있다. 우리나라에는 1988년, 서울 압구정동에 첫 지점이 들어섰다. 이탈리아의 카를로 페트리니가 로마에 맥도널드 매장이 들어서자 이에 반대하며 '슬로푸드'를 주장했다.

모아이(Moai)　인간의 상반신을 닮은 석상으로, 얼굴이 특히 강조되어 있다. 3.5미터 크기에, 무게가 20톤가량 되는 것이 많은데, 20미터 크기에 무게가 90톤에 이르는 석상도 있다. 섬 전체에 600개가 넘는 석상이 흩어져 있는데, 석상의 대부분은 한 방향을 가리키며 서 있다.

미나마타 시　1956년, 일본의 구마모토 현 미나마타 시에서 메틸수은이 포함된 조개 및 어류를 먹은 주민들이 집단적으로 질병(미나마타 병)에 걸렸다. 문제가 되었던 메틸수은은 인근의 화학 공장에서 바다에 방류한 것으로 밝혀졌다. 이 사건으로 순식간에 재난 도시가 되었지만 시와 기업, 시민들의 끊임없는 노력으로 친환경 도시로 발돋움하였다.

미세 먼지　지름이 10마이크로미터(1마이크로미터=1000분의 1밀리미터) 이하인, 우리 눈에 보이지 않을 정도로 작은 먼지이다. 자동차 배기가스나 공장 굴뚝 등에서 주로 배출되며 중국의 황사나 심한 스모그와 함께 날아온다. 2014년 1월 초, 베이징의 미세 먼지 농도는 세계 보건 기구(WHO) 권고 기준의 약 40배에 이르렀다.

바나나 현상　환경을 훼손시키는 산업 시설 자체를 반대하는 현상이다. '어디에든 아무것도 짓지 말라'는 뜻을 지닌 용어로, '바나나 신드롬' 또는 '바나나 증후군'이라고도 한다.

바젤 협약　1989년 3월, 스위스 바젤에서 세계 116개 나라의 대표가 참석한 가운데 채택되어 1992년 5월 5일에 발효된 조약이다. 유해 폐기물의 국제적 이동을 통제하고 규제하는 것이 주요 목적이다.

보전　자연은 원래 있는 그대로 두어야 한다는 생각이다. 즉, 자연이 인간에게 쓸모 있는 것이든 아니든 그와는 상관없이 함부로 훼손하면 안 된다는 뜻이다. 인간의 생명이 소중한 만큼 다른 생물의 생명도 소중히 여겨야 한다는 생태 중심 주의에 뿌리를 두고 있다.

보존　앞으로 계속 자연 자원을 사용하기 위해서 지금은 아껴야 한다는 의미이다. 근본적으로 자연을 자원으로 대하는 인간 중심 주의에 해당된다.

불공정 무역　일반적으로는 무역 활동을 할 때 일어나는 불공정한 행위를 통틀어 이른다. 아직까지 그 정의가 명확하게 내려지지는 않았으나, 이 책에서는 공정 무역에 반대되는 의미로, 선진국과 개발도상국 간의 무역에서 구조적으로 빈곤 문제가 일어나는 것을 의미한다.

블루워시(Bluewash)　기업이 인권, 노동권, 환경 보호 같은 유엔의 주요 활동에 자신들이 관여하고 있는 것처럼 보이도록 위장하는 것을 말한다. 유엔의 파란색 깃발에 빗대어 붙인 이름이다.

사막화　가뭄이나 산림 벌채, 환경 오염 등으로 숲이 사라지고 토지가 사막으로 변해 가는 현상이다. 사막화는 단순히 사막 지역이 넓어지는 것뿐만 아니라, 토양의 생산성이 지속적으로 악화되는 것도 의미한다. 도시의 팽창, 과도한 경작과 방목, 무분별한 산림 파괴 등 부적절한 인간 활동이 주요 원인이다. 환경 오염으로 인한 기후 변화와 함께 극심한 가뭄 등의 자연적 요인도 사막화를 부추기고 있다.

사헬 지역　아프리카의 사하라 사막 남쪽에 펼쳐진 거대한 초원 지대로, 사막화가 일어난 대표적인 지역이다. 경작지를 늘리고 가축을 무리하게 방목하여 초원이 훼손되면서 사막화가 시작되었고, 이로 인해 큰 인명 피해를 입었다.

사회적 비용　기업이 재화를 생산할 때 생산자를 포함한 사회 전체가 부담하게 되는 비용을 말한다.

새집증후군　신축 건물에서 생활하는 사람들의 건강에 이상이 생기는 증상이다. 대표적인 증상으로는 눈이 따갑거나 피부에 두드러기가 생기고, 머리가 아프거나 어지럽다. 마음이 우울해지거나 행동이 난폭해지고, 정신 착란이 오는 경우도 있다. 새집증후군이 발생하는 주요 원인은 집을 지을 때 사용하는 벽지, 페인트, 바닥 접착제 등 각종 마감재의 독성 때문이라고 알려져 있다. 이 때문에 새 집으로 이사 갔다가 새집증후군을 얻고, 어쩔 수 없이 다시 새 집이 아닌 곳을 찾아 이사 가는 경우도 종종 있다.

생물 다양성　'생물학적 다양성(biological diversity)'의 줄임말로, 지구에서 살고 있는 모든 생명체의 종류와 그들이 살고 있는 생태계 환경의 다양함을 뜻한다. 우리나라에서 더 이상 호랑이, 늑대, 곰 등을 보기 힘든 것은 생물 다양성이 악화된 결과이다. 여러 생물들이 한데 어울려 사는 것은 생태계가 건강하다는 증거이므로, 생물 다양성의 부족은 그만큼 생태계의 건강성이 깨지기 쉬운 상태라는 뜻이다.

생태 도시　스스로 자립할 수 있고 안정되어 있으며 물질이 순환하고 환경에 부담을 주지 않는 도시, 즉 인간과 자연이 공존하는 도시를 뜻한다. 도시화의 폐단으로 나빠진 도시 환경의 질을 높이기 위한 대안이다. 도시에 사는 사람들의 쾌적한 생활 환경을 보장하고, 나아가 도시의 지속 가능한 발전을 가능하게 하는 이상적이고 바람직한 형태의 도시이다. 최근 새로 도시를 만들거나 기존 도시의 노후된 환경을 다시 정비할 때 많은 나라와 도시들이 고민하는 개념이다.

생태 발자국　음식, 옷, 집, 에너지 등을 생산하거나 쓰레기를 처리하는 등 인간 생활에 필요한 자원을 생산하고 폐기하는 데 드는 비용을 토지의 면적으로 나타낸 지수를 말한다. 인간이 자연에 남긴 영향을 발자국으로 표현한

것이다. 한 사람이 배출한 오염 물질을 정화하는 데 필요한 땅의 면적을, 토지를 측량하는 넓이 단위인 헥타르(ha)로 나타내는데, 수치가 높을수록 생활하는 데 많은 토지를 차지하고 있다고 보면 된다. 자연에 부담을 주기 때문에 '생태 파괴 지수'라고도 한다.

생태계 다양성　생물 다양성을 이루는 세 가지 개념 중 하나로, 한 지역 안에서 생물종이 살아가는 서식지가 얼마나 다양한지를 뜻한다.

생태적 빚　'생태적 부채'라고도 한다. 자원 수탈, 온실가스 배출 등으로 선진국이 개발 도상국에게 환경적으로 진 빚을 이르는 말이다.

세계 사막화 방지의 날　유엔이 사막화의 심각성을 알리고 사막화 방지를 위한 국제적인 협력을 구하기 위해 정한 날이다. 1994년 6월 17일에 사막화 방지 협약을 채택한 이후, 매년 6월 17일을 이날로 기념하고 있다.

세계 자연 보호 기금(WWF)　1961년에 설립된 세계 최대의 민간 자연 보호 단체이다. 생물 다양성 보전, 자원의 지속적 이용, 환경 오염과 자원 및 에너지의 낭비 방지가 이 단체의 3대 사명이다. 판다 치치가 이 단체의 마스코트이다.

세계 환경의 날　1972년 6월 5일, 스웨덴 스톡홀름에서 열린 유엔 인간 환경 회의를 기념하여 정한 날이다. 전 세계적으로 환경 문제 인식과 환경 보호를 위한 움직임을 불러일으키기 위해 제정되었다.

소규모 농업　자급을 목적으로 쌀, 밀, 옥수수 등의 곡

물을 농가에서 직접 재배·소비하는 작은 규모의 농업 형태이다. 지속 가능 발전을 위해 나아가야 할 농업 방향으로 제시되고 있다.

슈퍼 잡초   제초제 내성으로 인해 비정상적으로 자라는 잡초를 말한다. 이는 유전자 조작 농산물에 사용하는 특정 제초제로 인해 생겼으며, 미국 농장에서 그 수가 빠르게 늘고 있다.

슈퍼 펀드 법(Superfund)   러브 커낼 사건 이후 미국에서 정한, 유해 산업 폐기물 처리 기금 관련 법이다. 이 법의 제정으로 과거의 오염에 대해서도 책임을 추궁할 수 있게 되었다.

스웨트워시(Sweatwash)   개발 도상국에 세운 자신들의 공장이 열악한 노동 환경이라는 것을 은폐하기 위한 기업들의 전략이다.

슬로푸드(Slow Food)   slow(느린)와 food(음식)의 합성어이다. 건강한 재료로 시간과 정성을 들여 만들어 먹는 음식 또는 그렇게 음식을 즐기는 움직임을 말한다. 1986년 이탈리아의 카를로 페트리니가 패스트푸드에 반대하며 만든 단어로, 바쁘고 성질 급한 현대인의 생활 패턴에는 맞지 않을 수 있지만 건강한 몸과 편안한 마음을 얻을 수 있다는 장점이 있다.

시에라 클럽(Sierra Club)   미국에서 무분별한 금광 개발로 산림 지대가 훼손되자 이를 지키기 위해 1892년에 설립된 비영리 단체이다. 자연 보전론자인 존 뮤어가 초대 회장을 맡았으며, 1972년에 국제적 조직으로 발전하였다. 미국 그랜드캐니언 댐 건설 저지로 유명해졌으며, 미국뿐

만 아니라 전 세계의 환경을 보전하기 위해 다양한 활동을 통해 영향력을 발휘하고 있다.

시장 실패   시장 경제 제도에서 경제 활동을 시장 기구에 맡길 경우 효율적인 자원 배분과 균등한 소득 분배가 이루어지지 못하는 상황을 뜻한다. 경제학자들은 환경 오염이 시장 실패로 이어진다고 말한다.

식품 첨가물   식품을 만들고, 가공하고, 보존할 때 식품에 넣거나, 섞는 물질을 말한다. 식품 첨가물 중에서도 타르 색소, 벤조산나트륨, 아황산나트륨, 아질산나트륨, MSG는 아이가 먹지 말아야 할 다섯 가지 식품 첨가물로 꼽힌다. 알레르기와 비만의 주요 원인이 되며, 몸속에 들어간 경우 50~80퍼센트만 배출되고 나머지는 몸속에 그대로 쌓이기 때문에 가능한 한 먹지 않는 것이 좋다.

신에너지   대체 에너지의 한 종류로, 재생 에너지와 함께 '신재생 에너지'로 불린다. 재생 에너지와 달리 자연 상태로는 얻을 수 없어 새로 만들어서 써야 하는 에너지로, 여기에는 수소, 연료 전지, 석탄 액화 가스가 속한다.

아토피(Atopic Dermatitis)   알레르기성 피부 질환으로 피부가 가렵고 따가우며 딱딱하게 변하는 증상이 나타난다. 아토피의 원인은 유전, 음식, 공기, 생활 환경 등 다양한 것으로 알려져 있으나, 현대 대도시에 사는 사람들에게 많이 나타나는 것으로 보아 환경적인 문제가 가장 큰 것으로 추측된다. 그래서 '환경병'이라고도 한다. 아토피로 고통받고 있는 사람들은 점점 늘어나고 있지만, 원인이 다양하고 치료도 쉽지 않아 큰 문제가 되고 있다.

알레르기(Allergy)   생물이 특정한 외부 물질에 접하

여 정상과는 다른 반응을 나타내는 증상이다.

알칼리성 토양   나트륨, 마그네슘, 칼슘 등과 같은 염류 화합물이 많이 포함되어 약알칼리성을 나타내는 토양을 말한다. 사막화로 인해 알칼리성 토양으로 변한 초원에서는 식물이나 나무가 제대로 자라지 못한다.

야생 동물 보호   야생 동물의 멸종을 막고, 생물의 다양성을 증진시켜 생태계 균형을 유지하는 것을 말한다. 사람과 야생 동물이 공존하는 건전한 자연환경을 만들기 위해 남획과 오용, 개발 등으로부터 야생 동물과 그 서식지를 지키는 일도 포함된다.

업사이클링(Up-cycling)   버려진 제품을 단순히 재활용하는 차원을 넘어서 새롭고 독창적인 디자인과 생각을 더해 새로운 가치가 담긴 제품으로 재탄생시키는 것을 말한다. 업사이클링 제품으로 친환경과 디자인, 두 마리 토끼를 모두 잡을 수 있다.

에너지 정의   생태계의 수용 범위 안에서 현 세대와 세대 간 에너지 자원을 공평하게 배분하고 사용하여 건전하고 지속 가능한 사회를 만들어 가는 것을 뜻한다.

열섬 현상   산업화와 도시화가 진행되면서 난방 시설과 자동차 등에서 인공열이 발생하여 도심 지역이 주변보다 온도가 높은 현상을 말한다.

오존층   지상 40킬로미터 상공의 성층권에 형성되어 있는 층으로, 태양에서 오는 자외선을 차단시켜 준다.

온실 효과   태양으로부터 받은 빛과 열을 지구가 다시 방출할 때, 적정한 양의 열을 대기권 안에 가두어 지구의 온도를 일정하게 유지시키는 것을 말한다. 그러나 화석 연료를 과도하게 사용한 결과, 대기 중 온실가스의 양이 늘어나 지구 밖으로 방출되는 에너지의 양이 줄어들어 지구 온난화를 일으키고 있다.

온실가스   온실 효과를 일으키는 가스를 통틀어 이르는 말로, 이산화탄소, 메탄, 프레온 가스 등이 포함된다. 산업화와 도시화로 화석 연료 사용이 늘면서 대기 중 온실가스의 양이 늘어나 지구의 온도를 높이고 있다.

외코폴리스(Öcopolis)   생태계 보호와 더불어 '인간성 회복'이라는 원칙을 포함한 도시를 뜻한다. 따라서 도시를 계획할 때 주민들의 참여를 매우 중요하게 생각한다.

우라늄 235   우라늄의 방사성 동위원소로, 핵 발전의 원료로 사용된다.

우리 공동의 미래   세계 환경 개발 위원회(WCED)가 1987년에 발표한 보고서의 이름으로, 지속 가능 발전의 개념이 담겨 있다. 세계 환경 개발 위원회 위원장의 이름을 붙여서 '브룬틀란트 보고서'라고 부르기도 한다.

우주선 지구호   미국의 경제학자인 케네스 볼딩이 《국경 없는 세계》에서 사용한 용어로, 지구를 태양광을 제외하고는 유입되는 자원이 없는 우주선으로 보고 그 속에 살고 있는 인간들이 공동체를 이루어 자원을 절약해야 한다는 사고방식이 담겨 있다.

웰빙(Well-being)   정신적·육체적으로 건강하고, 조화롭고 행복한 삶을 추구하는 생활 방식이다. 순우리말로는 '참살이'라고 한다.

유기농　화학 비료나 농약을 쓰지 않고, 생태계 속에서 살아가는 생물이 만든 화합물만으로 농사를 지은 작물 또는 그 농사 방법을 말한다. 과거에는 모든 농작물을 유기적인 방법으로 생산했지만, 현재는 화학 비료나 농약을 쓰는 것이 당연하게 여겨지는 상황이 되었다. 하지만 화학 비료나 농약이 땅을 오염시키고 인간의 건강에 나쁜 영향을 끼치는 것이 밝혀지면서 유기농에 대한 관심이 커지고 있다.

유엔 인간 정주 회의(UN-HABITAT)　심각해진 도시 문제를 해결하기 위해 1976년, 유엔이 캐나다 밴쿠버에서 개최한 회의이다. 20년 뒤인 1996년 6월에는 터키 이스탄불에서 제2차 유엔 인간 정주 회의가 열렸다.

유엔 인간 환경 선언　1972년 6월 5일, 스웨덴 스톡홀름에서 열린 유엔 인간 환경 회의에서 채택된 선언문으로, 환경을 지켜야 하는 필요성과 원칙을 정해 놓았다. 개최지의 이름을 따 '스톡홀름 선언'이라고도 한다.

유엔 인간 환경 회의(UNCHE)　1972년 6월 5일부터 16일간 스웨덴의 스톡홀름에서 113개 나라가 참가하여 환경 문제를 논의한 최초의 국제 회의이다. 이 회의에서 유엔은 '인간 환경 선언'을 발표하고 환경권을 인간의 기본권으로 채택했으며, 환경 문제를 전문적으로 맡을 '유엔 환경 계획(UNEP)'을 설치하였다. 이 회의의 개최일인 6월 5일을 기념하여 '세계 환경의 날'로 제정하였다.

유엔 환경 개발 회의(UNCED)　유엔 환경 회의 20주년을 기념하여 1992년 6월, 브라질 리우데자네이루에서 개최된 국제회의로, '리우 회의'라고 불린다. 리우 선언을 비롯하여 의제 21, 기후 변화 협약, 생물 다양성 협약 등을 채택하였다.

유전자 조작　생물의 유전자를 재배합하여 유전자의 성질을 바꾸어 놓는 것을 말한다.

유전자 조작 생명체(GMO)　유전자를 인위적으로 재배합하거나 돌연변이를 일으켜서 유전자의 성질을 바꾸어 놓은 생명체를 뜻한다. 유전자 조작 농산물, 유전자 조작 동물, 유전자 조작 미생물로 구분된다. 해충에 잘 견디고, 생산성 높은 농작물을 만들기 위해 유전자 조작 농산물 연구가 시작되었고, 실제 재배되고 있다. 하지만 효과가 의문시될 뿐만 아니라, 사람 몸에 해로울 수 있다는 우려가 제기됨에 따라 많은 소비자들이 불안해하고 있는 실정이다.

유전자 조작 표시제　유전자 조작 기술로 기른 농·축·수산물 등을 원료로 한 식품에 이를 표시하도록 의무화한 제도를 말한다. 한국에서는 주원료 혹은 함량이 많은 순으로 다섯 번째 원료까지 유전자 조작 여부를 표시하도록 정해져 있다.

유전적 다양성　생물 다양성을 이루는 세 가지 개념 중 하나로, 같은 생물종에 포함된 하나하나의 개체가 얼마나 많고, 얼마나 다양한 유전자가 있는지를 나타낸다.

의제 21　1992년, 유엔 환경 개발 회의에서 채택한 규정으로, 지속 가능 발전을 위한 행동 지침이다.

이스터 섬(Easter Island)　한때 번성한 문화를 누렸던 남아메리카 지역 작은 섬의 이름이다. 고립된 섬에서 유한한 환경 자원을 무분별하게 사용하여 고갈시키고, 미래를 위한 준비를 하지 않았기 때문에 결국 몰락했다. 지속 가능한 발전의 중요성을 일깨워 주는 대표적인 사례로 꼽힌다.

인클로저 운동(Enclosure)　근세 초기의 유럽, 특히 영국에서 영주나 대지주가 목양업이나 대규모 농업을 하기 위하여 미개간지나 공동 방목장과 같은 공유지를 사유지로 만든 움직임을 가리킨다.

자립 도시　도시 내에서 필요한 물품과 에너지를 자체적으로 생산하고 소비해야 한다는 개념이다. 도시가 커짐에 따라 상품의 이동 거리도 늘어났다. 이에 따라 에너지 소비 또한 증가하고 있어 이를 해결하기 위해 1982년, 모리스가 제안한 것이다.

재생 에너지　태양열, 수력, 풍력, 지열 등과 같이 자연계에 존재하는 에너지로, '재생 가능 에너지'라고도 한다. 화석 연료의 고갈과 화석 연료 사용으로 인해 발생한 문제를 해결하기 위해 최근 대체 에너지를 찾고 개발하려는 움직임이 활발한데, 그중 각광받는 것이 바로 재생 에너지이다.

적정 기술　첨단 기술이 아니더라도, 필요한 곳에 적은 비용으로 쉽게 구할 수 있는 재료를 사용해 만든 기술을 뜻한다. 1973년, 영국 경제학자 슈마허가 주장한 '중간 기술'이라는 개념에서 비롯되었다. 지금은 기술과 디자인의 혜택에서 소외되어 다양한 문제를 겪는 사람들에게 해결책이 되고 있다.

전원도시　18세기 영국의 산업 혁명으로 도시에 인구가 집중되면서 다양한 도시 문제가 생겨났다. 이를 해결하기 위해 하워드가 제시한 개념으로, 도시와 농촌의 장점을 적절히 결합하여 인간답고 쾌적하게 도시 생활을 누릴 수 있도록 설계한 도시를 뜻한다.

전자 폐기물　사용자가 쓰고 버린 낡고 수명이 다한 휴대 전화, 컴퓨터, 텔레비전, 냉장고 등 다양한 형태의 전기·전자 제품, 또는 그 전자 장비나 부품에서 나오는 쓰레기 등을 말한다. 전자 폐기물은 서구 선진국들이 주로 배출하며, 처리 비용을 절감하기 위해 중국, 아시아, 아프리카 등 후진국에 몰래 수출해 국제적으로 문제를 불러일으키고 있다.

정크 푸드(Junk Food)　junk(쓰레기)와 food(음식)의 합성어로, 칼로리는 높지만 영양가가 낮고 질이 떨어지는 패스트푸드나 즉석식품을 뜻한다.

제롬 어빙 로데일(Jerome Irivng Rodale)　미국 유기 농업 운동의 선구자(1898~1971). 펜실베이니아 주에서 유기 농법을 실천하기 시작했다. 월간지 <유기 원예와 유기 농법>을 창간했다.

제임스 러브록(James Lovelock)　영국의 과학자(1919~　). 화학, 생물물리학, 대기과학을 연구했고, 지구를 하나의 시스템으로 이해하는 가이아 이론을 만들었다.

제초제　잡초를 없애기 위해서 사용되는 화학 약품으로, 모든 풀을 죽이는 제초제와 특정 식물만을 죽이는 제초제가 있다.

조제 보베(José Bové)   프랑스 농민 운동가(1953 ~). 농업의 대규모 산업화에 항의하여 트랙터를 타고 맥도널드 매장에 돌진하기도 했다.

존 뮤어(John Muir)   스코틀랜드 태생의 미국인 환경 운동가(1938~1914). 미국 정부에 산림 보호 정책 시행을 주장했으며, 요세미티를 국립 공원으로 만드는 데 크게 기여했다. 자연을 원래 상태로 두고, 훼손하지 말아야 한다는 '보전주의'를 대표한다.

종 다양성   생물 다양성을 이루는 세 가지 개념 중 하나로, 생태계 안에 얼마나 많은 생물종이 존재하는지 그 정도를 나타낸다.

중금속 오염   중금속으로 인한 수질, 토양, 대기, 식품 등의 오염을 말한다. 중금속은 아주 적은 양이라도 우리 몸속의 단백질에 쌓여 오랜 시간에 걸쳐 부작용을 나타내기 때문에 매우 위험하다.

지구 마을   통신 기술과 교통수단의 급속한 발달로 지구 전체가 하나의 마을이 된 것을 뜻한다. '지구촌'이라고도 한다.

지구 마을 전등 끄기   세계 자연 보호 기금이 주최하는 환경 운동 캠페인으로, '어스 아워(Earth Hour)'라고도 한다. 2007년 처음 시작되어 매년 3월 마지막 주 토요일에 전 세계적으로 조명을 끄자는 약속이다. 탄소 방출량을 줄이기 위해 시행되고 있으며, 전기의 소중함을 깨닫는 계기도 된다.

지구 생태 용량 초과의 날   지구가 매년 인류에게 가져다주는 생태 예산을 초과하여 소비하기 시작한 날로, 이날부터 연말까지는 생태 적자 상태라고 볼 수 있다.

지구 온난화   인간의 여러 활동에 따라 발생하는 온실가스가 대기 중에 쌓여, 지구 전체적으로 지표 및 대기 온도가 추가적으로 높아지는 현상을 말한다.

지구의 날   지구의 환경 오염 문제가 심각하다는 것을 알리기 위해서 자연 보호자들이 정한 자연환경 보호 기념일(매년 4월 22일)이다. 1970년 미국에서 시작되었으며, 1990년 미국 환경 보호 단체들의 제안으로 세계 150여 개국으로 확대되었다. 우리나라에서도 1990년 이래 전국 각 지역별로 '차 없는 거리' 등 대규모 환경 캠페인과 행사를 진행해 오고 있다.

지구의 벗   시에라 클럽의 데이비드 블로워가 지속 가능한 사회를 지향하고, 환경 문제에 대응하기 위해 1969년에 설립한 단체이다. 세계 77개국 회원 단체와의 네트워크를 보유하고 있으며, 2002년에 환경 운동 연합이 정식으로 가입하여 '지구의 벗 한국 지부'로 활동하고 있다.

지속 가능 발전   미래 세대의 욕구를 충족시킬 수 있는 능력을 위태롭게 하지 않으면서 현 세대의 욕구를 충족시키는 발전을 뜻한다. 1987년, 세계 환경 개발 위원회가 자원이 유한한 지구에서 인간이 생존하기 위해 나아가야 할 방향으로 제시한 개념이다. 다시 말해서 지금 나만 잘 살기 위해 자연자원과 환경을 마구잡이로 파괴하면서 발전시킬 것이 아니라, 나보다 상황이 열악한 사람들도 어려움 없이 살 수 있도록 배려하고, 더불어 아직 태어나지 않은 미래 세대의 삶까지 생각하면서 발전의 방향을 잡아야 한다는 말이다.

지열 에너지   화산 분출 등에 의해 지구의 내부에서 외부로 나오는 열을 말한다. 온천이나 난방 등으로 주로 이용된다.

착한 소비   조금 비싸더라도 생산자들에게 희망과 꿈을 줄 수 있는 물건, 지구 환경을 보호하고 살릴 수 있는 물건 등 지구촌에 이바지하는 상품을 구입하는 것을 뜻한다.

친환경 제품   재료의 질뿐만 아니라, 생산되는 전 과정을 통틀어 환경을 생각하여 만드는 제품을 말한다.

침묵의 봄   레이첼 카슨이 쓴 책의 제목으로, 환경 오염 때문에 봄이 와도 새들의 지저귐을 더 이상 들을 수 없는 상태를 뜻한다. 《침묵의 봄》은 환경 문제의 심각성을 대중들에게 널리 알린 책으로, 이후 환경 보호 운동을 확대시키는 데 크게 기여했다.

카를로 페트리니(Carlo Petrini)   슬로푸드 운동의 창시자(1949~   ). 1986년, 이탈리아에 맥도널드 매장이 들어서는 것을 반대하며 슬로푸드 운동을 시작했으며, 슬로푸드 국제 운동 본부를 이끌고 있다. 2004년, 미국 〈타임〉지는 그를 '유럽의 영웅'으로 선정했으며, 2008년, 영국 〈가디언〉지에서는 '지구를 구할 50인의 영웅' 중 하나로 선정하였다.

탄소 발자국   사람의 활동이나 상품을 생산, 소비하는 전 과정에서 얼마나 많은 이산화탄소를 만들어 내는지를 양으로 표시한 것이다. 푸드 마일이 짧을수록 탄소 발자국이 줄어든다.

탄소 배출권   일정 기간 동안 이산화탄소, 메탄 등 6대 온실가스를 일정량 배출할 수 있는 권리를 말한다. 정해진 배출량을 초과한 기업이나 국가는 온실가스 배출을 더 많이 줄인 기업이나 국가로부터 탄소 배출권을 사들일 수 있다.

탈핵   핵 에너지 사용을 반대하는 '반핵(反核)'을 넘어, 핵 발전을 대체할 대안을 제시하면서 핵에서 벗어나자는 움직임을 말한다. 탈핵을 주장하는 사람들은 시간을 갖고 차근차근 계획을 세우면 핵 발전소를 점차 줄일 수 있고, 핵 에너지를 대신할 다른 에너지원도 만들어 나갈 수 있다고 말한다.

토지 윤리   토지를 인간의 소유물로 여겨 남용할 것이 아니라, 우리가 속한 공동체로 바라보고 사랑과 존중을 가지고 대해야 하며, 이용하더라도 매우 조심스러워야 한다는 윤리이다. 이때 토지는 단순히 땅만을 가리키지 않고, 물, 식물, 동물 등 모든 생명체를 아우른다.

투어리즘 컨선(Tourism Concern)   1989년, 영국에서 생겨난 관광 전문 NGO이다. 제3세계 관광 산업의 화려함과 편리함 뒤에 감춰진 환경 파괴, 노동력 착취, 인권 침해 등을 알리고 개선하는 데 앞장섰다.

패스트푸드(Fast Food)   fast(빠른)와 food(음식)의 합성어로, 공장식 주방에서 공산품처럼 조립되어 빠른 시간 안에 입에 넣을 수 있도록 만든 음식이다. 다른 일을 하면서 한 손으로 빠르게 먹을 수 있다는 장점이 있으나, 습관적으로 섭취할 경우 고혈압이나 비만 등의 성인병에 걸릴 위험이 있다. 주요 메뉴로는 햄버거, 감자튀김, 닭튀김, 도넛, 탄산음료 등이 있다.

푸드 마일(Food Miles) 1994년, 영국의 팀 랭이 제안한 개념으로, 먹을거리가 생산되는 곳에서부터 소비되는 곳까지의 거리를 말한다. 푸드 마일이 길어질수록 식품과 환경에 부정적 영향을 미칠 수 있다.

프레온 가스 냉장고, 에어컨 등의 냉매, 스프레이나 소화기의 분무제 등으로 폭넓게 사용되는 화학 물질이다. 오존층을 파괴한다는 사실이 밝혀지면서, 1989년에 채택된 몬트리올 협정에 따라 지금은 생산과 수입이 모두 금지되었다.

핌피(PIMFY) 'Please in My Front Yard'의 줄임말로, 지역 주민들에게 혜택이 돌아가는 공공시설이 자신의 지역에 들어서는 것을 환영하고, 이를 적극적으로 추진하기 위해 지역 간에 경쟁이 일어나는 현상을 뜻한다.

합성 계면 활성제 물과 기름을 혼합하고 거품을 내기 위해 사용하는 물질로, 샴푸, 비누, 치약 등 거의 모든 합성 세제에 들어 있다. 장기간 사용할 경우 아토피, 천식, 비염, 탈모, 백내장 등을 유발할 수 있다.

항체 항원의 자극에 의해서 몸에서 만들어지고 항원과 반응해 결합하는 단백질을 뜻한다.

해양 에너지 파도를 이용하는 파력 에너지, 밀물과 썰물을 이용하는 조력 에너지, 좁은 해협의 조류를 이용한 조류 에너지 등이 있다.

해양 오염 선박 사고로 유출된 기름, 항공기에서 버리는 폐기물 등으로 바닷물이 오염되는 것을 말한다.

핵 발전 우라늄 핵을 쪼개 나온 에너지로 전기를 만드는 것으로, '원자력 발전'이라고도 한다. 값싸고 깨끗하게 전기를 생산하는 방법이라는 의견도 있지만, 매우 위험하며 폐기물을 처리할 수 없어 문제가 많다는 의견도 있다. 우리나라에는 총 23기의 핵 발전소가 가동 중이다. 2011년 일본 후쿠시마 핵 발전소 사고 이후 핵 발전의 안전성에 대한 관심이 높아지고 있다.

핵 발전소 사고 다량의 방사성 물질이 누출되는 사고로, 1979년 미국 스리마일 섬 핵 발전소 사고, 1986년 구소련 체르노빌 핵 발전소 사고, 2011년 후쿠시마 핵 발전 사고 등이 있다.

핵폐기물 핵 발전 과정에서 나오는 폐기물로, 방사성 물질을 포함하고 있다. 핵 발전을 하는 데 쓰고 남은 핵 연료인 고준위 방사성 폐기물, 발전소에서 작업자들이 사용했던 작업복, 장갑, 교체한 부품 등의 중·저준위 방사성 폐기물 등을 통틀어 이른다.

핵폭탄 핵분열 연쇄 반응을 한꺼번에 일어나게 하여 만든 폭탄이다. 제2차 세계 대전 당시 미국이 일본 히로시마와 나가사키에 핵폭탄을 떨어뜨려 전쟁은 끝났지만, 38만 명 이상이 목숨을 잃었으며 살아남은 사람들도 큰 후유증을 앓고 있다.

화학 물질 과민증 아주 작은 양의 화학 물질에도 신체에 민감한 반응을 일으키는 증상으로, 실내 공기 오염이 주원인으로 알려져 있다.

화학 비료 비료는 땅을 기름지게 해서 식물이 잘 자라도록 하는 것을 말한다. 그중 화학 비료는 화학적 처리를 통해 만들어 낸 인조 비료로, 퇴비 같은 동식물성 물질을 주원료로 하는 천연 비료와 대비되는 말이다.

환경 NGO　'민간 단체' 또는 '시민 사회 단체'라고도 하는 NGO는 비정부 기구(Non Governmental Organization)의 약자로, 정부(Governmental Organization, GO)에 반대되는 개념으로 탄생했다. 특히 환경 NGO는 환경 보호를 위해 활동하는 NGO를 말한다. '환경 단체'라고도 불리는 환경 NGO는 국제적으로는 그린피스, 지구의 벗, 시에라 클럽 등이 있으며, 우리나라에는 환경 운동 연합, 녹색 연합, 환경 정의, 환경 교육 센터 등이 있다.

환경 갈등　인간의 환경권을 침해하거나 자연환경을 파괴하는 사태를 둘러싸고, 서로 다른 입장을 가진 일정 지역의 이해 당사자들이 대립하고 충돌하며 합의에 이르지 못한 상태를 말한다.

환경 감시　환경 단체 등이 기업이나 지방 자치 단체가 환경을 오염시키는지를 감시하고 잘못된 점이 있으면 국가에 신고하는 행위를 뜻한다.

환경 계정　자연 및 환경 자원도 경제 자산과 마찬가지로 재화와 서비스의 생산에 이용되는 자산으로 인정하여 환경 자산의 재무 상황을 기록하는 체계를 말한다.

환경 부정의　소득 차이, 공간 배치, 기후 변화, 연령, 성별 등에 따라 환경 피해의 불평등이 존재한다는 개념이다. 공단 환경 오염으로 인한 노동자, 주변 마을 주민들의 피해, 대규모 개발 사업으로 인한 피해, 도시 저소득층의 열악한 주거 환경 문제 등이 대표적인 사례이다.

환경 오염　오염은 원래의 상태가 더럽게 물드는 것을 의미하는데, 특히 환경 오염은 인간의 활동에 의해 발생하는 대기·수질·토양 오염 및 소음·진동 따위로 자연환경이나 생활 환경이 더럽혀지거나 못 쓰게 되는 것을 말한다. 자연은 저절로 깨끗해지는 자정 능력을 가지고 있지만 환경의 손상이 자연 고유의 자정 능력을 초과할 경우에는 환경 오염이 발생한다.

환경 운동　자연 환경 보호, 유해 물질 사용 금지, 생태계 보전, 생태주의 및 환경 정의 실현 등을 목표로 하는 사회적 활동을 말한다. 환경 문제가 날로 심각해지면서 환경 운동이 더욱더 중요해지고 있다. 크고 작은 많은 환경 단체들이 여러 주제를 가지고 환경 운동을 펼치고 있다.

환경 운동 연합　1992년 유엔 환경 개발 회의 참석 이후 공해 문제 연구소를 비롯한 전국 여덟 개 환경 단체를 통합하여 1993년 4월에 설립되었다. 세계 3대 환경 NGO 중 하나인 지구의 벗 한국 지부이기도 하며, 핵 폐기장 반대 및 에너지 정책 전환, 재생 가능 에너지 보급, 바다 살리기, 멸종 위기 동물 보호, 사막화 방지, 하천 살리기 등 지구를 살리기 위한 다양한 활동을 전개하고 있다.

환경 윤리　환경을 경제적 가치로 보는 인식에서 벗어나, 모든 생물이 인간과 동일하게 존중받을 가치가 있다고 생각하는 양심과 윤리를 말한다.

환경 재난　인명 및 재산 피해를 동반하는 사회 재난 규모의 환경 오염과 환경 사고를 뜻한다. 핵 발전소 사고나 유해 화학 물질 사고는 대규모 환경 오염과 환경 파괴를 초래하는 가장 일반적인 환경 재난이다. 그 밖에 오존층 파괴나 기후 변화와 같이 전 지구적인 규모로 발생하는 환경 재난도 있다.

환경 정의　환경 오염의 영향이 가난한 사람, 힘없는 사람 등의 사회적 약자나 환경적 약자에게 집중되어서는 안 된다는 생각을 바탕으로 '공평한 환경'을 추구하는 개념이다. 공단의 환경 오염으로 인한 노동자나 주변 마을 주민들의 피해, 대규모 개발 사업으로 인한 피해, 도시 저소득층의 열악한 주거 환경 문제 등은 환경 정의의 반대 개념인 환경 부정의의 대표적인 사례이다.

환경 호르몬　원래 이름은 내분비 교란 물질이다. 우리 몸에서 여러 기능을 하는 호르몬과 비슷한 성질을 가지고 있으며, 몸 밖에서 들어와 인간이나 동물의 건강에 문제를 일으킨다. 호르몬은 특히 성(性)과 관련된 활동을 하는데, 외부에서 들어온 환경 호르몬 역시 자연적인 성 기능에 문제를 일으킨다. 환경 호르몬의 주요 원인은 석유를 원료로 만들어진 합성 화학 물질로 알려져 있다.

환경권　모든 사람이 건강하고 쾌적한 환경 속에서 생활할 권리를 말한다. 사람이 사람답게 살아갈 수 있는 권리를 인권이라고 하는데, 인권과 마찬가지로 환경권도 사람에게 꼭 필요한 기본적인 권리이기 때문에 대한민국 헌법에도 명시되어 있다. 여기서 '환경'은 자연적 환경과 인공적 환경, 사람이 생활하는 주변 도로나 공원, 종교, 교육 등을 모두 포함한다.

황사　'누런 모래'를 뜻하는 황사는 중국 대륙의 사막이나 황토 지대에 있는 미세한 모래 먼지가, 강한 바람 때문에 대기 중에 퍼져 하늘을 덮었다가 서서히 떨어지는 현상 또는 떨어지는 모래흙을 말한다. 황사의 발원지인 중국과 몽골의 사막 지역에서는 모래 폭풍이라고도 하고, 그

정도가 심해 손이 안 보일 정도가 되면 흑풍(검은 폭풍)이라고 부르기도 한다. 봄과 초여름에 우리나라에도 찾아와 각종 피해를 입히고 있다.

황사 특보제　황사로 인한 피해를 줄이기 위해 2002년부터 실시한 제도이다. 한 시간 평균 세제곱미터당 미세 먼지 농도가 400마이크로미터 이상 두 시간 이상 지속될 것으로 예상될 때는 황사 주의보를 발령하며, 세제곱미터당 미세 먼지 농도가 800마이크로미터 이상 두 시간 이상 지속될 것으로 예상될 때는 황사 경보를 발령한다.

휘발성 유기 화합물　공기 중으로 쉽게 증발되는 유기 화합물을 일컫는 말로, 'VOCs(Volatile Oragnic Compounds)'라고 불리기도 한다. 대기 오염뿐만 아니라 인체에 암을 일으키기도 하는 독성 화학 물질이다.

4대강 사업　2008년 12월 29일 낙동강 지구 착공식을 시작으로 2012년 4월 22일까지 3년간 22조 원의 예산을 들여 추진한 대하천 정비 사업이다. 16개의 보 건설과 수변을 따라 체육 시설, 산책로, 자전거 길을 만드는 것이 주요 목적이다. 예산 낭비와 부실 공사 우려로 대대적인 반대와 함께 정치적 논란이 있었다. 2013년 1월 감사원은 4대강 사업은 총체적 부실을 안고 있다고 발표했으며, 2014년 6월에는 금강과 낙동강에 큰빗이끼벌레가 들끓어 환경부에서 조사 중이다.

C40　전 세계 대도시들이 지구적 기후 변화에 공동으로 대응하기 위해 2005년에 설립한 기구이다. 2년마다 회의를 개최하여 온실가스 감축을 위한 행동과 구체적 방안을 마련하기 위해 노력하고 있다.

CITES 협약   1973년 미국 워싱턴에서 맺은 국제 협약으로, 멸종 위기에 처한 야생 동식물의 불법 사냥과 국제 거래를 제한하는 내용이 담겨 있다.

DDT   유기염소 계열의 화학 약품으로, 벌레를 죽이는 데 강력한 효과를 발휘하여 살충제로 많이 사용되었다. 1950년대에 세계 보건 기구가 말라리아를 막기 위해 DDT 사용을 적극 권장했으나, 위험성이 알려진 1970년대 이후 사용이 중지되었다. 레이첼 카슨이 쓴 《침묵의 봄》이 DDT의 위험성을 알리는 데 큰 역할을 했다.

GMO 프리존 운동   특정 지역에서, 어떠한 형태로든 유전자 조작 생명체를 들이지 않고 거부하겠다는 움직임이다. 우리나라 강원도의 한 마을도 GMO 프리존을 선언한 바 있다.

참고 문헌

가이아 이론

- 박강리 지음, 《지구별에서 함께 살아가기》, 해나무, 2008
- 제임스 러브록 지음, 이한음 옮김, 《가이아의 복수》, 세종서적, 2008
- 제임스 러브록 지음, 홍욱희 옮김, 《가이아: 살아있는 생명체로서의 지구》, 갈라파고스, 2004
- 프리초프 카프라 지음, 김용정 옮김, 《생명의 그물》, 범양사출판부, 1998

개발

- 존 벨라미 포스터 지음, 김현구 옮김, 《환경과 경제의 작은 역사》, 현실문화연구, 2001

공유지의 비극

- 케네스 E. 보울딩 지음, 구자성 옮김, 《20세기의 인간과 사회》, 범조사, 1980
- 개릿 하딘 소사이어티
  http://www.garretthardinsociety.org

공정 무역

- 김민주 지음, 《로하스 경제학》, 미래의창, 2006
- 박창순·육정희 지음, 《공정무역, 세상을 바꾸는 아름다운 거래》, 시대의창, 2010
- 알렉스 니콜스·샬롯 오팔·휘트니 토마스 지음, 한국공정무역연합 옮김, 《공정 무역, 시장이 이끄는 윤리적 소비》, 책보세, 2010
- Fair Trade Advocacy office 지음, 한국공정무역연합 옮김, 《공정 무역의 힘》, 시대의창, 2010
- 한겨레신문 2014년 5월 13일 기사 - '착한소비'는 세계추세… 성장가능성 커
- 두레생협 http://www.dure.coop

- 생협연대 http://www.icoop.or.kr
- 아름다운가게 http://www.beautifulcoffee.com
- 에코생협 http://www.ecocoop.or.kr
- 여성민우회생협 http://www.minwoocoop.or.kr
- 친환경상품 에코숍 http://www.ecoshop.or.kr
- 페어트레이드코리아 http://www.ecofairtrade.co.kr
- 한국공정무역단체협의회 블로그
  http://fairtradeday.blog.me

공정 여행

- 안영면 지음, 〈대한관광경영학회 논문집: 생태관광과 유사개념에 관한 연구〉, 대한관광경영학회, 1998, pp. 251~266
- 한국철도기술연구원 지음, 〈기후변화대응 철도분야 온실가스 저감방안 연구 최종보고서〉, 국토해양부, 2010
- 경향신문 2008년 5월 27일 기사 – 환경 이산화탄소 줄이는 일상 속 실천 '즐거운 불편' 7가지
- 공감만세 http://www.fairtravelkorea.com
- 이매진피스 http://www.imaginepeace.or.kr
- 착한여행 http://www.goodtravel.kr
- 트래블러스맵 http://www.travelersmap.co.kr

국제 환경 협약

- 김종찬 외 지음, 〈지구환경문제와 국제환경협약의 동향 및 전망〉, 경기도보건환경연구원, 2001
- 나태준 외 지음, 《국제환경협약의 이해》, 대영문화사, 2013
- 심영규 지음, 〈국제환경협약 편람〉, 한국환경정책평가연구원, 2004
- 세계도시환경연합 http://www.gjsummit.com
- C40 http://www.c40.org

그린워시

- 조지 레이코프 지음, 유나영 옮김, 《코끼리는 생각하지 마》, 삼인, 2006
- 테라초이스 http://www.ul.com

기름 유출 사고

- 건강권실현을위한보건의료단체연합 외 지음, 〈기름유출과 부실방제로 인한 태안주민 신체건강 및 정신적 피해 조사결과 발표자료〉, 2008
- 장미정·노유지·정새롬·전정화 지음, 〈허베이스피리트 기름유출사고를 통해 배운다〉, 서울대 대학원 환경교육협동과정 태안프로그램 개발팀 보고서, 2008
- 내일신문 2010년 11월 4일 기사 – 태안 일부지역 기름성분 검출
- 서울신문 2010년 1월 21일 기사 – 태안 2007년 기름유출 벌써 잊었나
- 한겨레신문 2007년 12월 8일 기사 – 태안 앞바다 기름유출 사고, 해상크레인 실은 바지선 줄 끊기며 '꽝'
- 국민안전처(주요통계 해양안전 부문, 2015년 2월 25일 게재) http://www.mpss.go.kr
- 한겨레신문 2008년 3월 15일 사설 – 삼성 중과실 규명해 주민 절망 씻어내자

기후 변화

- 최재천·최용상 지음, 《기후 변화 교과서》, 환경재단 도요새, 2011
- 기후 프로젝트 http://www.sgf.or.kr
- 한국환경공단 블로그 http://keco.tistory.com
- 유엔환경계획 한국위원회 편역, 《교토의정서》, 유넵프레스, 2002

녹색 GNP

· 이정전 지음, 〈환경논총 vol. 31: 지속가능개발과 그린(녹색) GNP〉, 서울대학교 환경대학원, 1994, pp. 167~189

· 천인호 지음, 《환경생태경제론》, 신지서원, 2005

· 네이버 지식백과(외교통상용어사전)
http://terms.naver.com

님비

· 유해운·권영길·오창택 지음, 《환경갈등과 님비이론》, 선학사, 2001

동물 윤리

· 알도 레오폴드 지음, 송명규 옮김, 《모래 군의 열두 달 그리고 이곳저곳의 스케치》, 따님, 2000

· 피터 싱어·짐 메이슨 지음, 함규진 옮김, 《죽음의 밥상》, 산책자, 2008

로컬 푸드

· 김종덕 지음, 《먹을거리 위기와 로컬 푸드》, 이후, 2009

· 김철규 지음, 〈농촌사회 제16집 2호: 한국 농업체제의 위기와 세계화: 거시역사적 접근〉, 2006, pp. 183~211

· 김철규 지음, 〈문화과학사 2008년 겨울호(통권56호): 글로벌 식품체계와 대안: 새로운 먹거리 정치를 향해〉, 2008, pp. 261~273

· 브라이언 핼웨일 지음, 김종덕·허남혁·구준모 옮김, 《로컬푸드》, 시울, 2006

로하스

· 대니 서 지음, 김은령 옮김, 《아름다운 청년, 대니 서의 집》, 디자인하우스, 2003

· 대니 서 지음, 임지현 옮김, 《작은실천이 세상을 바꾼다》, 문학사상사, 1999

· 대니 서 블로그 http://dannyseo.typepad.com

보존과 보전

· 박강리 지음, 《지구별에서 함께 살아가기》, 해나무, 2008

· 한면희 지음, 《환경윤리》, 철학과현실사, 1997

· 캐롤린 머천트 지음, 허남혁 옮김, 《래디컬 에콜로지》, 이후, 2007

사막화

· 21세기평화연구소 지음, 《황사》, 동아일보사, 2004

· 〈중국으로 부는 생명의 바람〉 에코피스아시아, 2006

· 〈해피무브 글로벌 청년봉사단 셀프가이드북〉, 에코피스아시아, 2009

· 두산백과사전 http://www.doopedia.co.kr

· 에코피스아시아 http://www.ecopeaceasia.org

· 환경운동연합 http://www.kfem.or.kr

새집증후군

· 다음을 지키는 사람들 지음, 《아토피를 잡아라》, 시공사, 2002

· 유영식 지음, 《환경의 역습(화학물질과민증, 새집증후군, 알레르기)》, 대학서림, 2004

· 차동원 지음, 《집 안에서 만나는 환경 이야기》, 지성사, 2007

· 한겨레21 2004년 7월 15일 기사 – 화학물질과민증

· 한겨레신문 2004년 6월 24일 기사 – '새집증후군' 첫 배상 결정

· 네이버 지식백과(새집증후군) http://terms.naver.com

생물 다양성

· 브뤼노 파디·프레데렉 메다이 지음, 김성희 옮김, 《생물 다양성을 보전할 수 있을까?》, 민음in, 2007
· 유진 오덤 지음, 이도원·박은진·송동하 옮김, 《생태학》, 사이언스북스, 1998
· 이본 배스킨 지음, 이한음 옮김, 《아름다운 생명의 그물》, 돌베개, 2003

생태 도시

· 한국도시연구소 지음, 《생태도시론》, 박영사, 1998
· 요시다 다로 지음, 안철환 옮김, 《생태도시 아바나의 탄생》, 들녘, 2004
· 존 벨라미 포스터 지음, 김현구 옮김, 《환경과 경제의 작은 역사》, 현실문화연구, 2001
· 네이버 지식백과(도시문제, 생태도시)
http://terms.naver.com

생태 발자국

· 마티스 웨커네이걸·윌리엄 리스 지음, 이유진·류상윤 옮김, 필 테스트메일 그림, 《생태발자국: 우리의 삶은 지구를 얼마나 아프게 하는가》, 이매진, 2006
· 짐 머켈 지음, 홍대운 옮김, 《단순하게 살기》, 황소자리, 2005

아토피

· 다음을 지키는 사람들 지음, 《아토피를 잡아라》, 시공사, 2002
· 송재철 지음, 《아토피 피부염과 가공식품》, UUP(울산대학교출판부), 2005

야생 동물 보호

· 박경화 지음, 《고릴라는 핸드폰을 미워해》, 북센스, 2011
· WWF 편저, 김웅서·제종길·강성현 옮김, 《자연과 사람들》, 한국해양연구소, 1999
· 네이버 지식백과 http://terms.naver.com
· 세계자연보호기금 http://wwf.panda.org
· 야생생물관리협회 http://www.kowaps.or.kr

유기농

· 김은진 지음, 《유전자조작 밥상을 치워라!》, 도솔출판사, 2009
· 이태근 엮음, 《유기농업의 이론과 실제》, 흙살림연구소, 2005
· 마이클 폴란 지음, 조윤정 옮김, 《잡식동물의 딜레마》, 다른세상, 2008
· 오덤 지음, 이도원·박은진·송동하 옮김, 《생태학 사이언스북스》, 1998
· 재레드 다이아몬드 지음, 김진준 옮김, 《총·균·쇠》, 문학사상사, 1998

유전자 조작 생명체

· 권영근 엮음, 《위험한 미래: 유전자 조작 식품이 주는 경고》, 당대, 2000
· 김은진 지음, 《유전자 조작 밥상을 치워라!》, 도솔출판사, 2009
· 김종덕 지음, 《먹을거리 위기와 로컬 푸드》, 이후, 2009
· 마틴 티틀·킴벌리 윌슨 지음, 김은영 옮김, 《먹지마세요 GMO》, 미지북스, 2008
· 윌리엄 엥달 지음, 김홍옥 옮김, 《파괴의 씨앗 GMO》, 길, 2009
· 식품의약품안전청(유전자 재조합 식품 정보)

http://www.kfda.go.kr/gmo

이스터 섬
· 클라이브 폰팅 지음, 이진아 옮김, 《녹색 세계사》, 그물코, 2002
· 한국환경공단 블로그 http://keco.tistory.com

재생 에너지
· 폴 마티스 지음, 이수지 옮김, 이필렬 감수, 《재생에너지란 무엇인가?》, 민음in, 2004

전자 폐기물
· 〈인터넷이용실태조사(국가승인통계 제12005호)〉, 미래창조과학부·한국인터넷진흥원, 2014
· 채경아 지음, 〈한국의 폐가전제품 처리제도 개선에 관한 연구〉, 연세대 기업경제 전공 석사 학위 논문, 2008
· 오마이뉴스 2008년 8월 4일 특별기획 – [쓰레기 이동을 막아라–중국③] 그린피스 라이원 지부장과 산터우의과대학 훠샤 교수 인터뷰 "중국의 전자쓰레기, '메이드 인 코리아'"
· 한겨레신문 2010년 9월 24일 기사 – 현장/서울 폐기물 집하장/환경 망치는 가전품 폐기/냉장고·TV 마구잡이 분해… 환경파괴 물질 떠돈다
· 통계청(2014 한국의 사회지표 통계표, 2015년 3월 19일 게시) http://www.kostat.go.kr

지구의 날
· R E 던랩 지음, 김동규 옮김, 《미국의 환경운동사》, 백수사, 1996
· 지구의날 http://www.earthdaykorea.org
· 외교통상용어사전 http://terms.naver.com

· 지구의날 조직위원회 보도자료

지속 가능 발전
· 세계환경발전위원회(WCED) 지음, 조형준·홍성태 옮김, 《우리 공동의 미래》, 새물결, 2005
· 이도원 외 지음, 〈초등학교 교사를 위한 지속가능발전 교육 참고교재 개발〉, 환경부, 2009

침묵의 봄
· 박강리 지음, 《지구별에서 함께 살아가기》, 해나무, 2008
· 레이첼 카슨 지음, 김은령 옮김, 《침묵의 봄》, 에코리브르, 2011

패스트푸드 대 슬로푸드
· 김종덕 지음, 《슬로푸드 슬로라이프》, 한문화멀티미디어, 2003
· 김종덕 지음, 《먹을거리 위기와 로컬 푸드》, 이후, 2009
· 마이클 폴란 지음, 조윤정 옮김, 《잡식동물의 딜레마》, 다른세상, 2008
· 브라이언 핼웨일 지음, 김종덕·허남혁·구준모 옮김, 《로컬푸드》, 시울, 2006
· 에릭 슐로서·찰스 윌슨 지음, 노순옥 옮김, 《맛있는 햄버거의 무서운 이야기》, 모멘토, 2007
· 카를로 페트리니 지음, 김종덕·황성원 옮김, 《슬로푸드 맛있는 혁명》, 이후, 2008

핵 발전
· 김명자 지음, 《원자력 딜레마》, 사이언스북스, 2011
· 박년배 지음, 〈발전 부문 재생 가능 에너지 전환을 위한 장기 시나리오 분석〉, 서울대학교 박사 논문, 2011
· 고이데 히로아키 지음, 고노 다이스케 옮김, 《원자력의

거짓말》, 녹색평론사, 2012

· 원자력문화재단 http://www.konepa.or.kr

· 한국방사성폐기물관리공단 http://www.krmc.or.kr

· 한국수력원자력 http://www.khnp.co.kr

환경권

· 녹색연합, 〈미래세대 소송 취지문〉, 2000. 5. 4.

· 내일신문 2010년 11월 8일 기사 - [대한민국 헌법을 말한
다 ⑥환경권] '환경권'은 대표적 진보 조항

· 문화일보 2011년 8월 3일 기사 - 법률제정 추세 보면 '시
대' 보인다

· 뷰스앤뉴스 2010년 11월 14일 기사 - [낙동강 소송 최종변
론 전문] 국민소송단 오열 '마지막 강이 더렵혀진 뒤에야,
돈을 먹고 못 산다는 걸 깨달으리라'

· 오마이뉴스 2012년 2월 11일 기사 - 낙동강소송 '사실상
정부 패소', 판결문 뜯어 보니…

· 한겨레신문 2010년 12월 14일 칼럼 - [아침햇발] 조영래의
후예와 4대강

환경 오염

· 노영희, 홍현진 지음, 《환경 관련 국제기구 지식정보원》,
한국학술정보, 2008

· 자크 베르니에 지음, 전미연 옮김, 《환경》, 한길사, 1999

환경 정의

· 고재경 지음, 〈환경과 생명 통권14호: 해외 환경정의 운동
의 전개과정과 그 의미 - 미국사례를 중심으로〉, 1997, pp.
56~69

· 권해수 지음, 〈한국사회와 행정연구 제13권 2호: 우리나
라의 환경 정의 운동 연구〉, 2002, pp. 151~166

· 국민일보 2001년 5월 11일 기사 - 대지山 살려낸 '民의 힘'

· 동아일보 2011년 6월 10일 기사 - 죽전 '대지산 살리기' 10
년… 풀뿌리 환경운동 모델로

· 문화일보 2001년 5월 11일 기사 - '시민의 힘' 난개발 막
았다

· 한겨레신문 2000년 11월 15일 기사 - 난개발 맞선 아름다
운 주민들

· 환경정의 http://eco.or.kr

환경 호르몬

· 류병호 지음, 《공포의 환경호르몬과 지구촌》, 경성대학
교 출판부, 1998

· 후타키 쇼헤이 지음, 손동헌 옮김, 《빼앗긴 미래 환경호
르몬의 공포》, 종문화사, 1998

· D. 린드세이 벅슨 지음, 김소정 옮김, 《환경호르몬의 반
격》, 아롬미디어, 2007

환경 NGO와 환경 운동

· 구도완 지음, 《한국 환경운동의 사회학》, 문학과 지성사,
1996

· 최열·서울대학교 기초교육원 지음, 《환경운동과 더불어
33년》, 생각의 나무, 2009

· 한면희 지음, 〈환경과 생명 통권29호(2001 가을): 환경 운
동의 이념과 한국 환경NGO의 평가〉, 2001, pp. 27~44

· 환경교육센터 지음, 《한국의 환경교육운동사》, 이담북
스, 2014

· R E 던랩 지음, 김동규 옮김, 《미국의 환경운동사》 백수
사, 1996

황사

· 강광규 지음, 〈대기오염으로 인한 사회적 피해 비용〉, 한
국환경정책평가연구원, 2002

· 21세기평화연구소 지음, 《황사》, 동아일보사, 2004
· 이와사카 야스노부 지음, 김태호 옮김, 《황사 그 수수께끼를 풀다》, 푸른길, 2008
· 시민일보 2015년 4월 2일 기사 – 아시나요? 황사와 미세먼지의 차이를
· 한국일보 2008년 3월 4일 사설 – 갈수록 심해지는 환경재앙 황사
· 위키백과사전 http://ko.wikipedia.org
· 환경부 http://www.me.go.kr
· 환경운동연합 http://www.kfem.or.kr

사진 출처